V&R

Anton Grabner-Haider / Johann Maier / Karl Prenner

Kulturgeschichte des frühen Mittelalters

Von 500 bis 1200 n.Chr.

Vandenhoeck & Ruprecht

Bibliografische Information der Deutschen Nationalbibliothek
Die Deutsche Nationalbibliothek verzeichnet diese Publikation in der Deutschen
Nationalbibliografie; detaillierte bibliografische Daten sind im Internet
über http://dnb.dnb.de abrufbar.

ISBN 978-3-525-54006-0

Satz und Layout: Helmut Lenhart.
Druck und Bindung: ⊕Hubert & Co., Göttingen.

Gedruckt auf alterungsbeständigem Papier.

Inhalt

Einleitung

Das „mittlere Alter" zwischen der Kultur der griechisch-römischen Antike und der europäischen Neuzeit wird durch eine starke Vielfalt von Lebenswelten und Lebensformen geprägt. In dieser Zeitepoche sind viele Übergänge und kulturelle Lernprozesse zu erkennen, die regionale Verschiedenheit in der Entwicklung ist beachtlich. Eine starke kulturprägende Kraft war die christliche Religion, die sich in Europa langsam ausbreitete und die alten Stammesreligionen ersetzte oder zum Teil beerbte. Wir erkennen die schrittweise Christianisierung der keltischen, der germanischen, der slawischen, der baltischen und der finn-ugrischen Kultur, die über mehrere Jahrhunderte verteilt erfolgte.

Nun richtet sich der Blick dieses Buches vor allem auf die Länder und Regionen Europas, die lange Zeit von der lateinischen Sprache und von der römischen Kultur geprägt worden sind. Die Länder, die von der griechischen Kultur und davon abgeleitet von der kyrillischen Schrift geprägt wurden, kommen nur am Rande in das Blickfeld. Denn in dieser Zeitepoche entwickelten sich das griechisch geprägte Christentum und die lateinisch geprägte Reichsreligion weit auseinander. Dadurch wurden die slawischen Völker in zwei Kulturbereiche gespalten, die westlichen Stämme und Völker übernahmen die lateinische Schrift und Weltdeutung, die östlichen Völker folgten der griechischen Kultur und der kyrillischen Schriftform.

Eine Kulturgeschichte versucht nun, diejenigen Phänomene und Entwicklungen in den Blick zu bekommen, welche die Lebenswelt und Lebensform der meisten Menschen dieser Zeitepoche geprägt haben. Das sind zunächst die wirtschaftlichen Voraussetzungen für das Überleben und die sozialen Strukturen des Zusammenlebens, dann die prägenden Lebenswerte und Lebensziele, die Formen der Daseinsdeutung, der Umgang mit Krankheit, dem Tod und dem Unverfügbaren, das technische Können, das Wissen über die Natur und das künstlerische Gestalten. Dazu gehören aber auch die Lehren der Theologen, der Kleriker und der Philosophen, die an einigen Schulen zu lehren begonnen haben.

In den Blick kommen auch Werke der Dichtkunst in den verschiedenen Sprachen, die Werke der Baukunst und der Malerei, sowie der Musik. Besonders betrachtet wird das Verhältnis von politischer Herrschaft und religiöser Weltdeutung, die Kultur und Lebenswelt der Klöster, die Lebensform der Krieger, der Ritter, der Kleriker, der frühen Amtsträger, die Formen der Herrschaft, die Monopolansprüche der Weltdeutung, die Formen des Krieges, die Verfolgung der Häretiker und der Umgang mit fremden Kulturen. Dabei wird den Formen der Christianisierung, der Entfaltung einer christlich geprägten Lebenswelt, sowie dem Nachwirken der keltischen, der germanischen und der slawischen Mythologie besonderes Augenmerk geschenkt. Die Auswahl dieser Gesichtsfelder erfolgt nach einer Gewichtung in der Wirkungsgeschichte, dabei steht die politische Geschichte nicht im Vordergrund.

Mit dem *frühen Mittelalter* wird auch die Zeit des *Hochmittelalters* dargestellt (von 500 bis 1200 n. Chr.), da sich eine scharfe Trennungslinie weder kulturell, noch politisch ziehen lässt. In dieser langen Zeitepoche fanden in der europäischen Kultur unterschiedliche soziale Entwicklungen und kulturelle Lernprozesse statt. Denn nach dem Zusammenbrechen des Römischen Imperiums bildeten sich neue Herrschaftsbereiche mit wechselhafter Geschichte. In den Blick kommen die Länder Mitteleuropas, aber auch Süd-, Nord- und Westeuropas. Vor allem in Spanien, in Süditalien, in Südfrankreich und im Byzantinischen Reich gelang ein vielfältiger Austausch mit fremden Kulturen, vor allem mit dem Islam und dem Judentum. Deswegen wird hier auch die Entwicklung der *jüdischen* und der *islamischen Kultur* in dieser Zeitepoche umfassend dargestellt.

Insgesamt möchte eine Kulturgeschichte des frühen Mittelalters und des Hochmittelalters dazu beitragen, die Lebenswelt und die Denkformen dieser Zeitepoche besser zu verstehen. Ausgegangen wird von den Grundannahmen der Pragmatischen Philosophie, welche primär Lebensformen und Lebenswelten untersucht, um dadurch Denkformen und Glaubensweisen verständlich zu machen.

Graz, Frühjahr 2010

Die neue politische Situation

Im Jahr 476 ist das Weströmische Imperium zu Ende gekommen, der letzte römische Kaiser Romulus musste die militärische Herrschaft an den germanischen Heerführer Odoaker abtreten. Danach entstanden auf dem Boden dieses Imperiums mehrere germanische Herrschaftsbereiche, in Spanien, Italien, Britannien und Nordafrika. Doch ging die römische Verwaltungsstruktur zum Teil weiter, weil sich die neuen germanischen Eliten mit den altrömischen Eliten verbanden. Ein Bindeglied war die christliche Religion, welche die meisten germanischen Stämme bereits übernommen hatten. Doch es war kein einheitliches Christentum, denn neben dem arianischen Glauben wurde der Glaube der katholischen Reichsbischöfe gelebt, der sich dann mit politischer Unterstützung der Herrscher allgemein durchsetzte.

Herrschaft in Italien und Gallien

Die politische Situation in Italien veränderte sich, als am 23. August 476 ein germanisches Heer der Skiren seinen Heerführer Odoaker zum König ausrief. Danach wurde der letzte römische Kaiser abgesetzt, gefangen genommen und in ein Exil nach Campania gebracht. Die kaiserlichen Insignien aber wurden vom germanischen Heerführer an den Kaiser von Ostrom nach Konstantinopel geschickt. Damit sollte angezeigt werden, dass in Italien und Gallien die römische Herrschaft zu Ende sei. Die germanischen Heere und ihre Anführer hatten schon mehrere Jahrzehnte im römischen Imperium gelebt und gedient, sie kannten die römischen Lebensformen und das römische Recht. In dieser Zeit des politischen Übergangs wuchs das Gewicht der Bischöfe deutlich an, weil viele Bischöfe bereits im römischen Imperium Verwaltungsaufgaben übernommen hatten.

Bereits im Jahr 452 verhandelte der Bischof Leo I. von Rom mit einer Gesandtschaft von römischen Senatoren mit dem Heerführer der Hunnen Attila über die Zahlungen von Tribut als Bedingung für deren Abziehen aus Italien. Durch die Zahlung von hohen Geldgeschenken und von Gold wurde dieser Abzug der feindlichen Heere erreicht. Nach der Ermordung des Kaisers Valentinianus III. verhandelte Bischof Leo I. von Rom drei Jahre später zusammen mit Klerikern mit dem Heerführer der Vandalen, Geiserich, die Rom bedrohten. Er konnte nicht die Plünderung der Stadt verhindern, wohl aber die Schonung der Bevölkerung erreichen. Da der Bischof im Auftrag der Senatoren verhandelt hatte, stieg sein politisches Ansehen im Volk stark an.[1]

Als der Heerführer der Goten Theoderich im Jahr 493 gegen Odoaker kämpfte und diesen besiegte, war der Bischof Johannes von Ravenna an den Kapitulationsverhandlungen des Besiegten beteiligt. Odoaker wurde zehn Tage später bei einem Festbankett im Auftrag des Siegers ermordet. Jetzt herrschte der Gote Theoderich I. über große Teile Italiens, er stellte mit dem Einsatz der römischen Beamten die staatliche Ordnung wieder her. Als er die Anerkennung seiner Herrschaft durch den oströmischen Kaiser suchte, setzte er Bischöfe und Kleriker als Verhandlungspartner ein. Doch die Goten folgten dem arianischen Christentum, das in Jesus Christus nur einen adoptierten göttlichen Sohn sah. Hingegen folgten die Bischöfe in Italien und der Großteil des christlichen Volkes der sich „orthodox"und „katholisch" nennenden Lehre, nach der Jesus Christus mit dem göttlichen Vater wesenseins (homoousios) war. Doch beide Glaubensformen respektierten sich gegenseitig, die arianischen Christen (Goten) hatten zu dieser Zeit ihre eigenen Kirchen und Bischöfe.

Aber wenn es zu Konflikten zwischen den arianischen und den katholischen Christen kam, griff der König der Goten ordnend ein. In seinem Reich lebten nun Katholiken, Arianer und Juden zusammen, denn die Juden waren weiterhin geschützt. Konflikte entstanden, wenn Juden von christlichen Klerikern gegen ihren Willen getauft wurden. Als fanatische Christen die jüdische Synagoge in Ravenna anzündeten, zwang sie der König zum vollständigen Wiederaufbau. Zu dieser Zeit gab es jüdische Gemeinden in Rom, Ravenna, Mailand, Genua, Neapel, der König schützte ihre Rechte und Versammlungsräume. Die militärische und politische Macht lag in den Händen der Goten, aber sie waren im Land eine Minderheit; sie lebten relativ friedvoll mit der katholischen Bevölkerung zusammen. Eheschließungen zwischen beiden Volksgruppen und Konfessionen waren möglich. Als der König Theoderich in Rom einzog, wurde er dort vom Senat, vom Bischof und vom Volk empfangen. Daher schützte er die Vielfalt des christlichen Glaubens in seinem Herrschaftsgebiet, das bis in die Provinz Noricum reichte, er respektierte die Autorität der Kleriker. Doch als katholische Kleriker nach dem oströmischen Modell die Verbindung von Königsgewalt und Priesterherrschaft forderten, ging er gegen diese Kleriker gerichtlich vor.[2]

In *Gallien* bildeten sich nach dem Ende des Weströmischen Imperiums mehrere germanische Herrschaftsgebiete. Die Westgoten bildeten ein Königreich rund um Toulouse (Tolosa); in der Mitte Galliens herrschten die Burgunder, und nördlich der Loire bildeten die Franken, die Alemannen und die Thüringer kleine Fürstentümer. Als der Heerführer Chlodwig (Chlodewech) im Jahr 482 die Herrschaft über die fränkischen Salier angetreten hatte, gelang es ihm, durch Kriegszüge seine Herrschaft deutlich zu erweitern. Als er zum König aller Franken geworden war, nahm er in der Kirche von Reims (Remigius) den katholischen Glauben an und bekannte sich zum

---

1   C. Sotinel, Rom und Italien am Übergang vom Römischen Reich zum Gotenreich. In: L. Pietri (Hg.), Die Geschichte des Christentums III. Freiburg i. Br. 2001, 301–307.

2   C. Sotinel, Rom und Italien am Übergang 330–340. A. Angenendt, Das Frühmittelalter. Die abendländische Christenheit von 400 bis 900. Stuttgart 1990, 112–127.

Glauben des Konzils von Nikaia. Er wurde vom Bischof Remigius getauft, doch das Jahr seiner Taufe lässt sich nicht mehr feststellen. Danach folgten die Krieger und Adeligen der Königssippe zum katholischen Glauben; das Volk der Franken folgte dem neuen Glauben seiner Anführer aber oft nur äußerlich. Denn die Kleriker und Prediger brauchten viele Jahrzehnte, um das Volk im neuen Glauben zu unterrichten und diesen verständlich darzulegen.[3]

Nun war ein Wechsel des religiösen Glaubens für jedes Volk ein schwerer Schock, denn es musste sich schrittweise von seinen alten Schutzgöttern verabschieden. Daher dauerte die Christianisierung viele Jahrzehnte, ja Jahrhunderte, wie wir aus den Berichten der Bischöfe bei ihren Synoden wissen. Auch im Königreich der Westgoten von Toulouse suchte der König Alarich II. die Zusammenarbeit mit der gallo-romanischen Bevölkerung, vor allem mit den Adeligen und Bischöfen. Er beauftragte römische Rechtsgelehrte und Bischöfe, eine Kurzfassung des Codex Theodosianus mit einem Anhang (Breviarium Alaricianum) auszuarbeiten. Diese Gesetzessammlung wurde 506 vom König öffentlich vorgestellt, sie trägt den Namen Lex Romana Visigothorum. Sie fasste das spätantike germanische Volksrecht im Land zusammen und fügte es dem römischen Recht an; es wurde später zu einem Vorbild für viele Sammlungen der germanischen Volksrechte.[4]

Die Kleriker wurden von allen Abgaben befreit. Die Bischöfe durften nur von geistlichen Gerichten gerichtet werden. Im selben Jahr trafen sich die Bischöfe zu einer Synode (concilium) in Agde und beschlossen neue Gesetze über das Leben und die Kleidung der Kleriker. Die Laienchristen wurden der Aufsicht der Kleriker unterstellt, Bischöfe konnten im Falle des Ehebruchs eine Ehe auflösen und den Rechtsbrecher von der Kommunion ausschließen. Sie hatten zu dieser Zeit auch die Aufsicht über die Klöster, die in mehreren Regionen entstanden waren; neue Klöster durften fortan nur mit Zustimmung der Ortsbischöfe gegründet werden.[5]

Dem König der Franken Chlodwig gelang es zwischen 482 und 511, die meisten germanischen Königreiche in Gallien zu erobern und zu besiegen, sie wurden seiner Herrschaft unterstellt. Damit entstand unter seiner Führung das *Königreich der Franken* (Regnum Francorum); hundert Jahre später hatte der Bischof Gregor von Tours die politischen Ereignisse in einem literarischen Werk (Historia Francorum) dargestellt. Ab 500 führte Chlodwig Kriege gegen die Alemannen, die Burgunder und die Westgoten; er war mit einer katholischen Königstochter verheiratet; seine Taufe wird zwischen 496 und 508 angesetzt. Durch seinen Übertritt zum katholischen Glauben konnte der König die politische Zustimmung der gallo-romanischen Mehrheitsbevölkerung gewinnen. Im Jahr 511 berief der König eine Versammlung der Bischöfe nach Orleans, die den König als obersten Leiter und Schützer der katholischen Kirche bestätigte. Diese Synode der Bischöfe erneuerte die Privilegien der

---

3   L. Pietri, Die Durchsetzung des nicänischen Glaubensbekenntnisses in Gallien. In: L. Pietri (Hg.), Die Geschichte des Christentums III, 342–344. P. Meinhold, Kirchengeschichte in Schwerpunkten. Graz 1990, 63–67.

4   H. Nehlsen, Lex Visigothorum. In: Handwörterbuch zur deutschen Rechtsgeschichte. München 1978, 1960–1980.

5   L. Pietri, Die Durchsetzung des nicänischen Bekenntnisses 346–352.

Kleriker, das Asylrecht in den Kirchen und Klöstern, sowie die Bedingungen für die Aufnahme in den Stand der Kleriker. Da diese von den öffentlichen Abgaben und vom Militärdienst befreit waren, brauchten sie vor ihrer Weihe die Zustimmung der Beamten des Königs.[6]

Auch im *Reich der Burgunder* war eine friedliche Koexistenz der romanischen Mehrheit und der germanischen Minderheit gelungen, obwohl die Burgunder arianische Christen waren. Doch der König Sigismund wandte sich wohl aus politischen Gründen im Jahr 516 dem katholischen Glauben der Romanen zu, ein Jahr später versammelten sich die katholischen Bischöfe in Epaon zu einer Synode. Dort fassten sie den Beschluss, die arianischen Mitchristen großzügig in die katholische Kirche aufzunehmen. Doch die vom wahren Glauben Abgefallenen (lapsi) mussten vor ihrer Wiederaufnahme in die Kirche zwei Jahre Buße tun. Die geraubten Kirchen mussten von den Arianern an die Katholiken zurück gegeben werden. Doch im Jahr 534 wurden die Burgunder von den Franken besiegt und in deren Reich eingegliedert.

Die Provence (Provincia Romana) und das Gebiet um Arles (Arelate) standen unter der Herrschaft des Gotenkönigs Theoderich, der als Arianer gegenüber den katholischen Bischöfen und Christen Toleranz zeigte. Die Verwaltung wurde von Goten und Romanen gemeinsam ausgeübt, der König zeigte großen Respekt vor den karitativen Aufgaben der Kleriker. Der Bischof Caesarius von Arles berief im Jahr 524 in seiner Stadt eine Versammlung der Bischöfe ein, dort wurden Bestimmungen über die Lebensform der Kleriker beschlossen. In seinen Predigten an das Volk (admonitiones) kritisierte der Bischof die Vielehe der Adeligen, die Abtreibung von Kindern, den falschen Glauben des Volkes (superstitium), die magischen Riten und die Verehrung der alten Götter. Die alten Kultstätten an Quellen, Brunnen und heiligen Bäumen sollten nicht mehr besucht werden, Amulette und Zaubertränke waren den Christen fortan verboten. Der Bischof gründete ein Kloster und verfasste eine Lebensregel für das Leben der Mönche und der Nonnen. Die strenge Prädestinatioslehre des Aurelius Augustinus lehnte der Bischof mit seinen Klerikern ab, seine Lehre erreichte großen Einfluss im südlichen Gallien und auch im Reich der Franken.[7]

Nach dem Tod von König Theoderich I. gelang es dem oströmischen Kaiser Justinianos I., Teile Italiens und Nordafrikas wieder dem Byzantinischen Reich einzugliedern. Denn im Jahr 533 besiegte dessen Feldherr Belisarios die Vandalen in der Provinz Africa, und zwei Jahre später begann er mit der Eroberung Italiens, die sich über 20 Jahre hinzog. Dieser lange Krieg hatte das Land wirtschaftlich ruiniert und die antike Kultur schwer beschädigt. Als im Jahr 568 die Langobarden aus den Provinz Pannonia nach Oberitalien zogen, wurde die byzantinische Herrschaft dort zurück gedrängt; nur Ravenna, Rom, Neapel und Sizilien blieben noch eine Zeitlang mit dem oströmischen Reich verbunden. In Norditalien übernahmen nun die Langobarden

---

6   Gregor von Tours, Historia Francorum 2,41. Dazu L. Pietri, Die Durchsetzung des nicänischen Bekenntnisses 365–375.

7   L. Pietri, Die Durchsetzung des nicänischen Bekenntnisses 390–398. A. Angenendt, Das Frühmittelalter 128–136.

die Herrschaft, auch sie verbanden sich mit der romanischen Mehrheitsbevölkerung und nahmen im Lauf der Zeit deren Sprache an. Auch sie waren arianische Christen, ihre Königssitze errichteten sie in Pavia und in Monza.

Germanische Reiche und Herrschaften

In den verschiedenen Regionen des Weströmischen Reiches hatten sich germanische Herrschaften und Königreiche gebildet, die germanischen Krieger und Adeligen herrschten über eine große Mehrheit der romanischen Bevölkerung. In der Provinz Africa war es ab 430 einem Stammesbündnis der Vandalen gelungen, für längere Zeit eine stabile Herrschaft zu errichten. Die Germanen bildeten die Oberschicht, sie bestimmten die politische und militärische Führung; auch sie hatten den arianischen Glauben angenommen. Die Mehrheit der romanischen Bevölkerung war den militärischen Siegern kulturell überlegen, deswegen aber suchten die Sieger die Zusammenarbeit mit den Besiegten. Der König war der oberste Herr des Stammes und jetzt des Reiches, er war höchster Richter und verstand sich als der Beschützer der arianischen Kirche, die auch unter den Romanen noch verbreitet war. Mit seinem Sieg übernahm er auch die Aufsicht über die katholische Kirche, die im Land die Mehrheit hatte.

Nachdem der byzantinische Kaiser Justinianos I. durch seinen Feldherrn Belisarios die Provinz Africa erobert hatte, wurden die arianischen Christen als Häretiker verfolgt. Doch dieser lange Kampf zwischen der katholischen und der arianischen Kirche schwächte die Provinz so sehr, dass diese schon im Jahr 640 von den Heeren der Moslems erobert werden konnte. In deren Reich wurden die katholischen und die arianischen Christen toleriert, die moslemischen Herrscher sahen sie als Schutzbefohlene wie die Juden.

In *Spanien* (Hispania) konnten die Westgoten für längere Zeit eine stabile Herrschaft errichten. Doch sie wurden im Norden von den Franken, im Westen von den Sueben und im Süden von den Byzantinern hart bedrängt. Der König Leowigild eroberte das Gebiet der Sueben und förderte den Glauben der arianischen Christen. Doch der König Rekkared trat im Jahr 587 zum katholischen Glauben der Mehrheitsbevölkerung über, um die Zusammenarbeit und Verwaltung zu erleichtern. Danach beschlossen die katholischen Bischöfe auf einer Synode in Toledo, dass der König in weltlichen und in geistlichen Fragen die höchste Autorität sei. Daher wurde das staatliche Recht mit dem kirchlichen Recht verbunden, die Privilegien der Kleriker wurden auch hier festgeschrieben. Der König ließ sich in einem Ritual von den Bischöfen salben, um seine göttliche Berufung anzuzeigen. Er sollte im Staat die Gerechtigkeit (iustitia) und die Frömmigkeit (fides) verbinden, um dem Allgemeinwohl des Volkes zu dienen. Unter dem König Chindas wurde das Lebensrecht der Sklaven ausdrücklich geschützt, kein Sklave durfte von seinen Herren getötet werden.[8]

Bald danach aber setzten die katholischen Bischöfe Gesetze durch, welche die Zwangstaufe von Juden erlauben sollten. Doch viele Juden widersetzten sich diesem

---

8   A. Angenendt, Das Frühmittelalter 160–165.

Zwang, sie nahmen deshalb Kontakt zu den moslemischen Herrschern in der Provinz Africa auf. Im Jahr 711 eroberten die Heere der Moslems große Teile Spaniens und setzten dem Westgotischen Reich ein Ende. Der Bischof Isidor von Sevilla hatte die besondere göttliche Berufung jedes Volkes betont; er schrieb, die Goten seien den Römern sogar moralisch überlegen, deswegen hätten sie vom Weltgott die Herrschaft bekommen. Nun sei es die Aufgabe der Bischöfe, die Armen im ganzen Land mit Nahrung zu versorgen; auch der König sollte sich als ein Vater der Armen erweisen. Er muss das Land mit Gerechtigkeit und Frömmigkeit lenken, damit die Menschen zur Gottesliebe und zur Liebe zu den Mitmenschen erzogen würden. Doch auch der König stehe innerhalb der Kirche und nicht über ihr.[9]

Im Norden *Italiens* hatten die Langobarden die Herrschaft über die romanische Bevölkerung übernommen; sie waren aus Pannonia nach Oberitalien gewandert, wohl vor dem Druck der Awaren aus dem Südosten. Sie erreichten Cividale, ein Teil zog nach Westen und machte Pavia zum Hauptort, ein anderer Teil zog nach Süditalien weiter. Die Eroberer bildeten als Minderheit die Oberschicht, sie übernahmen aber früh die Sprache der romanischen Mehrheitsbevölkerung. Sie bewirkten die Verdrängung der byzantinischen Herrschaft in Italien, wie die Ostgoten vor ihnen bekannten sie sich zum arianischen Christentum. Der König Authari hatte seinem Volk die katholische Taufe noch verboten, doch bereits der König Agilulf war mit einer Königstochter (Theodelinde) aus dem Stamm der katholischen Bajuwaren verheiratet. Deswegen ließ er seinen Sohn bereits katholisch taufen; und seine theologischen Berater lehrten ihn, die politische Herrschaft komme durch die „göttliche Gnade" (gratia Dei) zum König.

Der König Rothari war wieder arianischer Christ, unter ihm wurden die langobardischen Volksrechte in lateinischer Sprache aufgeschrieben (Edictus Rothari); in diesen Volksrechten wurde die zentrale Macht des Königs gestärkt. Die nachfolgenden Könige waren zum Teil Arianer, zum Teil Katholiken. Unter dem König Perctarit hatte der Königsort Pavia eine katholische Kirche erhalten, dort trat der arianische Bischof zum katholischen Glauben der romanischen Bevölkerung über. König Liutprand verstand sich bereits als katholischer König und als oberster Richter; er schützte mit seinen Gesetzen auch die Ehen der Sklaven. In Pavia errichtete er eine Hofkanzlei mit Schreibern, er ließ eine Hofkapelle bauen und gründete Klöster und Kirchen. Als König ernannte er die Bischöfe und bestimmte die Gesetze der Kirche. Doch schließlich wurde das Reich der Langobarden von den Franken erobert und in das Regnum Francorum eingegliedert.[10]

---

9   Isidor von Sevilla, Historia Gothorum 8,1d; 12,3i. Dazu A. Angenendt, Das Frühmittelalter 162–167.

10 A. Angenendt. Das Frühmittelalter 160–169. C.A. Lückrath (Hg.), Das Mittelalter als Epoche. Idstein 1995, 7–21.

Das Reich der Franken

Die Franken, die sich aus verschiedenen kleinen Stämmen zu einem Kampfbündnis zusammensetzten, eroberten im Lauf der Zeit ganz Gallien. Nun lebten in ihrem Imperium verschiedene Völker und Stämme, nämlich Romanen, Burgunder, Alemannen, Bajuwaren, Thyringer, Goten, Bretonen, Basken und später auch Slawen. Alle diese Völker behielten in Friedenszeiten ihre Stammesrechte, nur in Zeiten des Krieges galt das fränkische Königsrecht. Zum Teil übernahmen die Könige die Rechtsordnung und Verwaltung des Römischen Imperiums, viele romanische Städte in Gallien konnten weiter bestehen. Bald übernahm die germanische Oberschicht auch hier die Sprache der romanischen Mehrheitsbevölkerung, die nun schon vom Latein der kirchlichen Verwaltung abwich. Der Königshof aber war nach dem Modell eines germanischen Bauernhofes organisiert, es gab den Hausmaier (maior domus) als Großknecht, den Seneschall als Gesindeknecht, den Marschall als Pferdeknecht und den Truchsess als Mundschenk bei Tisch.

Die fränkischen Beamten lernten die lateinische Sprache an den Schreibschulen der Kleriker, um mit Besitzlisten Steuern und Abgaben eintreiben zu können. Auch die Beamten der Gerichte und der königlichen Kanzlei waren der lateinischen Sprache kundig. Deswegen wurden die Schreibschulen aus der römischen Verwaltung übernommen. Der König Chlodwig verstand sich nach seiner Taufe als katholischer König. Zu dieser Zeit schrieb Avitus von Vienne, nach der Entscheidung des Königs müsse nun auch das ganze Volk der Franken dem neuen katholischen Glauben folgen. Der König stamme nicht von den germanischen Schutzgöttern ab, als Ersatz für diesen alten Glauben sei ihm aber die Hoffnung auf den christlichen Himmel geschenkt worden. Jetzt sei das Licht Christi über den Franken aufgegangen, durch die Taufe sei der Kriegshelm des Königs zu einem Helm des Heiles geworden. Das Taufgewand verstärke nun seine Kriegsrüstung, jetzt müsse der König die Saat des wahren Glaubens auch unter den fremden Völkern und Stämmen ausstreuen.[11]

Der Bischof Remigius aus Reims schrieb dem König, er müsse nun christliche Räte um sich scharen und die Rechte der Bischöfe anerkennen; außerdem müsse er für die Armen, Witwen und Waisen Sorge tragen; den Sklaven und Gefangenen solle er zur Freiheit verhelfen und über alle Menschen im Reich müsse er mit Gerechtigkeit herrschen. Nach den Schriften des Bischofs Gregor von Tours verleihe nur der Gott der katholischen Christen den Königen die Siege über ihre Feinde, denn er sei der einzig wahre Gott. Die alten Schutzgötter hätten keine Macht mehr, der König und seine Krieger müssten sich nun von ihnen trennen. Dieser Bischof berichtet, mit dem König Chlodwig seien mehr als 3000 Krieger in das Bad der Taufe gestiegen.[12]

Ohne Zweifel schlossen sich die Krieger und deren Gefolgsleute der Königssippe an, auch sie ließen sich katholisch taufen, doch die Christianisierung der Adeligen und des Volkes dauerte viele Generationen. Nur vom König Childebert I. wird berich-

---

11 Avitus, Epistolae 2–3. Remigius, Epistolae 2–4. M. Banniard, Genese culturelle de l´Europe. Paris 1989, 64–80.
12 Gregor von Tours, Historia Francorum 1–4. A. Angenendt, Das Frühmittelalter 170–174.

tet, dass er Verbote für die alten germanischen Kulte erlassen hat, die anderen Könige haben sie toleriert. Das schriftlich fixierte Recht der Franken (Lex Salica) zeigt noch wenig christliche Einflüsse, etwa bei den Gesetzen über die Ehe, das Feudalrecht und die Sklaven. Doch bald nach der ersten Christianisierung traten einige Frauen aus der Königssippe der Merowinger (Chrodechilde, Albofledis) in ein Kloster ein.

Die Könige waren fortan auch die obersten Hüter und Gesetzgeber der katholischen Kirche, sie setzten die Bischöfe ein und ab, sie riefen diese zu Synoden zusammen und gaben ihren Beschlüssen Gesetzeskraft. Die meisten dieser Bischöfe waren Romanen, denn diese waren in der lateinischen Schriftkultur gebildet. Gregor vor Tours beklagte, dass es in vielen Städten und Orten Galliens keine Lehrer der Grammatik und der Redekunst mehr gäbe. Doch die meisten Bischöfe kannten noch das alte Latein, das sie in den Klerikerschulen gelernt hatten. Aber die Sprache des Volkes entwickelte sich zu dieser Zeit von diesem Latein weg, die Kleriker sprachen vom „vulgären" Latein, aus dem später die altfranzösische Sprache wurde. Die Bischöfe und Priester waren zu dieser Zeit verheiratet, es gab ganze Dynastien von Klerikern, die starken Einfluss auf die Politik bekamen. An den Orten, wo Kirchen gebaut wurden, gaben die Kleriker Unterricht in lateinischer Sprache, im Lesen der Psalmen und anderer Teile der Bibel, aber auch im kirchlichen Recht. Dieser Unterricht war für junge Kleriker, aber auch für Beamte der Verwaltung gedacht. Damit bekamen die Bischöfe und Kleriker starken Einfluss auf die Bildung der fränkischen Adeligen und deren Gefolgschaft.[13]

Der fränkische König hatte eine politische und eine religiöse Funktion, er war Herrscher (rex) und oberster Priester (sacerdos). Deswegen sollte er nach den Vorstellungen der Theologen gütig und fromm leben, dem Volk sollte er ein Vorbild der christlichen Tugend (virtus) sein. Nach der Lehre der Theologen hatte der König heilende Kraft, er beschützte das Volk der Franken und den wahren katholischen Glauben. Die Kleriker waren von den öffentlichen Abgaben und von weltlichen Betätigungen befreit, nur die Versorgung der Armen, der Witwen und der Waisen war ihnen anvertraut. Die Kleriker hatten eigene Gerichte, doch für Streitfälle mit Laienchristen gab es gemischte Gerichte. Die Bischöfe und Priester durften den von ihren Herren schlecht behandelten Sklaven Asyl gewähren, sie forderten das Verbot der Tötung von Sklaven und der Versklavung von Freien im Schuldenfall. Durch Stiftungen und Schenkungen von adeligen Familien erhielten die Kirchen großen Landbesitz, den sie aber zur Versorgung der Armen und Entrechteten einsetzen mussten. Nun predigten die Kleriker den Laienchristen, dass sie durch große Schenkungen die Erlösung ihrer Seelen von den Sünden erlangen könnten.[14]

Die Bischöfe einer Stadt oder einer Region übernahmen wegen ihrer lateinischen Bildung auch Aufgaben der Verwaltung; sie garantierten die Einhaltung der königs-

---

13 L. Pietri, Die Kirche des Regnum Francorum. In: L. Pietri (Hg.), Die Geschichte des Christentums III, 800–828. M. Banniard, Genese culturelle 120–134. A. Angenendt, Das Frühmittelaler 169–181.

14 Gregor von Tours, Historia Francorum 6,6. L. Pietri, Die Kirche des Regnum Francorum 830–835. M. Banniard, Genese culturelle 130–144.

lichen Rechtsordnung, in Krisenfällen befehligten sie auch Krieger zur Verteidigung der Bevölkerung. Die Kleriker übten in ihren Kirchen das Asylrecht aus, außerdem durften sie regelmäßig die Gefangenen in den Gefängnissen besuchen. Den Bischöfen und Klerikern war vom König die Aufgabe übertragen, für Arme und Schwache zu sorgen und diese mit Kleidung und Nahrung zu versorgen. Es war ihnen auch erlaubt, mit erhaltenen Spenden Sklaven oder Gefangene freizukaufen. Sie führten schriftliche Verzeichnisse der Armen und Bedürftigen (matricula), die regelmäßig Unterstützung bekamen. Besonders in Hungerzeiten waren die Kleriker gefordert, die wenigen Nahrungsmittel ausreichend und gerecht zu verteilen. Auch die Pflege der Kranken gehört zu ihren Aufgaben, dafür wurden vor allem die Diakone eingesetzt.

Schon früh wurden in einigen Städten (Orleans, Limoges, Tours) eigene Häuser für Kranke und Schwache (domus hospitalis) eingerichtet, der Pflegedienst wurde von den Klerikern organisiert. Vor allem die am Aussatz Erkrankten wurden in Leprahäusern und Hospitälern gepflegt und betreut. Da zu dieser Zeit viele Menschen als Wallfahrer (peregrinatio) zu den heiligen Orten unterwegs waren, richteten die Kleriker Häuser für kurzzeitige Unterkunft (xenodochium) ein. Bereits Caesarius von Arles berichtet von einem Haus für Kranke (domus infirmorum) bei der Kirche seiner Stadt. Später ermöglichten Adelige mit ihren Schenkungen die Einrichtung von Armenhäusern und Krankenhäusern bei den Kirchen und Klöstern. Von der Königin Radegunde wird berichtet, dass sie sich selbst an der Pflege der Kranken beteiligte. An diesen Krankenhäusern und an den Höfen der Fürsten und Bischöfe gab es Ärzte (medicus, archiater), die in der Naturheilkunde ausgebildet wurden. Denn das empirische Wissen der antiken Medizin war der lateinischen Kultur verloren gegangen. Zu dieser Zeit wirkten viele Wunderheiler, die mit Gebet und mit symbolischen Riten Krankheiten heilen wollten. Vor allem der Salbung des Kranken mit Pflanzenöl wurde heilende Wirkung zugeschrieben.[15]

Zu dieser Zeit verboten immer mehr Bischöfe ihren Klerikern, in der Ehe zu leben und Kinder zu haben; einige forderten, die Frauen sollten die Häuser der Kleriker verlassen. Ein Grund dafür war die leibfeindliche Einstellung einiger Theologen, ein anderer Grund war die gefürchtete Ansammlung von gespendeten Gütern in den Familien der Kleriker. Frauen wurden fortan nicht mehr zum Dienst als Diakoninnen geweiht, der Dienst am Altar wurde ihnen verboten. Jetzt stifteten immer häufiger adelige Grundbesitzer ihre eigenen Kirchen (Eigenkirchen), sie stellten die Kleriker an und bezahlten sie. Die meisten Prediger dieser Zeit verkündeten ein strenges Gottesbild, jeder Misserfolg im Leben wurde als Strafe Gottes für begangene Sünden gewertet. Umgekehrt sagten die Kleriker, der wirtschaftliche und politische Erfolg sei die göttliche Belohnung für ein Leben in der Tugend.

An vielen Orten, vor allem an den alten Kultorten, wurden böse Dämonen und teuflische Mächte vermutet, die Menschen sollten sich durch Gebet und kirchliche Riten vor ihnen schützen. Die alten Schutzgötter der Bauern und der Krieger durften nicht mehr verehrt werden, sie wurden von den Theologen und Predigern zu

---

15　L. Pietri, Die Kirche des Regnum Francorum 840–848.

bösen „Dämonen und Teufeln" degradiert. Andere Prediger verhöhnten diese alten Schutzgötter und sagten, dass sie gar keine Macht mehr hätten. Doch die Bauern, die Viehhirten, die Unfreien und vor allem Frauen verehrten die alten Schutzgötter an geheimen Orten weiter; die Frauen hatten ja keine Funktion mehr im Gottesdienst der Kleriker.

Die Prediger und Theologen verlangten, dass an der Stelle der alten Schutzgötter und -göttinnen christliche Heilige und Martyrer verehrt werden sollten. Ihnen wurden nun Kirchen und Klöster geweiht, denn sie galten als die Vorbilder des moralisch guten Lebens. Von diesen Heiligen und ihren Gebeinen (Reliquien) sollten heilende Kräfte ausgehen, deswegen empfahlen die Kleriker die Wallfahrt zu ihren heiligen Orten. In vielen Sippen aber lebte zu dieser Zeit die Blutrache noch weiter, jeder Verlust sollte durch den gleich großen Verlust vergolten werden (ius talionis). Doch die Theologen und Kleriker wollten die Blutrache durch Formen der Buße und der Versöhnung ersetzen. Damit begann ein tiefer Lernprozess in der fränkischen Kultur, der viele Jahrhunderte dauerte. Im frühen Fränkischen Reich konnten die Ehen mit einem Scheidungsbrief geschieden werden, dagegen hatten sich viele Kleriker und Theologen ausgesprochen; ab der Mitte des 8. Jh. gelang es ihnen, regionale Scheidungsverbote durchzusetzen.[16]

Zu dieser Zeit dürfte die Zahl der Unfreien und Sklaven die Zahl der Freien übertroffen haben. Denn bei allen Kriegszügen wurden die besiegten Sippen und Stämme zu Sklaven gemacht. Daher befasste sich in den alten Volksrechten der Franken, der Westgoten und der Langobarden ein Drittel der Bestimmungen mit dem Leben der Sklaven. Die Herren konnten über ihre Leibeigenen nach Belieben verfügen, sie hatten das Recht zu jeder Bestrafung, auch zur Tötung. Die Sklaven wurden auf großen Märkten gehandelt, gekauft und verkauft, auch die höheren Kleriker hatten ihre Haussklaven. Den freien Männern waren sexuelle Beziehungen zu Sklavinnen gestattet, deren Kinder waren wieder Sklaven. Doch die freien Frauen durften sich nicht mit Sklaven paaren, sie waren Eigentum der freien Männer. Wenn eine freie Frau mit einem Sklaven beim sexuellen Liebesspiel entdeckte wurde, dann wurden beide getötet.

Zu dieser Zeit haben sich die Bischöfe auf vielen Synoden bemüht, das Los der Sklaven zu verbessern. Die Sklaven der Kleriker hatten zumeist bessere Arbeitsbedingungen als andere, sie mussten am Sonntag nicht arbeiten. Einige Sklaven wurden für ihre Arbeit bezahlt, sie konnten mit diesem Geld Eigentum erwerben; auch die Eheschließung zwischen Sklaven wurde häufig gestattet, weil deren Kinder wieder als Sklaven auf den Markt kamen. Nun setzten sich die Kleriker dafür ein, dass alle Sklaven heiraten konnten und dass sie nicht außerhalb des Frankenreiches verkauft werden durften.[17] Die Adeligen und Freien wurden von den Predigern dazu aufgefordert, ihre Sklaven menschlich zu behandeln und nicht zu quälen. Die Tötung

---

16   A. Angenendt, Das Frühmittelalter 190–196. P. Riche, Die Welt der Karolinger. Stuttgart 1981, 65–78.

17   H.W. Goetz, Leben im Mittelalter. Vom 7. bis zum 13. Jahrhundert. München 1986, 84–102. A. Angenendt, Das Frühmittelalter 205–208.

von Sklaven wurde von den Bischöfen mit der Exkommunikation bedroht. Wenn
Sklaven in einer Kirche Asyl suchten, durften sie nicht dafür bestraft werden; auch
sie sollten Zugang zu den ordentlichen Gerichten bekommen. Sklaven durften ohne
die Zustimmung ihrer Herren aber keine Kleriker werden, auch durften sie während
des Kirchenasyls nicht heiraten. So hat die Christianisierung das Los der Sklaven im
Fränkischen Reich im Lauf der Zeit deutlich verbessert.

Zu dieser Zeit sammelten die Kleriker Sachgüter und Geld, um Kriegsgefangene
freikaufen zu können; denn in den vielen Kriegen gerieten viele Sippen in Gefangenschaft. Das Asyl im Schutz einer Kirche bewirkte für alle Personen einen Aufschub
bei der Strafverfolgung, aber keine Begnadigung. Vor den Gerichten bemühten sich
die Kleriker, für die Angeklagten ein mildes Urteil zu erreichen, wenn sie aus dem
Kirchenasyl kamen. Aus diesem Grund wurden mit zeitlicher Begrenzung auch Mör-
der, Diebe und Ehebrecher in das Kirchenasyl aufgenommen, um den Strafvollzug
hinauszuschieben.[18]

Der Bischof Gregor von Tours beklagte den Niedergang der lateinischen Bildung
und Schreibkunst, es seien zu wenige Lehrer der Grammatik und der Redekunst.
Bischof Venatius Fortunatus von Poitiers war eine Ausnahme, von ihm haben wir
schriftliche Werke; danach folgte die Fredegar-Chronik, dann war 50 Jahre eine Pau-
se in der lateinischen Literatur. Erst um 700 gab es aus einem Kloster bei Poitiers
wieder ein schriftliches Zeugnis, ein „Librum scintillarum" von einem Defensor des
Glaubens, in dem Bibeltexte und Zitate aus lateinischen Kirchenvätern zusammen
gestellt waren. In einem Missale aus dem Kloster in Bobbio war das Latein fast un-
verständlich geworden. Der Verlust an Schreibkunst hatte zur Folge, dass auch die
königlichen Gesetzessammlungen nicht korrekt weiter gegeben werden konnten.
Zu dieser Zeit konnten die meisten fränkischen Richter wohl nicht mehr lesen oder
schreiben. Dies änderte sich erst durch die Karolingische Reform und deren umfassenden Bildungsplan.

Durch mehrere politische Teilungen wurde das Reich der Merowinger geschwächt;
Austrasien, Neustrien und Burgund strebten nach Selbständigkeit, nur wenigen Königen gelang noch eine einheitliche Politik. Im Laufe dieser Zeit versuchten sich
Aquitanien, Thyringien, Alemannien und Baiern aus der Oberhoheit der Franken
zu lösen. In dieser Zeit ging die politische und militärische Macht immer mehr auf
die Verwalter (maior domus) des Reiches über, bis diese die Merowinger als Könige
ablösten.[19]

Die Lebenswelt in Irland

Die Inselkelten bewohnten seit langem die Insel, die von ihrer keltischen Schutzgöt-
tin Eriu den Namen Eire erhielt. Diese Kelten hatten durch den Austausch mit den
Römern eine eigene Schriftkultur entwickelt, damit konnten sie ihre Mythen und
Heldenerzählungen in schriftlicher Form darstellen. Der Schrift kundig waren zum

---

18   A. Angenendt, Das Frühmittelalter 196–201.

19   M. Banniard, Genese culturelle 144–160. A. Angenendt, Das Frühmittelalter 200–203.

Teil die Priester (Druiden), zum Teil die Dichter und Rechtslehrer. Die Gesellschaft bestand aus dem Adel der Krieger, aus den freien Männern und Frauen, und aus den Unfreien und Sklaven. Die Sippen (derbfim) waren die Träger von Besitz, Eigentum und Recht, sie schlossen sich zu kleinen Fürstentümern (re, lat. rex) zusammen. Aus diesen bildeten sich im Lauf der Zeit fünf kleine Königreiche, doch ein einheitliches Königtum hatte Irland nie erreicht. Die Insel war von den Römern nie erobert worden, dennoch kamen bereits im 4. Jh. christliche Missionare auf die Insel; um 431 ist schon von einem Bischof Palladius auf der Insel die Rede. Diese christlichen Missionare und römische Kaufleute hatten die lateinische Schrift auf die Insel gebracht.

Ein früher christlicher Missionar war Patrick im 5. Jh, er hat uns einige schriftliche Zeugnisse hinterlassen, nämlich ein Selbstbekenntnis (confessio) und einen Brief an Soldaten. Er stammte aus Britannien, sein Vater war römischer Beamter (decurio) und christlicher Diakon. Ob Patrick auch in Gallien war, ist nicht sicher. In Irland wurde er Prediger des christlichen Glaubens und Bischof, wahrscheinlich am Königsort Armagh. Als die Angeln, Jüten und Sachsen Britannien eroberten, wurde Irland vom Kontinent stark isoliert, deswegen bildete sich auf der Insel ein sehr eigenständiges Christentum. Wichtig waren dort die vielen Klöster und die besonderen Formen der Buße für die begangenen Sünden. Zu dieser Zeit wurden getrennte Klöster für Männer und für Frauen gegründet, aber auch Doppelklöster für Mönche und Nonnen unter einer Führung. Diese Klöster wurden nun die Zentren der Missionierung, der Liturgie und der Schreibkunst. Wahrscheinlich haben sich viele Druiden und weise Frauen nach der Christianisierung zu Klostergemeinschaften zusammen geschlossen.[20]

Offensichtlich haben die Adelssippen Klöster gegründet, denn sie blieben mit den Gemeinschaften von Mönchen und Nonnen eng verbunden. Die meisten Klöster waren durch einen Wall vor Feinden geschützt, die Mönche und Nonnen mussten sich aber wirtschaftlich selbst versorgen. Ihre Hauptaufgabe aber bestand darin, das Lob Gottes zu singen und zu beten, Askese zu üben und von den Mitmenschen die bösen und dämonischen Mächte fernzuhalten. Dies sollte durch Nachtwachen, durch körperliche Abhärtung und durch das dauernde Gebet gelingen. Neben den Klöstern lebten viele Einsiedler und Einsiedlerinnen, die von den Gläubigen als moralische Vorbilder, als Heilige und als Heiler, aber auch als Ratgeber verehrt wurden. Hier lebten im Volk deutlich die Erwartungen weiter, die früher an die Druiden gestellt wurden. Diese Klöster waren nun auch Zentren der lateinischen Schreibkunst, denn dort wurden Texte der Bibel und der frühen Theologen (Kirchenväter) abgeschrieben. Die meisten Klöster waren mit einander im Gebet und durch Boten in Verbindung.[21]

In den Frauenklöstern war öfter vom Raub der Nonnen und von unfreiwilligen Schwangerschaften der Nonnen durch männliche Mitglieder der Stammsippen die Rede. Daher schlossen sich einige Frauenklöster mit Männerklöstern zusammen

---

20 M. Richter, Irland im Mittelalter. Kultur und Geschichte. München 1996, 84–100. A. Angenendt, Das Frühmittelalter 205–208.
21 M. Richter, Irland im Mittelalter 96–120.

(Doppelkloster), um sich gegen Überfälle besser schützen zu können. Die Äbtissin Brigida in Kildare leitete ein Doppelkloster und bestimmte die Weihe des ihr untergeordneten Bischofs. In den Schreibstuben (scriptoria) dieser Klöster wurden große Teile der lateinischen Bibel und Texte des Isidor von Sevilla und des Mönchs Pelagius abgeschrieben. Dort wurden auch die großen Werke der Buchmalerei geschaffen, welche die altirische und keltische Symbolsprache mit christlichen Bildern verband. Wichtig wurde im keltischen Christentum die strenge Form der Buße, die auch kleinere Sünden einbezog. Denn die Sünde wurde als Verstoß gegen die göttliche Weltordnung gedeutet, sie konnte nur durch Strafen und durch Bußleistungen getilgt werden.

In den Klöstern entstanden zu dieser Zeit mehrere Bußbücher, welche die Sünden und die dafür verhängten Strafen genau auflisteten. Die Kleriker erstellten für alle Sünden feste Bußtarife, die auch stellvertretend von anderen Personen geleistet werden konnten. Daher zahlten Adelige und Freie an die Mönche und Nonnen Naturalien oder Geld, damit diese deren Sünden durch Bußwerke tilgten. Dem strengen Richtergott war es gleichgültig, wer die Bußleistungen erbrachte; sie mussten auf alle Fälle erbracht werden, um ihn zu versöhnen. Damit wurden viele Klöster für die Laienchristen die Orte der Sündenvergebung, aber auch der Beratung in Lebensproblemen, der Heilung von Krankheit und der Stärkung von Lebenskraft. Schwere Sünden konnten nach altirischem Recht nur durch Verbannung in eine fremde Region getilgt werden.

Aus dieser Verbannungsbuße entstand die hauslose Wanderschaft (peregrinatio) vieler Gläubigen; vor allem Mönche gingen auf Wanderschaft, um die eigenen Sünden, aber auch die Sünden von adeligen Auftraggebern zu büßen. Auf diesen Wanderungen kamen irische Mönche mit kleinen Schiffen nach Britannien, später nach Gallien und nach Germanien. Sie begannen dort in wenig besiedelten Gebieten den christlichen Glauben auf ihre Weise zu predigen.[22] Am Ende des 6. Jh. wanderte der irische Mönch Columban der Jüngere mit zwölf Gefährten nach Gallien, um dort den christlichen Glauben zu verbreiten. Er wandte sich an die fränkischen Königshöfe und fand dort Unterstützung, offensichtlich gab es im Land zu wenige christliche Prediger. Columban gründete Klöster in Luxeuil und in Fontaines; doch wegen eines Streits mit Klerikern und Adeligen wurde er aus Burgund ausgewiesen und zog weiter nach Austrasien. Er missionierte bei den Alemannen am Bodensee und am Zürichsee, dort soll er ein Heiligtum des germanischen Schutzgottes Wodan zerstört haben. In St. Gallen gründete er mit dem Diakon Gallus ein Kloster, das zu einem Zentrum der Mission wurde.

Danach zog Columban mit seinen Anhängern weiter in das Land der Langobarden und gründete dort das Kloster Bobbio; ein Abt dieses Klosters schrieb später dessen Lebensgeschichte. Nach seinem Tod wurde er vom gläubigen Volk als ein Mann Gottes (vir Dei) verehrt, sein asketisches Leben wurde als Nachfolge des gekreuzigten Christus gedeutet. In seiner Klosterregel (Regula monachorum) betonte er den Gehorsam der Mönche, die tägliche Abtötung (mortificatio) der fleischlichen Begier-

---

22 A. Angenendt, Das Frühmittelalter 202–214. M. Banniard, Genese culturelle 148–156.

den und das Glück des Martyriums durch ein langes Leiden. Das Ziel der Mönche sah er im langsamen Aufstieg der Seele zur Heimat des Himmels.[23] Von Columban stammen zwei Bußbücher, die das Leben der Mönche ordnen sollten. Vor allem die Könige von Neustrien unterstützten die Gründung neuer Klöster, diese wurden zu Zentren der wirtschaftlichen und kulturellen Entwicklung. In zwei Jahrhunderten sind dort über 550 Klöster gegründet worden, einige folgten der Regel des Benedikt von Nursia, die anderen der Regel des Columban.

In vielen Klöstern lebten die Söhne und Töchter der Adelssippen, die nicht verheiratet werden konnten. Zu dieser Zeit wurden die Klöster zu Zentren der Wirtschaft, des Ackerbaues und der Viehzucht, sie waren wie große Bauernhöfe organisiert. Gleichzeitig waren sie Zentren der lateinischen Kultur, der Schreibkunst und der Buchmalerei, der Literatur und der Theologie. Die Mönche und Nonnen verbreiteten im Volk den christlichen Glauben und ein Ethos der gegenseitigen Solidarität. Auf den Besitzungen der Klöster arbeiteten auch Unfreie und Sklaven, die dort sesshaft werden konnten. Durch ihre Wanderbewegung haben irische Mönche und Nonnen in Gallien, Italien und in Teilen Germaniens eine zweite Welle der Christianisierung eingeleitet.

Die Lebenswelt in England

Die römische Provinz Britannia trug ihren Namen nach dem keltischen Land Priteni, das Land nördlich des Hadrian Wall war von den Pikten besiedelt und blieb von den Römern unabhängig. Nach dem Abzug des römischen Heeres aus der Provinz Britannia im Jahr 410 fielen die Pikten und die Iren in das vormals römische Land ein und besiedelten es neu. Zur Abwehr dieser Eindringlinge rief die römische Provinzverwaltung, die noch eine Zeitlang bestehen blieb, germanische Stämme von europäischen Festland in das Land. Nun kamen die Angeln von der unteren Elbe, die Jüten aus Jütland und die Sachsen nördlich der Elbe mit Schiffen in das Land. Die germanischen Einwanderer vermischten sich mit der schon christianisierten Bevölkerung, überlagerten und dominierten sie. Ein Teil der keltischen Christen zog sich nach Wales, nach Cornwall, nach Gallien und in die Bretagne zurück.

Nun schufen die eingewanderten germanischen Stämme mehrere Königreiche, die germanische Sprache und Religion gewann die Oberhand, das Christentum war weitgehend verdrängt worden. Aus diesem Grund schickte der römische Bischof Gregor I. am Ende des 6. Jh. römische Mönche als Missionare in das Land der Angeln und Sachsen. Diese Stämme sollten das orthodoxe und römische Christentum annehmen, es wurden Bischofssitze und Klöster errichtet. Der Mönch Beda Venerabilis hat diese Glaubensverkündigung später genau beschrieben.[24] Er spricht von sieben Königreichen, die sich abwechselnd die Oberherrschaft über das Land garantierten. König Aethelbert von Kent hatte bereits eine christliche Frau, nämlich

---

23   K.S. Frank, Frühes Mönchtum im Abendland II. Zürich 1975, 169–178.
24   Beda Venerabilis, Historia ecclesiastica gentis Anglorum 2,16.

die Merowingerin Berta. Diese hatte bereits den fränkischen Bischof Liudhard nach Kent mitgebracht.

Im Sommer 601 kamen die römischen Missionare mit einem Empfehlungsbrief des römischen Bischofs Gregor I. zum König von Kent und baten ihn um die Erlaubnis, den christlichen Glauben im Land verkünden und organisieren zu dürfen. Der Papst in Rom forderte in diesem Brief, die alten germanischen Kultstätten sollten zerstört werden, Bischofssitze sollten in London und in York eingerichtet werden. Ein zweiter Brief des Papstes, der von Boten überbracht wurde, milderte die ersten Forderungen der Zerstörung der alten Kulte etwas ab, denn die Missionare könnten nicht alle Ziele auf einmal erreichen. In der Folge ließen sich die Könige von Kent, von Essex und von Ostanglien katholisch taufen, ihre Krieger und Adeligen folgten ihnen. Doch der König Raedwald hatte in Suffolk an einem alten Kultort zwei Opferaltäre errichten lassen, einen für die germanischen Schutzgötter und einen für den Christengott. Er wollte sehen, welcher Gott sich beim Schutz der Krieger als der stärkere erwies.[25]

Bald danach ließ sich auch der König Edwin von Nordhumbrien mit seinen Kriegern katholisch taufen; der Bischof Paulinus hatte die Taufbewerber 36 Tage lang im christlichen Glauben unterrichtet. Danach durften sie zur Taufe in einen Fluss steigen, nahe bei einer Königspfalz, nun waren sie auf den Christengott verpflichtet. Später kam in Nordhumbrien Oswald als König zur Herrschaft, der bereits im Exil in Irland katholisch getauft worden war. Folglich brachte er irische Missionare des Christenglaubens in sein Königreich und gründete das Kloster Lindisfarne. Am Ende des 7. Jh. traten auch die Könige von Essex und Sussex mit ihren Adeligen und Kriegern zum christlichen Glauben über. Daher war das Christentum in England zum Teil irisch und zum Teil römisch geprägt. Aber auf einer Bischofssynode in Whitby setzte sich das römische Christentum durch, der irische Einfluss nahm deutlich ab.[26]

In der Folgezeit organisierte der Bischof Theodoros von Canterbury, der aus Kilikien stammte, die Diözesen und die Kirchen im Land; der Mönch Hadrianus aus Nordafrika gab den Klöstern die römische Lebensform. Daher wurde das angelsächsische Christentum stark von den Klöstern, den Mönchen und Nonnen geprägt. Auch in England entstanden mehrere Doppelklöster, die dem Vorbild des Iren Columban folgten; häufig leiteten adelige Äbtissinnen ein Frauen- und ein Männerkloster. Die Mönche und Nonnen lebten getrennt, doch zum Gebet und zur Feier der Liturgie kamen sie zusammen. Im Doppelkloster Whitby lebte der Mönch Caedmon, der als erster in angelsächsischer Sprache geistliche Gedichte verfasst hatte. Aus der Klosterschule der Äbtissin Hilda gingen fünf Bischöfe hervor. Der Mönch Benedict Biscop brachte aus Gallien die Klosterregel des Benedikt von Nursia mit, durch ihn kamen auch lateinische Bücher aus der Bibliothek des Cassiodorus nach England. In ihren Schreibstuben verbanden die Mönche und Nonnen fortan die irische Schreibkunst mit der römischen Theologie und Frömmigkeit.

---

25 J. Campbell, The Anglo-Saxons. New York 1982, 56–70. St. Basset (Hg.), The origins of the Anglo-Saxon kingdoms. London 1989, 124–139. A. Angenendt, Das Frühmittelalter 220–224.

26 J. Campbell, The Anglo-Saxons 124–139. A. Angenendt, Das Frühmittelalter 222–226.

Zu dieser Zeit verfasste der Mönch Aldhelm von Malmesbury ein lateinisches
Werk über die Jungfräulichkeit (De virginitate), der Autor stammte aus der Königssippe von Wessex. Doch der wichtigste Autor zu dieser Zeit war der Mönch
Beda Venerabilis, der aus Nordhumbrien stammte; er verfasste über 40 Bücher über
verschiedene Inhalte, über die Auslegung der Bibel, über das klösterliche Leben und
die rechte Feier des Gottesdienstes. Dabei schrieb er ein klassisches Latein, das Lesen und Schreiben machte ihm Freude, wie er bekannte. Seine Werke befassten sich
auch mit dem Elementarunterricht der lateinischen Sprache, mit der Orthographie,
dem Versmaß und den Regeln der Redekunst; außerdem verfasste er Bücher über
die Erkundung der Natur und über die Berechnung der Zeit. Er folgte bereits der
Zählweise der Jahre nach der Geburt Jesu Christi, die der Mönch Dionysius Exiguus
eingeführt hatte.[27]

Die Bibel legte Beda allegorisch aus, er sah in ihr einen wörtlichen, einen moralischen und einen symbolischen Sinn. Außerdem verfasst er ein Verzeichnis der
Martyrer, die in den Klöstern gefeiert wurden. Seine „Kirchengeschichte der Angeln"
ist eine wertvolle Beschreibung der Lebenswelt des frühen Mittelalters. Zu dieser Zeit
wurden an den Bischofsitzen Kathedralklöster eingerichtet, welche mit der Glaubensverkündigung beauftragt wurden; sie prägten das geistliche Leben der Kleriker
und des Volkes. Der König Edwin war erst zum Christentum übergetreten, nachdem
er über den König von Wessex in einer Schlacht gesiegt hatte; vor seiner Taufe hatte
er seine Krieger und Adeligen befragt, die ihre Zustimmung gaben. Auffallend ist,
dass fast alle frühen christlichen Könige in England einen ihrer Söhne nicht taufen
ließen. Denn wenn der christliche Glaube im Land scheitern sollte, dann sollte dieser
ungetaufte Königssohn die Nachfolge als König antreten. Wir erkennen, dass hier die
Christianisierung des Landes nicht als endgültig angesehen wurde, denn im Letzten
entschieden immer die Waffen über die Form des religiösen Glaubens, der gelebt
werden sollte und durfte.

Mehrere Diözesen der Bischöfe wurden zu Erzdiözesen zusammen gefasst, sie
standen in enger Verbindung mit dem Bischof in Rom. Auf ihren Synoden befassten
sich die Bischöfe mit Fragen der Glaubensverkündigung, mit den Lebensformen der
Kleriker, mit dem Leben der Mönche und Nonnen und mit Fragen des Eherechts
für die Laienchristen. Einige Könige traten am Ende ihres Lebens in ein Kloster ein,
um für ihre Sünden im Krieg Buße zu tun. Sie wollten im Büßerhemd sterben, wie
die Kleriker es ihnen empfohlen hatten. Nicht wenige der Königssöhne pilgerten mit
dem Pferd oder zu Fuß nach Rom, wo sie die Taufe empfingen und wo einige sogar
Mönche wurden. Denn es wurde ihnen von den Predigern gesagt, dass den Mönchen
und den Büßern der Weg zum Himmel offen stand.[28]

---

27 J. Campbell, The Anglo-Saxons 144–158.
28 A. Angenendt, Das Frühmittelalter 228–232.

Die Slawen in Osteuropa

Die Slawen sind die Jüngsten unter den indo-europäischen Völkern, sie siedelten lange Zeit als Hirtennomaden und als Ackerbauern zwischen den Karpaten und dem Fluss Dnjepr. Durch das asiatische Reitervolk der Awaren wurden sie ab der Mitte des 6. Jh. immer weiter in den Westen gedrängt. Die Awaren kamen wohl aus der mongolischen Steppe, ihre Sprache war zum Teil mongolisch, zum Teil nahe zu den Turkvölkern. Diese Reiterscharen stießen tief nach Ungarn und auf den Balkan vor, im Jahr 582 eroberten sie die Stadt Sirmium in der Provinz Illyrien. Danach kamen sie bis Dalmatien, Istrien und Friaul, im Norden bis an die Elbe; an der Donau drangen sie bis zum Siedlungsgebiet der Bajuwaren vor. An der Enns vernichteten sie den bereits christlichen Bischofsitz Lauriacum (Lorch). Im Süden griffen sie das Byzantinische Reich an und erpressten von ihm hohe Tributzahlungen. Zusammen mit den Persern belagerten sie im Jahr 626 die Kaiserstadt Konstantinopel, doch dem Kaiser Heraklios gelang es, sowohl die Perser, als auch die Awaren zu besiegen.

Erst dem Frankenkönig Karl dem Großen gelang es in mehreren Kriegszügen, die Awaren zu unterwerfen, danach leitete er deren Christianisierung ein. Doch eine Zeitlang konnten sich die Khane der Awaren noch als den Franken tributpflichtige Fürsten behaupten.[29] Die Slawen wurden in den lateinischen Quellen durchwegs „Venedi" (Wenden) genannt, der Ursprung dieses Namens ist bis heute ungeklärt. Diese Völker und Stämme drangen in der Folgezeit in mehreren Stoßrichtungen nach Mitteleuropa und Südosteuropa vor. Die Ostslawen kamen im Norden bis zur Ostsee und wurden dort als Ackerbauern und Viehzüchter sesshaft. Die Westslawen siedelten bis zur Elbe und zum oberen Main; und die Südslawen drangen in die Flusstäler der Ostalpen vor, die vorher von germanischen Stämmen verlassen worden waren. Sie nannten sich „Karantanen" und zerstörten das Christentum in der römischen Provinz Noricum; die römische Stadt Teurnia wurde erobert.

Andere slawische Völker und Stämme siedelten nun in Dalmatien, in Moesien und am Balkangebirge, sie lebten aber dort lange Zeit unter der Herrschaft und Abhängigkeit von den Awaren. Erst als diese vom byzantinischen Kaiser Heraklios besiegt worden waren, konnten die slawischen Völker ihre eigenen Herrschaftsbereiche zwischen Böhmen und den Ostalpen errichten. Die Karantanen organisierten sich unter einem zentralen Führer und konnten sich gegen die Bajuwaren behaupten. Doch als die südslawischen Stämme von der Herrschaft der Awaren frei werden wollten, riefen sie die Kriegerheere der Bajuwaren zu Hilfe. Aber damit gelangten sie in die politische Abhängigkeit von den Bajuwaren und später von den Franken.[30]

Zu dieser Zeit begann auch die Christianisierung der slawischen Völker, die später ausführlich dargestellt wird. Das Turkvolk der Bulgaren siedelte an der unteren Wolga und erreichte im 7. Jh. die Donaumündung. Sie verbanden sich mit slawischen Stämmen und wurden in den alten römischen Provinzen Moesia und Thrakia sesshaft. Sie

---

29 W. Pohl, Die Awaren. München 1988, 64–80. F. Daim (Hg.), Awaren-Forschung I. Wien 1992, 139–145.
30 C. Goehke, Frühzeit des Ostslawentums. Darmstadt 1992, 124–145. A. Angenendt, Das Frühmittelalter 235–238.

führten mehrere Kriege gegen das byzantinische Reich, konnten aber ihre Unabhängigkeit bewahren. Im 9. Jh. nahmen die Bulgaren das byzantinische Christentum an, es wurden Klöster gegründet und Bischofssitze eingerichtet.[31]

Das oströmische Reich

Unter dem Kaiser Justinianos I., der 38 Jahre regierte, erlangte das byzantinische Imperium noch einmal starke politische Bedeutung. Es konnte Teile der ehemals weströmischen Provinzen Africa, Italien und Hispania zurück erobern. Der Kaiser festigte seine politische Macht durch eine einheitliche christliche Reichsreligion, er sah sich als der Verteidiger des einzig wahren Glaubens; die davon abweichenden Häretiker ließ er hart bestrafen, denn er wollte die Irrlehren ausrotten. Im Codex Justianianus wurden die christlichen Häretiker ungleich mehr verfolgt als Nichtchristen und Juden. Die orthodoxen Bischöfe gewannen großen Einfluss auf die Verwaltungen der Städte und Regionen, ihnen war der Schutz der Waisenkinder, der Geisteskranken, der Minderjährigen und der nichtverheirateten Frauen und Witwen anvertraut. Der Kaiser ließ eine große Zahl von Kirchen und Klöstern bauen, denn er brauchte die Kleriker, die Mönche und Nonnen zur Festigung seiner Herrschaft. Nichtchristen durften keine politischen Ämter ausüben, sie durften keine Christen als Sklaven halten und verloren das Recht, ihre Güter zu vererben; damit sollten sie zum Übertritt zum orthodoxen Glauben gezwungen werden.[32]

Wer aber vom christlichen Glauben abfiel und sich wieder der griechischen Religion zuwandte, wurde mit dem Tod bedroht. Nichtchristen sollten keinen Besitz haben und alle bürgerlichen Rechte im Staat verlieren, weil der Irrtum kein Existenzrecht habe. So lehrten es die meisten Bischöfe und Theologen, deswegen ließ der Kaiser im Jahr 529 in Athen die Platonische Akademie schließen, an der fast 950 Jahre lang Philosophie gelehrt worden war. Denn die platonische Philosophie wurde als heidnisch und nichtchristlich angesehen, obwohl die meisten Theologen sie in ihr Glaubensgebäude übernommen hatten. Allein die neuplatonische Schule in Alexandria konnte noch eine Zeitlang lehren. In Ägypten ließ der Kaiser die Tempel der Göttin Isis schließen, auch der Kult des Jupiter-Ammon in der Kyrenaika wurde verboten, viele griechische Tempel wurden jetzt in christliche Kirchen umgebaut. Aber nicht wenige Adelige und Besitzbürger verweigerten die christliche Taufe, sie wählten lieber den Freitod oder wurden von den Soldaten getötet. In der Stadt Ephesos waren Adelige, Grammatiker, Sophisten und Ärzte als Taufverweigerer lange Zeit eingekerkert; auch die Astrologen und Magier wurden im ganzen Reich verfolgt.[33]

Zu dieser Zeit wurden christliche Prediger in die Regionen Karien, Lydien und Phrygien geschickt, um die Nichtchristen und die monophysitischen Christen zum

---

31 K.D. Grothusen (Hg.), Südosteuropa-Handbuch IV, Göttingen 1990, 129–139. D. Hintner, Die Ungarn und das byzantinische Christentum der Bulgaren. Leipzig 1976, 119–134. J. Herrmann (Hg.), Welt der Slawen. München 1986, 56–78.

32 Codex Justinianus I,5,12; 5,18; 5,21.

33 Malalas, Chronika 449. P. Maraval, Religionspolitik unter Justinian I. In: L. Pietri (Hg.), Die Geschichte des Christentums III, 420–428.

orthodoxen Glauben der Reichsbischöfe zu bekehren. Den Neugetauften ließ der Kaiser einen kleinen Geldbetrag auszahlen, um viele für das wahre Christentum zu gewinnen. Die Juden aber verloren viele ihrer alten Rechte, die sie seit Julius Caesar hatten; sie durften vor Gericht nicht mehr als Zeugen gegen Christen auftreten, christliche Sklaven wurden ihnen verboten; einige ihrer Synagogen wurden zerstört und in christliche Kirchen umgewandelt. Ihr Pesachfest durften sie nicht vor dem christlichen Osterfest feiern, die Auslegung des Talmud wurde ihnen untersagt. Die Bibel sollten sie nur in der griechischen Übersetzung (Septuaginta) lesen; wer öffentlich die Auferstehung Christi, das göttliche Gericht oder die Macht der Engel leugnete, wurde hart bestraft.

Nicht toleriert wurde der alte Glaube der Samariter, ihre Synagogen wurden zerstört; sie durften keine neuen Synagogen bauen und keine Erbschaften antreten. Das führte zu einigen Aufständen der Samariter, die aber blutig niedergeschlagen wurden. Zu dieser Zeit sollen Berichten zufolge an die 100.000 Samariter getötet worden sein; viele aber ließen sich christlich taufen, um dem Tod zu entgehen.[34] Hart verfolgt wurden die christlichen Häretiker, die von den Lehren der Reichsbischöfe abwichen. So wurde den Manichäern, den Montanisten und den Arianern die Todesstrafe angedroht, wenn sie ihren Glauben öffentlich bekannten. Doch der Kaiser konnte den Kampf gegen die Monophysiten nicht gewinnen, die in Jesus Christus nur eine menschliche Natur sahen, die mit der Gottheit so verbunden ist wie die Seele mit dem menschlichen Körper verbunden ist. Aber die Kaiserin Theodora schützte die Monophysiten, deswegen wurde die staatliche Verfolgung moderater, oder sie war einfach politisch nicht durchsetzbar. In der Folgezeit gelang es den Monophysiten, im Osten des Reiches (Provinz Syrien) eine eigene Kirchenstruktur mit Bischöfen aufzubauen.

Auch die meisten Kaiser, die Justinianos nachfolgten, verfolgten die Monophysiten, da sie eine einheitliche Reichsreligion wollten. Manche Kaiser aber suchten den Ausgleich mit den Monophysiten, da sie diese zur Verteidigung ihres Imperiums im Osten dringend benötigten. Doch die orthodoxen Bischöfe und Theologen lehnten jede politische und theologische Annäherung an die Monophysiten ab, aber mit dieser Position schwächten sie das ganze Imperium. Als ab dem Jahr 634 große Provinzen im Osten (Syrien, Palästina, Ägypten) von den Heeren der Moslems erobert wurden, wandten sich die meisten der monophysitischen Christen und Amtsträger den Eroberern zu, weil sie bei ihnen mehr an Toleranz erwarteten. Zu dieser Zeit hatte die reichsbischöfliche und kaiserliche Intoleranz ihren „Grenznutzen" erreicht, danach hatte sie deutlich und nachhaltig zur Selbstschwächung des Imperiums geführt.[35]

Unter den Kaisern Justin II., Tiberius II und Maurikios wurden die theologischen Gespräche mit den Monophysiten weiter geführt. In Syrien bildete sich eine melkitische bzw. jakobitische Kirchenorganisation, in Ägypten entstand neben der ortho-

---

34 Malalas, Chronika 487. P. Maraval, Religionspolitik unter Justinian I. 428–430.
35 P. Maraval, Das Scheitern im Osten. In: L. Pietri (Hg.), Die Geschichte des Christentums III, 490–518.

doxen Reichskirche die koptische Kirche. In dieser Zeit mussten die meisten byzantinischen Kaiser gegen das große Reich der Perser (Sassaniden) im Osten kämpfen; dieser Kampf zwischen Griechen und Persern dauerte schon fast 1000 Jahre. Im Westen mussten die Angriffe der Awaren, der Bulgaren und der Slawen abgewehrt werden, das byzantinische Reich war von Feinden eingekreist. Ab 614 hatten die Perser Teile Kleinasiens, die Provinz Palästina mit Jerusalem und Teile Ägyptens erobert; slawische Heere hielten Teile von Achaia und des Peloponnes besetzt. Doch dem Kaiser Heraklios I. (610 bis 641) gelang es mit starken militärischen Anstrengungen, die Perser zu besiegen und das Imperium für kurze Zeit zu stabilisieren.

Doch dieser Krieg zwischen den Persern und den Byzantinern hatte sechs Jahre gedauert und beide Großreiche erheblich geschwächt. Die „lachenden Dritten" waren die arabischen Krieger, die schon längere Zeit in beiden Großreichen als Söldner gedient hatten. Denn ihnen gelang es unter einigen Heerführern, sich zu vereinigen und mit starker Kampfkraft gegen die Perser und die Byzantiner zu kämpfen. Im Jahr 626 hatten die Perser gleichzeitig mit den Awaren die Hauptstadt Konstantinopel angegriffen; doch es gelang den Belagerten ein Sieg über die Belagerer. Die Mönche und Nonnen hatten während der Belagerung eine Ikone der Gottesmutter (Theotokos) zur Verteidigung eingesetzt, sie veranstalteten Prozessionen mit der Ikone und glaubten an deren magische Kraft. Nach dem Abzug der Feinde schrieben sie den Sieg der Byzantiner der Gottesmutter zu, sie verfassten einen großen Lobeshymnus (Hymnos akathisthos).[36]

Der Kaiser Heraklios hatte mit seinem Bruder den großen Krieg gegen die Perser begonnen, er zerstörte mit seiner Armee viele persische Feuertempel. Er besiegte die persische Armee am 11. Dezember 627 bei der Stadt Ninive, in dieser Armee hatten viele arabische Söldner gedient. Die persische Armee löste sich auf, jetzt wurden viele arabische Kampftruppen vom Kommando der Perser frei. Sie hatten ihre Waffen und Kampftechniken mitgenommen, als sie sich um arabische Heerführer neu zu sammeln begannen. Nach dieser Schlacht mussten die Perser die eroberten Provinzen Ägypten, Syrien und Palästina wieder räumen, dabei wurde das von ihnen geraubte „Kreuz Christi" wieder zurückgegeben. Heraklios zog als Sieger mit der Kreuzreliquie in seine Hauptstadt ein, drei Jahre später brachte er diese Reliquie nach Jerusalem zurück. Ikonen und Kreuze wurden als Siegeszeichen den byzantinischen Truppen voran getragen. Zu dieser Zeit wollte sich der Kaiser den monophysistischen Christen in Syrien annähern, aber dafür war es politisch bereits zu spät. Denn nun vereinigten sich die arabischen Kampftruppen unter einem Propheten und Heerführer Muhammad (der Gepriesene) und nannten sich nun „Moslems", die an den Kriegsgott Allah Hingegebenen.[37]

Denn sie hatten von den monotheistischen Persern und den byzantinischen Christen gelernt, dass Kriege unter einem einzigen Schutzgott ungleich effizienter geführt werden konnten, als mit mehreren Stammesgöttern. Im Jahr 622 war Mu-

---

36   G. Dagron, Byzantinische Kirche und byzantinische Christenheit. In: G. Dagron (Hg.), Die Geschichte des Christentums IV, Freiburg 1994, 4–22.
37   G. Dagron, Byzantinische Kirche und byzantinische Christenheit 18–23.

hammad mit seinen Anhängern von Mekka nach Medina gezogen (Hidschra), acht Jahre später ist er als erfolgreicher Feldherr wieder in die Handelsstadt Mekka zurück gekehrt. In kurzer Zeit hatten sich die meisten arabischen Stämme diesem siegreichen Feldherrn angeschlossen, der auch militärische Rückschläge hinnehmen musste. Jetzt kämpften die arabischen Truppen mit den Waffen und Kampftechniken, die sie bei den Persern und den Byzantinern kennen gelernt hatte, zuerst gegen Nomadenstämme in der Provinz Syrien. Sie rückten gegen diese Provinz vor und eroberten im Jahr 635 die Städte Damaskus und Emesa (Homs). Nun liefen Teile der byzantinischen Truppen, nämlich viele arabische Söldner zu den Moslems über.

Unter dem Heerführer (Khalifen) Omar eroberten die Moslems die Städte Chalkis, Apamea, Aleppo und Antiochia am Orontes, drei Jahre später auch Jerusalem in Palästina. Dort ließ der siegreiche Feldherr eine große Moschee (Omarmoschee) bauen. In der Folgezeit gingen die Provinzen Syrien, Palästina, Mesopotamien und Teile von Armenien fast ohne Gegenwehr in die Herrschaft der Moslems über. Die monophysitischen Christen waren in diesen Regionen nicht mehr bereit, für den byzantinischen Kaiser zu kämpfen, von dem sie ständig unterdrückt worden waren; sie erhofften sich von den Moslems bessere Lebensbedingungen. Der Kaiser Heraklios konnte die Kreuzesreliquie Jesu von Jerusalem nach Konstantinopel in Sicherheit bringen. Durch die langen Kämpfe waren die beiden Großreiche Persien und Byzanz militärisch und wirtschaftlich erschöpft und dauerhaft geschwächt.[38]

Einige Jahre zuvor hatten die Heere der Moslems unter dem Schutzgott Allah das Reich der Perser erobert und die Herrschaft der Sassaniden zu Ende gebracht. Im byzantinischen Reich hatte der Kaiser den Soldaten der Grenzstämme der Ghassaniden längere Zeit keinen Sold mehr bezahlt. Auch aus diesem Grund liefen diese Soldaten zu den Moslems über. Diese eroberten zwischen 639 und 642 die Provinz Ägypten, nachdem es dort vorher zu einem Bürgerkrieg innerhalb der byzantinischen Armee gekommen war. Auch dort liefen die monophysitischen Christen und die Kopten zu den Moslems über, weil sie sich die freie Ausübung ihres Glaubens erwarteten. Viele Christen baten die Moslems um Hilfe, sie hatten dem christlichen Glauben abgeschworen und waren zum Islam übergetreten. Für diesen Übertritt wurden sie mit den Gütern der orthodoxen Christen belohnt.

So hatte der lange Kampf der orthodoxen Bischöfe und der Kaiser gegen die monophysitischen und koptischen Christen zum Verlust großer Provinzen im Osten an die Moslems geführt. Die religiöse Intoleranz der Kaiser und Reichsbischöfe hatte ihren Grenznutzen erreicht, sie hatte in partielle Selbstzerstörung des Imperiums umgeschlagen.[39] Bereits im Jahr 674 belagerten die Moslems mit ihren Schiffen fünf Jahre lang die Hauptstadt Konstantinopel; sie konnten nur durch auf die Schiffe geworfene Feuerfackeln (griechisches Feuer) abgewehrt werden. Daraufhin berief der Kaiser Konstantin IV. die orthodoxen Bischöfe zu einem Konzil in die Hauptstadt, im Kuppelsaal (trullos) des Kaiserpalastes hielten sie ihre Beratungen ab (Trullanum).

---

38 G. Dagron, Byzantinische Kirche und byzantinische Christenheit 22–27.
39 Johannes von Nikiu, Chronika 115–118. G. Dagron, Byzantinische Kirche und byzantinische Christenheit 22–29.

Die gesuchte Aussöhnung mit den Monophysiten und den Monotheleten, die in Jesus Christus nur einen einzigen göttlichen Willen sahen, blieb weiterhin aus. Die Bischöfe folgten den Beschlüssen von Chalkedon (451) und den Lehren der lateinischen Westkirche, es kam zu keiner Versöhnung.

Unter dem Kaiser Leon III. wurde die Hauptstadt wieder von den Moslems belagert, sie konnte sich aber erfolgreich verteidigen. Zu dieser Zeit kämpfte der Kaiser mit seinen Anhängern gegen die religiöse Verehrung der heiligen Bilder und ließ viele dieser Bilder zerstören (Ikonoklasmos), denen magische Kräfte zugeschrieben wurden. Damit aber entfremdete er sich der lateinischen Kirche im Westen und dem Bischof von Rom, die sich jetzt beim Imperium der Franken geschützt glaubten. Im byzantinischen Reich war durch innere Glaubenskämpfe und durch den Streit um die Verehrung der Bilder das Imperium erheblich geschwächt worden. Dabei könnte das Verbot der Verehrung der Ikonen vom islamischen und vom jüdischen Glauben ausgegangen sein, die beide keine Bilder verehren wollten.[40]

---

40 G. Dagron, Byzantinische Kirche und byzantinische Christenheit 24–28. A. Angenendt, Das Frühmittelalter 236–238.

Lebenswelt und 2 Sozialstruktur

Kurz sollen wichtige Lebensformen und soziale Strukturen in der Epoche des frühen Mittelalters in den Blick kommen, und zwar vor allem in der lateinisch geprägten Welt. Informationen darüber bekommen wir aus historischen Texten der Theologen und Mönche, aus den Gesetzestexten der Fürsten und Könige, auch aus den archäologischen Funden. Der Blick konzentriert sich auf die lateinische Kultur, obwohl wir auch aus der griechischen Welt viele Informationen darüber haben. Es wird deutlich, dass die meisten Menschen in Kleingruppen, in Sippen und in Sippenverbänden zusammen lebten, dass die Gesellschaft stabil sozial geschichtet war und dass die soziale Mobilität gering war. Mit der Christianisierung haben sich die sozialen Strukturen kaum verändert, doch der einheitliche religiöse Glaube hat wesentlich zur Ausbildung größerer politischer Einheiten (Reiche) beigetragen.

Soziale Strukturen und Prozesse

In den alten Volkskulturen bildete das Haus (domus) die kleinste Lebensgemeinschaft; in ihr lebten Blutsverwandte, aber auch Knechte und Mägde, Freie und Unfreie auf engem Raum zusammen. Die Verwandten und Wohngemeinschaften bildeten Familien und Sippen, jeder Einzelne war in dieser Gruppe geschützt; jeder hatte darin Rechte und Pflichten. Die Kernfamilien und die Großfamilien bildeten auch die Wirtschaftsgemeinschaften, sie verbanden zwei oder drei Generationen. Diese Familien und Sippen waren durchwegs patriarchal und androzentrisch geordnet, die Väter bzw. deren älteste Söhne übten die Strafgewalt und Herrschaft über alle Sippenmitglieder aus. Zur Kernfamilie zählten nur die Blutsverwandten, zur Großfamilie auch die Knechte und Mägde und andere Unfreie. Kleinfamilien hatten zu dieser Zeit nur begrenzte Lebensdauer und wenig Möglichkeiten des wirtschaftlichen Überlebens.

Bei der romanischen Bevölkerung hatte die Familie (familia) eine besondere Bedeutung, wie die verbreiteten Familiennamen bezeugen. Dort trugen die Adeligen und die Freien bereits zwei Namen, einen Personennamen und einen Familiennamen. Hingegen waren bei den anderen Völkern Europas kaum Familiennamen bekannt, dort gab es nur Personennamen. Dies deutet darauf hin, dass bei diesen Völkern die größere Sippe (gens) die primäre Bezugsgruppe war. Die Familien und

Sippen Alteuropas wurden zu Beginn der historischen Zeit fast durchwegs von den Vätern, den Ehemännern und den ältesten Söhnen bestimmt. Frauenzentrierte oder matrifokale Sippenordnungen kennen wir fast nur aus den mythischen Erzählungen. Diese deuten aber darauf hin, dass in früheren Kulturformen die Frauen einen höheren Stellenwert im Kult und im Zusammenleben gehabt haben müssen.[1]

Geheiratet wurde in den alteuropäischen Kulturen zumeist sippenexogam, die Ehepartner wurden bei fremden Sippen gesucht. Die Sippenvertreter verhandelten durch mündliche Abmachungen über die möglichen Ehepartner und die nötige Mitgift, aber auch über Regeln der Ehetrennung. Nur in einigen Kriegersippen wurde sippenendogam geheiratet, dies wohl aus magischen und mythischen Gründen, weil angenommen wurde, dass sie von Kriegsgöttern beschützt seien. Die Mehrheit der Bevölkerung dürfte monogam mit einem einzigen Ehepartner gelebt haben, nur bei den Adeligen und Kriegern sind noch längere Zeit polygame Eheformen der Männer zu erkennen. Ein Großteil der Bevölkerung, der Unfreien, der Knechte und Mägde konnte gar nicht heiraten. Die angeheirateten Lebenspartner zählten zur kognatischen Sippe, nur die blutsverwandten Personen wurden zur agnatischen Sippe gezählt. Die Frauen, die Töchter und Schwestern hatten meist einen niedrigeren Rang als die Männer, die Söhne und Brüder. Da die adeligen Männer neben den Ehefrauen noch Zweitfrauen (concubina) hatten, ist mit vielen Halbgeschwistern zu rechnen.[2]

Bei der germanischen Muntehe ging die männliche Muntgewalt über die Frauen auf die Ehemänner über. Doch bei der Fridelehe, einer Nebenehe mit einer freien Frau, blieb die Muntgewalt über diese Frau bei ihrer Vatersippe. Wenn nach längeren Kriegen ein Mangel an Männern war, konnten die überlebenden Männer auch in die Sippen von Frauen (Erbtöchter) einheiraten, oder sie konnten mit mehreren Frauen Kinder zeugen. Für den Zusammenhalt der Hausgemeinschaft war das Erbrecht wichtig, in den meisten Kulturen Alteuropas stand den Männern ungleich mehr an Erbgütern zu als den Frauen; in manchen Stammesordnungen waren die Frauen vom Erbrecht sogar ausgeschlossen. Doch im Lauf der Weiterentwicklung der Volksrechte bekamen die Frauen ein stärkeres Erbrecht. Bei den Alemannen konnten bereits im 8. Jh. auch die Töchter die Güter der Väter erben, wenn die Söhne gestorben waren; vorher war das Erbrecht nur bei der väterlichen Sippe gelegen.[3]

Das Haus mit dem Besitz an Land und an Haustieren war die wirtschaftliche Grundlage für die Lebensgemeinschaft der Großfamilie bzw. der Sippe. Dieser Lebensbereich war durch einen Zaun geschützt, innerhalb dieses Zaunes sollte der „Hausfriede" gewahrt werden. In den Hausgemeinschaften lebten Freie, Halbfreie und Unfreie zusammen, die Strafgewalt über alle hatte der Hausvater bzw. der Hausherr. Wenn der Vater starb, ging die Strafgewalt auf dessen Bruder oder auf dessen Söhne über, wenn sie großjährig waren. Die Strafgewalt des Hausherren ging bis

1   H. Haarmann, Geschichte der Sintflut. Auf den Spuren der frühen Zivilisationen. München 2003, 147–154.
2   R. Sprandel, Verfassung und Gesellschaft im Mittelalter. Paderborn 1975, 30–42. H.W. Goetz, Leben im Mittelalter 20–34.
3   H.K. Schulze, Grundstrukturen der Verfassung im Mittelalter II. Stuttgart 1985, 64–80. E. Ennen, Frauen im Mittelalter. München 1984, 127–132.

zur Tötung der Ehefrau im Fall eines Ehebruchs, der als Eingriff in sein Besitzrecht verstanden wurde; auch Unfreie und Sklaven konnten bei schweren Rechtsbrüchen getötet werden. Wenn sich eine Hausgemeinschaft der Gewalt des Grafen oder Fürsten widersetzte, konnte das ganze Haus zerstört werden. Zu dieser Zeit lebten die bäuerlichen Menschen mit ihren Haustieren unter einem Dach.[4]

Zwischen den Hausgemeinschaften galt das alte Rechtsprinzip der Rache und der Wiedergutmachung von angerichtetem Schaden (ius talonis). Für ein zerstörtes Gut oder einen getöteten Menschen mussten ein gleichwertiges Gut oder ein gleichwertiger Mensch gegeben werden; erst danach herrschte wieder der Rechtsfriede. Die Sippen wussten sich durch die gemeinsamen Ahnen, durch Schutzgötter und Hausgeister miteinander verbunden; sie waren überzeugt, dass die Seelenkräfte ihrer Ahnen nach dem Tod in irgend einer Form weiter lebten. Daher führten die Hausgemeinschaften gemeinsame Riten aus, um die Kräfte der Ahnen und der Schutzgötter zu stärken und auf das eigene Haus zu lenken; gleichzeitig wollten sie mit vielen Riten böse Dämonen und Geistwesen vom Haus abwehren. Oft verbanden sich mehrere Familien zu Schutz- und Wirtschaftsgemeinschaften.[5]

Nun konnten im Mittelalter viele Menschen nicht heiraten, da sie dafür nicht die wirtschaftlichen oder rechtlichen Voraussetzungen hatten. Deswegen wurden in den Sippen viele uneheliche Kinder gezeugt und geboren, die dort aufgezogen wurden; diese Kinder hatten kein Erbrecht, wenn sie nicht adoptiert wurden. Nun musste in jeder Sippe das Leben in großer Zahl weiter gegeben werden, weil die Kindersterblichkeit hoch war. Die Kinder lernten in den Hausgemeinschaften die wichtigsten Arbeiten und Tätigkeiten der Erwachsenen, sie mussten in der Landwirtschaft und in der Viehzucht mitarbeiten. Alle freien Männer mussten sich mit geeigneten Waffen am Schutz der Sippe und an der Verteidigung des Landes beteiligen. Die Männer hatten die Schutzherrschaft (Muntgewalt) über die Frauen und Kinder, die Freien und Unfreien. Da die Ehen zwischen den Sippen geschlossen wurden, sprechen Historiker auch von Sippenvertragsehen.[6]

Nun gab es neben der Vertragsehe noch die Kaufehe und die Raubehe. Bei der ersten wurden die Frauen von der Sippe gekauft, bei der zweiten wurden sie von den Männern einer fremden Sippe geraubt. Für den Raub musste später Genugtuung (satisfactio) geleistet werden. In der Fridelehe (friudila=Geliebte) blieb also die Muntgewalt in der Sippe der Frau, bei der Muntehe war das nicht so. Neben der regulären Ehe gab es die „Kebsehe" (Kebse=Konkubine), das war eine dauerhafte Verbindung zwischen einem freien Mann und einer unfreien Frau. Der Konkubinat (concubina=Bettgenossin) wurde meist zwischen einem freien Mann und einer unfreien Frau gelebt, es konnten auch zwei freie Personen beteiligt sein. Die Kinder aus dieser Eheform waren vom Erbrecht ausgeschlossen. Nun konnten freie Männer

---

4   M. Banniard, Genese culturelle 134–146. G. Althoff, Die Deutschen und ihr Mittelalter. Darmstadt 1992, 112–128.
5   P. Ketsch, Frauen im Mittelalter. Düsseldorf 1983, 129–140. W. Rösener, Bauern im Mittelalter. München 1985, 112–130.
6   K.H. Schulze, Grundstrukturen der Verfassung im Mittelalter II, 18–24. S. Shahar, Die Frauen im Mittelalter. Königstein 1981, 117–129.

auch mehrere Konkubinen haben, für deren Kinder wurde in der Sippe gesorgt. Die Eheschließung erfolgte zumeist öffentlich durch die Verlobung der Sippen (desponsatio) und das öffentliche Brautlager (copula carnalis).[7]

Nach der Christianisierung der europäischen Stämme und Völker gewannen die Prediger und die Kleriker schrittweise Einfluss auf die Eheformen und das Eherecht. In den alten Stammeskulturen konnten geschlossene Ehen wieder geschieden werden, etwa bei Unfruchtbarkeit, bei schwerer Krankheit und bei Unverträglichkeit mit der Sippe. Die Scheidung konnte vor allem von den Männern angestrebt und durchgesetzt werden; nur in der Fridelehe war es auch den Frauen möglich, eine Scheidung anzustreben. Bei jeder Scheidung aber mussten sich die Sippen auf die teilweise Rückgabe des Heiratsgutes einigen, was zu langem Streit führen konnte. In der christlichen Zeit erschwerten die Theologen und Kleriker die Ehescheidung, sie empfahlen den getrennten Ehepartnern den Eintritt in ein Kloster. Sie predigten nun den Laienchristen über den Wert der sexuellen Treue, aber auch der sexuellen Enthaltsamkeit, denn sie sahen darin sogar einen Vorteil für den Eintritt in den versprochenen Himmel. Die Unfreien und die Halbfreien brauchten für eine Eheschließung immer die Zustimmung ihrer Herren.[8]

Die Sippen waren zu Wehrgemeinschaften mit einander verbunden, sie verehrten gemeinsame Ahnen und Vorfahren. Diese Gesellschaften von Ackerbauern und von Viehzüchtern waren gesellschaftlich klar geschichtet. In ihnen gab es die Oberschicht der Krieger und der Adeligen bzw. der höheren Kleriker, dann die Mittelschicht der freien Bauern und Handwerker, und die breite Unterschicht der Halbfreien und der Unfreien, der Bauern und der Lohnarbeiter. Haus und Hof waren in den größeren Gemeinschaft des Dorfes oder der Mark zusammen gefasst. Die Bauern und Viehzüchter siedelten in Einzelhöfen oder in Dörfern, sie erzeugten als Handwerker Werkzeuge und Waffen, sie trieben Handel mit erwirtschafteten Gütern. Die Krieger und Adeligen schützten als Wehrgemeinschaft die Dörfer und Siedlungen der Freien und Unfreien, diese mussten ihnen dafür Abgaben in Naturalien zahlen oder Arbeit leisten. Die Dorfgemeinschaften und die Markgenossenschaften begannen, sich zu organisieren, sie bewirtschafteten neben den privaten auch gemeinsame Äcker und Viehweiden, Holzmarken und Talmarken.[9]

Entwicklung der Burgen und Städte

In den Kämpfen der Spätantike waren die meisten der antiken Wehranlagen (limes) zerstört worden. Nach der Stabilisierung neuer Herrschaft wurden neue Wehranlagen und Burgen bzw. Türme errichtet, denn die Krieger brauchten bei aller Beweglichkeit auch feste Standorte. Die Häuser und Gutshöfe wurden durch Mauern und

---

7   H.W. Goetz, Leben im Mittelalter 115–150.
8   H.K. Schulze, Grundstrukturen der Verfassung im Mittelalter 20–28. H.W. Goetz, Leben im Mittelalter 117–132.
9   K. Brunner/G. Jaritz, Landherr, Bauer, Ackerknecht. Wien 1985, 57–72. H.K. Schulze, Grundstrukturen der Verfassung im Mittelalter 76–82.

Gräben gesichert. Die Herzöge der Krieger und die Könige bauten befestigte Höfe und Pfalzen (villa regia); auch ihre landwirtschaftlichen Güter wurden gut abgesichert. Diese Gutshöfe und fürstlichen Höfe wurden zu Mittelpunkten der zentralen Grundherrschaft; sie wurden nach dem römischen Vorbild Pfalzen (palatium) genannt. Dort legten schriftkundige Beamte in lateinischer Sprache Besitzregister und Schenkungsurkunden an, damit begann wieder eine zentrale Verwaltung der Güter, welche durch die Völkerwanderung unterbrochen war. An den königlichen Pfalzen wurden Gerichtstage und Hoftage abgehalten, Fürsten und Könige gewählt, aber auch religiöse Riten ausgeführt. Neben den Königshöfen wurden an den Bischofsitzen und in den Klöstern Zentren der Güterverwaltung eingerichtet.

Burgen aus Stein gab es bei den alteuropäischen Völkern schon in der Zeit der Antike, sie waren Wohnorte der Krieger und Zufluchtsstätten der Bevölkerung in Zeiten des Krieges. Aber in den germanischen Reichen wurden neue Burgen gebaut, dort lebten die Krieger und ihre adeligen Befehlsgeber. Mit der Christianisierung wurden in diesen Burgen auch Kapellen gebaut, denn die christlichen Heiligen und die Engel sollten die Krieger beschützen. Die Grafen (comes), Fürsten (princeps) und Könige (rex) ritten mit ihrem Gefolge an Rittern und Kriegern von Burg zu Burg und von einer Königspfalz zur anderen. Dort sprachen sie Recht und erledigten Aufgaben der Verwaltung, sie stellten Urkunden aus, vergaben Schenkungen und schlossen Verträge ab. Die königliche Kanzlei wurde lange Zeit in Ledertaschen oder in Truhen auf dem Rücken der Pferde mitgeführt. Im Reich der Franken waren solche Pfalzorte Soisson, Paris, Orleans, Reims, Chalon, Köln, Metz, Aachen, Nimwegen, Düren, Ingelheim, Frankfurt, Worms, Pavia, Mantua, Ravenna u.a.[10]

Später wurden Burgen als Befestigungsanlagen an den Grenzen der Herrschaftsgebiete gebaut, um die Länder militärisch zu sichern. So entstanden im Osten ganze Burgengürtel gegen die Völker der Slawen und der Ungarn, die zum Teil noch nicht sesshaft waren. Sogar manche Klöster wurden mit einer Burg verbunden (Klosterburgen); auch die Bischöfe bauten Burgen zur Verteidigung, denn sie waren als Lehensnehmer der König zur Verteidigung des Landes verpflichtet. So wurden Königsburgen, Reichsburgen, fürstliche, gräfliche und bischöfliche Burgen errichtet, sie standen miteinander durch Boten in Verbindung. Später bauten die Ritterorden ihre besonderen Verteidigungsanlagen. In der Folgezeit bildete sich eine Kultur der Krieger und der Ritter, auf den Burgen wurden Kampfspiele (Tourniere) und Festgelage veranstaltet. Bei diesen Festen trugen Dichter und Sänger ihre Kunst der Sprache vor. Die meisten Burgen hatten das Recht der Befestigung und des „Bürgerbanns"; d.h. sie konnten die umliegenden Bewohner der Burg zur Verteidigung verpflichten.

Ihre Herren verteilten an die Freien Güter als Lehen, sie forderten von ihnen aber regelmäßige Abgaben an Ernteerträgen. Damit konnten die Bewohner der Burg ernährt werden, der Nährstand und der Wehrstand mussten sich gegenseitig ergänzen. So bildeten die Burgen auch kleine Herrschaftsbereiche, sie haben die Lebenswelt

---

10　M. Banniard, Kulturelle Entwicklung in Europa. München 1993, 64–82. H.K. Schulze, Grundstrukturen der Verfassung im Mittelalter 70–91. W. Hotz, Pfalzen und Burgen der Stauferzeit. Darmstadt 1981, 57–71.

des Mittelalters nachhaltig geprägt. Im romanischen und im fränkischen Bereich haben einige der antiken Städte die Zeit der Völkerwanderung überlebt, auch wenn ihre Einwohnerzahl stark geschrumpft war. Manche dieser Städte waren zerstört und später wieder aufgebaut worden. In Italien, in Gallien, in Spanien und am Rhein sind einige der antiken Städte bestehen geblieben, sie wurden neu besiedelt und belebt. Oft waren es die Bischöfe, die in diesen alten Städten residierten und dort die Verwaltung der Güter und die Verteidigung der Bewohner organisierten. Damit entstanden in diesen alten Städten auch Kirchen und Klöster, Märkte und Gerichte, sowie Schulen der lateinischen Schreibkunst.

Oft waren diese Städte durch eine Burg und deren Krieger geschützt, deswegen wurden die Bewohner dieser Städte bald „Bürger" (cives) genannt, obwohl sie nicht in einer Burg lebten. Die frühen Stadtsiedlungen waren klein, oft mit weniger als tausend Einwohnern, einige aber erreichten schon mehrere Tausend Bewohner. In ihnen lebten die Grundbesitzer, die Handwerker, die Händler, die freien und unfreien Arbeiter. Teilweise haben diese Städte das antike Recht der Verwaltung übernommen, soweit dieses noch bekannt war; zum Teil wurden neue Stadtrechte geschaffen. Die tragenden sozialen Schichten in den Städten wurden im Lauf der Zeit die Händler, die Gutsbesitzer und die Handwerker. Daher entstanden frühe Marktrechte, Kaufmannsrechte und Stadtrechte, damit sollten die Wirtschaft und das soziale Leben geordnet werden. Manche Städte waren von Fürsten, Königen und Bischöfen abhängig, andere Städte waren von diesen Grundherren weitgehend unabhängig. Doch alle Städte mussten zur Verteidigung des Landes, des Fürstentums oder der Grafschaft ihren Beitrag leisten, sie mussten Krieger und Soldaten bereit stellen und diese ausrüsten.

Verwaltet wurden die Städte durch von Fürsten eingesetzte oder von den freien Bewohnern gewählte Stadträte, manche Städte bekamen von den Fürsten und Bischöfen die freie Gerichtsbarkeit übertragen. In ihnen lebten die freien Vollbürger mit allen Rechten und Pflichten, sowie die unfreien Knechte und Mägde, die Fremden (Nichtbürger), jüdische Sippen und die Kleriker. Der Anteil der unteren und besitzlosen Schichten wird von Historikern auf 40 bis 50% geschätzt. Die Händler und Handwerker organisierten sich zu Genossenschaften, die Kleriker und Ordensleute schlossen sich zu Gebetsgemeinschaften zusammen, denen sich auch Laienchristen anschließen konnten. In vielen Städten wurden Klöster gegründet, die Mönche und Nonnen waren mit der Betreuung der Armen, der Schwachen und der Kranken beauftragt; dafür erhielten sie von den Fürsten und den Besitzbürgern regelmäßig Spenden.[11]

Die Klöster in den Städten wurden auch zu Zentren der lateinischen Bildung, in vielen Mönchsgemeinschaften wurden Schreibschulen und Grammatikschulen eingerichtet. Diese Klöster hatten große landwirtschaftliche Güter außerhalb der Stadt, diese Güter wurden nach antiken Vorgaben vorbildhaft bewirtschaftet. In den Klosterbauten selbst und um diese herum entstanden handwerkliche Betriebe, wo

---

11 H.K. Schulze, Grundstrukturen der Verfassung im Mittelalter 127–139. H. Patze (Hg.), Die Grundherrschaft im späten Mittelalter. Sigmaringen 1989, 58–70.

viele Besitzlose Arbeit fanden. Auch die Gutshöfe der Bischöfe und der höheren Kleriker richteten wie die Klöster Schulen der lateinischen Schrift und Sprache ein, denn diese Sprache wurde in der Verwaltung gebraucht. An diesen frühen Schulen in den Städten wurde auch ein Grundwissen in Mathematik gelehrt, um wirtschaftlich bestehen zu können. Die Handwerker schlossen sich zu Zünften zusammen, in denen sie ihr Wissen weiter gaben; etwa Zünfte des Steinbaues, des Holzbaues und des Schiffsbaues. Die Gebetsgemeinschaften rund um die Klöster unterstützten sich gegenseitig auch wirtschaftlich, vor allem in Zeiten der Not und des Hungers.

Das Feudalsystem der Wirtschaft

So entstanden in den Städten frühe soziale Netzwerke mit unterschiedlicher Motivation, doch diese Netzwerke fehlten in den ländlichen Regionen weitgehend, weil die Entfernungen zwischen den Wohnorten zu groß waren. Die Verteilung des Landbesitzes wurde durch die *Rechtsform der Grundherrschaft* geregelt. Fürsten, Könige, Grafen, Bischöfe und Klöster waren in der Rolle der Grundherren, sie verliehen Teile ihres großen Besitzes als „Lehen" (feodum) an ihre Gefolgschaft (clientes). Die Lehensnehmer mussten damit optimal wirtschaften, denn sie mussten einen Teil ihrer Ernteerträge (Zehent) an die Grundherren abgeben. Dafür schützten diese mit ihren Kriegern und Reitern deren Landgüter und ihre Familien und Sippen. Zu einer Grundherrschaft gehörten Ackerland, Wiesen und Viehweiden, Obstgärten und Weinberge, Fischteiche und Fischgewässer, Mühlen und Werkstätten, Viehställe und Vieh. Die Arbeit wurde von halbfreien Knechten und Mägden und von Unfreien (Sklaven) geleistet.[12]

Jede Grundherrschaft musste je nach Größe eine bestimmte Anzahl an freien Männern für den Kriegsdienst und für die Verteidigung zur Verfügung stellen. Die Bauern mussten für ihre Grundherren neben den jährlichen Abgaben an Naturalien auch Frondienste leisten, sie mussten sich mit ihrer Arbeitskraft und mit Zugtieren beim Bau von Burgen, von Wehranlagen, von Kirchen und Klöstern beteiligen. Die Ernteerträge mussten die Bauern an bestimmten Hofstellen mit ihren Zugtieren abliefern, sie wurden von Verwaltern (Vogt=advocatus) der Grundherren entgegen genommen; dabei wurden genaue Verzeichnisse der Lehensnehmer und der Abgaben erstellt. Die freien und die halbfreien Bauern mussten vor allem Arbeitsdienste für die Grundherren leisten, sie mussten mit ihren Tieren regelmäßig auch für Fuhrdienste zur Verfügung stehen. Die Halbfreien und die Unfreien mussten sich durch harte Arbeit ihren kargen Lebensunterhalt verdienen, nur an den kirchlichen Festtagen waren sie von der Arbeit befreit.[13]

Auch die Grundherren waren mit einander vernetzt, um ihre Wirtschaftsleistung zu optimieren. Nun hatten aber die Klöster den stärksten Austausch mit anderen Klö-

---

12 R. Sprandel, Verfassung und Gesellschaft im Mittelalter 40–46. W. Abel, Geschichte der deutschen Landwirtschaft im frühen Mittelalter bis zum 19. Jahrhundert. Stuttgat 189, 38–52.

13 H. Patze (Hg.), Die Grundherrschaft im späten Mittelalter 67–80. K. Brunner/G. Jaritz, Landherr, Bauer, Ackerknecht 118–129.

stern, sogar in fremden Ländern; daher kam über die Klöster viel an wirtschaftlicher Erneuerung in das Land, vor allem im Bereich des Getreidebaues, der Viehzucht, des Obst- und Weinbaues, der Fischzucht und des Handwerkes. Die Grundherren hatten auch richterliche Kompetenz über ihre Lehensnehmer und deren Gesinde, sie mussten regelmäßig Streit schlichten. Dafür brauchten sie ein Grundwissen an alten Volkrechten und Gesetzen. Oft errichteten sie auf ihren Landgütern Kirchen (Eigenkirchen) für ihre Untertanen, sie stellten die Kleriker an und sorgten für deren Unterhalt. Nur die höheren Kleriker (Bischöfe, Prälaten, Domherren) besuchten Lateinschulen und lernten das Kirchenrecht und die Theologie, die niederen Kleriker wurden für ihre Dienste in den Kirchen bloß wie Handwerker angelernt. Sie mussten ein paar Gebete und einige Psalmen in lateinischer Sprache auswendig lernen, die sie aber nicht verstanden.[14]

Die niederen Kleriker der keltischen, der germanischen und der slawischen Völker dürften nur wenig Latein gekannt haben, bei den Klerikern der romanischen Länder dürfte das Kirchenlatein weiter verbreitet gewesen sein. Doch die romanischen Volkssprachen entwickelten sich vom Latein immer weiter weg, dafür mussten die niederen und die höheren Kleriker bei ihren Predigten kreative Übersetzungsarbeit leisten. Verbreitet war zu dieser Zeit die Verehrung der Heiligen und der Martyrer, an ihre Gräber wurden große Wallfahrten unternommen, um Heilung von Krankheit oder Stärkung der Lebenskraft zu erlangen. Die Nachbarschaftordnungen bildeten sich sowohl in den Städten, als auch in den ländlichen Regionen; dabei ging es darum, dass sich Sippen und Familien in Zeiten der Not, des Hungers und der Krankheit gegenseitig unterstützten. Nur mit diesen nachbarlichen Hilfen konnten die Menschen überleben, wenn es Missernten oder Naturkatastrophen gab.

Aus diesen Nachbarschaftsordnungen entstanden die Gaue (pagus), die sich zusammen gehörig fühlten; sie hatten eine ähnliche Sprache und Kleidung, ähnliche Tanzformen und Musikarten. Die Bewohner der Gaue (paganes) waren zur gegenseitigen Hilfe und zum Rechtsfrieden verpflichtet. Sie arbeiteten gemeinsam an der Errichtung von Fluchtburgen, von Schutzwällen, von Wassergräben, aber auch von Kirchen, Kapellen und Burgen. Sie hatten gemeinsame Richterorte (Gauthing), wo von den Grundherren Recht gesprochen und Streitfälle geschlichtet wurden. In der vorchristlichen Zeit hatte jeder Gau seine gemeinsamen Kultstätten und Schutzgötter, es wurden gemeinsame Riten der Fruchtbarkeit ausgeführt. In der christlichen Zeit wurden diese Kultorte in Kapellen und Kirchen umgewandelt, anstelle der Schutzgötter wurden Heilige und Martyrer verehrt.[15]

Vor allem die Männer schlossen sich zu Gefolgschaften und Bruderschaften zusammen, sie folgten einem Anführer, dem sie in Treue und Gehorsam verbunden waren. Frauen schlossen sich eher zu Gebetsvereinen und zum Gedenken an gemeinsame Vorfahren zusammen. Die Krieger bildeten in dieser Zeit größere Kampfverbände, mit denen sie ebenfalls durch Boten verbunden waren. Die Botschaften

---

14 H.W. Goetz, Leben im Mittelalter 68–80.
15 R. Sprandel, Verfassung und Gesellschaft im Mittelalter 60–67. W. Rösener, Die europäische Stadt im Mittelalter. Göttingen 1989, 56–69.

wurden durch schnelle Reiter überbracht, die Burgen waren durch Rauch- und Feu-
erzeichen miteinander in Verbindung. Die Lehensnehmer wurden in der lateinischen
Sprache vasus (Vasall) genannt, in den keltischen Sprachen hießen sie kwas. Sie
empfingen von den Grundherren Grund und Boden zur Bewirtschaftung und Ämter
zur Verwaltung. Diese Lehen konnten in den Sippen und Familien weiter vererbt
werden, mussten aber von den Grundherren immer neu bestätigt werden. In der
Frühzeit hatte der Lehensnehmer seine Güter zumeist nur von einem Grundherren,
ab dem 9. Jh konnte er sie von mehreren Grundherren bekommen.

Die Lehensnehmer schlossen sich zu Bruderschaften zusammen, um sich gegenseitig zu unterstützen; außerdem schlossen sie mit ihren Grundherren Schutzver-
träge. Auch die Handwerker und die Händler brauchten den Schutz der Krieger
und Adeligen gegen Raub und Überfälle auf den Straßen und Handelswegen. Diese
beruflichen Bruderschaften verbanden sich durch Eide, sie bildeten Eidgenossen-
schaften (coniuratio) und Schwurgemeinschaften.[16] Ähnlich organisierten sich in
den Städten auch die jüdischen Sippen, die Handel betrieben und Handwerke ausübten. Sie bildeten Lebensgemeinschaften rund um eine Synagoge und richteten eine
effiziente Armenhilfe ein. Laienchristen, Männer und Frauen, verbanden sich zu Gebetsgemeinschaften, meist rund um ein Kloster oder eine Kirche. Diese pflegten das
gemeinsame Gebet für bestimmte Anliegen und verpflichteten sich zur Armenhilfe
und zur Pflege der Kranken. An den Kirchen der Bischöfe lebten die Kleriker oft in
einer Lebensgemeinschaft zusammen, dort wurde auch für die Bildung der Kleriker-
schüler gesorgt. An den Lateinschulen wurde das Lesen der Bibel und das Verstehen
des Kirchenrechts eingeübt. Für die Feier der Liturgie wurden an den Kirchen der
Bischöfe und in den Klöstern Singschulen eingerichtet (schola cantorum), um die
Gregorianischen Gesänge zu lernen. Dort gab es auch Unterkünfte für die Pilger
und für Fremde (xenodochia), auch die Hilfe für die Armen war dort angesiedelt.
So erkennen wir in der Lebenswelt des frühen Mittelalters und des Hochmittelalters
eine vielfältige Vernetzung der Menschen, die ihnen das Überleben in Krisenzeiten
erleichterte.[17]

Frühe Lebensordnungen

Im frühen Mittelalter waren die Sippenverbände, die Stammesverbände und die Gaue
die kleinsten politischen Einheiten. So berichtet eine Biographie des heiligen Lebuin
aus dem 9. Jh. von den Sachsen vor der Christianisierung, dass sie von mehreren
Gaufürsten angeführt wurden und keinen König hatten. Diese Gaufürsten trafen sich
jährlich an einem „Thingort", um für jeden Gau zwölf Adelige, Freie und Halbfreie
für Verwaltungsfunktionen zu wählen. An diesem Ort wurden die alten Gesetze
beschworen, die mündlich tradiert wurden, es wurde Gericht gehalten und es wurde
über Krieg oder Friedensschlüsse mit anderen Stämmen entschieden. Auch von den

---

16 K. Brunner/G. Jaritz, Landherr, Bauer, Ackerknecht 113–129.
17 R. Sprandel, Verfassung und Gesellschaft im Mittelalter 70–75. E. Ennen, Die europäische Stadt
    im Mittelalter 81–96.

slawischen Stämmen wird berichtet, dass sie sich regelmäßig zur Versammlung der Krieger und der Freien trafen, um politische Entscheidungen zu treffen.[18] Die Gaue und Stämme wussten sich durch eine ähnliche Sprache, durch eine gemeinsame Kleidertracht und durch gemeinsame Gesetze verbunden. Oft trugen die Frauen und die Männer in den Gauen eine ähnliche Haartracht.

Die Stämme (gentes, nationes) folgten einem gemeinsamen Heerführer, dem Herzog oder Fürsten, ihm sprachen sie die oberste Leitungsgewalt zu. Dieser musste durch Recht und Ordnung den Frieden im Inneren sichern und den Stamm nach außen verteidigen. Zentrale Könige hatten unter den Germanen die Goten, die Vandalen, die Burgunder und die Franken, dort wurden bereits frühzeitig größere politische Einheiten gebildet. Die Bildung dieser größeren Einheiten war immer von den Kampftechniken der Krieger und von den Fähigkeiten der Verwaltung abhängig. Deswegen übernahmen viele der germanischen Heerführer das altrömische Recht, denn dieses hatte sich durch lange Zeit in einem großen Imperium bewährt. In der vorchristlichen Zeit wurden die Heerführer und Könige durch die Schutzgötter der Stämme geleitet und zu Siegen oder Niederlagen geführt.

Nach der Christianisierung der Stämme sagten die christlichen Theologen und Kleriker den Fürsten und Königen, dass sie nun vom einen und einzigen Weltgott und vom Welterlöser Jesus Christus geleitet und geschützt seien. Deswegen wurden jetzt christliche Könige immer häufiger von Bischöfen für ihr Amt gesalbt. Ab 681 ist die Salbung eines westgotischen Königs bezeugt, das Vorbild war die jüdische Königssalbung in der Bibel. Doch damit stieg auch der politische Einfluss der Kleriker und der Bischöfe, die Herrschaft war nun stärker religiös abgesichert als bisher. An die Stelle der Schutzgötter des Stammes war nun der eine Weltgott getreten, er hatte die Könige und Fürsten für ihre Ämter erwählt. Nach dem Vorbild der Bibel wurden später viele Könige von Klerikern gesalbt, durch dieses Ritual sollte dem König und seinem Kriegsheer religiöse Kraft gegeben werden.

Der König empfing durch die bischöfliche Salbung göttliche Kraft, damit er im Krieg unbesiegbar werde. Bei den Burgundern hatte der König sein Amt verloren, wenn er einen Krieg verlor oder wenn Missernten waren; hingegen war der oberste Priester unabsetzbar.[19] Bei anderen germanischen Stämmen waren die Könige nicht absetzbar, ihre Herrschaft wurde in ihrer Familie (Dynastie) vererbt; etwa bei den fränkischen Merowingern und den Karolingern. Im Jahr 754 salbte der römische Bischof Stephan in der Kirche St. Denis bei Paris den fränkischen König Pippin. Dabei verpflichteten sich die Krieger und Adelssippen, die Könige nur aus dessen Geschlecht zu wählen. Denn Pippin sei durch die göttliche Gnade erwählt und den Stellvertreter der Apostel bestätigt worden.[20]

In der christlichen Zeit wurde die Herrschaft der Könige und Fürsten sakral überhöht, damit konnten große Reiche stabilisiert werden. Es wurde angenommen, dass sich das göttliche Heil in einer Königsdynastie weiter vererbe. Trotzdem blieben

---

18 Monumenta Germaniae historica, Scriptores I,30,793.
19 Ammianus Marcellinus, Historia 28,14.
20 Monumente Germaniae historica, Scriptores I, 465.

andere Königreiche bei der freien Wahl ihrer Könige, denn der Stärkste sollte den Kriegern voranziehen. Im Reich der Ostfranken und im späteren Deutschen Reich hat sich eine Kombination von Erbrecht und Wahlrecht durchgesetzt. Der König wurde von den Fürsten gewählt und oft vom Papst gekrönt, bei seinem ersten Umritt schrie das Volk ihm Heil zu. Die anderen Ämter der Herrschaft und Verwaltung wurden vom König vergeben oder bestätigt; das waren die Ämter der Richter (iudex), der Heerführer (dux), der Verwalter der Güter (comes civitatis). Daraus wurden in der Folgezeit weitere Ämter geschaffen, die Herzöge (duces) waren eine starke Konkurrenz zum König. Doch alle Amtsträger (tribuni, vicarii, vice comites, centenarii) waren zur Durchsetzung des königlichen Rechts verpflichtet.[21]

Die Bischöfe und die Äbte hatten eine doppelte Funktion im Reich, eine politische und eine religiöse. Sie waren in die königliche Verwaltung eingebunden, gleichzeitig fungierten sie als Vermittler göttlicher Kräfte und Gnaden. Auch sie waren Lehensherren und mussten dem König Heeresdienste leisten. Die Siege der Krieger und des Königs wurden als göttliche „Gnade" bzw. als göttlicher Wille und als „ewige Vorsehung" gedeutet, die Niederlagen wurden als göttliche Bestrafung für begangene Sünden angesehen. Nach der Lehre der Theologen und Kleriker stand der christliche Gott immer auf der Seite der Sieger; die Herrschaft der siegreichen Könige wurde von Gottes Heilswirken begleitet. Die Theologen lehrten, die Franken seien von Gott zur Herrschaft erwählt worden, weil sie Jesus Christus liebten. Die Bischöfe und Kleriker übten wichtige Funktionen der Herrschaft und der Verwaltung aus, sie trugen wesentlich zur Stabilisierung des Imperiums bei.[22]

---

21 R. Sprandel, Verfassung und Gesellschaft im Mittelalter 85–92. B. Borst (Hg.), Das Rittertum im Mittelalter. Darmstadt 1981, 84–102.
22 R. Sprandel, Verfassung und Gesellschaft im Mittelalter 100–114. H.K. Schulze, Grundstrukturen der Verfassung im Mittelalter I, 95–140.

Mythologie der 3 Stammeskulturen

Die Lebenswelt des frühen Mittelalters wurde noch lange Zeit von der mythischen Weltdeutung der Stammeskulturen mitgeprägt. Denn auch nach der Christianisierung der einzelnen Stämme und Völker lebten noch in vielen Generationen die alten Formen der Weltdeutung weiter. Wir haben es danach mit einer gemischten Form der Weltdeutung zu tun, denn christliche Deutungen vermischten sich mit mythischen Überzeugungen. Das einfache Volk hatte gar nicht die Möglichkeit, alle Teile der christlichen Lehre kennen zu lernen und zu verstehen. Starke Gruppen weigerten sich, die alte Weltdeutung einfach aufzugeben und die frühen Schutzgötter als Dämonen zu fürchten. So lebte die mythische Weltdeutung im christlichen Mittelalter wohl viel breiter weiter, als bisher angenommen wurde.

Keltische Weltdeutungen

Die Festlandkelten in Mitteleuropa, in Gallien und Spanien waren schon in der spätantiken Zeit christianisiert worden, während die Inselkelten in Britannien und Irland noch längere Zeit bei ihrer Volksreligion und ihren Riten blieben. Viele historische Zeugnisse lassen uns deren Mythologie erkennen, die im Volk lange Zeit nach dem Übertritt zum christlichen Glauben lebendig blieb. Die Kelten lebten in Mitteleuropa seit 1000 v.Chr. als Hirten und als Ackerbauern; sie hatten bereits größere Siedlungen errichtet, welche die Römer oppida nannten. In einigen dieser Stadtkulturen (z.B. Manching) konnten bis zu 10.000 Menschen leben. Wir erkennen eine feste soziale Schichtung mit Kriegern und Adeligen, mit Freien und mit Sklaven. Ihre männlichen und weiblichen Schutzgötter verehrten sie an Quellen und an Wasserläufen, an heiligen Bäumen und an Felsen. Dort brachten sie ihnen regelmäßig Tieropfer und Menschenopfer dar, um ihre Schutzkraft zu stärken. Das Blut der Opfer fingen die Priester in Kesseln auf, um es den Mitfeiernden zum Trinken zu reichen. Die Druiden sprachen vom „Kessel der Wiedergeburt" im Land der Ahnen, in der späteren Mythologie wurde daraus die Vorstellung vom heiligen „Gral". Sie glaubten also an ein Weiterleben der Menschenseelen nach dem Tod des Körpers im Land der Ahnen, mit diesem Glauben fiel den Kriegern das Kämpfen und das Sterben leichter. Die Druiden fungierten als Lehrer der Mythen, als Opferpriester, als Kultsänger und als Wahrsager (filid), sie hatten großen politischen Einfluss auf die Krieger. Mit der Christianisierung wurden die Druiden häufig zu Mönchen und zu Nonnen, sie behielten aber ihre alten Rollen.[1]

Die männlichen und die weiblichen Schutzgötter bestimmten das Geschehen in der Natur, sie schenkten den Menschen und den Tieren die Fruchtbarkeit, sie führten die Krieger an und schenkten ihnen die Siege oder bestraften sie mit der Niederlage. An den vier großen Jahresfesten feierten sie die Geburt der Lämmer (Anfang Februar), den Austrieb des Viehs auf die Weiden (Anfang Mai), die Ernte des Getreides (Anfang August) und die Begegnung mit den Ahnenseelen (Anfang November). Die Seelen der Toten lebten im Ahnenland weiter, doch einige der Totenseelen konnten zu einem neuen Leben geboren werden. Die Druidinnen fungierten als Priesterinnen und als Mantikerinnen, sie verfügten über das Heilungswissen und begleiteten die Seelen der Sterbenden in das Land der Ahnen. Die Krieger und die Priester teilten sich die Herrschaft, sie hielten die Sippen und die Stämme zusammen. Die Verwandtschaft wurde lange Zeit nach den Sippen der Mütter gezählt, bei den Inselkelten war auch lange Zeit die weibliche Thronfolge bei Fürsten möglich. In den Mythen erkennen wir noch viele Restbestände einer matrifokalen Lebensordnung.[2]

Bei den Festlandkelten hatten die Frauen weniger Rechte als bei den Inselkelten, dort waren die Clanväter die Herren über die Frauen und Kinder. Die Polygamie der Männer war bei den Adeligen verbreitet, bei den Inselkelten konnten auch adelige Frauen mit mehreren Männern Kinder haben. Die Ehe war ein Bündnis der Sippen, daher musste auch die Scheidung von den Sippen geregelt werden. Nun berichteten die Römer, dass die keltischen Krieger mit lautem Geschrei und in Ekstase in den Krieg gezogen seien. Sie glaubten daran, dass die Seelen der gefallenen Krieger auf einer fernen Insel oder in einem glücklichen Land weiterlebten. Bei den Kultfesten feierten die Krieger große Festmähler, dort traten Barden als Kultsänger auf und Mantiker sagten die Zukunft voraus. Die Kelten lebten als Ackerbauern und Viehzüchter entweder auf großen Einzelhöfen oder in Dörfern oder in kleinen Stadtgemeinschaften; sie kannten die Verarbeitung von Metallen und waren im Schiffsbau und bei der Herstellung von Waffen kundig. Sie waren körperlich größer und stärker als die Römer, aber sie waren der Heeresorganisation dieser italischen Krieger nicht gewachsen; deswegen wurden sie von den Römern mehrfach besiegt.[3]

Die Frauen waren als Mütter vieler Kinder, als Heilerinnen, als Mantikerinnen und als Dichterinnen von Kultliedern geschätzt. In ihren Mythen erzählen die Kelten von den Göttinnen der Erde und der Flüsse, der Wälder und der Bergkuppen, der Pferde und der Fruchtbarkeit; dies deutet auf eine starke Stellung der Frauen im Kult hin. Die männlichen Götter wurden mit der Steinkeule, dem Hammer, der Lanze und dem Blitz dargestellt, sie hatten kriegerische Funktionen. Vor allem die Sagen

---

1   M.J. Green, Die Druiden. München 1998, 44–57. O. Scherter, Die Kelten und ihre Vorfahren. München 1999, 124–143.

2   J. Morreau, Die Welt der Kelten. München 1986, 33–53. H. Birkhan, Die Kelten. Wien 1997, 123–139.

3   F. Le Roux-Guyonvarch, Keltische Religion. In: J. Asmussen (Hg.), Handbuch der Religionsgeschichte I. Göttingen 1981, 246–270. H. Birkhan, Keltische Religion. In: J. Figl (Hg.), Handbuch der Religionswissenschaft. Innsbruck/Göttingen 2003, 222–235.

der Inselkelten berichten von Kämpfen zwischen den Schutzgöttern und den bösen Dämonen, von unsichtbaren Geistwesen, von magischen Riten, von Seelenschiffen und magischen Kesseln; aber auch von göttlichen Vätern und Urmüttern, von Schützerinnen der Inseln und der Fruchtbarkeit ist die Rede. Wenn wir diese Mythen kulturanthropologisch interpretieren, sagen sie uns viel über die Lebenswelt dieser alten Kultur. Viele ihrer Vorstellungen und Bilder leben in der christlichen Theologie der Mönche und Nonnen weiter. Damit hat die keltische Kultur im frühen Mittelalter den christlichen Glauben nachhaltig geprägt.[4]

Germanische Deutungen des Daseins

Auch Teile der germanischen Mythologie lebten lange Zeit im christlichen Volk weiter, die Christianisierung hat alte Weltdeutungen nicht einfach ausgelöscht, sondern neu gedeutet. Im südgermanischen Raum war es schon in der Spätantike zu einer Vermischung mit der keltischen Kultur gekommen, was sich auch in den Mythen niederschlug. Auch die germanischen Mythen erzählen von göttlichen Wesen (god, göd, Gott), die den Menschen unverfügbar, aber von ihnen ansprechbar sind. Sie wirken zumeist unsichtbar hinter den Geschehnissen der Natur, sie haben menschliche Gestalt, weibliche und männliche Geschlechter. Die Menschen können mit ihnen in Beziehung treten und sich in deren Schutz stellen; so hatten die Krieger, die Bauern, die Viehhirten, die Frauen ihre eigenen Schutzgötter des Lebens. Die Menschen feierten regelmäßig Trinkrituale, dabei tranken sie einen magischen Trunk (mehdu, met, madhu), von dem sie sich ein langes und gesundes Leben und zuletzt Unsterblichkeit erwarteten. Die Krieger opferten ihren Schutzgöttern Pferde, um deren Lebenskraft zu stärken. Durch Feuerriten wurde die Verbindung zu den göttlichen Kräften gesucht, in den Mythen war von einem großen Weltfeuer die Rede.

Dann erzählten die Mythen von einem Weltenbaum, in dem die göttlichen Wesen, die Menschen und die Seelen der Toten lebten. Es wurde von großen Kriegen der Götter berichtet, in denen die Schutzgötter der Ackerbauern (Wanen) gegen die Schutzgötter der Jäger und Sammler (Asen) kämpften. Die Menschen glaubten an die Stühle des Schicksals, vor die auch die göttlichen Wesen hintreten mussten. Die göttlichen Wesen waren zwar größer, stärker und lichtvoller als Menschen, aber auch sie mussten sterben und dem Weg des Schicksals folgen. Jeder Tag der Woche des Mondkalenders stand unter dem Schutz eines Gottes oder einer Göttin. Odin (Wodan) war der Herr der Toten und der gefallenen Krieger, seine Dienerinnen weckten die gefallenen Helden zu neuem Leben auf, sie brachten sie zu einem Festmahl nach Walhalla oder in die Burg Folkwang. Der Glaube an die Auferstehung gab den Kriegern eine starke Motivation zum Kämpfen.[5]

---

4   J. und C. Matthews, Lexikon der keltischen Mythologie. München 1995, 160–179. H. Birkhan, Keltische Religion 225–235.

5   K. Schier, Religion der Germanen. In: J. Figl (Hg.), Handbuch der Religionswissenschaft 207–221. L. Ejersfeldt, Germanische Religion. In: J. Asmussen (Hg.), Handbuch der Religionsgeschichte I, 277–342.

Priester und Priesterinnen befragten die Seelen der Toten, sie erkundeten das Schicksal (orlog) der Sippen und des Stammes. Die Mythen erzählten von der kultischen Ekstase (Wahn), von magischen Brunnen, von heilenden Kräutern, von Teilopfern und Selbstopfern der Menschen. Denn die Opfer stärkten die Schutzgötter und brachten den Menschen Weisheit und Kraft; alle Menschen wurden von den Mächten des Schicksals gelenkt, das von den Göttern gelegt wurde. Es waren göttliche Wesen, die den Menschen die Techniken des Ackerbaus gebracht haben, die den Feldern, den Weiden und den Tieren die Fruchtbarkeit schenkten. Die Göttinnen trieben die Frauen und die Männer zum erotischen Liebesspiel, damit den Sippen Kinder geboren wurden; sie heilten die Verletzungen der Krieger und brachten sie in das Land der Ahnen. Einige Götter waren bisexuell, andere schützten die homosexuellen Menschen.[6]

Mehrere Mythen erzählten von einem Weltuntergang und Weltende. Der Weltanfang wurde in der Vermischung von Eis und Feuer gesehen, im Zusammenfließen von Niflheim und Muspelheim, von Rauch und Nebel. Es wurde von Riesen erzählt, die aus dem Eis geworden seien; eine heilige Kuh (Audumla) habe die Riesen mit ihrer Milch genährt. Ein anderer Riese sei den Göttern als Opfer dargebracht worden, aus seinen Körperteilen sei dann die ganze Welt entstanden. Jetzt sei die Menschenwelt von der Welt der Götter und der Riesen durch Schutzwälle getrennt. Ein anderer Mythos erzählt von zwei Bäumen, die vom Meer an das Land geschwemmt worden seien, aus diesen Bäumen seien die Männer und die Frauen geworden. Der Weltenbaum reiche mit seinen Wurzeln bis in die Unterwelt, wo die Nornen das Schicksal bestimmten.[7]

Am großen Schicksalstag beginnen die Götter den Endkampf gegen die Riesen und gegen einander. Dann wird die Menschenwelt von der Sonne verschlungen, die Sippen lösen sich auf, Berge brechen auseinander, die Erde versinkt im Meer, die Gestirne verbrennen im großen Feuer, alle Menschen gehen in die Unterwelt. Alles in der Welt geht den Weg des Schicksals in die Zerstörung. Doch vorher wollten die Menschen glücklich und gesund leben, sie verehrten ihre Schutzgötter der Felder, der Viehherden, der Häuser und der Sippen. Bei den Kultfesten verbanden sich die Feiernden mit ihren Schutzgöttern; durch Riten der Abwehr wollten sie böse Dämonen aus ihrem Leben fernhalten oder vertreiben. Beim großen Sejdritual wurden die zukünftigen Ereignisse geschaut und gedeutet.[8]

Die Riten zur Stärkung der Lebenskraft und zur Abwehr der bösen Kräfte wurden in heiligen Hainen, unter Kultbäumen und an Quellen ausgeführt. Unter dem Schutz des Gottes Frey wurde in den Kornfeldern von den Bauern die heilige Hochzeit gefeiert, um reiche Ernten zu erbitten. Die Göttin Freya unterwarf sich keinen patriarchalen Eheregeln, denn sie wählte sich frei ihre männlichen Liebespartner.

---

6   L. Ejersfeldt, Germanische Religion 296–330. J. Amstadt, Die Frau bei den Germanen. Stuttgart 1994, 25–27. K. Schier, Religion der Germanen 210–220.

7   O. Holzapfel, Die Germanen. Mythos und Wirklichkeit. Freiburg 2001, 45–68. K. Schier, Religion der Germanen 215–222.

8   L. Ejersfeldt, Germanische Religion 300–330. K. Schier, Religion der Germanen 211–221.

Sie lehrte die Frauen die Liebeskunst, die Weisheit und das Kampfgeschrei im Krieg. Die Göttin Skadi war mit ihrem Ehegatten nicht zufrieden, deswegen durfte sie sich trennen und einen neuen Partner wählen. Die Menschen sahen vor allem in den Wäldern und auf den Meeren unsichtbare Geistwesen, denen sie Namen gaben; diese waren ambivalent, denn sie brachten Gutes, aber auch Gefahren.[9]

Nach der Christianisierung der germanischen Stämme und Völker kämpften die christlichen Prediger lange Zeit gegen die alten Götter und Göttinnen, sie degradierten sie zu bösen Geistwesen und Dämonen. Sie bekämpften die alten Kulte, wo Mantikerinnen und Priesterinnen wichtige Funktionen hatten. Viele der alten Kultstätten wurden in Kapellen und später in Kirchen umgewandelt, andere Heiligtümer wurden zerstört. Die Kultorte des Donar wurden meist dem heiligen Petrus geweiht, der Erzengel Michael sollte dem Gott Wodan nachfolgen, die Gottesmutter Maria musste die Liebesgöttin Freya ersetzen. In der Folgezeit trug Maria das Ährenkleid, an ihren Festen wurden Kräuter gesegnet. Die Taufschüler mussten allen Teufeln und Teufelssöhnen abschwören, sie sollten nicht mehr an die „wilde Jagd" glauben, die Walpurgisnacht durfte nicht mehr mit Fruchtbarkeitsriten gefeiert werden. Doch im Glauben des Volkes lebten die alten Riten noch viele Jahrhunderte weiter.[10]

Auch wenn die weiblichen Götter von den christlichen Predigern dämonisiert wurden, lebten sie in der Lebenswelt der Bauern und Hirten noch lange Zeit weiter. Nicht nur die Frauen, auch viele Männer konnten nicht glauben, dass das Göttliche fortan nur mehr männlich sein sollte. Daher kämpfte der Canon Episcopi im 9. Jh. gegen die „verbrecherischen Weiber", die in den Nächten mit der Göttin Diana oder mit Herodias auf wilden Tieren durch die Luft reiten. Viele kirchliche Bußbücher haben die Teilnahme an den alten Riten verboten, die Teilnehmer wurden hart bestraft. Später wurden die Frauen, welche die alten Riten leiteten, „Hexen" genannt, weil sie auf einem Zaun oder einem Holzgestell saßen (zunrite, hagasuzza). Die Prediger schrieben, dass diese Frauen den bösen Dämonen Lieder sangen und Weissagungen von sich gaben. Hier liegen die Anfänge der späteren Hexenverfolgung durch eine extrem patriarchale Religion mit Monopolanspruch.[11]

Die Mythologie der Slawen

Die Slawen sind das jüngste der indo-europäischen Völker, die von Osten kommend in Europa einwanderten, auch sie wurden als Ackerbauern und Viehzüchter sesshaft. Ihre Mythen kennen wir vor allem aus christlichen Berichten und aus alten Volkserzählungen. Auch sie verehrten männliche und weibliche Schutzgötter und hatten Angst vor bösen Geistwesen und Dämonen. Ihre Schutzgötter verehrten sie mit Riten in den Wäldern, unter Bäumen, an Quellen, an Flüssen und an Seen. Sie wollten sich von bösen Kräften mit Feuer reinigen, Dämonen der Krankheit abwehren, die

---

9   O. Holzapfel, Die Germanen 79–84. H. Gottschalk, Mythologie der Germanen. In: Ders., (Hg.), Lexikon der Mythologie. München 1996, 348–410.

10 J. Amstadt, Die Frau bei den Germanen 214–220.

11 K. Schier, Religion der Germanen 214–220. J. Amstadt, Die Frau bei den Germanen 210–222.

Lebenskraft stärken und die Fruchtbarkeit vermehren. Sie waren überzeugt, dass die Seelen der Toten in einem Land der Ahnen weiter lebten und Beziehung zu den Sippen hatten. Und sie glaubten, dass die Totenseelen wieder menschliche Gestalt annehmen konnten, etwa als Wassernymphen an den Seen und Flüssen. Vor den bösen Dämonen (vilen) im Sturm schützten sich die Menschen durch Opfer und durch Riten der Abwehr.[12]

Die Menschen glaubten, dass die Seelen der Ahnen unsichtbar in den Häusern weiter lebten, oder sie seien im Herdfeuer oder auf dem Dach. Sie wurden als „Großmutter" oder als „Großvater" angerufen, ihnen wurden Speisen und Trank vor die Tür gestellt. Die Häuser und die Viehställe wurden durch Riten gereinigt, um Dämonen der Krankheit zu vertreiben. Angst hatten die Menschen vor den Seelen der Verbrecher, die mit dem Tod bestraft wurden, denn sie konnten sich an den Lebenden rächen. Die Krieger und die Priester wurden mit reichen Grabbeigaben bestattet, sie sollten auch nach dem Tod ein gutes Leben haben. Verehrt wurden die Schutzgötter der Tiere, die Götter der Sonne und des Feuers, gefürchtet waren die Geistwesen in den Wäldern. Bei der Geburt eines Kindes legten weibliche Geistwesen das Schicksal des Neugeborenen fest. In vielen Hausriten wurden die Schutzgeister der Häuser herbeigerufen und mit Speisen bewirtet, gefürchtet waren die bösen Hausgeister und die Dämonen der Nacht.[13]

Erzählt wurde von der weiß gekleideten Mittagsfrau, die in den Getreidefeldern lebte; sie konnte den Bauern Alpträume, Bildvisionen und den Hitzeschlag auslösen; sie vernebelte den Verstand und stahl Säuglinge aus den Wiegen. Verehrt wurde die große Göttin der Fruchtbarkeit (Mokosch), die den Bauern reiche Ernten schenkte; sie erschien als Schafhirtin verkleidet und störte die Spinnerinnen bei der Arbeit. Die Seelen der früh verstorbenen Kinder kamen lange Zeit nicht zur Ruhe, sie stahlen den Kühen die Milch und ängstigten die stillenden Mütter. Der Gott des Donners und der Krieger (Pervan) wurde durch Tieropfer gestärkt, viele Kultstätten trugen seinen Namen. Im großen Pferdeorakel wollten die Krieger erkunden, ob sie einen Krieg beginnen oder vermeiden sollten. Die weiblichen Ahnen bestimmten in einer Sippe das Schicksal der neu geborenen Kinder.[14]

Die starken Kriegsgötter (z.B. Svantevit) wurden an Holztempeln verehrt, dort wurden Pferde gehalten, die nur die Priester reiten durften. Ein Feuergott wurde in der Sonne gesehen, er schenkte den Menschen das Herdfeuer. Gefürchtet wurden die Seelen der Kinderlosen und der Verbrecher, die nach dem Tod keine Ruhe fanden; von ihnen wurde erzählt, dass sie nächtens den Schlafenden das Blut aus den Adern saugten. Viele glaubten, dass weibliche Dämonen in der Gestalt von Schwänen durch die Luft flogen und den Menschen den frühen Tod brachten. Sie kannten die Geheimnisse der Heilkunst, rächten jede Beleidigung und stahlen Kinder. In den

---

12   J. Herrmann (Hg.), Welt der Slawen. Geschichte, Gesellschaft, Kultur. München 1986, 127–144.

13   A. Grabner-Haider, Die Slawen. In: Ders./K. Prenner (Hg.), Religionen und Kulturen der Erde. Wien 2004, 61–64. L. Honko, Religion der slawischen Völker. In: J. Asmussen (Hg.), Handbuch der Religionsgeschichte I, 225–243.

14   L. Honko, Religion der slawischen Völker 230–241. H. Gottschalk, Lexikon der Mythologie 437–461.

Wäldern und an den Wässern wirkten böse Dämonen, sie brachten Brücken zum Einsturz und stahlen den Fischern die Fische.[15]

Die Ostslawen (Rus) nahmen im Jahr 988 den christlichen Glauben in der Form der byzantinischen Religion an, als der Fürst Wladimir sich mit seinen Kriegern im Fluss Dnjepr taufen ließ. Danach wurden die Bilder des alten Kriegsgottes Pervan zerstört und ins Wasser geworfen. Doch die Bauern und Hirten holten die Holzstatue des Gottes aus dem Wasser und stellten sie an einem geheimen Ort auf. Denn sie blieben noch lange Zeit bei der Verehrung der alten Schutzgötter. Dem neuen Glauben folgten sie nur zum Schein, denn sie sahen in ihren alten Schutzgöttern keine bösen Dämonen. Die Chronik des byzantinischen Kaisers Konstantin VII. schildert die Beziehungen der Rus zu den Warägern und Vikingern. Der Fürst von Kiew konnte zwischen mehreren Religionen wählen, er entschied sich aus politischen Gründen für die Religion des byzantinischen Reiches.[16]

Die christlichen Missionare hatten aus der griechischen Schrift die kyrillische Schrift entwickelt, die vom Stamm der Rus übernommen wurde. Von Mönchen und Predigern wurde die Bibel übersetzt, damit begann die russische Schriftkultur. Die Klöster (Lavra) wurden zu Zentren der Mission, der Schreibkunst und der Malerei, denn der neue Glaube wurde auch durch Bilder (Ikonen) verbreitet. Bald entstanden russische Chroniken, ein Väterbuch von Kiew und wertvolle Handschriften mit theologischen Inhalten. Durch der Trennung der Ostkirchen von der Westkirche im Jahr 1054 ist die russische Lebenswelt der lateinischen Kultur ferngerückt. Fast 200 Jahre herrschten die Mongolen und Tartaren über das Land, in dieser Zeit entstand aber ein russischer Nationalismus, der stark von der Religion geprägt war. Die anderen slawischen Völker der Polen, der Slowaken, der Tschechen, der Kroaten und der Slowenen schlossen sich der lateinischen Kultur an. Seither sind die slawischen Völker durch zwei verschiedene Schriftformen getrennt. Die großen Themen der Mythologie lebten auch in der christlichen Zeit weiter.[17]

Die Mythologie der Balten

Zu den indo-europäischen Völkern der Balten zählen die Litauer, die Letten und die Altpreußen (Pruzzen), sie siedelten an der Ostsee zwischen den Flüssen Memel und Weichsel. In ihrer Mythologie erkennen wir die Weltdeutung der Jäger und Sammler, der Fischer, der Viehzüchter und der Ackerbauern. Auch sie sahen in den Naturgewalten Blitz, Donner und Sturm göttliche Wesen, die sie an Kultorten und unter Kultbäumen verehrten. Sie brachten Tieropfer und Menschenopfer dar, um die Schutzgötter der Tiere und der Sippen zu stärken. Sie erzählten, dass die Sonne in einem Turm eingesperrt war, bis sie von den Sternen mit einem großen Hammer befreit wurde. Der Hammer wurde als Symbol der Kraft und des Krieges

---

15 H. Gottschalk, Lexikon der Mythologie 445–455.
16 L. Honko, Religion der slawischen Völker 231–241.
17 H. Gottschalk, Lexikon der Mythologie 437–454. L. Honko, Religion der slawischen Völker 235–241.

verehrt; durch Feuerkulte sollten die Lebenskräfte der Felder und Wiesen gestärkt werden. Die Toten wurden im Feuer verbrannt, doch die Priester lehrten, dass aus dem Feuer ein neuer Mensch aufstehe und mit einem Pferd in das Land der Ahnen reite.[18]

In den Häusern wurden Schlangen gehalten, die den Bewohnern Glück und ein langes Leben bringen sollten. Die Menschen hatten Angst vor der Todesgöttin Giltine und vor der Wiederkehr jener Toten, die den Lebenden schaden wollten. Die Lebenslinie jedes Menschen wurde von der Göttin des Schicksals festgelegt. Die meisten Gottheiten waren weiblich, sie begegneten den Menschen als Mütter (mate), im Feuer und im Regen, an Wegen und in den Wäldern, am Meer und im Wind. Die Sonnengöttin ritt täglich über den Himmelsberg, am Abend kehrte sie mit einem Schiff in ihr Haus zurück. Sie lebte in keiner patriarchalen Ehe, sondern wählte sich frei ihre männlichen Liebespartner. Der Himmelsgott Dievs war einer ihrer Liebespartner, er lebte in der Nachbarschaft zur Sonnengöttin. Die Götter wurden als reiche Kornbauern mit vielen Töchtern und Söhnen vorgestellt. Der Sonnenmythos deutet auf eine große Autonomie der Frauen in der Frühzeit der Kultur hin.[19]

In jedem Haus lebten unsichtbare Hausgeister, sie überwachten das Verhalten aller Hausbewohner. Die Feuermutter lebte im Herd jedes Hauses, wenn sie zu wenig Gaben bekam, zündete sie das Haus an. Die Riten der Hochzeit wurden am Herdfeuer vollzogen, denn die Feuergöttin schützte die Ehen. Die Todesgöttin war immer unterwegs, denn sie fragte nach kranken Menschen, die sie erwürgte. Die Göttin Laume sorgte für die Witwen und Waisenkinder, sie stahl auch fremde Kinder, aber sie rächte jedes Unrecht unter den Menschen. Der höchste Kriegsgott war im Blitz und im Donner, er schützte die Eide und Verträge und schenkte den Menschen die Fruchtbarkeit. Eine Roggenfrau lebte in den Kornfeldern und verlangte von den Bauern Opfergaben.[20]

Von den Seelen der Toten wurde geglaubt, dass sie aus dem Feuer aufstehen und mit einem Pferd auf den Himmelsberg reiten. Die unteren sozialen Schichten aber mussten zu Fuß auf den Himmelsberg klettern, deswegen wurden ihnen in das Grab Bärenkrallen mitgegeben, damit sie besser klettern konnten. Auf dem Himmelsberg wurden alle Verstorbenen von der Totenmutter begrüßt und bei einem Mahl bewirtet. Wenn die Sonnengöttin am Abend in ihr Haus zurückkam, hängte sie ihre Kleider und den magischen Gürtel am Weltenbaum auf, dann lud sie göttliche Männer wie den Himmelsgott, den Abendstern oder den Mondgott zum Liebesspiel. Den Menschen schenkte sie das sexuelle Verlangen, den Frauen viele Kinder. Die Mantiker und Priester befragen am heiligen Ort die Göttin des Schicksals, aber auch die Seelen der Toten.[21]

---

18   A. Grabner-Haider, Die Balten. In: Ders./K. Prenner (Hg.), Religionen und Kulturen der Erde. Wien 2004, 64–66.
19   H. Gottschalk, Lexikon der Mythologie 412–436.
20   A. Grabner-Haider, Die Balten 64–66.
21   H. Gottschalk, Lexikon der Mythologie 420–436.

Die Christianisierung der Balten begann im 10. Jh., Bischof Adalbert von Prag predigte bei ihnen den christlichen Glauben, er war von Kriegern begleitet. Er wurde trotzdem von den Pruzzen im Samland getötet, aber die Mission ging weiter. Jetzt traten einzelne Fürsten mit ihren Kriegern zum christlichen Glauben über, sie ließen sich taufen. Doch das Volk der Bauern, der Fischer und der Viehzüchter blieb noch lange Zeit bei den Riten der alten Volksreligion. Der deutsche König Otto III. unterstützte die christlichen Prediger mit seinen Rittern, er gründete das Bistum Gnesen und setzte einen Bischof ein. Ab dem 13. Jh. wurden die Gebiete der Balten vom Deutschen Ritterorden erobert, jetzt wurde die Christianisierung mit militärischer Gewalt weiter geführt; es gab aber viele Aufstände gegen den Orden. Dieser drohte jedem Balten die Versklavung an, wenn er sich nicht zum Glauben der Christen bekannte. Die Pruzzen vermischten sich mit den deutschen Siedlern, den Litauern gelang es, ein größeres Reich zu schaffen.[22]

Die Mythologie der Finn-Ugrier

Zu den Finn-Ugriern gehören die Samojeden, die Finnen, die Esten und die Ungarn, sie gehören nicht zur indo-europäischen Sprachengruppe. Ursprünglich lebten sie östlich des Uralgebirges, sie zogen in mehreren Wellen an die Ostsee und von dort in die pannonische Tiefebene. Die Ungarn eroberten die Länder an der mittleren Donau, sie stießen kurzzeitig nach Norditalien und Bayern durch. Doch sie wurden vom deutschen König Otto I. 955 auf dem Lechfeld bei Augsburg besiegt und in die pannonische Ebene zurück gedrängt. Dort wurden sie als Ackerbauern und Viehzüchter sesshaft. Die Finnen und die Esten aber siedelten an der Ostsee. Die Mythologie dieser Völker ist stark von der Jagd, dem Fischfang, dem Ackerbau und der Viehzucht geprägt. Wichtig war ihnen die Verehrung der Ahnen, denn die Seelen der Verstorbenen gehörten weiterhin zur Sippe. Das Land der Toten (tuoni) wurde in den Wäldern, auf den Bergen oder auf Inseln gesehen, Priester und Mantikerinnen konnten mit den Seelen der Toten in Verbindung treten. Die Ahnen hielten die Sippen zusammen und kontrollierten die Einhaltung der moralischen Regeln, sie schickten den Menschen Glück oder Unglück.[23]

Nun griffen die Ahnen in das Leben der Nachfahren ein, sie hüteten das Recht und bestraften die Übeltäter. An bestimmten Tagen wurden sie zu Gastmählern geladen und um Rat und Hilfe gefragt. Die Toten wurden mit vielen Riten verabschiedet, es wurden ihnen Speisen und Geräte mit in das Grab gegeben. Ihr Bett wurde verbrannt, ihr Besitz in der Sippe verteilt, im Totenmahl verabschiedete sich die Sippe von den Verstorbenen. Die Priester und Mantiker schilderten des Totenland als fruchtbares Ackerland, in den Bächen floss Milch und an den Sträuchern wuchsen reichlich Beeren. Doch der Weg in das Land der Ahnen war voller Gefahren, außerdem wurden die Taten der Verstorbenen auf einer Waage gewogen. Die moralisch guten Menschen

---

22 H. Gottschalk, Lexikon der Mythologie 426–433.
23 L. Honko, Religion der finn-ugrischen Völker. In: J. Asmussen (Hg.), Handbuch der Religionsgeschichte I. 174–224.

erlebten im Totenland ein größeres Glück als die Übeltäter; die Seelen der Verbrecher konnten lange Zeit nicht zur Ruhe kommen. Die Sippen der Krieger opferten beim Totenritual ein Pferd oder eine Kuh.[24]

Auch die Finn-Ugrier verehrten ihre Kriegshelden, ihre Sippenväter und Sippenmütter, sie riefen zu ihren Schutzgöttern um Lebenskraft und Kriegsglück. Die Krieger standen den Göttern besonders nahe, denn sie schützten das Land und die Menschen vor Feinden. In den Kulthainen und Opferkreisen wurden auch Tieropfer und Menschenopfer gebracht. Die Schamanen und die Mantiker erkundeten das Schicksal, sie wehrten mit ihren Riten böse Dämonen ab, sie fungierten als Ratgeber der Stämme und der Krieger. Verbreitet war das Ritual der Bärentötung, das auf die Kultur der Jäger hinweist. Die Bärenjäger baten den getöteten Bären um Vergebung, denn sie fürchteten die Rache seiner Bärenseele. Sie sagten beim Ritual, sie hätten den Bären nicht mit Absicht getötet, er sei selbst zu Sturz gekommen oder fremde Jäger hätten ihn getötet. Wir erkennen hier noch die Angst vor den Seelenkräften der Wildtiere. Das Fleisch des Bären wurde beim Kultmahl verzehrt, die Knochen wurden im Wald vergraben oder auf Bäume gehängt. Oft wurde eine „Bärenbraut" gewählt und es wurde erzählt, dass der Bär der Urvater des Stammes sei.[25]

Die Riten der Reinigung und der Abwehr böser Dämonen wurden in Waldlichtungen und unter Kultbäumen ausgeführt. Die Priester und Schamanen hatten eigene Plätze, für den Schutzgott wurde eine Hütte aus Holz oder aus Baumrinden gebaut. An diesen Orten wurden Traumorakel befragt, Eide geschworen und Heilungen durchgeführt. Beim Kultmahl am heiligen Ort verbanden sich die Sippen miteinander, sie wussten sich gestärkt und zusammengehörig. Auch bei Quellen oder an Flüssen wurden Opferhütten aufgestellt, dort wurden die Riten der Fruchtbarkeit ausgeführt. Ein Sommerfest dauerte drei Tage, dabei wurden den Schutzgöttern der Erde und des Getreides Opfer gebracht. Jedes Dorf hatte seinen Opferplatz, bei den Finnen hatte jedes Haus seinen besonderen Ort für die Hausriten. Die Fischer opferten den Schutzgöttern und Ahnen Fische, die Bauern opferten die Erstlingsfrüchte ihrer Felder.[26]

In jedem Haus wurden die Schutzgeister angerufen, für sie hingen Opferkörbe an der Decke. Bei der Hochzeit brachte die Braut Erde und Asche von ihrem Haus mit, wenn sie in das Haus des Mannes zog. Bei Krankheit wurde der Schamane in das Haus geholt, er musste mit vielen Riten und Gesängen die Dämonen der Krankheit vertreiben. Der Schamane konnte in der Ekstase mit den Seelen der Ahnen, aber auch mit den Geistwesen des Waldes in Verbindung treten. Die unsichtbaren Geistwesen schützten das Haus, die Viehweiden, die Äcker, die Vorratskammern, die Badestuben. Die Menschen glaubten, dass ihr Leben von unsichtbaren Kräften und Mächten abhängig sei. In ihren Mythen erzählten sie von einer „Erdmutter" oder Feldmutter, welche ihnen die Fruchtbarkeit und reiche Ernten schenkte. Am Anfang der Zeit habe ein Tauchvogel die Erde aus dem Meer geholt; oder die Erde

---

24 H. Gottschalk, Lexikon der Mythologie 464–524.
25 L. Honko, Religion der finn-ugrischen Völker 200–224.
26 A. Grabner-Haider, Die Finn-Ugrier. In: Ders./K. Prenner (Hg.), Religionen und Kulturen der Erde 66–70.

sei aus einem Vogelei geworden; oder ein Schmied habe die Erde und die Sterne mit seinem Hammer aus Eisen geschmiedet.[27]

Von den Toten erzählten die Finnen, dass sie über eine Brücke nach „Nordheim" gehen oder den Himmelsberg besteigen. An den Gräbern befragten die Schamanen die Seelen der Toten nach dem Schicksal der Sippe. Die Totenwelt wurde als großes Dorf gedacht, wo die Seelen der Bauern und der Hirten weiterlebten. In der Zeit der Aussaat feierten die Bauern und die Viehzüchter das Ritual der Heiligen Hochzeit, Männer und Frauen paarten sich auf den Feldern und Viehweiden. Der Himmel wurde als großes Zelt gesehen, aber es wurde gelehrt, dass am Ende der Zeit die Sterne im Feuer verbrennen werden. Ein anderer Mythos sagte, am Ende werde das Eis die ganze Erde bedecken und das Leben werde aufhören. Oder es wurde erzählt, dass die Menschen in einem großen Krieg umkommen werden.[28]

Die Ungarn erzählten in ihren Mythen von ihren Eroberungen und Heldentaten; sie behaupteten, die Ungarn seien die Nachkommen des Hunnenkönigs Attila. Andere Mythen erzählten von einer göttlichen Urmutter, der Herrin und Schützerin des Volkes. Auch hier leiteten die Schamanen die Rituale, sie tanzten sich in Ekstase und bestiegen symbolisch den Himmelsbaum. Dort hörten sie die Stimmen der Ahnenseelen und die Botschaften der Schutzgötter. Die Priester (ragos) sangen Kultlieder und sprachen magische Formeln. Der Himmel wurde als großes Nomadenzelt vorgestellt, das sich um den Weltenbaum drehte. Die Götter wohnten auf einer Burg in der Höhe, darunter wohnten die unsichtbaren Geistwesen, dann die Seelen der Kriegshelden, darunter die Seelen der Nichtkrieger. Auch Mantikerinnen hatten Verbindung zu den Ahnen und Sippengöttern; sie halfen den Frauen bei der Geburt der Kinder und gaben in den Sippen die Weisheit des Lebens weiter.

Der männliche Schamane ritt auf einem Pferd und führte die Trommel mit sich. Die Krieger erzählten, der Lichtgott habe gegen die Mächte der Finsternis gekämpft, der Adler sei sein Schutztier und schütze das Volk vor Feinden. Die Christianisierung der Ungarn begann um das Jahr 1000, als sich der König mit seinen Kriegern taufen ließ; die Finnen und die Esten wurden erst später zum christlichen Glauben bekehrt. Im 13. Jh. ließ der Papst Gregor IX. bei den Ungarn und den Finnen alle Opferhaine zerstören, dort mussten Kapellen und Kirchen gebaut werden. Doch das Volk der Bauern, der Viehzüchter, der Fischer und der Jäger blieb noch lange Zeit bei der mythischen Weltdeutung, diese wurde partiell mit christlichen Lehren verbunden. Bei den Ungarn wurde die große Schutzgöttin des Landes durch die Gottesmutter Maria ersetzt, das Volk wurde zur Marienverehrung angehalten.[29]

---

27 A. Grabner-Haider, Die Finn-Ugrier 66–70.
28 H. Gottschalk, Lexikon der Mythologie 490–505.
29 L. Honko, Religion der finn-ugrischen Völker 200–218.

Folgen der Christianisierung

Wir können also annehmen, dass nach der Taufe der Herrscher und der Krieger die meisten Völker Europas noch lange Zeit bei ihren alten Mythen und Riten blieben. Wo die christlichen Prediger diese Riten verboten hatten, dort wurden sie an geheimen Plätzen und Orten ausgeführt. Gewiss wurden im Prozess der Tradierung viele Mythen abgeschwächt, zum Teil wurden sie mit christlichen Lehren verbunden; manche der alten Mythen wurden später zu „Märchen" degradiert. Vor allem die Bauern und die Viehzüchter feierten ihre alten Riten der Fruchtbarkeit weiter, denn sie glaubten, dass davon ihr wirtschaftliches Überleben abhing. Die Frauen verehrten weiterhin die alten Schutzgöttinnen der Sexualität und der Geburten, das Christentum bot dafür keinen Ersatz. Da nur Männer in der Rolle der christlichen Kleriker sein durften, blieben viele Frauen bei den alten Riten an verborgenen Orten, wo sie als Mantikerinnen ihre Funktion hatten. Als die christlichen Prediger davon hörten, haben sie diese Frauen verdächtigt, dass sie mit bösen Dämonen in Verbindung seien.

Zuerst sagten die Prediger, dass die alten Götter jetzt böse „Dämonen" seien und gar keine Kraft mehr hätten. Doch im Lauf der Zeit begannen sie selber, an die Macht der Dämonen zu glauben; und sie fingen an, die weisen Frauen und Mantikerinnen als Dienerinnen des Teufels zu verfolgen. Hier liegen die Anfänge der kirchlichen Hexenverfolgung, die sich gegen die weiblichen Funktionen im Ritual und in der Religion wandte. Außerdem hatten die christlichen Theologen das Weibliche aus dem Bereich des Göttlichen völlig verdrängt, die Gottheit bestand nur mehr aus drei männlichen Personen, Vater, Sohn und Geist. Denn die Verehrung der Gottesmutter Maria war nur ein schwacher Ersatz für den starken Glauben an die Macht und Kraft der großen Göttinnen. Das monopolhafte und patriarchale Gottesbild muss für große Teile der Bevölkerung eine Erschütterung gewesen sein, denn es war mit einem Kulturbruch verbunden. Denn nun sollte das weibliche Geschlecht vollständig und endgültig aus dem Göttlichen ausgeschlossen werden.[30]

Heute müssen wir auch bedenken, was die teilweise gewaltsame Durchsetzung einer neuen Religion für das breite Volk und die einzelnen Gläubigen bedeutet hat. Für viele Bauern, Viehzüchter, Freie und Unfreie muss es ein schwerer Schock gewesen sein, dass ihre bisherigen Schutzgötter nun auf einmal böse Dämonen sein sollten, dass viele ihrer alten Kultorte zerstört wurden, dass Frauen nun keine Funktion beim neuen Kult haben sollten. Christliche Missionare berichten, dass Bauern und Hirten lange Zeit geweint und getrauert haben, denn sie fühlten sich ohne ihre alten Götter schutzlos. Viele sind im Geheimen bei ihren alten Mythen und Riten geblieben, aber sie mussten nun an einigen christlichen Riten teilnehmen. So wurde in der Zeit des Mittelalters wohl eine *doppelte Religion* gelebt, die alte Volksreligion wurde durch christliche Lehren ergänzt und überlagert. Doch die christlichen Prediger und Kleriker begannen früh, durch das kirchliche Bußritual und die Einzelbeichte, die Glaubensüberzeugungen der Menschen zu überprüfen.

---

30   J. Campbell, Mythen der Menschheit. München 1993, 7–31.

Aber der religiöse Glaube des breiten Volkes und der Adeligen war nie deckungsgleich mit den Lehren der Kleriker und Theologen. Viele Menschen haben diese Lehren gar nicht gekannt und die Mehrzahl des Volkes dürfte sie gar nicht verstanden haben, weil es dafür nicht die ausreichende Bildung hatte.[31] Wir beginnen heute, die mentalen, emotionalen und kulturgeschichtlichen Auswirkungen der Christianisierung zu bedenken. Denn hier wurde wohl hauptsächlich mit Gewalt (Inquisition) ein polytheistischer Glaube in eine monotheistische Religion umgewandelt; viele der alten Riten wurden verboten, das weibliche Geschlecht wurde aus dem Bereich des Göttlichen ausgeschlossen, die alten Schutzgötter sollten nun als böse Dämonen gemieden werden. Das weibliche Geschlecht wurde damit deutlich abgewertet, wie wir aus vielen Texten theologischer Frauenverachtung wissen. Der sog. „Hexenhammer" von zwei Dominikanertheologen fasste im 15. Jh. diese lange Verachtung des Weiblichen nur zusammen.

Im Grunde wurde mit der Christianisierung das nachvollzogen, was in der jüdischen Kultur die Könige Hiskija und Joshija im 8. und 7. Jh.v.Chr. gemacht hatten. Es wurde das Monopol des Glaubens und des Kultes für einen einzigen männlichen Gott bzw. Kriegsgott mit Gewalt durchgesetzt. Wie diese jüdischen Könige die alten Kultorte in ihrem Land zerstört hatten, so taten es die christlichen Prediger und Missionare über 1000 Jahre später. Damit wurde die alte Volksreligion zwar nicht ausgelöscht, aber sie wurde in den Untergrund gedrängt. Nun sind gewiss viele Elemente aus den europäischen Volksreligionen in den christlichen Glauben eingeflossen, aber vieles an alten Glaubenstraditionen ist zerstört wurde. Gewiss war mit der Christianisierung ein kultureller Fortschritt verbunden, denn mit dem Glauben an einen einzigen Weltgott konnten große Reiche politisch stabilisiert werden. Mit dem Glauben an den einen Gott der Christen konnte in vielen Jahrhunderten eine europäische Kultur geschaffen werden. Doch die Formen der Missionierung bleiben aus heutiger Sicht dort problematisch, wo der neue Glaube nicht freiwillig und durch Überzeugung angenommen worden ist.[32]

---

31 J. Campbell, Mythen der Menschheit 10–29. H. W. Goetz, Leben im Mittelalter 78–86.
32 J. Assmann, Herrschaft und Heil. München 2001, 247–265. B. Lang, Jahwe der biblische Gott. München 2001, 65–85.

Christliche Weltdeutungen

Nun müssen die christlichen Grundlehren näher in den Blick kommen, welche die Lebenswelt des frühen Mittelalters nachhaltig geprägt haben. Die neue Religion baute auf einigen Lehren des Glaubens und auf klaren Geboten der Moral. Vor allem im Bereich der Moral gab es einen deutlichen kulturellen Lernprozess. Denn durch das Christentum fanden die europäischen Stammeskulturen den Anschluss an die Moralwerte der antiken Kultur. So wurde das archaische Prinzip der Sippenrache und der Blutrache durch andere Formen der Wiedergutmachung des Schadens und durch Bußleistungen ersetzt. Hier sollen nun auch die philosophischen Lehren in den Blick kommen, die den christlichen Glauben und die christliche Moral mitgeformt haben. Denn der christliche Glaube hat den europäischen Kulturen auch viele Einsichten der antiken Philosophie, vor allem der Stoiker, der Kyniker und auch der Platoniker vermittelt. Allerdings hatte er die Erkenntnisse der antiken Naturwissenschaft weitgehend verloren oder bewusst zerstört.

Das christliche Evangelium

Im römischen Imperium hatte sich die christliche Religion in großer Vielfalt über 300 Jahre lang durch freiwillige Überzeugung durchgesetzt. Was viele Griechen und Römer an dieser Religion faszinierte, war das vernünftige Gottesbild, die solidarische Sozialethik und die gut organisierte Hilfe für die Armen und Schwachen. Das Lebensprogramm Jesu verband eine Ethik der Gewaltlosigkeit und der Solidarität mit dem Anspruch auf unbedingte Gültigkeit. In gewisser Weise verbanden sich die Lebensformen der unteren und mittleren sozialen Schichten mit den Ansprüchen der oberen Schichten, der Adeligen und Krieger. Die blutigen Opfer an den Tempeln zur Vergebung der Sünden wurden beendet, an ihre Stelle trat ein vernünftiger und geistiger Gottesdienst (logike latreia), wie die Philosophen ihn seit langem gefordert hatten; es war der Gottesdienst der Nächstenhilfe, der Barmherzigkeit und der Versöhnung der Gegner. Die Christen fühlten sich beim einen Weltgott aller Menschen geborgen, sie wollten am Aufbau einer gerechteren Lebenswelt (Reich Gottes) aktiv mitwirken.

Gleichzeitig hofften sie auf eine Auferstehung ihrer Seele und ihres Körpers aus dem Tod, auf ein ewiges Leben im Himmel des einen Weltgottes. Den gewaltsamen

Tod ihres Gründers Jesus deuteten sie als göttlichen Willen und als Erhöhung in den Himmel des einen Gottes. Denn sie waren überzeugt, dass Jesus wegen der Torheit und der Sündigkeit der Menschen am Kreuz gestorben ist; und sie glaubten daran, dass ihn der eine Weltgott aus dem Tod zu neuem Leben erweckt und in den göttlichen Himmel aufgenommen hat. Für sie war nun Jesus ein göttlicher Sohn und Bote, ein Erlöser der Menschen aus der Macht der Sünde und des Todes, ja der erwartete Gesalbte (Messias) Gottes. Ihr erstes Glaubensbekenntnis lautete daher: Jesus ist der Christus, der Gesalbte Gottes, der Erlöser aus der Macht des Bösen. Dieses Glaubensbekenntnis wurde später erweitert, nun wurde Jesus Christus als der neue Weltherrscher (kyrios) gesehen, der allen Menschen das Glück des Lebens bringt, wenn sie nach seinen Geboten und Vorgaben lebten.[1]

Schon früh entstand unter den griechischen Christen die Lehre, dass Jesus Christus als göttlicher Sohn aus dem Himmel des einen Weltgottes zu den Menschen gekommen sei, dass er ein Mensch wurde (ensarkosis, lat. incarnatio), um alle anderen Menschen aus den Mächten des Todes, der Rache, der Sünde, der Zerstörung und des Bösen zu befreien. Dieser Glaube wurde bald mit Lehren der griechischen Philosophie verbunden, nun wurde gesagt, in Jesus Christus sei die göttliche „Weltvernunft" (logos) ein Mensch geworden. Er wolle jetzt alle Menschen zu einem vernünftigen Gottesdienst hinführen, denn die Gottesliebe könne sich nur in der gelebten Nächstenliebe verwirklichen. In Jesus Christus sei die göttliche Schöpferkraft wirksam, denn er sei dem göttlichen Vater ähnlich (homoiousios) oder sogar gleich (homoousios). Schon lange zuvor hatten die griechischen Philosophen gelehrt, dass sich die weisen und moralisch guten Menschen dem einen Weltgott annähern konnten, ja dass sie ihm gleich werden (isa theo) konnten.[2]

In der Folgezeit stritten sich nun viele christliche Gruppen um die richtige Deutung der Lehre und der Lebensform Jesu. Und als das Christentum ab 380 zur römischen Reichsreligion wurde, gelang es den sich orthodox nennenden Bischöfen, ihre Lehren über Gott und Jesus Christus weitgehend durchzusetzen, und zwar mit politischer und militärischer Hilfe des Staates. Denn da das römische Imperium seit langem eine einheitliche Reichsreligion anstrebte und dringlich benötigte, sollte jetzt die Vielfalt der christlichen Bekenntnisse und Lebensformen gewaltsam zu Ende kommen. Jetzt wurden von den Bischöfen und der Staatsgewalt die arianischen oder gnostischen Christen als „Häretiker" verfolgt, dennoch blieben ihre Glaubensformen noch lange Zeit erhalten. Als die Bischöfe auf Veranlassung der Kaiser neue Abgrenzungen ihrer Lehre auf verschiedenen Konzilien festlegten, da entstand eine neue Form des Christentums, das *imperiale Reichschristentum*. Doch nun bildeten sich davon abweichend neue christliche Bewegungen und Kirchen, etwa die der Monophysiten, der Nestorianer, der Kopten u.a.[3]

---

1   G. Theißen, Die Religion der ersten Christen. Eine Theorie des Urchristentums. Gütersloh 2000, 71–90.
2   W. Röd, Der Weg der Philosophie I. München 1996, 132–140. G. Theißen, Die Religion der ersten Christen 75–90.
3   P. Meinhold, Kirchengeschichte in Schwerpunkten 63–70.

Ein einheitliches Christentum war aber auch im römischen Imperium nicht durchsetzbar. Außerdem verstanden die meisten Laienchristen gar nicht, worüber sich die Theologen und Bischöfe stritten. Im frühen Mittelalter waren in der lateinischen Welt vor allem das römische Reichschristentum und das arianische Christentum verbreitet. Dieses verlor aber seine Bedeutung, als viele germanischen Fürsten und Könige vom arianischen zum katholischen Christentum übertraten. Der Übertritt zum Christengott bedeutete eine Absage an die bisherigen Schutzgötter, Mythen und Riten. An die Stelle der vielen Götter und Göttinnen trat nun der eine Weltgott, der nur mehr männliche Züge hatte. Er hatte seine Herrschaft über die Menschen als ein *Gott der Krieger* angetreten, als solcher wurde er auch von den römischen Kaisern gesehen. Denn er stand auf der Seite der Sieger und schenkte den Kriegern die Erfolge im Kampf. Daher war es folgerichtig, dass auch die germanischen Heerführer und Stammesführer zu diesem Gott übertraten, den sie durch die römischen Herrscher schon gut kannten.[4]

Jetzt hatten die Krieger einen neuen Schutzgott, von dem sie sich mehr Kampfkraft und Siege erhofften. Schwierig war der Übertritt zum neuen Glauben aber für die Bauern und Viehzüchter, für die Händler und Handwerker, für die Halbfreien und Unfreien, denn sie verloren nun ihre bisherigen Schutzgötter. Sie sollten sich nun einem männlichen Weltgott der Krieger unterwerfen, jetzt sollten sie ihre alten Glaubensüberzeugungen und Riten aufgeben. Für sie war es eine Gleichschaltung mit den Glaubenslehren der Krieger, der Fürsten und der Bischöfe. So gesehen war der Monotheismus bzw. der Monopatrismus (Jan Assmann) eine deutliche Verschärfung der Herrschaft der Krieger und Adeligen. Die Dominanz der Männer über die Frauen wurde damit deutlich verschärft, wenn man die Volksrechte aus der vorchristlichen Zeit mit denen der christlichen Zeit vergleicht. Für die Krieger und Herrscher brachte der eine Reichsgott viele Vorteile, mit ihm konnte erfolgreicher gekämpft werden, Herrschaft konnte effizienter ausgeübt werden. Die Gleichschaltung im Bereich der Religion und der Riten war eine Form der Verschärfung und der Optimierung von Herrschaft.[5]

Dies hatte bereits der ägyptische König Echnaton (Achanjati) erkannt, später folgten ihm die persischen Herrscher der Sassaniden und zuletzt die arabischen Moslems. Dieser männliche Gott konnte beim Ritual nur durch männliche Priester repräsentiert werden, folglich verloren die Frauen ihre bisherigen religiösen Funktionen. Daher wird es verständlich, dass nach der Christianisierung viele Frauen weiterhin im Geheimen und an geheimen Orten ihre alten Schutzgötter der Fruchtbarkeit verehrten. Auch viele Bauern und Hirten blieben im Geheimen bei ihrem Glauben an die alten Götter der Erde, der Fruchtbarkeit und der Tiere. Zuerst entmachteten die christlichen Prediger und Theologen die alten Götter und Göttinnen, sie sagten den Menschen, diese Götter hätten nun keine Kraft und Macht mehr. Später degradierten sie diese Schutzgötter zu bösen Dämonen und Geistwesen, die nicht mehr verehrt werden durften, weil sie den Menschen Unheil und den frühen Tod brächten.[6]

4   A. Angenendt, Das Frühmittelalter 56–71.
5   J. Assmann, Herrschaft und Heil 247–272.
6   B. Lang, Jahwe der biblische Gott 137–144.

Doch viele Menschen, die mit ihren Vorfahren an diesen Schutzgöttern gehangen waren, konnten dies nicht glauben. Sie stellten deren Standbilder weiterhin an geheimen Orten auf, um dort die alten Riten zu feiern. Eine päpstliche Bulle „Summis desiderantes" aus dem späten 15. Jh. beschrieb diese Riten, die dem Papst aus vielen Orten in Germanien nach Rom gemeldet worden waren. Aus diesem Text und aus vielen anderen Zeugnissen müssen wir annehmen, dass nach der Christianisierung zwei Formen der Religion im Volk verbreitet waren, nämlich die alte Volksreligion und Teile des christlichen Glaubens. Die große Mehrheit der Bevölkerung nahm den christlichen Glauben mit der Taufe an, sie lernte einige Glaubensformeln und schwor formal den alten Göttern ab, wie die Prediger es forderten. Doch in ihren Hausriten und in ihren privaten Überzeugungen blieben sie noch lange Zeit, wahrscheinlich bis weit in die Neuzeit hinein, ihren alten Schutzgöttern treu. So legte sich die christliche Religion wie eine zweite Schicht der Weltdeutung über die alte Volksreligion.[7]

Aus den schriftlichen Zeugnissen müssen wir annehmen, dass die Christianisierung der europäischen Völker und Stämme nur langsam voran kam. Selbst die Könige und Adeligen blieben mit ihren Sippen noch lange Zeit bei ihren alten Glaubensvorstellungen, auch wenn sie mit den Fahnen und Feldzeichen des Christengottes in den Krieg zogen. Wenn sie über ihre Feinde siegten, wurde ihr Glaube an Christus gestärkt; doch wenn sie besiegt wurden, war dieser Glaube auf eine harte Probe gestellt. Doch dann sagten ihnen die Prediger und Theologen, sie hätten deswegen verloren, weil sie an Christus zu wenig geglaubt hätten und weil sie seinen Geboten untreu geworden seien. Aber das Gleiche predigten die christlichen Theologen und Kleriker auch noch in den großen Kriegen von 1914 bis 1918 und von 1939 bis 1945. Selbst der Diktator A. Hitler sagte in seinem politischen Testament vom Februar 1945, die Deutschen hätten zu wenig tapfer gekämpft und sich dem Auftrag der göttlichen „Vorsehung" nicht würdig erwiesen.[8]

Nun hielten sich im Mittelalter die Bauern und die Viehzüchter, die Halbfreien und die Unfreien, vielleicht auch Handwerker und Händler in ihrer Lebensgestaltung wohl an beide Religionen, die christliche und die alte Volksreligion. Denn sie waren lange Zeit davon überzeugt, dass die alten Schutzgötter der Erde den Feldern, den Viehweiden und den Weinbergen reichere Erträge geben konnten als der strenge Christengott. Die fränkischen Bischöfe mussten auf ihren Synoden über 200 Jahre lang die Bauern davor warnen, ihre Felder von jüdischen Rabbis segnen zu lassen. Die Bauern haben nach historischen Zeugnissen bis in die Neuzeit bei schweren Gewittern und Gefahren sowohl die christlichen Heiligen, als auch die vorchristlichen Schutzmächte um Hilfe angerufen. Sie riefen dann: „Hilf, was helfen kann!" Noch im 20. Jh. wurden in den Alpentälern bei Gewittern die christlichen Nothelfer angerufen, doch gleichzeitig wurde den altgermanischen Göttern Mehl in den Wind gestreut und Feuer auf das Feld getragen.[9]

---

7   P. Meinhold, Kirchengeschichte in Schwerpunkten 67–74. A. Angenendt, Das Frühmittelalter 36–50.

8   R. Bucher, Hitlers Theologie. Würzburg 2008, 84–88.

9   A. Grabner-Haider (Hg.), Fanatismus und Massenwahn. Graz 1986, 39–48.

Vom Glauben der Halbfreien und der Unfreien haben wir wenig Zeugnisse, aber es ist sehr wahrscheinlich, dass auch sie sich dem Glauben der Bauern und der Viehzüchter angeschlossen haben, mit denen sie gearbeitet haben. So hat sich der christliche Glaube unter den europäischen Völkern und Stämmen wohl in unterschiedlicher Geschwindigkeit durchgesetzt. In der Nähe der Klöster und Bischofsitze dürfte die Missionierung intensiver gewesen sein als in anderen Regionen. Denn es konnten nicht flächendeckend Pfarren, Kirchen und Kapellen errichtet werden. Den Adeligen und Kriegern wurde von den Predigern und Theologen gesagt, dass ihnen viele Sünden vergeben werden können, wenn sie mit ihren Gütern Kirchen, Kapellen und Klöster stifteten. Da die Krieger ständig in das Töten von Mitmenschen involviert waren, dürfte ihr Sündenbewusstsein hoch gewesen sein, das ihnen die Kleriker eingeredet hatten. Doch die Prediger fügten bald neue Sündenregister hinzu, nämlich die Übertretung ihrer rigiden Regeln des sexuellen Verhaltens.[10]

Der monopolhafte Glaube

Jetzt lehrten die Theologen und Prediger, nur Jesus Christus könne die sündhaften Menschen aus der Kraft des Bösen erlösen. Die Christen durften fortan keine anderen Götter und Göttinnen mehr verehren oder um Schutz anflehen, denn der eine Weltgott war eifersüchtig und voller Rache. Er wurde in drei göttlichen Personen vorgestellt, sie waren alle männlich, nur der Heilige Geist trug noch weibliche Spuren. Jesus Christus war nun der einzige Erlöser der Menschen aus den Mächten der Sünde und der Zerstörung. Er wurde den Kriegern als der neue Kriegsheld (Heliand) dargestellt, der alle Mächte des Bösen in der Welt zerstört. Er kämpfte gegen die Ungläubigen und wollte überall auf der Erde den einen wahren Glauben der Bischöfe durchsetzen. Gewiss war er auch ein Vorbild des moralisch guten Lebens, der Mildtätigkeit zu den Armen, der Barmherzigkeit mit den Schwachen und der Versöhnung mit den Gegnern.[11]

Jesus Christus forderte von den Sippen jetzt den Verzicht auf private Rache, das Mitleid mit den Schwächeren, die nachhaltige Hilfe für die Armen, die Verzeihung von Unrecht. Damit kam die jüdische und frühchristliche Binnenethik auch unter den europäischen Stämmen und Völkern zum Tragen, es wurde eine allgemeine Friedensethik gefördert, aber gewiss nicht überall verwirklicht. Der neue Glaube stärkte auch die politische und militärische Herrschaft, denn Christus zog den Fürsten und den Kriegern in ihren Kämpfen voran. Die christlichen Fürsten sollten gegen die Ungläubigen und gegen die Irrlehrer hart kämpfen, denn der Irrtum im Glauben habe kein Existenzrecht, lehrten die Bischöfe. Wenn nun die christlichen Fürsten untereinander um Macht kämpften, sprachen die Theologen und Kleriker vom „gerechten Krieg" (bellum iustum), den sie vom ungerechten Krieg deutlich

10 H.W. Goetz, Leben im Mittelalter 20–54. J. Fried, Aufstieg aus dem Untergang. Apokalyptisches Denken und die Entstehung der modernen Naturwissenschaft im Mittelalter. München 2001, 83–102.
11 A. Angenendt, Das Frühmittelalter 56–63.

unterschieden. Ein gerechter Krieg hatte gerechte Kriegsziele und sollte das Volk vor Unglück schützen.[12]

Diese Lehre vom gerechten Krieg hatten die christlichen Theologen bis zum Ende des zweiten Weltkriegs beibehalten, einige deutsche Theologen sahen auch im Rassenkrieg Hitlers noch einen gerechten Krieg, weil er Europa vor dem Bolschewismus schützen sollte. Doch seit diesem Krieg sind diese Lehren von gerechten Krieg unter den Theologen schwächer geworden, nur von konservativen Denkern werden sie noch vertreten. Nach der christlichen Missionierung hatten die Theologen und Prediger die alten Schutzgötter entmachtet und degradiert. Zuerst wurden die Anhänger der alten Volksreligion nicht verfolgt, es wurde nur unterstellt, dass die alten Schutzgötter keine Kraft mehr hätten und nichts bewirken könnten. Folgerichtig wurden viele der alten Kultorte von den Missionaren zerstört, an diesen Orten wurden später Kirchen und Kapellen errichtet. Die Verfolgung der Anhänger des alten Volksglaubens setzte erst später ein.[13]

Papst Gregor I. hatte seinen Missionaren im Land der Angeln zuerst die Zerstörung der Kultorte empfohlen, doch in einem zweiten Brief hatte er sie zu einer sanften Methode der Christianisierung aufgefordert, sie sollten die Kultorte in christliche Kirchen und Kapellen umwandeln. Einige der englischen Könige nahmen nur probeweise den christlichen Glauben an, denn der Christengott musste sich erst in den Kriegen bewähren. Im Fall der Niederlage blieb ein Königssohn ungetauft, dieser hätte nach der Niederlage des Vaters die Herrschaft übernehmen müssen. Die weibliche Seite des Göttlichen wurde auf die „Gottesmutter" Maria gelenkt, sie beerbte in der Folgezeit die Göttinnen der Fruchtbarkeit, der Geburten und der sinnlichen Liebe. Diese war aber nach den Lehren der Theologen und Kleriker keine Göttin im Vollsinn, doch die meisten Laienchristen sahen sie wohl als solche. Sie war eine göttliche Mutter, die Mutter des Erlösers, die Trösterin der Betrübten, die Helferin in allen Nöten, die große Fürbitterin beim strengen Himmelsgott.[14]

Doch nun hatte sich in der Gestalt der göttlichen Mutter und des göttlichen Vaters vieles verändert. Nach den Lehren der Theologen war das Erleben der Sexualität aus der Gottheit ausgeschlossen. Die Gottesmutter und der Himmelsgott hatten keine sexuellen Liebesbeziehungen mehr, wie es die alten Schutzgötter hatten. Die menschliche Sexualität war entgöttlicht, ja sie wurde von einigen Theologen (Aurelius Augustinus) sogar dämonisiert, denn bei ihrem Erleben drohten böse Dämonen. Daher sollte Sexualität nur innerhalb der patriarchalen Ehe gelebt werden, sie diente allein dem Zweck der Kinderzeugung. Sexuelles Erleben außerhalb dieser Eheform war verboten und wurde von den Theologen und Predigern als Sünde gewertet. Vielen Gläubigen wurde empfohlen, in Klöster einzutreten und als Mönche oder Nonnen asketisch zu leben. Ehelose Kinder hatten nur wenig Wert und kaum Rechte im sozialen Leben.[15]

---

12 P. Meinhold, Kirchengeschichte in Schwerpunkten 75–80.

13 M. Fiedrowics, Das Kirchenverständnis Gregors des Großen. Freiburg 1995, 64–78.

14 F. Mußner, Maria, die Mutter Jesu im Neuen Testament. St. Ottilien 1993, 72–84.

15 A. Grabner-Haider, Die Diener Gottes. Das Klerikerchristentum und seine Geschichte. Darmstadt 2008, 47–67.

Mit der Christianisierung wurden die Frauen deutlich abgewertet, wie die Vergleiche mit den vorchristlichen Volksrechten zeigen. Die Gottesmutter Maria wurde von asketischen Männertheologen schrittweise entsexualisiert, sie hatte keine erotischen Reize mehr, sondern war nur noch tröstende Mutter. Beide Geschlechter hatten ihre erotischen Vorbilder im göttlichen Bereich verloren, ihre personale Formung hatte sich entscheidend verändert. Mit der Abwertung der Sexualität, der Sinnenfreude und der Erotik steigerten die Theologen und Prediger die Aggressivität gegen Irrlehrer, Häretiker, Juden, Fremde, Ketzer, Hexen, Gottesfeinde. Doch wir können auch in diesem Bereich annehmen, dass die einfache Bevölkerung diese Abwertung der Sexualität nicht nachvollzogen hat, wie wir aus vielen Bußbüchern der Kleriker entnehmen können.

Nun hatte der christliche Monotheismus viele Auswirkungen auf die Kultur und Lebenswelt. Es wurde eine *einheitliche Lebenskultur* aufgebaut, mit einer einheitlichen Kultsprache (Latein), einer einheitlichen Moral, mit ähnlichen Riten und Rechtsnormen. Es gelang den Predigern in kleinen Schritten, die jüdisch-christliche Sozialethik zu verbreiten und einzuwurzeln. Damit wurden auch viele Lebenswerte der antiken Kultur, der stoischen und der platonischen Philosophie weiter gegeben, sie wurden mit der Ethik der Bibel verbunden. Dadurch wurde ein kultureller Lernprozess in allen europäischen Stammeskulturen möglich, die archaischen Rechtsformen der Blutrache und der Menschenopfer wurden beendet, viele Gesetze des menschlichen Zusammenlebens wurden deutlich und dauerhaft humanisiert. Die Herren lernten einen anderen Umgang mit den Sklaven, sie sollten diese fortan als Mitmenschen behandeln. Dies drückt auch der sprachliche Übergang vom Sklaven zum „Hörigen" aus.[16]

Doch die negativen Auswirkungen der Christianisierung können nicht übersehen werden, denn die Theologen und Kleriker führten einen harten Kampf gegen alle von ihrem Glauben Abweichenden, gegen Ketzer und Häretiker, gegen Gottesfeinde und gegen Juden. Die Grenze zum Fremden wurde enger gezogen, bald wurden Kriegszüge gegen Ketzer, Häretiker und Gottesfeinde geführt. Die Kleriker hatten viele der sozialen Reformbewegungen, die um eine gerechtere Verteilung der Güter gerungen haben, als Häretiker eingestuft. Dazu gehörten die vielen Armutsbewegungen, die sich am Evangelium orientierten, die Albigenser, die Katharer, die Waldenser. In dieser Zeit waren die höheren Kleriker selber Feudalherren und wollten auf keinen Fall die Ordnung der Feudalgesellschaft verändern. Deswegen beteiligten sich auch Bischöfe und Äbte mit ihren Kriegsheeren an den Kriegen gegen die Ketzer, Häretiker und Armutsbewegungen; die Verfolgung dieser Gruppen wurde flächendeckend durchgeführt, wie die päpstlichen und kaiserlichen Gesetze gegen die Häretiker zeigen.[17]

Dieser politische Monopolanspruch des einzig wahren Christenglaubens widersprach aber der Einsicht der antiken Philosophen, dass das Geheimnis der Gottheit

---

16 A. Angenendt, Das Frühmittelalter 50–55.
17 P. Mikat, Inquisition. In: LThK V, Freiburg 1960, 698–701. A. Grabner-Haider, Die Diener Gottes 47–59.

uns Menschen gar nie voll zugänglich und ergründbar sei. Auch einige Theologen neigten zwar theoretisch dieser Einsicht zu, aber in der kirchlichen Praxis waren sie für die Verfolgung der Ketzer und Häretiker, die einem anderen Gottesbild folgten. Die meisten Kleriker und Prediger waren überzeugt, dass über das Göttliche nur in der Weise der kirchlichen Lehre geredet und gedacht werden dürfe. Denn mit dem einheitlichen Reichschristentum war die Vielfalt der christlichen Glaubensvorstellungen und anderer religiöser Überzeugungen zu Ende gekommen. Nun galt weithin die Regel, dass der Irrtum in Fragen der Religion kein Existenzrecht habe und dass die Irrlehrer daher zu verfolgen und zu töten seien.[18]

So hatten bereits die christlichen Kaiser im Römischen Imperium auf Geheiß der orthodoxen Bischöfe begonnen, die arianischen Christen und die Donatisten zu verfolgen, ihre Güter zu konfiszieren oder sie in die Verbannung zu schicken. Unter Kaiser Honorius I. wurde den christlichen Häretikern bereits die Todesstrafe angedroht, und sie wurde einige Male auch durchgeführt (Priscillianisten). Seit dem Kaiser Justinianos I. galt im Byzantinischen Reich die Verpflichtung, Ketzer und Zauberer ausfindig zu machen und sie im Feuer zu verbrennen. Im Reich der Franken schickten die Bischöfe sog. „Sendgerichte" aus, um Zauberer und die Anhänger der alten Volksreligion aufzuspüren und zu verurteilen. Bereits im 11. Jh. wurden Ketzer und Häretiker in Frankreich und im Deutschen Reich erhängt oder im Feuer verbrannt, denn das Feuer sollte den Irrtum total auslöschen. Doch dagegen hatten einige Theologen wie Wazo von Lüttich und Petrus Cantor noch moralische Bedenken geäußert.[19]

Ab dem 10. Jh. wurden die sozialkritische Bewegung der Bogumilen und später die Bewegung der Katharer und der Albigenser flächendeckend verfolgt, weil die Bischöfe in ihnen einen Angriff auf die bestehende Feudalordnung sahen. Zu dieser Zeit versuchten die Bischöfe und Kleriker zusammen mit den Fürsten und Königen einen einheitlichen religiösen Glauben mit militärischer Gewalt durchzusetzen. Doch ein großer Teil der Bevölkerung blieb noch lange Zeit zumindest teilweise beim alten Glauben der Volksreligion. Vor allem durch die Einführung der Privatbeichte vor den Klerikern sollten die Glaubensüberzeugungen kontrolliert werden. Doch der Glaube der Laienchristen war nicht deckungsgleich mit den Lehren der Theologen und Kleriker, denn jene kannten und verstanden nur einen geringen Teil der komplexen Lehren der Theologen.

Neuplatonische Lehren der Theologen

Die Theologen der Reichskirche im lateinischen Westen haben sich im frühen Mittelalter stark von den Denkmodellen der neuplatonischen Philosophie leiten lassen. Denn sie waren überzeugt, dass diese Denkweisen mit dem christlichen Glauben verträglich seien. Außerdem wollten sie den christlichen Glauben im Gespräch mit gebildeten Zeitgenossen auf ein philosophisches Niveau heben. Der ägyptische Philo-

---

18 A. Grabner-Haider (Hg.), Fanatismus und Massenwahn 49–52.
19 P. Mikat, Inquisition 698–700.

soph *Plotinos* wollte im 3. Jh. zeigen, wie sich die göttliche Wirklichkeit des Geistigen zur empirischen Welt und Wirklichkeit der Menschen verhalte. Er betonte ähnlich wie Plato die Selbständigkeit und die Welttranszendenz der geistigen Wirklichkeit gegenüber der Welt der Menschen. Die Welt des Geistes war von der Welt der Körper strikt getrennt, doch konnte sich der menschliche Geist in der Ekstase zur göttlichen Wirklichkeit erheben. Diese göttliche Wirklichkeit war das Ureine (to hen), es war rein geistiger Natur, ewig und unveränderlich.[20]

Für Plotinos war dieses Ureine zugleich das moralisch Gute und das Göttliche; es sei jenseits und außerhalb der empirischen Welt der Körper, es sei der Urgrund aller gewordenen Gegenstände und Lebewesen. Nun habe sich dieses göttliche Ureine zur Vielfalt der Dinge, der Körper und der Lebewesen entfaltet und entwickelt. Die Fülle des Göttlichen sei übergeflossen (perirhein); und aus dieser Fülle sei die Welt des Geistes geflossen und ausgestrahlt (lampein); und aus der Fülle des Geistes sei die Weltseele (psyche) geflossen und ausgestrahlt. Diese eine Weltseele habe sich dann in viele Einzelseelen geteilt, diese seien dann in die Welt der Körper hinabgestiegen und als Menschen geboren worden. Die Körper seien durch das Überfließen der Einzelseelen entstanden, in ihnen sei am wenigsten vom göttlichen Licht, sie seien vom Ureinen am weitesten entfernt. Folglich stehe die Welt der Körper und der Dinge im Rang viel tiefer als die Welt der Seelen, des Geistes und des Göttlichen. Wir erkennen in dieser Lehre deutlich die Abwertung der stofflichen und empirischen Welt gegenüber der Welt des Geistigen und des Göttlichen. Aber dies war schon bei Plato vorgegeben.[21]

Die gesamte Natur (physis) sei der geistigen Ordnung der Übernatur (hyperphysis) untergeordnet, aber in ihr sei eine vernünftige und schöpferische Kraft wirksam. Denn die eine Weltseele forme alle stofflichen Dinge und Gegenstände, Körper und Lebewesen. Folglich sei die Natur nur ein Teilbereich der Wirklichkeit, über ihr wirkten das Ureine, der Geist und die Weltseele. Dieses göttliche Ureine könne aber nicht mehr durch rationale Erkenntnis erfasst werden, es sei nur in der intuitiven und ekstatischen Schau (theoria) erfassbar. In der stofflichen Welt aber wirkten geistige Kräfte (logoi spermatikoi), mittels dieser Kräfte könnten die Menschen Kunstwerke schaffen. In diesen Kunstwerken erkennen wir dann die Strukturen der höheren und geistigen Wirklichkeit, das Erleben des Schönen werde daher zu einem Symbol des Ewigen und Göttlichen. Das Stoffliche (hyle) in der Welt aber sei formlos, es werde aber durch die geistigen Formkräfte gestaltet; es habe einen niedrigeren Wirklichkeitsgrad als die geistige Welt. Dieses Stoffliche bilde die Grenze für die Ausstrahlung des Ureinen.[22]

Nun sei das Stoffliche am weitesten vom göttlichen Ureinen entfernt, daher fehle ihm das höchste Gute; ja im Stofflichen seien nur mehr Reste des Guten, daher sei es mehrheitlich als böse zu bewerten. Doch dem Bösen komme keine eigene Wirklich-

20 W. Röd, Der Weg der Philosophie I. München 1996, 239–241.
21 W. Röd, Der Weg der Philosophie I, 240–244.
22 W.L. Gombocz, Die Philosophie der ausgehenden Antike und des frühen Mittelalters. München 1997, 135–142.

keit zu, es bestehe in einem Mangel am höchsten Guten. Wenn die Einzelseelen in die menschlichen Körper hinabsteigen und in diesen geboren werden, dann werden sie auch mit dem Bösen befleckt; denn sie kommen mit dem Stofflichen in Berührung. Solange die Menschenseele mit dem Körper verbunden sei, habe sie daher Anteil am moralisch Bösen. Allein in der Ekstase könnten Menschen mit ihrer Seelenkraft das göttliche Ureine erleben und schauen, doch dessen Wesen sei uns Menschen nicht erkennbar. Wenn die Seele in der Ekstase außer sich gerät, dann erfährt sie, dass sie einen göttlichen Ursprung hat.[23]

Wer sich in der mystischen Schau mit dem göttlichen Ureinen verbinde, der sei an das Ziel der Erkenntnis gelangt, denn er rühre an das höchste Licht, aus dem die Welt und wir Menschen kommen. Dieses Denkmodell Plotins haben viele christliche Theologen übernommen und weiter entfaltet, sie wollten damit die göttliche Welterschaffung neu erklären. Sie deuteten nun das göttliche Ureine als den persönlichen Weltgott. Auch sie sahen in der Erfahrung der mystischen Gottesschau und in der Ekstase die Begegnung mit der göttlichen Dreiheit. So hatte sich die christliche Lehre durch Jahrhunderte dem neuplatonischen Denken genähert. F. Nietzsche nannte daher das frühe Christentum folgerichtig einen „Neuplatonismus für das einfache Volk".[24]

Porphyrios verfasste eine Einführung in die Kategorienlehre des Aristoteles. Darin warf er die Frage auf, ob unsere Universalbegriffe (universalia) nur Konstruktionen unseres Geistes seien oder ob diesen Begriffen eine objektive Wirklichkeit entspreche. Diese Fragen wurden nun im frühen Mittelalter von vielen Theologen heftig diskutiert. Porphyrios hatte ein Werk „Gegen die Christen" geschrieben, denn er wollte die altrömische Religion mit ihren vielen Bildern des Göttlichen wieder herstellen. In diesem Buch zeigte er viele Widersprüche in den Lehren der Christen auf: Jesus sei ein weiser Mensch gewesen, doch die Christen hätten irrtümlich aus ihm einen Gott gemacht. Der eine und höchste Gott sei unkörperlich, unbeweglich und unsichtbar, er bedürfe keiner Opfer und Gebete der Menschen. Die weisen Menschen sollten ihn mit reiner Seele, mit tiefem Schweigen und mit reinen Vorstellungen ehren. Jesus sei ein frommer Mensch gewesen, aber die Christen seien im Irrtum, wenn sie aus ihm einen Gott machten. Daher seien die Christen eine politisch umstürzlerische Bewegung, denn sie hätten ein neues Glaubenssystem geschaffen. Aber im Grunde seien sie Gottlose (atheioi), weil sie von den Bräuchen und Lehren der Väter und auch vom Glauben der Juden abgefallen seien.[25]

Jamblichos aus Chalkis leitete in Syrien eine Schule der Neuplatoniker, auch er vermischte griechische Gotteslehren mit Formen der semitischen Mystik. Denn für ihn war die Welt voll mit göttlichen und mit dämonischen Wesen; er sprach von Hauptgöttern und Untergöttern, von Weltherrschern und Naturgöttern. Die Menschen könnten sich nur mit göttlicher Hilfe und mit vielen Riten aus der Macht der bösen Dämonen befreien; vor allem der menschliche Wille sei der bevorzugte

---

23   Plotinos, Enneaden 5,3,17.
24   W. Röd, Der Weg der Philosophie I, 248–252.
25   Zitiert bei Eusebius, Praeparatio evangelica 1,2,1–4.

Angriffsort dieser bösen Geistwesen. Daher müsse sich jeder Mensch in der Gottheit verankern, um vom Bösen geschützt zu sein. Das rechte philosophische Denken müsse jetzt durch Riten der Reinigung ergänzt werden, denn der Glaube an die Götter sei allen Menschen angeboren. Die Vereinigung mit dem einen Göttlichen geschähe durch magische Zahlen und Riten (symbola kai systemata), sie setze aber immer die moralische Reinheit der Seele voraus. Nun bestehe das höchste Glück der Menschen darin, moralisch rein zu denken und am göttlichen Geist Anteil zu haben.

Für Jamblichos wurde die neuplatonische Philosophie zur Theosophie und zur Theourgie, in dieser Form wurde sie von den christlichen Theologen übernommen. Die stoffliche Welt der Materie müsse als nichtige Scheinwelt erkannt werden, denn nur das Geistige sei die wahre Wirklichkeit. Die Menschenseelen seien in die Welt der Körper herabgestiegen, um sich von moralischer Schuld zu reinigen; jede Menschenseele sei ein göttliches Werk und daher unsterblich mit Ewigkeitswert.[26]

Proklos aus Xantos leitete die neuplatonische Akademie in Athen, auch er wollte die Philosophie mit den Lehren der Religion verschmelzen. Er glaubte an viele göttliche Wesen, an Engel und Dämonen, auch Orakel und Beschwörungen waren ihm wichtig. Da wir das höchste und göttliche Ureine nicht erkennen können, sind wir auf die mystische Schau angewiesen. Aber selbst nach der ekstatischen Erfahrung können wir nur sagen, was die Gottheit nicht sei (theologia negativa). In der Philosophie können wir nur in Analogien über das Göttliche sprechen, aber es muss sich uns in der mystischen Vision zeigen. Die gesamte Wirklichkeit sei hierarchisch geordnet, die obersten Götter seien die Träger der ewigen Vorsehung. Alle Menschenseelen hätten tiefe Sehnsucht, in die Welt des Ureinen und des Göttlichen zurückzukehren. Sie näherten sich dem Göttlichen durch die gelebte Ethik der Nächstenhilfe und durch Gebete und Riten. Aus dem Ureinen fließe die nächste tiefere Stufe der Wirklichkeit, doch in einem dritten Schritt vereinige sie sich wieder mit dem Ureinen zu einer Ganzheit. Damit schuf Proklos aus Xantos das dreistufige Denkmodell von Thesis, Antithesis und Synthese für alle Prozesse des Werdens; daraus wurde später das Denkmodell der „dialektischen" Philosophie. Das Ureine sei mit dem moralisch Guten eins, das Böse in der Welt sei nur ein Fehlen des Guten, es habe keine eigene Existenz.[27]

Vom neuplatonischen Denken geprägt war der afrikanische Bischof *Aurelius Augustinus*, der einige Schriften des Plotinos und des Porphyrios gekannt haben dürfte. Er wurde 387 getauft und danach der Vordenker des monopolhaften Christusglaubens und der geschlossenen Reichskirche. Seine skeptische und manichäische Periode ließ er zurück, als er sich in Mailand dem neuplatonischen Christentum zuwandte. Nun erkannte er im Glauben an Jesus Christus ewige Wahrheiten, die der eine Weltgott aber nur den Christen geoffenbart habe. Folglich sei für alle Menschen außerhalb der katholischen Kirche kein Heil für ihre Seelen zu finden (nulla salus

---

26 W. Röd, Der Weg der Philosophie I, 250–257. F.P. Hager, Plotin. In: O. Höffe (Hg.), Klassiker der Philosophie I. München 1985, 137–153.

27 W.L. Gombocz, Die Philosophie der ausgehenden Antike 203–209. W. Röd, Der Weg der Philosophie I. 257–264.

extra ecclesiam). Zuerst wollte er die Nichtchristen und die christlichen Häretiker durch Überzeugungsarbeit zum wahren Glauben gewinnen. Doch als ihm das nicht gelang, setzte er auf politischen und militärischen Zwang durch den römischen Staat (compellite intrare). Das Imperium sollte alle Nichtchristen und die christlichen Häretiker zum wahren Glauben zwingen. Mit dieser Forderung wurde dieser afrikanische Bischof zum Vordenker der kirchlichen und der staatlichen Inquisition und der Verfolgung der Ketzer.[28]

Augustinus hatte die skeptische Position der mittelplatonischen Philosophie überwunden, als er einsah, dass wir zuerst existieren müssen, bevor wir etwas bezweifeln oder uns täuschen können (si enim sum fallor). Daher sei uns unsere Existenz gewiss, und von ihr schließen wir auf eine höchste göttliche Wirklichkeit. Denn wenn es überhaupt Wahrheit gibt, dann muss ein höchstes göttliches Wesen als Garant dieser Wahrheit existieren. Wir Menschen haben die Fähigkeit, dass wir uns mit den Kräften unserer Seele zur Gottheit erheben. Da unsere Seele, nicht aber der Körper, ein Abbild der Gottheit sei, können wir von dieser Seele auf die Gottheit schließen und ihr Sein, Erkennen und Wollen zusprechen. Doch wir können von der Gottheit nur in der Form der Analogie reden, denn wir wissen, dass die ewige Gottheit alle unsere Aussagen über sie bei weitem übersteigt (Deus semper maior). Mittels unseres Verstandes können wir Ansätze des Göttlichen erkennen, doch dafür brauchen wir bereits die Erleuchtung durch die göttliche Gnadenkraft (sola gratia).[29]

Mit den Neuplatonikern war Augustinus der Überzeugung, dass dem Bösen keine Wirklichkeit zukomme, weil es nur ein Mangel des Guten sei. Doch alle Menschen seien durch die Ursünde Adams und die Erbsünde (peccatum originale) moralisch durch und durch geschwächt; diese Ursünde vererbe sich unter allen Menschen durch die sexuelle Begierde (concupiscentia carnalis), aber ohne diese Begierde könne kein Leben weiter gegeben werden. Deswegen sei die sexuelle Betätigung beider Geschlechter außerhalb der geordneten Ehe (matrimonium) eine Sünde gegen den Weltgott; denn dabei gewännen böse Dämonen die Herrschaft über die Liebenden. Durch diese Erbsünde seien alle Menschen vor Gott eine „verdammte Masse" (massa damnationis) geworden, nur durch die göttliche Gnade würden einige zum ewigen Heil erwählt. Die große Mehrheit der Menschen aber sei zum ewigen Verderben bestimmt (praedestinatio).[30]

Nun könne kein Mensch dem Weltgott deswegen Vorwürfe machen, denn dieser sei wie ein römischer Familienvater der souveräne Herr über die Menschen und die Geschichte. Nun lehrte der Bischof von Hippo Regius, dass die Menschen aus eigener Kraft gar nichts zu ihrem Heil tun könnten, denn alles im Leben geschähe allein durch die göttliche Gnade (sola gratia). Gegen diese düstere Lehre hatte der angelsächsische Mönch Pelagius gelehrt, dass wir Menschen durch die Ursünde Adams nicht durch und durch böse seien. Denn in uns sei noch die Fähigkeit zum Guten

---

28   A. Schöpf, Augustinus. In: O. Höffe (Hg.), Klassiker der Philosophie I, 154–176.
29   W. Röd, Der Weg der Philosophie I, 300–304. W.L. Gombocz, Die Philosophie der ausgehenden Antike 275–286.
30   A. Schöpf, Augustinus 154–172. W. Röd, Der Weg der Philosophie I, 304–308.

verblieben, deswegen könnten wir mit eigener Kraft und im Zusammenwirken mit der göttlichen Gnade unser Heil erwirken. Auch die Bischöfe von Gallien Hilarius von Poitiers, Vincentius von Lerinum und Julianus von Eclanum waren dieser Lehre des Pelagius gefolgt; sie sahen in den Lehren des Augustinus noch Reste seines früheren manichäischen Glaubens.[31]

Doch im frühen Mittelalter folgten die meisten Theologen und Kleriker den Lehren des Aurelius Augustinus; erst im 13. Jh. hatte der Dominikanertheologe Thomas von Aquin diese Lehre deutlich abgeschwächt. Wir erkennen bei Augustinus eine verhängnisvolle Abwertung des menschlichen Lebens zugunsten der göttlichen Wirksamkeit. Hier wurde der christliche Gott zu einem himmlischen Tyrannen, der beliebig über die Schicksale der Menschen entscheiden konnte. Jetzt kam in die christliche Theologie im lateinischen Westen die „Logik des Schreckens" (Kurt Flasch), denn kein Mensch konnte sicher sein, ob er von Gott zum ewigen Heil oder zum ewigen Verderben erwählt worden sei. Und vor allem er konnte nichts dazu tun, der himmlische Tyrann hatte über ihn schon alles entschieden. Von einem freien Willen der Menschen konnte folglich nicht mehr die Rede sein, auch wenn der Bischof von Hippo darüber sprechen wollte. Die göttlichen Ratschlüsse seien für uns Menschen unergründbar, wir seien gar nicht berechtigt, dem Weltgott irgendwelche Vorwürfe zu machen oder ihm Fragen zu stellen.[32]

Aber wir sollten diesen Weltgott trotzdem über alles lieben (amor Dei) und uns von der Selbstliebe (amor sui) abwenden. Denn wenn wir den einen Weltgott lieben, arbeiten wir an der Gestaltung einer göttlichen Bürgerschaft (civitas Dei) mit. Aber wenn wir nur uns selber lieben, dann wirken wir am Weltstaat (civitas terrena) mit, der weitgehend den Eingebungen des Teufels folge. Doch sei die katholische Kirche nicht identisch mit dem göttlichen Staat, denn in ihr lebten Heilige und Sünder zusammen. Doch der Irrtum im Glauben habe kein Existenzrecht, deswegen müssten im christlich gewordenen Staat die Häretiker und die Nichtchristen verfolgt werden, sie müssten zur wahren Lehre der Bischöfe gezwungen werden. Der politische und militärische Zwang sei wie eine bittere Medizin zum Heil der Seelen. Diese Lehre setzten die christlichen Kaiser auf Drängen der Bischöfe in die Politik um, denn sie brauchten eine einheitliche Reichsreligion in einer Periode der politischen Instabilität.

Damit hatte der Bischof Aurelius Augustinus die höchste theologische Legitimation für die Verfolgung und Tötung der Häretiker und für den Glaubenszwang gegenüber den Nichtchristen geliefert. Aus dem religionspolitisch toleranten Römischen Imperium war nun eine totalitäre Reichskirche mit Monopolanspruch geworden. Damit hatte sich nicht nur die christliche Religion, sondern auch das Römische Imperium verändert.[33]

---

31 K. Flasch, Logik des Schreckens. Aurelius Augustinus. Berlin 2000, 64–81. A. Schöpf, Augustinus 160–170.
32 A. Schöpf, Augustinus 160–175.
33 K. Christ, Geschichte der römischen Kaiserzeit. München 2002, 262–282. M. Clauss, Quo vadis? Der lange Marsch des Christentums. In: E. Stein-Hölkeskamp (Hg.), Erinnerungsorte der Antike. München 2006, 586–606.

Ein unbekannter Autor unter dem Pseudonym *Dionysios Areopagites* verfasste um 500 mehrere mystische und theologische Schriften, in denen er christliche Lehren mit neuplatonischer Philosophie verband; darin ist deutlich der Einfluss des Proklos aus Xantos zu erkennen. Dieser Autor lehrte, der eine und höchste Gott habe die Welt durch seinen Willen erschaffen, um sich in sie zu ergießen bzw. um in sie hineinzufließen. Dieser Gott sei höchstes und reines Licht, der Sonne vergleichbar, die anderen göttlichen Wesen, nämlich die Engel und Christus seien ihm untergeordnet. Jeder Mensch werde von göttlichen Kräften erfüllt und habe die Aufgabe, am Werk der göttlichen Schöpfung mitzuarbeiten. Alle Dinge und Lebewesen dieser Welt seien Abbilder der geistigen Welt, auch die Ordnung der katholischen Kirche sei ein Abbild der himmlischen Hierarchie. Die Kleriker hätten die Aufgabe, die Menschen auf dem Weg der Erhebung zur Gottheit zu führen; daher gleiche sich die kirchliche Hierarchie dem Wesen der Gottheit an, sie sei der göttlichen Schönheit zugewandt und spiegele das göttliche Licht. Die Menschen würden vom göttlichen Licht erfüllt und dadurch moralisch gereinigt.[34]

So wie das Sonnenlicht durch die Ausstrahlung schwächer wird, so werde auch das göttliche Licht auf den niedrigeren Seinsstufen schwächer. Gott sei der Gute, der Seiende, der ewig Lebendige, gleichzeitig sei er aber über allem Guten, Seienden und Lebendigen. Alle unsere menschlichen Namen und Bezeichnungen könnten sein Wesen nicht erreichen. Die Gottheit sei über allen Wesen und Geschöpfen der Welt erhaben und jenseits von diesen, sie sei im unzugänglichen Licht enthoben. Ähnlich hatte Proklos gelehrt, über das Wesen der Gottheit müssten die Menschen schweigen. Dionysios lehrte, das Böse sei ein Mangel des Guten, ihm komme kein wesenhaftes Sein (ousia) zu. Die Engel seien in drei Hierarchien und in neun Chören abgestuft, nämlich als Thronende, Cherubim und Seraphim, als Gewalten, Herrschaften und Mächte, als Engel, Erzengel und Geistfürsten. Über das Göttliche können wir Menschen nur sagen, was es nicht ist (theologia negativa); unsere positiven Aussagen über Gott erreichen niemals sein Wesen. In der Gottheit sei nichts, was dem Sein oder dem Nichtsein angehöre.[35]

Durch ihre absolute Transzendenz erkenne die Gottheit das Endliche nicht, sie wisse gar nichts von der Welt der Menschen. Sie sei für uns Menschen nur im „lauten Schweigen" und im „dunklen Licht" zu erfahren, denn im göttlichen Urgrund fallen das Licht und das Dunkel zusammen. Daher mündet die mystische Spekulation im tiefen Schweigen des Nichtwissens. Diese Ideen und Lehren haben im späten Mittelalter die Mystiker Meister Eckhart und Nikolaus von Kues aufgegriffen und weitergeführt. Die Gottheit sei ohne Gestalt, daher könnten wir Menschen sie nicht in Bildern erfassen und darstellen. Die geheimen Lehren des Glaubens seien nur einem kleinen Kreis von Eingeweihten zugänglich, diese Lehren seien Wirkungen des göttlichen Geistes. Aber die Menge der Glaubenden brauche die anschaulichen Bilder des Göttlichen und des Ewigen; nur die Mystiker könnten ganz ohne diese

---

34 W.L. Gombocz, Die Philosophie der ausgehenden Antike 318–322. W. Röd, Der Weg der Philosophie I, 292–294.
35 Pseudo Dionysius, Mystische Theologie 5,18–24.

Bilder leben und glauben. Obwohl die Gottheit durch die menschliche Vernunft unerkennbar sei, könne sich der Mystiker durch die Erfahrung der Ekstase mit dem Göttlichen und Ewigen vereinigen. Diese neuplatonischen Denkmodelle haben die Theologen und Kleriker, die Mönche und Nonnen des frühen Mittelalters nachhaltig geprägt und geformt.[36]

Frühe Schulen der lateinischen Bildung

Theologen und Historiker betonen mit Recht den wichtigen Beitrag, den Kleriker, Theologen, Mönche und Nonnen im frühen Mittelalter für den Aufbau eines neuen Schulsystems nach der Zeit der Völkerwanderung geleistet haben. Doch in kulturgeschichtlicher Sicht ist dies nur die halbe Wahrheit, denn es muss auch gesehen werden, dass Theologen, Mönche und Kleriker zur Zerstörung des antiken Schulsystems nachhaltig beigetragen haben. Sie ließen die Schulen der Rhetorik und der Philosophie durch die Staatsgewalt schließen und beenden, weil sie angeblich nicht mit dem Monopolanspruch des christlichen Glaubens verträglich waren. Und sie ließen Bücher und Bibliotheken von antiken Autoren verbrennen, weil diese den christlichen Glauben kritisierten. In diesem Prozess der Christianisierung sind auch viele Werke der empirischen Medizin und der Naturwissenschaften zerstört worden. Viele Bischöfe und Kleriker wollten das antike Wissen durch religiöse Lehren ersetzen.

Diesen Weg der Zerstörung von antikem Wissen beschritten die moslemischen Eroberer und Kalifen nicht, denn sie erwarteten sich einen kulturellen und politischen Nutzen aus diesen Schriften. Daher ließen sie viele dieser Schriften der Naturwissenschaft und der empirischen Medizin aus der syrischen Sprache in die arabische und in die persische Sprache übersetzen. Damit aber gewann die moslemische Kultur in vielen Bereichen einen Vorsprung gegenüber der christlichen Kultur, der über 500 Jahre dauerte. In der christlichen Welt wurden von den Klerikern und Theologen Schulen der Bibelauslegung (exegesis) und der Glaubensverkündigung (katechesis) eingerichtet, dort wurden Prediger und Missionare ausgebildet. Im frühen Mittelalter waren es dann drei Institutionen, die in die Lage kamen, Schulen der lateinischen Bildung einzurichten; das waren die Bischöfe an ihren Kirchen, die Klöster und regionale Fürsten bzw. Könige.[37]

Nun entstanden an den Sitzen der Bischöfe die Domschulen bzw. Episkopalschulen (schola episcopalis). In einigen Klöstern wurden Schulen der lateinischen Sprache und Schreibkunst (schola abbatiae) eingerichtet; und an einigen Fürstensitzen und Pfalzen wurden lateinische Schulen der Verwaltung und des Rechts (schola palatina) errichtet. In diesen Schulen wurden antike Schriften gesammelt, soweit sie noch vorhanden waren. Sie wurden dort abgeschrieben und an andere Schulen, an Klöster und Fürsten weitergegeben. In den Lateinschulen der Bischöfe und der Klöster wurden vor allem die Schriften der Bibel und der Theologen abgeschrieben;

---

36 W.L. Gombocz, Die Philosophie der ausgehenden Antike 321–331. W. Röd, Der Weg der Philosophie I, 294–297.

37 W.L. Gombocz, Die Philosophie der ausgehenden Antike 332–335.

vor allem die Schriften des Origenes, des Augustinus, des Dionysios Areopagites und des Boethius. Aristoteles war in diesen Schulen nur zum Teil bekannt, gelesen wurden auch Schriften von Cicero und von Seneca. An diesen Schulen wurden auch Lehren der stoischen Philosophie weiter gegeben, doch die Lehren der Skeptiker und der Epikuräer blieben ausgeschlossen.

An diesen lateinischen Schulen wurden in Ansätzen wieder die sieben freien Künste (artes liberales) gelehrt, nämlich die Grammatik, die Dialektik als Kunst der logischen Diskussion und die Rhetorik als Kunst der überzeugenden Rede.[38] Später wurden diese drei Grunddisziplinen als die „drei Wege" (trivium) zusammen gefasst. Und im Lauf der Zeit wurden aus altlateinischen Texten rudimentär wieder die vier praktischen Disziplinen entdeckt und gelehrt, nämlich die Arithmetik, die Geometrie, die Musik und die Astronomie. Diese Disziplinen wurden als die „vier Wege" (quadrivium) zusammengefasst. Nicht mehr gelehrt wurden die antiken Disziplinen der Baukunst (architectura) und der Medizin (medicina); denn für die Baukunst gab es noch keinen wirtschaftlichen Bedarf, und die Schriften der empirischen Medizin waren verloren gegangen oder zerstört worden. Diese sieben Disziplinen wurden nun an einigen Domschulen und Klosterschulen gelehrt, die Schüler waren Theologen, Kleriker, Mönche und Nonnen.

An den Palastschulen wurden nach den drei Grunddisziplinen vor allem die antiken Gesetze (leges) und ihre Auslegung und Anwendung gelehrt. Die erste Klosterbibliothek entstand in Vivarium, wohin sich der Politiker und Lehrer *Cassiodorus* zurück gezogen hatte. Dieser war unter dem Gotenkönig Theoderich I. in Ravenna der Leiter der königlichen Kanzlei gewesen.[39] Cassiodorus hat uns einige Festreden, eine kurze Weltgeschichte (Chronica) und eine „Geschichte der Goten" in 12 Bänden hinterlassen; außerdem noch 12 Bücher über verschiedene Themen (Varia) und königliche Erlässe. Später verfasste er Bücher über die menschliche Seele, über die Auslegung der Psalmen, Kommentare zur Bibel und ein Lehrbuch über die sieben freien Künste (Institutiones).

Im 7. Jh. verfasste der Theologe *Isidor von Sevilla* Werke über die antike Kosmologie (De natura rerum), über die Geschichte der antiken Welt bis zum Jahr 615 (Chronicon), eine „Geschichte der Westgoten" (Historia Gothorum) und Informationen über die Völker der Sueben und der Vandalen. Außerdem schrieb er ein Buch über die großen Männer in der Politik (De viris illustribus); und in einem Werk fasste er die sieben freien Künste zusammen (Etymologiae origenes). Er informierte in seinen Schriften aber auch über Fragen der Medizin, des Rechts, der Geschichte, der Erdkunde, der Menschenkunde, der Architektur, der Schifffahrt und der Kriegstechnik.[40]

Auch der Angelsachse Beda Venerabilis und irische Mönche mühten sich in dieser Zeit, lateinische Werke abzuschreiben und weiterzugeben. Dabei wurde an einigen Schulen rudimentär sogar die griechische Sprache gelehrt. Ein wichtiger Lehrer im Reich der Franken war der Engländer Alkuin von York, der an den Palastschulen

---

38 W. Röd, Der Weg der Philosophie I, 310–312.
39 W. Röd, Der Weg der Philosophie I, 310–313.
40 M. Ruf, Isidor von Sevilla. In: LThK V, Freiburg 2006, 618–620.

Karls des Großen unterrichtete und schrieb. Er verfasste Lehrbücher für den Unterricht an den Klosterschulen und Palastschulen; dabei knüpfte er an die Lehren des Aristoteles, des Porphyrios und des Boethius an; außerdem schrieb er Werke über Fragen der Logik. Sein Schüler Hrabanus Maurus führte diese Disziplinen weiter, Historiker sprechen von der „Karolingischen Renaissance". Von Aristoteles wurden die Schriften der alten Logik (logica vetus) und der neuen Logik (logica nova) weitergegeben und ausgelegt; es waren die Schriften über die Kategorien (Categoriae), über die Interpretation von Texten (De interpretatione), sowie die erste und die zweite Analytik (Analytica prima et secunda).[41]

Neuanfänge des philosophischen Denkens

An diesen Schulen wurden neben der Theologie auch Fragen der Philosophie diskutiert und gelehrt, es wurden griechische Begriffe (z.B. ousia) in lateinische Sprache (substantia) übersetzt. Vor allem wurden nun die Fragen nach den Universalbegriffen (universalia) diskutiert, ob ihnen eine Realität zukomme oder nicht. Diskutiert wurden Fragen nach der ersten und der zweiten Substanz, der Ideenlehre Platons und der formalen Logik. Porphyrios hatte eine Einführung (Eisagoge) in die Logik des Aristoteles verfasst, die jetzt in lateinischer Sprache vorlag und als Lehrbuch der Philosophie verwendet wurde. Darin wurden die philosophischen Grundbegriffe der Art (genus), der Spezies (species), der Differenz, des Propriums und der Akzidenz diskutiert. Schon der römische Rhetor Marius Victorinus hatte wichtige Schriften der Philosophie aus der griechischen in die lateinische Sprache übersetzt.[42]

Ein wichtiger Denker und Lehrer in der Zeit der Ostgotenherrschaft in Italien war *Manlius Severinus Boethius*, der am Hof des Königs Theoderich I. in Ravenna wichtige politische Funktionen ausgeübt hatte. Er lebte als ehemaliger römischer Senator und Konsul im Bewusstsein der Kontinuität der römischen Kultur. Durch ein politisches Komplott seiner Gegner wurde er beim König des Hochverrats angeklagt und von einem Gericht zum Tod verurteilt; im Jahr 526 wurde er in Pavia enthauptet. Er hatte die „Einführung" (Eisagoge) des Porphyrios und das „Organon" des Aristoteles, ohne die zweiten Analytiken, ins Lateinische übersetzt. Dadurch wollte er das Denken und Wissen der antiken Kultur für die neue politische Situation bewahren. Daher verfasste er viele Kommentare zu den großen Werken des Plato und des Aristoteles, auch tradierte er wesentliche Lehren der stoischen Philosophie. Gleichzeitig vermittelte er ein Wissen über die vier praktischen Disziplinen (quadrivium) des Unterrichts an den lateinischen Schulen.[43]

In seiner philosophischen Lehre spielte das Problem der Universalbegriffe (universalia) eine wichtige Rolle. Denn er sah in den Arten (species) nur mentale Gegenstände, die wir uns durch die Abstraktion aus der Wesenheit der verschiedenen Individuen bilden. Gattungen aber seien gedankliche Konstruktionen aus der We-

---

41   W.L. Gombocz, Die Philosophie der ausgehenden Antike 332–334.
42   W.L. Gombocz, Die Philosophie der ausgehenden Antike 342–346.
43   M. Dreyer, Boethius. In: LThK II, Freiburg 2006, 547ff.

sensgleichheit verschiedener Arten. So sei der Mensch eine Art, das Lebewesen aber eine Gattung. Boethius diskutierte Fragen der Logik und der Ontologie, er befasste sich aber auch mit den Fragen der Theologie. So rang er mit dem Problem des freien Willens, wenn die Theologen annahmen, dass die Gottheit alle menschlichen Handlungen vorauswisse (providentia). In seinem Werk „Opuscula sacra" diskutierte er die Grundfragen des katholischen Glaubens, die zwei Naturen in der einen Person Jesu Christi und die Fragen der göttlichen Trinität.[44]

Außerdem diskutierte Boethius über die philosophische Abgrenzung der Begriffe Natur (natura) und Person (persona). Er glaubte, die Natur komme allen jenen Dingen zu, die als Seiende vom Verstand erfasst werden könnten. Die Person aber sei eine ungeteilte Substanz mit einer vernünftigen Natur. In der Lehre über die drei göttlichen Personen unterschied er zwischen der Wesenheit (hypostasis=substantia) und der Subsistenz (ousiosis=subsistentia). Gott sei Wesenheit, denn er existiere und sei in höchstem Grad das, woraus er selbst hervorgehe. Weiter thematisierte Boethius die Form (forma), das Stoffliche (materia) und das Sein (esse). Bei der Frage der Universalbegriffe ging es darum, ob diese Begriffe vor den Dingen existierten, wie Platon sagte, oder ob sie in den Dingen existierten, wie Aristoteles lehrte. Die Stoiker und die Epikuräer hatten bereits in der Antike die Existenz eines vom Denken unabhängigen Allgemeinen bestritten.

Nimmt man an, das Allgemeine werde durch unser Denken (lekton) erzeugt, dann folgt man einem konzeptualistischen Standpunkt. Doch wenn wir das Vorhandensein allgemeiner Denkinhalte leugnen und die Allgemeinheit von Aussagen im Sinne der allgemeinen Verwendbarkeit von Wörtern (nomina) verstehen, dann folgen wir einer nominalistischen Überzeugung. Im frühen Mittelalter wurde der Streit um die Universalbegriffe immer mit theologischen Fragen verbunden. Für Boethius wird die transzendente Wirklichkeit Gottes in den immanenten Kompositionen von Stoff und Form abgebildet. Er sah die Gottheit als Formkraft ohne Stoff. Doch in der Frage der Universalbegriffe folgte er einem realistischen Konzept, weil für ihn eine universelle Wirklichkeit existierte. In der Tradition der antiken Philosophie sah Boethius im philosophischen Denken eine tröstende Kraft in schwierigen Situationen des Lebens.[45]

Denn er war in einem Turm in Pavia gefangen und erwartete den Vollzug der Todesstrafe. Dabei führte er ein langes Gespräch mit der personifizierten Philosophie, die ihm als königliche Frau entgegen trat. Diese Frau war eine Meisterin der platonischen Philosophie und der aristotelischen Logik. Der Philosoph, der sich als Diener der Gerechtigkeit und der Weisheit verstand, war an der Härte seines Todesschicksals verzweifelt. Er konnte die Blindheit dieses Schicksals nicht verstehen, die das moralisch Gute bestrafte und das moralisch Böse belohnte. Daher forderte er den göttlichen Weltenlenker auf, die chaotischen Zustände auf der Welt zu beenden. Denn ein göttlicher Schöpfer lenke die ganze Welt, das Schicksal (fortuna) aber sei der

---

44 W.L. Gombocz, Die Philosophie der ausgehenden Antike 342–346.
45 W. Röd, Der Weg der Philosophie I, 264–270. W.L. Gombocz, Die Philosophie der ausgehenden Antike 351–354.

größte Dummkopf aller Zeiten. Der Weise aber erkenne die Gesetze des Weltenlaufs, daher sehe er, dass unser subjektives Glück nicht vom blinden Schicksal abhängen kann. Denn das wahre Glück hänge nicht vom Reichtum, der Ehre oder den irdischen Gütern ab. Mit dieser Einsicht könne die königliche Dame Philosophie den Schmerz des Häftlings mildern. Gleichzeitig erinnert sich dieser an das vergangene Glück, das er erleben durfte.[46]

Die wahre Glückseligkeit (beatitudo) sei jenes höchste Gut, das nach seinem Erreichen keine Sehnsucht mehr kenne. Das höchste Glück der Menschen aber liege in ihrer moralischen Vollkommenheit, dieses Glück aber könne von keinem bösen Schicksal zerstört werden. Das höchste Gut der Menschen sei die Gottheit, denn sie sei der Ursprung aller Dinge und die Fülle des Guten. In dieser Gottheit liege das wahre Glück der Menschen, diese aber sei ungleich stärker als das blinde Schicksal. Wir Menschen können das Glück des Daseins nur durch die Teilhabe am Göttlichen erleben, durch Weisheit und Gerechtigkeit nähern wir uns der Gottheit an. Damit werde der glückliche Mensch der Gottheit gleich, obwohl diese unteilbar sei. Doch woher komme das Böse und sei es eine Realität? Nein, dem Bösen komme keine letzte Wirklichkeit zu, es sei vergänglich und bestehe in einem Mangel des Guten. Daher sei der Mensch, der Böses tut, viel unglücklicher, als der, welcher Böses erleiden muss.[47]

Nun können in einem göttlichen Weltplan auch die Übel und Leiden eine positive Funktion haben, um die Gerechtigkeit wieder herzustellen. Dieser Weltplan stelle auf lange Sicht das Gute in der Welt wieder her, die Weisheit und die Gerechtigkeit würden sich auf Dauer gewiss durchsetzen. Denn Gott erfasse das, was für uns Menschen vergangen, gegenwärtig oder zukünftig ist, in einem Augenblick. Boethius erwähnt in seinem Werk Christus nicht, er klammerte sich nicht an die Erlösungslehre der Bibel. Ihm gab die antike Philosophie der Stoiker Halt in einer schwierigen Lebenssituation. Denn er war wie Sokrates zu Unrecht zum Tod verurteilt worden, nun wartete er auf seine Hinrichtung. Dieses große Trostbuch der Philosophie hat auch das christliche und theologische Denken des ganzen Mittelalters nachhaltig geprägt. Boethius war überzeugt, dass wir das Wissen und Vorherwissen Gottes nicht mit unserem menschlichen Wissen vergleichen können. Denn Gottes Sein sei außerhalb der Zeit, Gott wisse alle Ereignisse im Voraus, aber ohne sie zu bestimmen.[48]

Lernprozesse in der Karolingischen Renaissance

Als der Frankenkönig Karl der Große im Jahr 781 in Parma mit dem englischen Theologen und Philosophen *Alkuin von York* (Albinus) zusammentraf, lud er ihn ein, in seinen Dienst zu treten. Er nahm ihn mit zu seiner Pfalz nach Aachen, wo er die seit sieben Jahren bestehende Palastschule (schola palatina) neu organisieren sollte. Bald wurde er der Leiter dieser Schule und verfasste Lehrbücher über Grammatik, Dialektik und Rhetorik, aber auch über die rechte Auslegung der Bibel. Zusammen

---

46 Boethius, Vom Trost der Philosophie 2,1,61; 2,4,3.
47 Boethius, Vom Trost der Philosophie 4,2,15.
48 W. Röd, Der Weg der Philosophie I, 264–270.

mit anderen gelehrten und schriftkundigen Theologen sollte er eine autorisierte Deutung der christlichen Lehre verfassen. Auf diese Weise entstanden die „Libri Carolini",
wohl unter der Federführung des Theodulf von Orleans, die den König der Franken
gegenüber dem byzantinischen Kaiser und dem Papst in Rom aufwerten sollten. Der
fränkische König und seine Theologen hatten seit langem die byzantinischen Kaiser
wegen des Verbots der Bilderverehrung kritisiert, aber sie lehnten auch einige Lehren
des Bischofs von Rom entschieden ab.[49]

Mit der ideellen Unterstützung des Alkuin und des Theodulf glaubte der spätere
„römische Kaiser" Karl, dass ihm als Kaiser ein universales Lehramt über die gesamte
lateinische Westkirche zukomme. Er verstand sich fortan als die oberste Autorität
in der Politik und in den Fragen der Religion, der Bischof von Rom sei sein „erster
Kaplan" (primus capellanus). Die staatliche Autorität musste über jeder religiösen
Autorität stehen, der König sah sich als oberster Gesetzgeber auch in den Fragen der
Moral und der christlichen Lehre. Die Auslegung der Bibel und der Glaubenslehren
sollten von der pratischen und kritischen Vernunft geleitet werden. Wir erkennen
an den karolingischen Schulen die ersten Ansätze zu einer relativ freien und kritischen Philosophie. Zu dieser Zeit waren die Theologie und die Philosophie noch
nicht methodisch getrennt, sie gingen in der Argumentation ständig ineinander über.
Alkuin verfasste ein Werk über die Logik (Dialectica), dabei bezog er sich auf die
Schriften von Porphyrios, von Aristoteles und von Boethius. Die Lehre von den
zehn Kategorien (Categoriae decem) hatte er irrtümlich mit Aurelius Augustinus in
Verbindung gebracht.[50]

Im Auftrag des Königs verfasste Alkuin mehrere Schriften zur Abwehr von Häretikern, dabei benutzte er die Logik als Methode der Argumentation, um den wahren
Glauben folgerichtig darzustellen. In seinem Lehrbuch über die Grammatik bezog
er sich auf das Trostbuch des Boethius, das Streben nach der Wahrheit hat er als das
Streben nach dem Glück des Lebens gedeutet. Das Studium der sieben freien Künste
sollte zur Mehrung des Lebensglücks beitragen, auch die Lehren über die göttliche
Trinität sollten mit den Einsichten der natürlichen Vernunft verträglich sein (De fide
Sanctae Trinitate). Eine Textsammlung (Usia graece und Dicta Albini) gibt Diskussionen zwischen Alkuin und dem Mönch Brun Candidus wieder, darin wird auf antike
Philosophen und Theologen Bezug genommen. Diskutiert wurden die Unterscheidung zwischen dem Subjekt und den Akzidentien, der Begriff der Substanz und die
Vorstellungen von Raum, Ort und Zeit. In der theologischen Diskussion mussten
die Regeln der Logik und die Unterscheidung der Kategorien fortan berücksichtigt
werden. Die Lehren des religiösen Glaubens sollten den Einsichten der natürlichen
Vernunft nicht widersprechen. Historiker sprechen von einer „Karolingischen Renaissance" in der Geschichte der Philosophie und der ganzen Kultur dieser Zeit.[51]

---

49 G. Bernt, Alkuin. In: LThK I, Freiburg 2006, 397f.
50 W.L. Gombocz, Die Philosophie der ausgehenden Antike 357–360 W. Röd, Der Weg der Philosophie I, 311–313.
51 W.L. Gombocz, Die Philosophie der ausgehenden Antike 357–360. W. Röd, Der Weg der Philosophie I, 311–313.

Diese langsame Wiedergeburt der Logik und der antiken Philosophie erkennen wir auch in den Schriften des Witto (Wizo) über die göttliche Trinität, die Auszüge aus Platos Timaios, aus Seneca, aus Augustinus und aus Boethius enthalten. Die Mitglieder der Schule des Alkuin benutzten also in ihrer Theologie römische und griechische Autoren. Vom Schüler Alkuins Fridugis (Fredegisus) haben wir Schriften über die Substanz, das Nichts und die Finsternis (De substantia, nihili et tenebrarum). Darin wird gesagt, Gott habe nicht nur alle Dinge erschaffen, er habe den Menschen auch alle sprachlichen Namen und Begriffe gegeben. Da auch das Nichts ein Name sei, müsse ihm eine reale Substanz entsprechen. Sodann lehrte er, die Menschenseelen würden aus der ungeformten Materie noch vor der Erschaffung der Welt geformt. Zu dieser Zeit wurden vor allem die Lehren des Augustinus übernommen und mit logischen Argumenten abgesichert. Vor allem die Logik und die Kategorienlehre wurden auch in der Theologie angewendet. Alkuin war zuletzt in einem Kloster in Tours tätig, wo er als Abt starb.[52]

Fragen der Philosophie und Religion

Zu dieser Zeit mischten sich vermehrt auch iro-schottische Mönche, die neue Klöster gegründet hatten (Bobbio, St. Gallen), in die Diskussion der Theologen ein. Diese Mönche wurden in den Schriften meist mit dem Beinamen Scotus versehen, der aber auch auf irische Herkunft hinweist. Bekannt wurden vor allem Sedulius und Johannes Scotus Eriugena (der in Irland Geborene); auch sie diskutierten Fragen der Theologie mit Argumenten der Philosophie. Der Mönch *Gottschalk* von der Abtei Fulda, der später im Kloster Orbais lebte und wirkte, hatte eine breite Diskussion über das göttliche Vorherwissen und die göttliche Vorherbestimmung (praedestinatio) der menschlichen Taten ausgelöst. Denn er nahm eine doppelte Vorherbestimmung an, nämlich eine zur ewigen Seligkeit und eine zur ewigen Verdammnis, so wie es Aurelius Augustinus gelehrt hatte. Doch der Erzbischof Hinkmar von Reims verurteilte diese Lehre und forderte vom Theologen Johannes Scotus Eriugena ein theologisches Gutachten zu dieser Streitfrage.[53] Denn Hinkmar befürchtete mit Recht, dass die augustinische Deutung der Prädestination die gläubigen Christen von einem Streben nach dem moralisch Guten abhalten könnte. Denn nach dieser Deutung wurde jedes persönliche Bemühen der Menschen überflüssig, weil jedes menschliche Schicksal allein durch die göttliche Gnadenwahl entschieden werde. Jetzt sollte Johannes Scotus Eriugena die Lehren des Mönchs Gottschalk mit Argumenten der Kirchenväter widerlegen.[54]

In seiner Schrift „De praedestinatione" erklärte Johannes Scotus Eriugena die Lehren Gottschalks als unvernünftig, außerdem seien sie nicht mit den Lehren der frühen Theologen verträglich. Folglich sei Gottschalk ein Häretiker, ein Gotteslästerer und ein vom Teufel verführter Wirrkopf. Doch nun griffen viele Theologen

---

52 W.L. Gombocz, Die Philosohie der ausgehenden Antike 360–363.
53 W. Röd, Der Weg der Philosophie I, 264–270.
54 W. Röd, Der Weg der Philosophie I, 310–312.

den Johannes Scotus Eriugena wegen seiner Übertreibungen in der Argumentation
an. Der Erzbischof von Mainz leugnete, dass er dieses Gutachten in Auftrag gegeben habe. Denn Johannes Scotus Eriugena hatte argumentiert, aus der Einheit
und Ungeteiltheit Gottes sei zu folgern, dass es nicht zwei Prädestinationen geben
könne. Da in der Gottheit auch keine Zeitlichkeit zu denken sei, könne es bei ihm
auch kein Vorherwissen geben. In Gott sei weder ein Vorherwissen noch eine Vorherbestimmung der menschlichen Taten. Denn wenn die Sündenstrafen schon in
diesem Leben vollzogen werden, dann muss es nach dem Tod des Sünders keine
ewigen Höllenstrafen mehr geben. Die Züchtigung der bösen Menschen durch Gott
bestehe darin, dass dieser ihre Selbstzerstörung verhindere. An eine Hölle müsse
nicht geglaubt werden, denn die Existenz der ewigen Hölle zerstöre die Schönheit
der göttlichen Schöpfung.[55]

Nun wurde der Mönch Gottschalk zur lebenslangen Klosterhaft verurteilt, die Verurteilung des Johannes Scotus Eriugena fiel aber milde aus. Denn dieser war bereits
ein anerkannter Lehrer der sieben freien Künste. Später verfasste er ein großes Werk
über die „Einteilung der Natur" (De divisione naturae), außerdem übersetzte er alle
Schriften des Dionysios Areopagites ins Lateinische (Corpus Areopagiticum). Sein
Werk über die Einteilung der Natur war stark vom neuplatonischen Denken geprägt;
ähnlich wie Dionysios Areopagites sah er in der Welterschaffung durch Gott die
Selbstverwirklichung des göttlichen Schöpfers. Er deutete die Schöpfung als Prozess
des Herausfließens (emanatio) aus dem göttlichen Urgrund. Wie das neuplatonische
Ureine aus sich heraus fließt und auf diese Weise die verschiedenen Bereiche und
Stufen der Wirklichkeit erschafft, so erschuf Gott die gesamte Welt. Er trat in ihr in
Erscheinung (epiphania), die gesamte Wirklichkeit fließt aus ihm heraus und fließt
am Ende der Zeit wieder in ihn zurück. Auf dem Weg der Rückkehr zu Gott erfolgt
die Erlösung der Menschen durch den ewigen Logos Jesus Christus.[56]

Zur Natur gehört das, was aktiv erschafft, was aber selbst nicht geschaffen wurde;
das ist Gott. Der zweite Bereich ist das, was anderes erschafft, aber selbst erschaffen
wurde; das sind wir Menschen. Den dritten Bereich bildet das, was nichts erschafft,
aber selber erschaffen wurde; das sind alle anderen Lebewesen. Und zuletzt gibt es
den Bereich, der weder geschaffen ist, noch etwas erschafft; das sei der Tod als das
Ziel aller Lebewesen. Gott sei über allen Wesen seiend, obwohl er im weiteren Sinn
zur Natur gezählt wird; zu dieser Natur gehört alles, was ist und was nicht ist. Gott
sei der Anfang, die Mitte und das Ziel aller Dinge und Lebewesen, in ihm bewegen
sich alle geschaffenen Wirklichkeiten. Nichts könne außerhalb der göttlichen Natur
bestehen, folglich sei Gott in allen Dingen und Wesen wirksam. Nichts könne wirklich sein, wenn es nicht in Gott wäre.[57]

Mit dieser negativen Theologie können wir über die Gottheit nur das sagen, was
sie nicht ist. Positive Aussagen über die Gottheit können wir nur mit Hilfe von Metaphern machen, die den Unterschied zum Wesen der Gottheiten anzeigen; denn

---

55 W.L. Gombocz, Die Philosophie der ausgehenden Antike 367–369.
56 W. Röd, Der Weg der Philosophie I, 312–314.
57 Johannes Eriugena, De divisione naturae 1,5; 1,11; 3,17.

Gott sei über allem Guten, Schönen und Wahren. Johannes Scotus Eriugena wollte neuplatonische Lehren mit den Dogmen der Bischöfe verbinden, doch die meisten Bischöfe haben seine Deutung abgelehnt. Papst Honorius III. ließ alle Exemplare seines Werkes vernichten, die er erreichen konnte. Doch Johannes Scotus Eriugena kannte die Lehren der antiken Logik, er wollte die Begriffe der Substanz, des Genus und der Spezies in die Theologie einbringen. In der Lehre von den Kategorien sah er die Grundlage seines Denkens.[58]

Remigius von Auxerre verfasste Kommentare zu Boethius und übersetzte philosophische Begriffe in die Sprache der Theologie. So setzte er das ewige Weltgesetz (logos) mit der göttlichen Weisheit und mit der höchsten Form des Guten gleich; diese göttliche Weisheit sei ein göttlicher „Sohn". In der Folgezeit wurden an den Klosterschulen und Domschulen verstärkt Fragen der Logik mit den Lehren der Theologie verbunden. Diskutiert wurde lange Zeit die Frage nach dem logischen Status der Allgemeinbegriffe, in denen viele Einzeldinge zusammen gefasst werden. Der Mönch Notker von St. Gallen begann, philosophische Texte aus der lateinischen in die altdeutsche Volkssprache zu übertragen. Er versuchte dies auch mit den Schriften des Aristoteles über die Kategorien und die Interpretation, mit dem Trostbuch des Boethius und mit der Schrift über die Ehe des Martinus Capella. Der Lehrer Abbo von Fleury verfasste eine Schrift über die lateinische Grammatik (Quaestiones grammaticales), in der er sich mit den Universalbegriffen auseinander setzte.

Gerbert von Aurillac, der später zum Papst Silvester II. gewählt wurde, hatte sich bei einem Studienaufenthalt in Spanien Kenntnisse der Mathematik und der Astronomie angeeignet. Er führte an der Domschule zu Reims als erster die arabischen (indischen) Ziffern in die Mathematik ein, welche die lateinischen Ziffern ersetzen sollten; außerdem vereinfachte er das Rechenbrett (Abacus). Er ließ verbesserte Texte für das Trivium, vor allem zur Logik, herausgeben. In seiner Schrift De rationali et ratione uti befasste er sich mit dem richtigen Gebrauch der natürlichen Vernunft. Der Mönch Bovo von Corvey interpretierte die Trostschrift des Boethius für seine Zeit; er zeigte aber, dass einige Lehren dieses Philosophen nicht mit dem christlichen Glauben verträglich seien. Die Vorstellung von einer ewigen Weltseele oder der Glaube an die Präexistenz der Menschenseele entsprächen nicht den Lehren der Bischöfe. Zu dieser Zeit mussten sich die Erkenntnisse der Philosophie den Lehren des religiösen Glaubens strikt unterordnen.[59]

Adalbert von Utrecht deutete viele Lehren Platons auf christliche Weise. Da wir nicht wissen können, wie Gott die Menschenseelen erschaffe, könnten wir auch eine Präexistenz der einzelnen Seelen annehmen; und die platonische Weltseele könne auch als ein Geschöpf Gottes gedacht werden. Einige Theologen wie Petrus Damianus und Gerhard von Czanad lehnten philosophische Lehren in der Theologie strikt ab, sie wollten den christlichen Glauben allein aus der Bibel (sola scriptura) ableiten. Doch die meisten Theologen dieser Zeit waren davon überzeugt, dass die neuplatonischen Lehren mit den Inhalten des christlichen Glaubens verträglich seien. Dafür

---

58 W.L. Gombocz, Die Philosophie der ausgehenden Antike 378–382.
59 W.L. Gombocz, Die Philosophie der ausgehenden Antike 384–387.

aber mussten einige der christlichen Lehren auf allegorische Weise gedeutet werden, wie es die Philosophenschule der Stoiker gelehrt hatte. Die Methoden der antiken Logik wurden in der Theologie nun kaum noch in Frage gestellt, auf ihnen baute sich die Schulmethode (methoda scholastica) der Theologen auf.[60]

In der scholastischen Philosophie der Klosterschulen und der Domschulen wurde nun das Verhältnis zwischen dem rationalen Denken und den religiösen Überzeugungen genauer bestimmt. Die große Mehrheit der Theologen folgte den Vorgaben der Bischöfe, sie ordnete die Erkenntnisse der Philosophie dem genormten Glauben der Religion unter. Doch einige Lehrer wie Berengar von Tours wollten auch in der Lehre des Glaubens nur das gelten lassen, was den Einsichten der Vernunft und den Regeln der Logik entsprach. In der Folgezeit bildeten sich unter den Theologen immer deutlicher zwei Schulrichtungen, nämlich die „Dialektiker" und die „Antidialektiker". Die ersten wollten unbedingt den Einsichten der Vernunft und den Regeln der Logik folgen, sie begannen in Ansätzen eine autonome Philosophie. Die zweiten aber wollten die Erkenntnisse der Philosophie mit allen Mitteln den Glaubenslehren der Bischöfe unterordnen. Das Ringen um das freie Denken wurde freilich durch die Politik der Fürsten und der Bischöfe entschieden und für lange Zeit schwer behindert.

---

60   W.L. Gombocz, Die Philosophie der ausgehenden Antike 386–388.

Die Kultur 5 der Klöster

Die Lebenswelt des frühen Mittelalters wurde auch stark von der Kultur der Klöster, der Mönche und Nonnen geprägt. In dieser Kultur wurden asketische Lebensformen mit religiösen Glaubenslehren verbunden. Historisch gesehen stehen hinter sexualasketischen Lebensformen und der Verweigerung der Lebensweitergabe gesellschaftliche Marginalisierungen bestimmter Personen und Gruppen. In Indien und in Ägypten lebten Männer und Frauen asketisch außerhalb der Sippen, weil sie keine wirtschaftliche und moralische Möglichkeit hatten, darinnen zu bleiben. Schon früh gaben sie ihrer Lebensform eine religiöse Deutung. So glaubten buddhistische Mönche und Nonnen, dass sie früher als die anderen Männer und Frauen aus dem Kreislauf der vielen Geburten aussteigen konnten. Die christlichen Mönche und Nonnen waren davon überzeugt, dass sie näher bei der göttlichen Welt seien als die Laienchristen.

Anfänge des christlichen Mönchtums

Jesus hatte eine Bewegung von Wanderlehrern gegründet, die ihren Mitmenschen auf neue Weise die Gebote des Bundesgottes und die Regeln des Zusammenlebens zeigen wollten. Sie sprachen von einem „Reich Gottes" und von der Umkehr der Sünder, sie wollten verletztes und krankes Leben heilen, die Mitmenschen wollten sie von den zerstörenden Kräften des Hasses und der Rache befreien. Einige dieser Wanderlehrer lebten zeitweise ohne ihre Familien, andere dürften ihre Familien mitgenommen haben. Ob Jesus selbst sexualasketisch gelebt hat, wissen wir nicht, es wird von seinen Jüngern nicht berichtet. Dieser neuen Bewegung schlossen sich viele sozial Entwurzelte an, sie gaben ihrem harten Leben eine neue Deutung.[1]

Unter den Jesusjüngern gab es sesshafte Gruppen und Sippen, während die Wanderlehrer von Dorf zu Dorf zogen. Diese Zweiteilung setzte sich später auch bei der Glaubensverbreitung in der griechischen Kultur durch. Die wandernden Missionare und Propheten waren in den sesshaften Gemeinden sehr angesehen, ihnen wurden oft heilende Funktionen zugeschrieben. Im 3. und 4. Jh. nahm vor allem in den Provinzen Syrien und Ägypten die wirtschaftliche Marginalisierung bestimmter Gruppen deutlich zu, für viele Kleinbauern war der römische Steuerdruck zu hoch

---

1   G. Theißen, Die Jesusbewegung. Gütersloh 2004, 33–56.

geworden. Zu dieser Zeit entzogen sich viele Männer und Frauen dem sozialen und wirtschaftlichen Druck, sie verließen ihre Dörfer und zogen sich in unbewohntes Gebiet zurück. Sofern sie Christen waren, gaben sie ihrem Leben eine religiöse Deutung; sie lebten am Rand der Wüste als Einzelne (monachoi) oder in Gruppen (koinoibitoi).

Aus der Lebensform dieser frühen Einsiedler (Mönche) leitete sich das frühe christliche Mönchtum her. Diese Mönche und bald auch Nonnen waren überzeugt, dass sie dem göttlichen Schöpfer und Erlöser näher seien als die Laienchristen und Kleriker in den Dörfern und Städten. Sie wurden zeitweise von Bauern und Hirten mit Speisen und Kleidung versorgt, doch großteils lebten sie als Sammler und von den Erträgen ihrer kleinen Gärten. Sie siedelten an Wasserstellen in Steppen oder am Rand der Wüsten, bald bauten sie kleine Hütten aus Stein, aus Gras oder aus Zweigen, oder sie lebten in Erdhöhlen. Bald schlossen sich auch marginalisierte Frauen dieser Lebensform an, sie wurden von den Mitchristen Nonnen (nonna) genannt. Gleichzeitig lebten in den Dörfern und Städten seit längerem christliche Frauen unverheiratet als „Jungfrauen" (parthenoi, virgines) zusammen. Auch von ihnen sagten die Theologen, dass sie in einer besonderen Nähe zu Gott seien.[2]

In der Erwartung des baldigen Weltendes hatte Paulus von Tarsos den Christen geraten, nicht mehr zu heiraten und keine Kinder mehr in die Welt zu setzen. In der Folgezeit gab es unter den Christen immer wieder Gruppen (z.B. Gnostiker), welche die Ehe und die Weitergabe des Lebens verweigerten. Vermutlich war damit immer ein Protest gegen die soziale Ungerechtigkeit in der Lebenswelt verbunden. Unter den Christen, die mehrheitlich trotz der Ratschläge des Paulus verheiratet waren, wurden unverheiratete Frauen und Männer aber bald hoch geschätzt, weil in ihnen besondere heilende Kräfte vermutet wurden. Zu dieser Zeit lebten unter den Nichtchristen auch einige Philosophen ehelos und sexualasketisch, um der göttlichen Weisheit näher kommen zu können, wie sie lehrten.[3]

Bald wurde unter den Christen das sexualasketische Leben das „engelgleiche" Leben (bios angelikos) genannt, weil Engel als Geistwesen angeblich ohne Sexualität lebten. Diese asketischen Gruppen wurden auch Enkratiten (enkrateia=Enthaltsamkeit) genannt, denn sie verweigerten die Ehe und die Weitergabe des Lebens. Nun lehrten manche christliche Theologen, die menschliche Sexualität sei eine Folge der Erbsünde, sie stünde dem ewigen Heil im Wege. Seit dem 4. Jh. entfaltete sich im griechischen Osten des Reiches das Mönchtum, erst später kam diese Lebensform auch in den lateinischen Westen. In Ägypten hießen diese Mönche und Nonnen bald auch Anachoreten, weil sie auf den Landflächen (chora) hoch über dem Niltal lebten. Sie selbst nannten sich „Freunde Gottes" (philoi theou), sie lebten von ihrer Arbeit, mussten keine Steuern zahlen, folgten dem Evangelium Jesu und gaben sich dem regelmäßigen Gebet hin.[4]

---

2 G. Theißen, Die Jesusbewegung 147–156.
3 P. Meinhold, Kirchengeschichte in Schwerpunkten 19–29.
4 P. Maraval, Das Mönchtum im Osten. In: L. Pietri (Hg.), Die Geschichte des Christentums II. Freiburg 1996, 816–825.

Einer dieser frühen Mönche war Antonios in Ägypten, seine Lebensgeschichte wurde vom Bischof Athanasios von Alexandria verfasst. Ein anderer Mönch Pachomios verfasste eine frühe Regel für das Zusammenleben der Asketen, darin betonte er die strenge Disziplin im Ablauf des Tages. Später schrieb der Bischof Basilios von Kaisareia eine Regel für das Leben der Mönche, die seit dem Kaiser Konstantin I. schon Klöster (claustrum) in den Städten gründen durften. Er empfahl den Mönchen und Nonnen, sich für die Hilfe an den Armen und Kranken zu engagieren. In der Folgezeit bemühten sich die Bischöfe, die Mönche und Nonnen in ihre kirchliche Verwaltung und Organisation zu integrieren. Kaiser Konstantin I. hatte das Gesetz des Kaisers Augustus aufgehoben, das alle freien und gesunden Männer und Frauen zur Weitergabe des Lebens verpflichtet hatte. Nun konnten Mönche und Nonnen ehelos leben, ohne gegen ein Gesetz des Staates zu verstoßen. Zu dieser Zeit entstanden viele Klöster in Syrien, Palästina, Ägypten und Kleinasien, in den Städten und in ländlichen Regionen.[5]

Ab dem 3. Jh. verbreitete sich das gemeinschaftliche asketische Leben auch in Teilen des westlichen Imperiums. Seit langem gab es auch dort die Jungfrauenweihe durch Kleriker, in der sich unverheiratete Frauen dem „Bräutigam" Christus weihten; sie hießen virgines sacratae oder ancillae Dei. Im 4. Jh. warben Bischöfe wie Ambrosius von Mailand, Augustinus von Hippo Regius und Eusebius von Vercelli für das asketische Leben der Kleriker, auch der Mönche und Nonnen. Sie empfahlen in ihren Predigten und Schriften das regelmäßige Fasten, die sexuelle Enthaltsamkeit, das häufige Gebet und das Lesen der Bibel. In der Folgezeit wurden auch in Italien, Gallien, Hispania, Africa erste Klöster für Mönche und Nonnen eingerichtet; diese mussten sich ihren Lebensunterhalt selbst schaffen. Zu dieser Zeit wurden die ersten Regeln für das Leben der Mönche im Westen bekannt. Rufinus von Aquilea übersetzte die Regel des Basilios von Kaisareia ins Lateinische; und Hieronymus übersetzte die Regel des Pachomios. Auch der Bischof Aurelius Augustinus verfasste eine Regel für das Zusammenleben der Asketen (Ordo monasterii), in der er andere Regeln zusammenfasste.[6]

Im Auftrag eines Bischofs hatte Johannes Cassianus die Mönche und Nonnen im Westen über das Mönchsleben im Osten informiert (Institutiones). Darin beschrieb er die Kleidung, die Arbeit, die Gebetszeiten, die Ordnung der Psalmen, sowie die Tugenden und die Laster der Mönche und Nonnen. In einem zweiten Werk (Collationes patrum) berichtete er von seinen Begegnungen mit den Wüstenvätern in Ägypten. Der Bischof Martin von Tours verbreitete das Mönchtum in Gallien, er gründete das Kloster Marmoutiers, das zu einem Zentrum der Glaubensverkündigung wurde. Der Theologe Hieronymus hatte einige Jahre mit Freunden in Palästina gelebt, dort wurden mehrere Klöster gegründet, deren theologischer Berater er war; zu dieser Zeit übersetzte er die Bibel in die lateinische Sprache (Vulgata).

---

5   Ch. Markschies, Das antike Christentum. München 2006, 158–162.
6   J. Biarne, Das Mönchtum im Westen. In: L. Pietri (Hg.), Die Geschichte des Christentums II, 848–851.

Johannes Cassianus sah in seinem Werk De institutis coenobiorum in der Lebensform der Mönche und Nonnen den exemplarischen Weg zur moralischen Vervollkommnung; er unterschied zwischen der aktiven Lebensform (vita activa) der Laienchristen und der kontemplativen Lebensform (vita contemplativa) der Mönche und Nonnen. Diese sollten täglich ihr Herz von den Sünden reinigen, um im Gebet die Gegenwart Gottes erfahren zu können. Alle Menschen müssen sich aus eigener Kraft auf das Wirken der göttlichen Gnade vorbereiten, denn die göttliche Gnadenkraft begleite und vervollkommne das menschliche Tun. Jeder Mensch könne auf Grund seiner moralischen Verdienste die ewige Seligkeit erlangen, es gäbe keine Prädestination zum ewigen Verderben. Die Vollkommenheit der Mönche und Nonnen liege in der Einübung der inneren Tugenden, vor allem aber in der Gottesliebe. Dieser Theologe widersprach also den Lehren des Aurelius Augustinus mit Vehemenz, was später lange Zeit vergessen wurde.[7]

Weiterentwicklung des klösterlichen Lebens

In der Folgezeit wurden mehrere Klöster in Italien, Gallien, Hispania und in anderen Regionen gegründet. Zumeist stifteten Adelige und Großgrundbesitzer, später Fürsten und Könige gerodetes und nicht gerodetes Land, das die Mönche und Nonnen bewirtschaften sollten. Schon Aurelius Augustinus hatte berichtet, dass in diese Klöster vor allem Menschen aus den unteren sozialen Schichten, Landarbeiter und Freigelassene strebten, aber auch Sklaven mit der Zustimmung ihrer Herren. Damit kamen ausgebildete Arbeitskräfte in die Klöster, die dann Wälder roden und Felder bebauen, Weinberge anlegen und Fischteiche betreuen konnten. Diese konnten aber als Bauarbeiter auch Scheunen und Wohnhäuser errichten, Viehställe, Mühlen und Backstuben bauen und bewirtschaften. Diese Klöster wurden nach dem Modell der römischen Großgrundbesitzer bewirtschaftet, die Mönche und Nonnen hatten für ihre Arbeit eine starke Motivation aus dem christlichen Glauben.[8]

Im Jahr 590 wurde in Rom erstmalig ein Mönch zum Bischof gewählt, nämlich Gregor I. Er stammte aus einer römischen Senatorenfamilie und hatte große Landgüter in Sizilien geerbt. Nach dem Tod seines Vaters Gordianus stiftete er auf diesen Gütern sechs Klöster für Männer, welche die Felder bewirtschafteten, die asketisch lebten und sich dem Gebet hingaben. Im Haus seiner Eltern in Rom richtete er ein Männerkloster zum heiligen Andreas ein, in dem er selbst lebte. Auch drei seiner Tanten lebten in Häusern für weibliche Asketinnen (nonnae). Gregor war längere Zeit Vertreter (apokrisarios) des römischen Bischofs beim Kaiser in Konstantinopel gewesen. Als er selbst zum Bischof von Rom gewählt wurde, suchte er über militärisch geschützte Boten den Kontakt zu germanischen Königen bzw. zu deren Ehefrauen. Über Berta von Kent erhielt er die Erlaubnis, den Prior Augustinus mit vierzig Mönchen nach Britannien zu schicken, um dort Klöster zu gründen und den katholischen Glauben zu predigen. In Canterbury wurde das Kloster St. Peter und

---

7 P. Meinhold, Kirchengeschichte in Schwerpunkten 96–99.
8 P. Meinhold, Kirchengeschichte in Schwerpunkten 97–100.

Paul eingerichtet, in Westminster ein anderes Kloster für Mönche. Diese wurden nun die Zentren der Mission im Land der Angeln, der Sachsen und der Jüten.[9]

Als sich das Königreich der Westgoten in Spanien unter dem König Rekkared vom arianischen Glauben abwandte und dem katholischen Glauben zuwandte, gelang es dem Bischof Gregor I. von Rom, die Kirche Spaniens wieder an den Bischofsstuhl des Apostels Petrus in Rom zu binden. Dort organisierte der Bischof die Hilfe an den Armen und sozial Schwachen, die militärische Verteidigung der Stadt und die Bewirtschaftung der kirchlichen Güter (Patrimonium Petri). Der Bischof schützte auch die Bauern (coloni) seiner Region vor der Ausbeutung durch die Grundherren (patroni). Als die Langobarden die Stadt Rom belagerten, erreichte der Bischof durch geschickte Verhandlungen ein Friedensabkommen, dabei wurde Lösegeld bezahlt. Über Sendboten wandte er sich an die Königin der Langobarden Theodolinde in Pavia und erreichte den Übertritt der Krieger dieses Volkes zum katholischen Glauben. Damit stärkte dieser Bischof sein Ansehen und seine politische Macht, er wurde in der lateinischen Kirche immer mehr zum Papst. Doch im Klerus hatte er starke Gegner, weil er die Mönche und Nonnen zu stark gefördert hatte. Bei seinem Begräbnis hatte das Volk von Rom gegen seine Politik wild und empört protestiert.[10]

Im 5. und 6. Jh. wurden fast in allen Regionen der lateinischen Kirche neue Klöster für Mönche und Nonnen gegründet; wir können daraus schließen, dass es starken wirtschaftlichen und sozialen Bedarf dafür gegeben haben muss. Zunächst verbreitete sich das Mönchtum im südlichen Gallien, dort waren Arelate, Marsilia und Lerinum die Zentren der christlichen Mission, aber auch der lateinischen Bildung. In Marsilia hatte Johannes Cassianus ein Kloster für Mönche (St. Victor) und ein Kloster für Nonnen (St. Salvator) gegründet. Dieser Theologe und Mönch war noch in der griechischen und in der lateinischen Sprache und Kultur gebildet. Caesarius von Arelate hatte im Kloster von Lerinum seine Bildung erhalten, dort hatte er vermutlich die Klosterregel des Aurelius Augustinus (Preaceptum) kennen gelernt. Danach verfasste er selber eine Ordensregel für Nonnen (Regula Caesarii ad virgines). In der Folgezeit entstanden Klöster auch in Burgrund, in Toulouse und in Narbonne. Im Osten Galliens wurde Lyon (Lugdunum) ein Zentrum der klösterlichen Kultur für Mönche und Nonnen; im Westen war Tours der Ausgangspunkt für mehrere neue Gründungen von Klöstern. In Mittelgallien entstanden die Klöster von Auxerre, von Paris (St. Germanus, St. Laurentius, Sancti Apostoli), von Chartres und von Ferriers.[11]

In Italien wurden Klöster für Mönche und Nonnen in den Städten Rom, Mailand, Ravenna, Cremona, Pavia, Verona und Bologna gegründet. Der Mönch Eugippius war aus der Provinz Noricum nach Neapel geflüchtet, als dort germanische Stämme eindrangen; dort gründete er ein Kloster. Die prägende Gestalt im Leben der Mönche und Nonnen aber wurde *Benedikt von Nursia*, der aus einer Adelsfamilie in Rom

---

9 Ch. Markschies, Das antike Christentum 160–180.
10 P. Meinhold, Kirchengeschichte in Schwerpunkten 63–67. J. Biarne, Der Aufschwung des abendländischen Mönchtums. In: L. Pietri (Hg.), Die Geschichte des Christentums II, 966–980.
11 J. Biarne, Der Aufschwung des abendländischen Mönchtums 970–977.

stammte. Um das Jahr 500 begann er ein Leben als Einsiedler in der Bergen östlich von Rom, doch bald nahm er Kontakt mit einem Kloster auf. Danach schlossen sich ihm Schüler an, die er auf kleine Gruppen verteilte, um mit ihnen neue Klöster zu gründen. In der Nähe von Subiaco soll er zwölf Klöster mit je zwölf Mönchen gegründet haben; auch hier muss ein starker sozialer und wirtschaftlicher Druck gewesen sein. Mit einigen Schülern zog er später auf den Monte Cassino bei Neapel, dort errichtete er ein Kloster, das bis heute Bestand hat. Dort verfasste er eine neue Regel für das Klosterleben (Regula Benedicti), die später von vielen Klöstern in ganz Europa übernommen worden ist. In Vivarium in Kalabrien hatte Aurelius Cassiodorus ein Kloster gegründet, das zu einem Zentrum der geistigen Arbeit und der literarischen Forschung geworden ist.[12]

Das keltische Mönchtum

Bereits im 4. Jh. predigte der britannische Mönch Pelagius in Rom, er sah in der Askese und in der gelebten Nächstenliebe die Voraussetzung für das Erlangen der göttlichen Gnadenkraft. Denn diese begleite unser Handeln und Wollen, sie sei aber nicht die Ursache unseres Heiles. Um 430 wurde der Mönch Germanus von Auxerre mit anderen Mönchen nach Britannien geschickt, um dort den christlichen Glauben zu verkünden und Klöster zu gründen. Doch durch die Einwanderung der Angeln, der Sachsen und der Jüten waren diese Klöster wieder zerstört worden, die keltische Bevölkerung zog sich in den Westen des Landes (Wales) zurück. Im keltisch geprägten Irland, das nie zum Römischen Imperium gehört hatte, missionierte der Mönch Patrick (Patricius) und gründete mehrere Klöster. Er war als Jugendlicher nach Gallien geflüchtet, war dort Christ und Mönch geworden und wurde vom Bischof von Auxerre nach Irland geschickt, um dort den christlichen Glauben zu verkündigen. Er gründete das Kloster Armagh, das zu einem Zentrum der christlichen Mission wurde.[13]

Auf der von der keltischen Kultur geprägten Insel Irland (Eriuland) traten nach der Christianisierung viele Druiden und weise Frauen in Klöster ein, dort gaben sie ihr altes Wissen weiter und verbanden es mit den neuen christlichen Lehren. Zu dieser Zeit kamen Wandermönche auch in das Land der Pikten und Schotten (Schottland), sie verbreiteten den Glauben an Jesus Christus und gründeten Klöster. Als um 520 die Invasion der Angeln, Sachsen und Jüten begann, wanderten viele keltische Bewohner Britanniens über das Meer nach Gallien aus; sie siedelten in der Region Armorica, das später nach diesen Siedlern (Bretonen) die Bretagne genannt wurde. Mit diesen Auswanderern kam das keltische Mönchtum von Britannien nach Gallien, dorthin kamen später noch Missionare aus Irland. Diese Wandermönche sahen in der missionarischen Pilgerfahrt (peregrinatio) ihre Lebensaufgabe, denn sie waren überzeugt, dass sie dadurch ihre Sünden tilgen konnten.[14]

---

12 J. Biarne, Der Aufschwung des abendländischen Mönchtums 966–976.
13 P. Meinhold; Kirchengeschichte in Schwerpunkten 63–67.
14 J. Biarne, Der Aufschwung des abendländischen Mönchtums 974–978.

Diese Wandermönche bekamen von den fränkischen Fürsten und Königen die Erlaubnis, in ganz Gallien neue Klöster gründen zu dürfen. Ein besonders erfolgreicher Wandermönch aus Irland war *Columban*, der im Kloster Bangor lebte. Er war in der lateinischen Theologie gut gebildet und begann um 575 seine Wandertätigkeit. Er fuhr über das Meer nach Gallien und zog danach mit Begleitern zu Fuß durch das Land der Franken. In den Bergen der Vogesen gründete er drei Klöster; dort müssen sich ihm viele Männer der Region wohl auch aus wirtschaftlichen und sozialen Gründen angeschlossen haben. Als es zu einem Konflikt mit dem fränkischen Königshaus kam, zog Columban mit einigen Gefährten weiter, er kam nach Tours, Nantes und Paris. Von dort durchquerte er wieder Gallien und kam an den Bodensee, wo allemannische Stämme siedelten. In der alten Römerstadt Brigantium (Bregenz) gründete er ein Kloster zur Mission der Bevölkerung; danach zog er über die Alpen nach Oberitalien und gründete in Bobbio sein letztes Kloster, wo er starb. Sein Schüler Gallus war als Einsiedler am Rhein geblieben, nach ihm ist das spätere Kloster St. Gallen benannt.[15]

Dieser irische Wandermönch Columban war wie der jüdische Glaubensvater Abraham fast ständig auf Wanderschaft. Mit seinen Predigten in lateinischer Sprache, die wohl übersetzt werden mussten, erzielte er bei den Fürsten und Adeligen starke Wirkung, sonst hätte er nicht die Erlaubnis und die wirtschaftliche Unterstützung für die Gründung so vieler Klöster bekommen. Er hatte eine Regel und ein Lebensprogramm für diese Klöster verfasst, nun schlossen sich ihm viele romanische Gallier und Franken an. Diese Klöster wurden von in der lateinischen Kultur und Sprache gebildeten Männern organisiert, und zwar nach dem Modell der altrömischen Gutshöfe. Ihnen schlossen sich ungebildete Landarbeiter und verarmte Bauern an, denn sie fanden in diesen Klöstern eine neue Lebensgrundlage. Durch das Zusammenwirken von manueller Arbeit und geistlicher Formung wurden diese frühen Klöster auch zu Zentren der Landwirtschaft und der Glaubensverkündigung.[16]

Zu dieser Zeit muss es viele Männer und Frauen gegeben haben, die aus wirtschaftlichen Gründen keine Familie gründen konnten. Diese fanden in den Klöstern, die bald auch für Frauen gegründet wurden, neue Felder der Betätigung und des Überlebens. In der Folgezeit gründeten die irischen Wandermönche auch Doppelklöster für Männer und Frauen, wie sie in Irland verbreitet waren. Solche Klöster konnten von einem Abt oder von einer Äbtissin geleitet werden. Einige der Mönche und Nonnen waren in der lateinischen Sprache und Schrift, in der Buchmalerei und in der Bibelauslegung gebildet. Aus Irland kam das neue Modell der vielfach wiederholbaren Buße für die kleinen und großen Sünden des Alltags. Die Mönche verfassten nun Bußbücher mit verschiedenen Straftarifen für die einzelnen Sünden, das Fasten wurde als Heilmittel gegen die Sünde gefordert. Die Theologen und Kleriker lehrten, dass die Mönche und Nonnen stellvertretend für die Adeligen und Krieger Buße tun

---

15 Ch. Markschies, Das antike Christentum 160–184. J. Biarne, Der Aufschwung des abendländischen Mönchtums 976–979.

16 A. Angenendt, Das Frühmittelalter 213–222. J. Biarne, Der Aufschwung des abendländischen Mönchtums 975–978.

konnten. Deswegen stifteten viele Fürsten und Könige Klöster, um damit ihr eigenes Seelenheil zu sichern.[17]

Die Mönche betonten bei ihren Bußriten nicht die Intention der bösen Taten, sondern die Haftung für die Folgen einer solchen Tat. Ihnen ging es mehr um äußere Handlungen und Leistungen, als um innere Einstellungen, dies hatte Folgen für eine neue Bußpraxis. Nach der Regel des Columban sollten die Mönche und Nonnen im Gehorsam vor Gott leben, sie mussten dem leidenden Christus nachfolgen, um den Aufstieg zum Himmel zu erlangen. Viele Klöster folgten einer Mischregel, zum Teil orientierten sie sich an Columban, zum Teil an Benedikt von Nursia. In den Doppelklöstern lebten und arbeiten Mönche und Nonnen zusammen; ihre Wohnbereiche waren getrennt, doch beim Gebet waren sie in der Kirche zusammen. In diesen Klöstern wurden die lateinische Schriftkultur und die Kunst der Buchmalerei gefördert; sie wurden nun zu Zentren einer effizienten Wirtschaft, des Handels, der Handwerkskunst, des Feldbaus, der Viehzucht, des Weinbaus und der Fischzucht. Viele dieser Klöster strebten nach der Unabhängigkeit von der Aufsicht eines Bischofs; Äbte und Äbtissinnen waren nun Lehensherren und Arbeitgeber für viele Bauern und Landarbeiter. Die Klöster wurden zu Trägern der sich neu organisierenden Wirtschaft im Reich der Franken. Im 6. und 7. Jh. wurden allein in Gallien über 550 Klöster gegründet, in den meisten Klöstern lebten zwischen 500 und 1000 Personen zusammen.[18]

Die Lebenswelt und Kultur der Klöster

In der Folgezeit waren die Klöster immer auch Zentren der Wirtschaft, aber gleichzeitig Schutzzonen des geistlichen und asketischen Lebens und Lebensschulen für Mönche und Nonnen. Inwieweit die Mönche und Nonnen sexualasketisch gelebt haben, können wir heute nicht mehr wissen; es gibt viele schriftliche Hinweise, vor allem in den Bußbüchern, dass sie es nicht immer taten. Aber für viele freie Lohnarbeiter, verarmte Bauern und freigelassene Sklaven boten die Klöster die Möglichkeit des Überlebens, auch wenn sie zeitweilig auf Sexualität verzichten mussten. Dazu kam dann die geistliche Formung durch eine bestimmte Spiritualität des Gehorsams, der Demut und der Unterordnung. Als letzte Motivation für die Arbeit diente die Hoffnung auf die Freuden des Himmels. Zu dieser Zeit traten auch adelige Personen beiden Geschlechts in die Klöster ein, auch Mitglieder der Fürsten- und Königssippen. Diese adeligen Mönche und Nonnen waren meist von der körperlichen Arbeit befreit, sie beschäftigten sich mit der geistigen Bildung, der Schreibkunst, der Musik, der Malerei und der Theologie.[19]

Nun waren in den Klöstern fast alle Berufe vertreten, Holzarbeiter, Steinarbeiter, Bauern und Viehzüchter, Müller und Bäcker; sie trieben die Rodung der Wälder voran und schufen neues Ackerland und Viehweiden. Bald förderten die Klöster den

---

17 Ch. Markschies, Das antike Christentum 160–175.
18 A. Angenendt, Das Frühmittelalter 216–223.
19 K.S. Frank, Kloster. In: LThK VI, Freiburg 2006, 140–143.

Austausch vor allem der Mönche mit anderen Klöstern; dadurch kam neues Wissen über Landwirtschaft, Weinbau, Viehzucht und Bautechnik in die Klöster. Diese wurden zu Orten der wirtschaftlichen und technischen Innovation, weit mehr als die frühen Pfalzen und Burgen der Adeligen. Die Bauwerke, Kirchen und Wohnanlagen wurden von Mönchen, von Mägden und Knechten errichtet; sie waren meist durch einen Graben und eine Mauer geschützt. Damit war das Kloster von der weltlichen Herrschaft und Lebensform abgegrenzt. Nun arbeiteten auch viele freie Lohnarbeiter und Bauern außerhalb der Klostermauern für die Klöster, denen sie als Grundherren Abgaben zu zahlen hatten. Viele Bauern und Lohnarbeiter sagten mit Überzeugung, dass es unter dem „Krummstab" der Äbte und Äbtissinnen besser zu leben sei als unter der Herrschaft der Fürsten und Könige.[20]

Bereits Isidor von Sevilla hatte die Ummauerung der Klöster gefordert, als militärischer Schutz und als Trennung von der weltlichen Lebensform. Grundsätzlich waren die Klöster durch die Fürsten und Könige militärisch geschützt, aber sie mussten auch selber zu ihrer Verteidigung beitragen. Später mussten die Äbte und Äbtissinnen sogar kleine oder größere Kampftruppen aufstellen, um die Krieger der Fürsten und Könige zu unterstützen. In der späteren Zeit stiegen manche Äbte und Äbtissinnen in den Rang von Reichsfürsten auf, sie mussten den Königen und Kaisern Heeresdienste leisten; dies traf vor allem auf die Königsklöster und die Reichsabteien zu. Von den Fürsten erhielten die Klöster die niedere Gerichtsbarkeit über ihre Untertanen, manche Äbte und Äbtissinnen konnten sogar die höhere Gerichtsbarkeit mit der Todesstrafe ausüben.

In den Klöstern war nur ein kleiner Teil der Mönche und Nonnen der lateinischen Sprache kundig, der größere Teil musste ein paar lateinische Gebete auswendig lernen, ohne sie zu verstehen. Daher wurde das vollständige lateinische Stundengebet nur von den Mönchen und Nonnen verlangt, die der lateinischen Sprache mächtig waren. Einfache Mönche, Arbeiter, Viehhirten und Handwerker waren nur kurzzeitig am Stundengebet beteiligt. Die großen Klöster hatten Schreibstuben (scriptoria), wo die Bibel und die Werke der Theologen in lateinischer Sprache abgeschrieben wurden. Es wurden Bibliotheken für die gebildeten Mönche und Nonnen eingerichtet, viele der verfassten Bücher wurden an andere Klöster oder an Fürsten verschenkt oder verkauft. Vom Kloster St. Riquier wissen wir, dass um das Jahr 800 nur ein Drittel der dort lebenden Mönche der lateinischen Sprache mächtig war; in anderen Klöstern dürften es noch viel weniger gewesen sein.[21]

In ein Kloster konnten erwachsene Personen eintreten, wenn sie von ihren Grundherren frei waren. Sklaven brauchten immer die Zustimmung ihrer Herren. Oft wurden Knaben und Mädchen einem Kloster zur Erziehung übergeben (pueri oblati), von denen dann viele ihr Leben lang im Kloster bleiben mussten. Die Übergabe (oblatio) eines Kindes an ein Kloster wurde vor allem von den adeligen Sippen als ein Opfer (sacrificium) an Gott verstanden, das der ganzen Sippe Glück bringen sollte. Die Erziehung im Kloster geschah durch Beaufsichtigung (custodia) und

20 J. Biarne, Der Aufschwung des abendländischen Mönchtums 980–990.
21 A. Angenendt, Das Frühmittelalter 404–408.

durch Züchtigung (disciplina). Die Schüler mussten in der Tradition der stoischen Philosophie lernen, ihre Gefühle im Zaum zu halten, ihre sexuellen Begierden zu unterdrücken und im Gehorsam vor Gott und den Vorgesetzten zu leben. Ob die meisten Mönche und Nonnen ein Leben lang sexuell asketisch gelebt haben, können wir heute nicht wissen. Aber viele schriftliche Texte der sog. „Bußbücher" deuten darauf hin, dass dies nicht der Fall war.[22]

Aus dem Kloster St. Gallen haben wir einen Klosterplan aus dem frühen 9. Jh. Daraus erkennen wir die Anordnung der Gebäude. Im Zentrum lag die große Kirche mit den Plätzen der Mönche und der Laienchristen. An die Kirche angeschlossen waren die Schlafsäle der Mönche mit dem großen Brunnen. Daneben war der große Kreuzgang, wo die Mönche unter Dach bei jeder Witterung beten, singen und mit einander reden konnten. Daneben war das Refektorium (Speisesaal) mit der Küche und der Bäckerei. Als eigene Gebäude wurden das Hospital für Kranke, das Haus der Novizen, die Lateinschule, das Haus für Gäste, das Brauhaus und das Wohnhaus für das Gesinde errichtet. Dazu kamen die großen Gebäude der Kornspeicher, die Ställe für das Vieh, die Wohnräume der Viehhirten, die Werkstätten, die Mühlen, die Getreidestampfe, der Gemüsegarten, der Obstgarten, die Fischteiche, der Hof für das Geflügel, und in der Nähe der Kirche der Friedhof der Toten.[23]

Nun hatten die Klöster die großen Wirtschaftsbetriebe (latifundia) der antiken Kultur übernommen und weiterentwickelt. In der Karolingischen Zeit erhielten viele Klöster große Besitzungen an Land und an Wäldern. So besaß das Kloster St. Germanus in Paris (St. Germains de Pres) um das Jahr 830 ungefähr 23.000 Hektar bewirtschaftetes Land, dafür arbeiteten 4710 Familien; das waren an die 20.000 Personen, die von und mit dem Kloster lebten. Die dem Kloster hörigen Bauern mussten an dieses Getreide, Hühner, Schweine, Eier, Leinsamen, Honig, Wein und Geldbeträge in festgesetzter Höhe abliefern. Das waren pro Bauernfamilie ung. 100 kg. Getreide, 1 Schwein, 2 Hühner, 10 Eier, 2 Eimer Wein und 9 Silberdenare. Dieses Geld mussten die Bauern durch den Verkauf ihrer Erzeugnisse auf den Märkten erst verdienen. Außerdem mussten die Bauern für das Kloster noch Arbeitsdienste und Spanndienste mit ihren Haustieren leisten.[24]

Mit dem 9. Jh. war die alte Sklaverei auf den Latifundien weitgehend überwunden. Aus dem Kloster Prüm wissen wir, dass die abhängigen Bauern heiraten und ihren kleinen Hof in der Familie vererben konnten. Besser gestellte Hörige dienten dem Abt bzw. der Äbtissin als Vasallen, sie mussten im Fall des Krieges Heeresdienste leisten. Am schlechtesten gestellt waren die Knechte und Mägde, sie durften erst nach der Ableistung mehrerer Dienstjahre heiraten und eine Familie gründen. Die in den Klöstern arbeitenden Handwerker, Bauern, Hirten, Gärtner und Handwerker waren zumeist Laienchristen, sie wurden im weiteren Sinn zur Familie des Klosters gezählt. Die Mönche wurden im Lauf der Zeit immer mehr von der Handarbeit befreit, sie widmeten sich dem Studium der Theologie und der Schreibkunst, dem Chorgebet

---

22 K.S. Frank, Kloster 140–143.
23 A. Angenendt, Das Frühmittelalter 410–412.
24 P. Meinhold, Kirchengeschichte in Schwerpunkten 94–99.

und der Liturgie. Nach Benedikt von Aniane musste jeder Mönch täglich 139 Psalmen beten, im Kloster von Cluny wurde dieses Pensum auf 214 Psalmen hinaufgesetzt. Im Kloster Corbie lebten im 9. Jh. ungefähr 300 Mönche und 150 Laienarbeiter; in anderen Klöstern war die Zahl der Laienarbeiter noch viel höher.[25]

Zu dieser Zeit mussten die Klöster die Versorgung der Armen in der Region organisieren, dies war ihr Gründungsauftrag. Sie führten täglich eine Speisung der Armen durch, sie gaben ihnen Kleidung für die kalte Jahreszeit und kurzzeitig auch Schlafplätze. In den Städten nahmen die sozialen Verpflichtungen der Klöster sogar zu, weil dort die Zahl der Armen und Notleidenden oft sehr hoch war. Die adeligen Stifter gaben den Klöstern regelmäßig Schenkungen, die sie für die Armenhilfe einsetzen mussten. Damit fand eine gewisse Umverteilung der Güter durch die Klöster und später durch die Bettelorden statt. Außerdem führten die Klöster Hospitäler für die Versorgung der Kranken, auf eigenen Matrikeln hielten sie die Namen der betreuten Personen fest. In den Herbergen der Klöster wurden die Pilger, die zu heiligen Orten unterwegs waren, einige Zeit aufgenommen und betreut. So versorgte das Kloster St. Riquier im 9. Jh. täglich ungefähr 300 Arme, 1500 Witwen und 60 niedere Kleriker mit Speisen. Für die Adeligen und Besitzenden bauten die Klöster eigene Hospize und Gästehäuser.[26]

In der Frühzeit der Klöster wurden auch Sklaven aufgenommen, wenn ihre Herren zustimmten; denn im Kloster war die Sklaverei aufgehoben. Die früheren Sklaven mussten dort niedere Dienste leisten, sie konnten aber auch Mönche und Nonnen werden. Schon in der Spätantike durften Sklaven mit Zustimmung ihrer Herren heiraten und ein Haus errichten, sie waren dann behauste Sklaven (servi casati). Auch die früheren Leibeigenen der Klöster durften heiraten und kleinen Besitz erwerben, wenn die Äbte zustimmten. Im 9. Jh. relativierte sich die rechtliche Gliederung der Bevölkerung in Freie, Halbfreie, Freigelassene und Unfreie. Die zur geistlichen Herrschaft Gehörigen hießen in den Texten nun Kirchenhörige (ecclesiastici homines oder mancipia); aus den früheren Sklaven waren nun Abhängige und Hörige mit mehr Rechten geworden. Zu dieser sozialen Entwicklung haben ohne Zweifel die Lehren der Theologen und Kleriker sowie die Lebensformen der Klöster beigetragen.[27]

So forderte der Abt Smaragd von St. Mihiel im 9. Jh. die Herren auf, ihre Sklaven freizulassen; und Benedikt von Aniane wollte keine Güterschenkungen mit Sklaven mehr annehmen. Andere Äbte und Äbtissinnen forderten die Fürsten auf, ihre Sklaven milde zu behandeln, weil sie von himmlischen Patronen geschützt seien. In dieser Zeit ist die alte Sklavenwirtschaft in Hörigkeit in Abstufungen übergegangen. Während die irisch-columbanische Klosterbewegung Doppelklöster für Mönche und Nonnen zuließ, hat die Karolingische Klosterreform auf die Trennung von Männerklöstern und Frauenklöstern bestanden. Damit wurden die Frauenklöster aufgewertet und selbständig, sie richteten nun eigene Klosterschulen und Schreibschulen ein. Nonnen

---

25 A. Angenendt, Das Frühmittelalter 410–415.
26 P. Meinhold, Kirchengeschichte in Schwerpunkten 97–102.
27 A. Angenendt, Das Frühmittelalter 416–418.

durften nun auch an Wallfahrten nach Rom teilnehmen, außerdem durften sie neue Klöster gründen, wenn sie dafür Stifter fanden.

Nach der Klosterreform des Königs Ludwig des Frommen konnten die Frauenklöster zwischen der monastischen und der kanonischen Lebensform wählen. Zu dieser Zeit konnten die Äbte und Äbtissinnen eines Klosters von den Fürsten eingesetzt werden, sie mussten nicht aus dem Kloster kommen. So wurden häufig Kapläne an Fürstenhöfen oder Mitglieder der Königsfamilie als Äbte und Äbtissinnen eingesetzt. Zur Zeit der Normanneneinfälle sind im Reich der Franken viele Klöster beschädigt oder zerstört worden.[28]

Insgesamt waren die Klöster zu dieser Zeit Zentren der sich entfaltenden Wirtschaft und der lateinischen Bildung. In den Klosterschulen wurden neben den sieben freien Künsten die Grundzüge der Theologie und des Kirchenrechts unterrichtet. In den Schreibstuben wurden die Texte der Bibel und der frühen Theologen abgeschrieben und mit wertvollen Bildern versehen. In der Karolingischen Zeit wird die Zahl der Klöster auf ungefähr 650 geschätzt; darunter waren 200 Königsklöster, deren Äbte von der Königssippe eingesetzt wurden. In den meisten Klöstern lebten zwischen 100 und 900 Personen, nur wenige Klöster hatten weniger als 100 Bewohner. Diese Zahlen ergeben sich aus den Verbrüderungsbüchern und den Totenbüchern, die erhalten geblieben sind. In manchen Gemeinschaften waren ungefähr 30% der Mönche Kleriker, in anderen ungefähr 60%. Die Kleriker mussten viele Seelenmessen für die Verstorbenen feiern, die von den Stiftern in Auftrag gegeben wurden. Die Mönche sollten das Gebet, die Liturgie und die manuelle oder geistige Arbeit miteinander verbinden. Damit die Mönche und Nonnen schneller schreiben konnten, hatte Karl der Große die Kleinbuchstaben (Minuskel) statt der bisherigen Großbuchstaben (Maiuskeln) eingeführt.[29]

Die großen Ordensgründer

Die meisten Klostergemeinschaften wurden von Gründergestalten geprägt, die neue Akzente in der Spiritualität oder der Lebensform setzten. So verfasste *Benedikt von Nursia* (gest. 547) eine Regel für das gemeinsame Leben, in der die Verbindung von Gebet und Arbeit (ora et labora) festgelegt wurde. Er sah das Ziel des Klosterlebens darin, die moralische Vollkommenheit und die Heiligkeit des Lebens zu erlangen. Das Kloster sei eine Schule des geistlichen Lebens, um in das himmlische Vaterland zu gelangen. Die Mönche und Nonnen müssen ein Leben lang den Gehorsam üben, sie müssen in persönlicher Armut leben, und sie müssen auf sexuelle Beziehungen verzichten. Die Verfehlungen gegen die sexuelle Enthaltsamkeit konnten jederzeit durch Bußübungen und später durch die private Beichte vor einem Kleriker gelöscht werden. Spätere Schriftsteller wie Giovanni Boccaccio in seinem „Decameron" berichten von einem regen Liebesleben der Mönche und Nonnen.[30]

---

28 J. Biarne, Der Aufschwung des abendländischen Mönchtums 978–986.
29 A. Angenendt, Das Frühmittelalter 416–420.
30 J. Biarne, Der Aufschwung des abendländischen Mönchtums 990–994.

Doch die moralischen Ziele hießen Gehorsam, Armut und Keuschheit. In den Klöstern wurde die Gütergemeinschaft verwirklicht, welche eine judenchristliche Gemeinde in Jerusalem nach dem Tod Jesu gelebt haben soll. Klöster wurden wie große Sippen geleitet, der Abt sollte als Lehrer des wahren Glaubens ein moralisches Vorbild für alle Mönche sein. Er war in den frühen Klöstern in der Rolle des römischen Familienvaters, wie in der Regel des Benedikt von Nursia zu erkennen ist. Die Mönche und Nonnen sollten dem Abt und der Äbtissin wie altrömische Gottessklaven (servi Dei) dienen und damit Gott im Himmel Gehorsam leisten. Doch Benedikt von Nursia rief die Äbte und Vorgesetzten zu Milde und Mäßigung, zu Nachsicht und zu Verschwiegenheit auf. Die Prügelstrafe sollte nur bei Gesunden, nicht aber bei Kranken und bei Kindern angewendet werden. Später wurde diese Regel mit der Klosterregel des Columban verbunden. Gefordert wurde die Ortsgebundenheit der Mönche und Nonnen (stabilitas loci), um die Wandermönche einzudämmen.[31]

Die Klöster mussten nach dem Auftrag der Stifter den Armen und Entrechteten Schutz und Hilfe geben, Reisende und Wallfahrer mussten sie als Gäste aufnehmen. Da sie über großen Landbesitz verfügten, den sie gut bewirtschafteten, konnten sie viele Menschen ernähren. Außer in den Zeiten von Missernten, Naturkatastrophen und Kriegen gab es in den Klöstern keinen Hunger. Doch bei Kriegen wurden auch Klöster zerstört, einige konnten neu aufgebaut werden, andere nicht. Konflikte und Streitfälle innerhalb der Klöster wurden durch die richterliche Gewalt des Abtes bzw. der Äbtissin gelöst, ihnen stand ein Rat von Mönchen oder Nonnen zur Seite. Wichtig war die persönliche Zurechtweisung der Mönche und Nonnen in der „Kammer der Liebe" (in camera caritatis). Die Regel des Benedikt von Nursia trug zur Formung einer Kultur der Klöster in ganz Europa bei. Angestrebt wurde die Umkehr (conversio) der Herzen, die Erkenntnis (gnosis) des Heiles und die Schau (theoria) des Göttlichen.[32]

Ein späterer Reformer des Mönchtums war *Benedikt von Aniane*, der seine Jugend am Hof des Königs Karl des Großen verbracht hatte. Er trat in ein Kloster in Burgund ein und reformierte mit der Unterstützung des Alkuin von York die Lebensformen von zwanzig Klöstern in Aquitanien. Dann verfasste er eine Konkordanz der bekannten Klosterregeln (Concordantia regularum) und einen Kommentar zur Regel des Benedikt von Nursia. In Aachen versammelte der Kaiser Ludwig der Fromme die Äbte seiner Klöster und gab dem von Benedikt von Aniane verfassten Klosterbuch (Capitulare monsticum) Gesetzeskraft. Darin verpflichtete er die Mönche und Nonnen auf die Klosterregel des Benedikt von Nursia , die Einhaltung dieser Regeln sollte durch kaiserliche Gesandte regelmäßig überprüft werden. Jetzt bekam das Kapitel des Klosters mehr Kontrollbefugnisse, auch über den Abt und das Leben im Kloster, über die Einrichtungen der Lateinschule, die Regeln der Zulassung von Mönchen und Nonnen. Angeordnet wurde auch der Bau einer Gefängniszelle in jedem Kloster, um sündige Mönche und Nonnen zu bestrafen.[33]

---

31 K.S. Frank, Kloster 140–143.
32 J. Biarne, Der Aufschwung des abendländischen Mönchtums 994–996.
33 J. Biarne, Der Aufschwung des abendländischen Mönchtums 990–998.

Die Klöster des Königs und des Reiches hatten mehr wirtschaftliche und militärische Verpflichtungen dem Herrscher gegenüber als andere Klöster. Auf seinem Gebiet hatte der Abt die volle niedere Gerichtsbarkeit, die Verwaltung der Güter wurde einem Laienvogt (advocatus) übertragen. Von den Klöstern in England wurde der Brauch übernommen, dass sich Mönche und Nonnen zu Gebetsgemeinschaften zusammenschlossen; ihre Namen sind in den Erinnerungsbüchern (libri memoriales) aufgezeichnet. Zu dieser Zeit lebten in vielen Regionen noch Einsiedler, die aber meist mit einem Kloster in Verbindung standen. Auch sie waren beim Volk geschätzt, ihnen wurden heilende Kräfte zugetraut.

Im 11. und 12. Jh. wurden neue Ordensgemeinschaften gegründet. So gründete *Bruno von Köln* den neuen Orden der Kartäuser, der mit einer Einsiedelei in La Chartreuse in Burgund begonnen hatte. Auf 1175 m Seehöhe lebten mehrere Einsiedler unter harten Lebensbedingungen, sie verbanden sich später zu einer Lebensgemeinschaft. Daraus bildete sich später ein religiöser Orden, der den Vorgaben des Bruno von Köln folgte. Hier lebten die Mönche in kleinen Zellen, nur zum Gebet und zur Feier der Liturgie kamen sie zusammen. Sie waren zum dauerhaften Schweigen verpflichtet, nur einmal in der Woche durften sie miteinander sprechen. Sie arbeiteten manuell in der Landwirtschaft oder widmeten sich dem Studium der geistlichen Bücher, sofern sie lesen konnten. Ihre Gemeinschaften bestanden aus Klerikern und aus Laienmönchen, sie wollten durch Schweigen und Fasten Gott nahe kommen. Im 12. Jh. wurden auch Klöster für Nonnen gegründet, sie verzichteten auf Fleisch und auf Milchprodukte.[34]

Eine andere Reform der Klöster strebte *Bernhard von Clairvaux* an, er stammte aus einer Ritterfamilie in Burgund. Mit adeligen Freunden gründete er ein neues Kloster, aus dem später der Mönchsorden der Zisterzienser entstand. Bernhard war theologisch gut gebildet, er konnte auch lateinische Dichter der Antike lesen. Seine neue Ordensregel wurde von vielen jungen Männern mit Begeisterung aufgenommen, in seinem Todesjahr (1153) gab es bereits 68 Klöster. Auch zu dieser Zeit muss ein starker wirtschaftlicher und politischer Bedarf an Klöstern gewesen sein, anders sind diese Klostergründungen in kurzer Zeit nicht erklärbar. Die Zisterzienser und die benediktinischen Reformklöster von Cluny wollten mehr politische Unabhängigkeit von ihren Stifterfamilien. Denn diese waren zumeist mit der Leitung der Klöster betraut. Die Reformklöster wollten nun die völlige Weisungsfreiheit (exemptio) von den Fürsten und Bischöfen erreichen, sie wollten nur dem Papst in Rom unterstellt sein. Ihre Theologen werteten fortan in ihren Schriften die Stellung des Papstes gegenüber den Fürsten und Königen in ganz Europa stark auf.[35]

Bernhard kritisierte an den bestehenden Klöstern der Benediktiner, dass es dort zuviel an Reichtum und Prunk, an Prahlerei und an Trunksucht gab. Er wollte wieder das einfache Leben und die manuelle Arbeit der Mönche und Nonnen. Wir erkennen in dieser Kritik einfach die wirtschaftliche Entwicklung der Klöster auf

---

34 O. Engels, Bruno von Köln. In: LThK II, Freiburg 2006, 732.
35 J. Lang, Die großen Ordensgründer. Freiburg 1997, 45–65. J. Leclercq, Bernhard von Clairvaux. In: LThK II, Freiburg 2006, 268–270.

ein hohes Niveau des Wohlstands. Doch die Reformer lehnten diesen Wohlstand ab, sie wollten wieder die Einfachheit der frühen Klöster leben. Bernhard war ein gefeierter Prediger, er trat auch in einigen Städten auf, damit gewann er Einfluss auf die Politik der Fürsten. Im Auftrag des Papstes rief er die Fürsten und Könige zu einem Kriegszug gegen die Moslems in Palästina auf. Dieses Land sollte nach seiner Überzeugung wieder von den Gottesfeinden und den Häretikern befreit werden. Bernhard wollte die politische Macht des Papstes in ganz Europa stärken, er sah in ihm die oberste moralische Autorität der gesamten Christenheit. Doch die Bischöfe seien selbständige Stellvertreter Christi auf der Erde, sie hätten ihre Vollmachten nicht vom Papst bekommen.[36]

Ein anderer Ordensgründer war *Norbert von Xanten*, der den Orden der Prämonstratenser gründete. Er lebte zuerst am Hof des Erzbischofs von Köln, wurde dann aber Mönch und Wanderprediger. Im Tal von Premontrè baute er mit Freunden ein Kloster nach der Regel des Aurelius Augustinus. In dieses Kloster traten viele junge Männer aus adeligen Familien ein. In kurzer Zeit entstanden in ganz Europa an die 600 Klöster dieses neuen Typs, auch hier muss ein großer wirtschaftlicher Bedarf oder ein starker Männerüberschuss gewesen sein. Diese Chorherren im Geist des Bischofs von Hippo Regius engagierten sich in der Glaubensverkündigung in Regionen, die noch wenig christianisiert waren. Zuletzt wurde Norbert Erzbischof von Magdeburg, von dort aus organisierte er die Mission an den slawischen Stämmen und Völkern östlich der Elbe. Auch sein Orden baute Spitäler für Kranke, Herbergen für Pilger und Unterkünfte für die Armen.[37]

Reformen der Klöster

Als die Überfälle der Normannen auf Britannien und den Westen des Frankenreiches begannen, flohen viele Mönche und Nonnen aus ihren Klöstern in den Osten des Reiches. Doch zu dieser Zeit wurden auch im Herrschaftsbereich der Bajuwaren viele Klöster durch die Einfälle und Eroberungen der Ungarn zerstört. Als die Ungarn besiegt waren, wurden die meisten dieser Klöster wieder aufgebaut. In dieser politisch unruhigen Zeit gründete der Herzog von Aquitanien Wilhelm III. mit dem Mönch Berno von Baume ein neues Kloster in Cluny in Burgund, das den Aposteln Petrus und Paulus geweiht wurde. Dort sollte die Regel des Benedikt von Nursia Geltung haben; außerdem wurde festgelegt, dass weder die Fürsten, noch die Bischöfe das Eigentum dieses Klosters antasten durften. Nach diesem Reformkonzept von Cluny sollten die Mönche und Nonnen von den Sippen der fürstlichen Stifter unabhängig werden. Die Mönche und Nonnen sollten ihre Güter autonom verwalten und ihre Lebensform selbständig bestimmen können. Diesem Konzept schlossen sich bald andere Klöster an, es begann die Reformbewegung von Cluny.[38]

---

36 M. Parisse, Innerhalb und außerhalb der Klostermauern. In: L. Pietri (Hg.), Die Geschichte des Christentums IV. Freiburg 1997, 136–140.

37 W. Nigg, Sie lebten Jesu Botschaft. Freiburg 1978, 85–89.

38 P. Engelbert, Cluniazensische Reform. In: LThK II, Freiburg 2006, 1235–1238.

Nach diesem Konzept sollten die Mönche und Nonnen stärker als bisher die drei evangelischen Räte des Gehorsams, der Armut und der Keuschheit beachten. Eine ähnliche Reformbewegung ging von Klöstern in Lothringen aus (Gorze), sie reagierte auch auf gesellschaftliche Veränderungen. Im 11. und 12. Jh. entstanden neue Stadtsiedlungen auch nördlich der Alpen, sie wurden nun zu Zentren der Wirtschaft, des Handels und der Kultur. Der Anstieg der Bevölkerung machte eine intensive Bewirtschaftung der Felder und der Viehweiden nötig, eine Klimaerwärmung erleichterte den Landbau. Durch die Besitzkonzentration auf wenige Adelssippen und freie Klienten waren aber viele Menschen verarmt, sie konnten ihre Familien nur schwer versorgen. Nun bildeten sich in vielen Regionen Europas Gruppen von Marginalisierten und sog. Armutsbewegungen, die den Reichtum der Adelssippen und der höheren Kleriker gerechter verteilen wollten.[39]

Viele dieser Gruppen sahen das Feudalsystem der Fürsten, Bischöfe und Klöster als ungerecht an, es entspreche nicht den Vorgaben des Evangeliums Jesu. Doch die meisten Kleriker und Theologen bewerteten diese Bewegungen als Häretiker, weil sie das bestehende Sozialsystem verändern wollten. In diesen Auseinandersetzungen zwischen den Armutsbewegungen und den Feudalherren nahmen die meisten Klöster eine vermittelnde Position ein. Denn in ihren Gemeinschaften lebten Menschen aus allen sozialen Schichten zusammen, Freie und Hörige, Adelige und Lohnarbeiter. Die Klöster gaben vielen Menschen der sozialen Unterschichten Arbeit, Chancen zum Überleben und eine Aufgabe für die Gemeinschaft. Wenn es um das Überleben ging, wurde die sexualasketische Lebensform in Kauf genommen. Die Klöster waren von ihren Anfängen mit dem Dienst an den Armen, Kranken, Schwachen und Entrechteten betraut. Jetzt versuchten vor allem die Reformklöster, die neuen sozialen Probleme abzumildern, indem sie mehr von ihren Gütern für die Armenhilfe einsetzten.[40]

Doch viele Reformer setzten ihre Veränderungen nur beim spirituellen Leben an; sie glaubten, damit auch die sozialen Probleme lösen zu können. Zu dieser Zeit begannen auch viele bischöfliche Domkapitel nach den Vorgaben des Aurelius Augustinus in Gemeinschaften zu leben. Nun begann eine Konkurrenz zwischen den sog. „Chorherren" und den Mönchen in den Klöstern. Viele Bischöfe forderten ihre Domkapitel auf, sich stärker als bisher für den Dienst an den Armen zu engagieren; sie sollten sich in ihrem Lebensstil als Kleriker wieder deutlicher von den Laienchristen unterscheiden. Kirchliche Ämter sollten nicht mehr mit Geld gekauft werden können, was bisher üblich war. Im 11. und 12. Jh. klagten Theologen in ihren Schriften, dass es zu wenige Klöster für adelige und nichtadelige Frauen gäbe; zu dieser Zeit gab es wohl einen deutlichen Frauenüberschuss in der Bevölkerung. Der Andrang zu den Klöstern war aus wirtschaftlichen und sozialen Gründen stark angestiegen. An diesen Reformen der Klöster beteiligte sich ein Papst, Gregor VII., der vorher selbst Mönch war.[41]

---

39 M. Parisse, Innerhalb und außerhalb der Klostermauern 136–146.
40 P. Engelbert, Cluniazensische Reform 1235–1238.
41 G. Winkler, Mönchtum und Ordenswesen. In: J. Lenzenweger (Hg.), Geschichte der katholischen Kirche. Graz 1991, 68–72. M. Parisse, Innerhalb und außerhalb der Klostermauern 160–170.

Diese *Gregorianische Reform* wollte das Leben der Mönche spirituell vertiefen, sie näherte die Lebensform der Kleriker dem Leben der Mönche an. Die Anhänger dieser Reform glaubten nämlich, wenn die Mönche und Nonnen wieder mehr nach den evangelischen Räten lebten, dann würden die sozialen Probleme in den Ländern zu lösen sein. Doch damit täuschten sich diese Mönche und Theologen, denn sie erkannten gar nicht die Ursache der sozialen Konflikte. Sie sahen in der Feudalordnung einen göttlichen Plan, der nicht verändert werden dürfe. Alle Personen und Gruppen, die dieses Feudalsystem verändern wollten, wurden als Häretiker eingestuft und von den Bischöfen und den Fürsten verfolgt. Die Armenhilfe der Klöster milderte zwar die Verarmung großer Teile der Bevölkerung, aber sie löste nicht das Problem. Denn die Bischöfe und die Klöster blieben eine Säule des Feudalsystems, das keine gerechte Verteilung der Güter zuließ.

Die Anfänge der Ritterorden

Auch die Anfänge der Ritterorden liegen noch im frühen und hohen Mittelalter. Immer wenn Fürsten und Könige mit ihren Kriegern zum katholischen Glauben übertraten und sich taufen ließen, verpflichteten sie sich, diesen Glauben mit Waffengewalt zu verteidigen und zu vermehren. Deswegen schützten sie die Missionare und Prediger auf ihren Missionsfahrten, aber sie schützten auch die christlichen Kultorte, die Kirchen, Kapellen und Klöster. So waren die Prediger des wahren Glaubens und die Krieger von Anfang an eng miteinander verbunden. Die Krieger begleiteten die Bischöfe und Äbte zu ihren Synoden, sie gaben ihnen Geleitschutz gegen mögliche Überfälle. Dennoch wurden einige der frühen Missionare von den Anhängern der alten Volksreligion getötet (Bonifatius, Adalbert). Später schützten die Krieger auch die Wallfahrer, die zu den heiligen Orten unterwegs waren. Sie wurden aber von den Fürsten und Bischöfen auch eingesetzt, um Häretiker und Ketzer zu bekämpfen; ohne die Krieger wäre eine einheitliche Reichsreligion nicht durchsetzbar gewesen. In Gallien kämpften christliche Krieger auch gegen die Moslems und drängten sie nach Spanien zurück.[42]

Als die Krieger zu Rittern geworden waren, gab es vermehrt Theologen und Kleriker, die zu einem großen Krieg gegen die Moslems in Palästina aufriefen. Denn diese wurden als Häretiker des Glaubens und als „Gottesfeinde" eingestuft, die aus Spanien und aus dem Land Jesu verdrängt werden sollten. Da viele Christen eine Wallfahrt ins Land Jesu unternahmen, riefen viele Theologen und Prediger zur Rückeroberung dieses Landes auf. Dabei waren die christlichen Wallfahrer von den Moslems gar nicht bedroht, Christen und Juden wurden nämlich als Anhänger der Buchreligion geschützt. Sie mussten ihren moslemischen Herren nur höhere Abgaben (Schutzsteuer) zahlen als die Moslems. Es gab keine objektiven politischen Gründe, um „Kreuzzüge" gegen die Moslems zu beginnen.[43]

---

42 K. Elm, Ritterorden. In: LThK VIII, Freiburg 2006, 1205f. H. Nicholson (Hg.), Military orders. Aldershot 1998, 56–69.

43 P. Meinhold, Kirchengeschichte in Schwerpunkten 110–121.

Doch einige christliche Prediger erzählten, der „Fürst von Babylon" habe die heiligen Stätten in Palästina zerstören lassen. Deswegen müssten jetzt christliche Kriegsheere gegen die Moslems nach Palästina ziehen. Diese Ideen wurden bald von Bischöfen und Päpsten unterstützt, der geplante Krieg gegen die Moslems wurde als Wallfahrt (peregrinatio) gedeutet. Die Theologen lehrten, wer sich an diesem heiligen Krieg gegen die Gottesfeinde beteilige, dem würden alle Sündenstrafen seines ganzen Lebens getilgt. Und wer in diesem großen Kampf sein Leben verliere, dessen Seele komme sofort in den Himmel. Der Krieg gegen die Moslems sei ein gerechter Krieg (bellum iustum), er müsse im Auftrag Gottes geführt werden. Nun schützten die Bischöfe und Fürsten das Eigentum der Krieger während der Zeit ihrer Abwesenheit von ihren Gütern. So nahm der Papst Urban II. ein Hilfegesuch des byzantinischen Kaisers Alexios I. zum Anlass, um auf einer Synode der Bischöfe die christlichen Fürsten und Könige zu einem großen Kriegszug (Kreuzzug) gegen die Moslems in Palästina aufzurufen.[44]

Im Verlauf dieser Kreuzzüge wurden unter den Rittern religiös motivierte Orden gegründet, die sog. Ritterorden. Sie wollten den Kriegsdienst für ihren Kriegsherren Jesus Christus mit den Morallehren der Kleriker verbinden. Viele Ideen dazu kamen aus der klösterlichen Reformbewegung des Bernhard von Clairvaux. Dahinter stand freilich die mythische Überzeugung, dass religiöse Frömmigkeit und asketische Übungen zum militärischen Sieg der christlichen Heere beitragen könnten. Folglich war es die Aufgabe der Ordensritter, den Moslems das Land Jesu zu entreißen und dieses durch christliche Könige zu verwalten. Später sollten die Moslems auch aus Spanien vertrieben werden, und alle christlichen Länder sollten von Häretikern und Ketzern gereinigt werden. Jetzt mussten die Ritterorden die Pilger im heiligen Land beschützen, sie mussten dort Herbergen für Pilger und für Kranke einrichten. Die Regeln dieser Orden stammten von den Benediktinern und den Zisterziensern, aber auch von Augustinus und Basilios.[45]

Nun bildeten die Ritterorden drei Ränge, nämlich die adeligen Ritter für den Dienst mit der Waffe und die Pflege der Armen und Kranken, dann die geistlichen Ordensritter und Ordenskapläne für die Feier der Messe und der Riten; und schließlich die Ordensbrüder für den Dienst mit den Waffen, für die Herstellung der Kriegswaffen und deren Reparatur. Bald gesellten sich zu ihnen auch die adeligen Frauen, die sich vor allem dem Dienst an den Kranken und Armen und dem weiblichen Handwerk widmeten. Die meisten Ordensritter legten vor ihrem Großmeister die drei Gelübde der Armut, des Gehorsams und der Keuschheit ab. Sie waren davon überzeugt, dass sie durch die Einhaltung dieser Gelübde unbesiegbar sein würden. Die Keuschheit bedeutete für die verheirateten Ritter freilich nur den Verzicht auf den Ehebruch. Diese Ritter standen unter dem Schutz der Engel oder eines Heiligen.[46]

---

44 N. Jaspert, Kreuzzugsbewegung. In: LThK VI, Freiburg 2006, 469–474. K. Elm, Die Kreuzzüge. Kreiege in Gottes Namen. Köln 1996, 98–112.
45 H.E. Mayer, Geschichte der Kreuzzüge. Stuttgart 1995, 124–145.
46 K. Elm, Die Kreuzzüge 44–57. Ders., Templer. In: LThK IX, Freiburg 2006, 1331–1333.

Von mehreren sollen nur zwei Ritterorden kurz erwähnt werden. Die *Johanniter* (Malteser) widmeten sich zuerst dem Schutz der Pilger im Heiligen Land und der Pflege der Kranken und der verwundeten Soldaten. Seit dem 11. Jh. gab es in Jerusalem ein lateinisches Kloster der Benediktiner, das sich während des ersten Kreuzzugs eine neue Ordensregel gab. Ein christlicher König schenkte dem Orden eine eroberte Burg, doch bald beteiligten sich die Mitglieder des Ordens auch an den Kämpfen gegen die Moslems. Der Orden bekam von den christlichen Heerführern viele Schenkungen, er leitete fortan die Geldgeschäfte der Kreuzfahrer; auch er bestand aus Rittern, aus Klerikern und aus Ordensbrüdern. Als dieser Orden von den Moslems besiegt wurde, zogen sich die Ordensritter, die sich jetzt Johanniter nannten, auf ihre Besitzungen rund um das Mittelmeer und auf die Insel Malta zurück.

Einen anderen großen Ritterorden bildeten die *Templer*, sie wurden von französischen Rittern in Jerusalem gegründet. Vom König Balduin erhielten sie eine Burg in der Nähe der Ruine des jüdischen Tempels; deswegen gaben sie sich den Namen der Tempelritter (fratres militiae templi). Bernhard von Clairvaux hatte ihre Ordensregel redigiert, die Ritter kamen hauptsächlich aus französischen Adelsfamilien. Sie kämpften in Palästina und in Spanien gegen die Heere der Moslems und sogar in Schlesien gegen die Heere der Mongolen. Von Bruderschaften wurden sie in ganz Europa unterstützt und konnten große Besitzungen anhäufen. Nach einem Sieg der Moslems über die Kreuzritter zog sich der Orden der Templer auf die Insel Zypern zurück.[47]

Insgesamt hatten die Klöster mit ihren Lebensformen die Kultur und Lebenswelt des Mittelalters entscheidend geprägt. Sie waren die Zentren der christlichen Frömmigkeit, der Verbreitung des Glaubens, der moralischen Formung, der Liturgie und des Gesanges, der Schreibkunst und der Buchmalerei, der theologischen Bildung, aber auch der wirtschaftlichen Entwicklung und der Fürsorge für die Armen. Sie sorgten innerhalb des Feudalsystems für einen gewissen sozialen Ausgleich, auch wenn sich dieser als ungenügend erwies. Die Klöster und Orden haben wesentlich zur Missionierung des christlichen Glaubens in ganz Europa beigetragen, sie haben die politische Herrschaft stabilisieren geholfen und entscheidend zum sozialen Gleichgewicht in politisch instabilen Zeitsituationen beigetragen. Kulturgeschichtlich gesehen gaben die Klöster eine Lebensform der antiken Kultur weiter, nämlich die der Latifundienbesitzer. Heute sind vor allem die wirtschaftlichen und sozialen Funktionen der Klöster von Interesse, denn sie gaben unzähligen Menschen der unteren und mittleren sozialen Schichten Möglichkeiten des Überlebens. Die sexuelle Askese kann auch als wirtschaftliche Unmöglichkeit der Gründung von Familien gesehen werden. Denn in dieser feudalistischen Kultur war es nur Menschen mit viel oder etwas Besitz möglich, eine Ehe einzugehen und legale Kinder zu haben.

---

47   H.E. Mayer, Geschichte der Kreuzzüge 120–137.

Religion, Lebenswelt und Politik

Ohne Zweifel hängen Religion, Lebenswelt und Politik im frühen und hohen Mittelalter eng zusammen, denn durch die langsam fortschreitende Christianisierung ist die mythische Weltdeutung des Volkes in religiöse Überzeugungen übergegangen. Aus den vielen männlichen und weiblichen Schutzgöttern ist ein einziger männlicher Weltgott mit drei Personen bzw. mit drei Gesichtern geworden. Die vielen guten und bösen Geistwesen in der Natur sollten jetzt als Engel angerufen oder als Teufel und Dämonen gefürchtet werden. Nun hatten die Frauen ihre kultischen und religiösen Funktionen weitgehend verloren, denn die christlichen Gottesdienste wurden ausschließlich von Männern geleitet. Das Weibliche war nach der Lehre der Theologen und Kleriker aus dem göttlichen Bereich weitgehend verdrängt, doch diese Verdrängung wurde im christlichen Volk nicht akzeptiert. Jeder Mensch sollte nach den Lehren der Prediger sich als ein Geschöpf des einen Weltgottes sehen, damit wurde der Lebenswert der unteren sozialen Schichten deutlich angehoben. Außerdem hatte die christliche Religion die Sozialhilfe an die Armen, Schwachen und Kranken ungleich besser organisiert, als dies in den alten Stammeskulturen der Fall war.

Der Glaube des Volkes

Da die christliche Religion in ihrer frühen Entstehung durch die griechische und römische Kultur geprägt worden ist, hat sie viele soziale und personale Werte dieser Kultur mitgebracht und weitergegeben. Damit wurden in den alten Stammeskulturen starke soziale und personale Lernprozesse angestoßen. Doch die Übersetzung des christlichen Glaubens aus der lateinischen Sprache in die vielen Volkssprachen war ein komplexer Prozess. In den von der romanischen Bevölkerung geprägten Ländern wichen nun die Volkssprachen deutlich vom klassischen Latein ab; es bildeten sich die italienische, die französische, die spanische und die räter-romanische Sprache. Die christlichen Gottesdienste wurden weiterhin in der lateinischen Sprache gefeiert, doch die Predigten und die Unterweisungen im Glauben mussten in den Volkssprachen erfolgen. Die arianischen Christen hatten ihre Gottesdienste bereits in den germanischen Volkssprachen (langobardisch, gotisch) gefeiert. Als sie katholische Christen wurden, war ihr Gottesdienst nur noch in Latein.[1]

---

1 P. Riche, Von Gregor dem Großen bis Pippin den Jüngeren. In: G. Dagron (Hg.), Die Geschichte des Christentums IV. Freiburg 2006, 603–648.

In der Folgezeit mussten von den Klerikern und Predigern die wichtigsten Inhalte des neuen Glaubens in die keltischen, germanischen und slawischen Volkssprachen übersetzt werden. Das bedeutet, dass die lateinisch gebildeten Prediger die Volkssprachen kannten, oder dass sie zweisprachige Übersetzer hatten. Da dies aber ein langsamer Übersetzungsprozess war, müssen wir annehmen, dass die christlichen Glaubensinhalte im Volk zunächst nur marginal rezipiert worden sind. Große Teile der Bevölkerung blieben noch lange Zeit nach der Taufe ihrer Stammesführer und Krieger bei den Vorstellungen und wohl auch bei den Riten ihrer alten Stammesreligion. Doch mit der Predigt des christlichen Glaubens wurden auch neue Lebenswerte vermittelt. Denn nun sollte das alte Prinzip der Sippenrache durch andere Rechtsformen und durch Versöhnung der Gegner ersetzt werden. Zu dieser Zeit begannen christliche Schreiber, die alten Stammesrechte in lateinischer Sprache aufzuschreiben (Lex Salica, Lex Langobardorum).

Denn die Kunst des vollständigen Schreibens hatten die christlichen Missionare erst zu den keltischen, den germanischen und den slawischen Völkern und Stämmen gebracht. Doch das Volk blieb weiterhin bei seinen alten religiösen Vorstellungen, die teilweise durch neue christliche Lehren und Bilder ergänzt wurden. Die Lebenswelt der Menschen war weiterhin voll mit unsichtbaren Geistwesen und Dämonen; es wurden magische Riten der Heilung, der Stärkung der Lebenskraft und der Fruchtbarkeit ausgeführt. Es wurde angenommen, dass alle guten und bösen Taten von den Seelen der Ahnen gesehen und bewertet werden, dass sie dann belohnt oder bestraft wurden. Die neuen christlichen Gottesdienste konnten nur von wenigen besucht werden, da sie noch lange nicht flächendeckend organisiert waren. Deswegen wurden in den Wäldern und an heiligen Orten weiterhin die alten Riten ausgeführt, wo die weisen Frauen wichtige Funktionen ausübten. Auch die alte Rechtsordnung im Bereich der Ehe und der Scheidung, des Erbes und der Verträge blieb noch lange Zeit bestehen.[2]

Doch an den Orten, wo die Kleriker bereits Kirchen und Kapellen bauen konnten, wurden nun neue Gottesdienste gefeiert, dort wurde auch die Versorgung der Armen und Kranken organisiert. Doch bei den meisten Stämmen wurde weiterhin bei Rechtsstreitigkeiten das „Gottesurteil" (ordal) vollzogen, um Übeltaten aufzudecken. Es wurde angenommen, dass der strenge Himmelsgott die Übeltäter sofort bestrafe, die Unschuldigen aber frei spreche. So mussten Beschuldigte über glühende Kohlen gehen oder mit bloßer Hand einen Ring aus einem Kessel mit siedendem Öl ziehen. Überall in der Natur wurden numinose Kräfte vermutet, vor denen man sich schützen wollte; aus dem Flug oder dem Geschrei der Vögel wurden zukünftige Ereignisse abgelesen. Manche der christlichen Prediger wurden als Wundertäter verehrt, von ihnen wurde erwartet, dass sie Krankheiten heilen konnten. Die Leichen der Missionare wurden als Reliquien zerstückelt, weil in ihnen noch heilende Kräfte vermutet wurden.

---

2   P. Riche, Vor Gregor dem Großen bis Pippin den Jüngeren 628–648. P. Meinhold, Kirchengeschichte in Schwerpunkten 70–74.

Das eigene Leben wurde in Ergebenheit an das Schicksal oder an den Weltgott angenommen, erlittenes Unglück wurde als göttliche Strafe gedeutet. Das Glück im Leben und der gesammelte Reichtum wurden als göttliches Geschenk für ein gutes und moralisches Leben gesehen. Viele Menschen hatten Angst vor einem strengen und zürnenden Weltgott, sie wollten seinen Zorn durch kleinere oder größere Opfer an den heiligen Orten besänftigen. Sie wollten sich mit ihm durch Bußleistungen, durch Wallfahrten und durch ein asketisches Leben versöhnen. Vor allem die Mönche und Nonnen glaubten, dass sie durch Gebet und Fasten, durch Verzicht auf Schlaf und auf Sexualität die Gnade dieses Gottes erlangen könnten. Überall in der Welt wurden böse Dämonen vermutet, welche die Menschen zu Übeltaten anleiteten oder die ihnen Krankheiten und den frühen Tod brachten.[3]

Die alten Schamanen und die Mantiker, aber auch die christlichen Kleriker und Prediger hatten versucht, die bösen Dämonen mit Riten zu vertreiben. Den Irrlehrern und Häretikern aber wurde von den Theologen und Klerikern unterstellt, dass sie mit bösen Dämonen im Bunde seien und dass sie die Mitmenschen schädigen konnten. Auch das Erleben der Sexualität außerhalb der geordneten Ehe wurde von den Klerikern dämonisiert und mit Sünde in Verbindung gebracht. So lebten wohl die meisten Menschen in starken Ängsten vor Teufeln und Dämonen, aber auch vor den Ahnen und dem strengen Weltgott. Wenn früher die Ahnen, die Kriegshelden und die weisen Frauen verehrt wurden, so wurden nach der Christianisierung viele der verstorbenen Mönche, Nonnen, Asketen und einige Kleriker als Heilige verehrt. Von ihnen wurde angenommen, dass sie den Menschen göttliche Lebenskraft vermitteln könnten. Sie galten als Fürbitter beim Herrn des Himmels, deswegen wurden auch ihre Reliquien verehrt.

Zu dieser Zeit verbreitete sich die Verehrung der Heiligen und der Wundertäter im Volk, die Kleriker forderten zu großen Wallfahrten zu deren Grabstätten auf. In gewisser Weise ersetzte die Verehrung der Heiligen und Wundertäter die alte Ahnenverehrung; denn die moralisch guten Ahnen durften nun als heilige Personen verehrt werden. Vor allem Bischöfe und Mönche, aber auch Fürsten und Könige wurden als Vorbilder des moralischen Lebens gesehen. Von diesen heiligen Personen wurde erwartet, dass sie vor dem ewigen Weltgott Fürbitte für die Lebenden einlegen konnten. Von den Asketen und Wanderpredigern wurde erzählt, dass sie heilende Kräfte hätten und dass sie Unglück abwehren könnten. Mit der fortschreitenden Christianisierung veränderten sich auch die Wertordnungen des Lebens und die Rechtsordnungen. In den Volksgesetzen wurden nun Strafen abgemildert, die Blutrache wurde reduziert, das Abhacken von Händen und Füßen kam zu Ende. Die Sklaven erfuhren eine rechtliche Aufwertung, sie sollten von nun an als Mitmenschen und als Mitchristen behandelt werden.[4]

---

3   A. Angenendt, Das Frühmittelalter 180–186. P. Meihold, Kirchengeschichte in Schwerpunkten 69–73.
4   R. Sprandel, Verfassung und Gesellschaft im Mittelalter 30–43. H. W. Goetz, Leben im Mittelalter 35–60.

Doch die Frauen erfuhren mit der Christianisierung eine deutliche Abwertung im Bereich der Ehe, des Erbes und der Religion. Dies erkennen wir, wenn wir vorchristliche und nachchristliche Volksrechte miteinander vergleichen; etwa den Sachsenspiegel und den Schwabenspiegel. Doch die Raubehe wurde seltener, weil die Kleriker bei der Eheschließung die Zustimmung beider Partner verlangten. Die Sippenrache wurde reduziert, weil die Bestrafung der Übeltäter regionalen Gerichten übertragen wurde. In der Zeit der Merowinger lag die Heiratsfähigkeit der jungen Männer bei 15 Jahren, der Mädchen bei 12 Jahren, denn das Durchschnittsalter beider Geschlechter lag zwischen 30 und 33 Jahren. Neben der Muntehe und der Fridelehe gab es noch die Kebsehe, dabei hatte ein freier Mann sexuelle Beziehungen zu einer unfreien Frau. Wenn diese ihre Freilassung erwirken konnte, dann durfte sie in den Rang einer Fridelehe aufsteigen. Die adeligen Männer hatten mehrere Frauen, eine Erstfrau und mehrere Konkubinen, die Kinder dieser Frauen hatten aber unterschiedliches Erbrecht.[5]

Vom fränkischen König Dagobert I. wird in der Fredegar-Chronik berichtet, dass er mit drei Königinnen lebte und seine Konkubinen gar nicht zählbar seien. Die Männer konnten die Scheidung einer Ehe aus mehreren Gründen verlangen, etwa wenn ihnen die Frauen über mehrere Jahre keine Söhne gebaren. Nun versuchten die Kleriker und christlichen Prediger die Scheidung der Ehe einzudämmen, weil sie aus der Bibel ein Scheidungsverbot lasen. Auf einer Synode in Orleans (533) beschlossen die Bischöfe, den Männern sei die Scheidung von ihrer Frau erlaubt, wenn diese längere Zeit krank sei; doch die Inzestbeziehungen in den Sippen und Familien wurden verboten. In der Folgezeit waren die Kleriker auch bemüht, die Situation der Sklaven zu verbessern. Sie beschlossen auf mehreren Synoden, dass die Kirchensklaven besser gestellt sein sollten als die Sklaven der Fürsten und Könige. Den ersten wurde ein Viertel ihrer vorgeschriebenen Dienste erlassen, außerdem mussten sie am Sonntag keine Arbeit leisten.

Später durften Kirchensklaven sogar kleinen Besitz erwerben und eine Landwirtschaft betreiben. Die Bischöfe forderten die Fürsten auf, keine christlichen Sklaven außerhalb des Frankenreichs zu verkaufen. Die Herren sollten ihre Sklaven menschlich behandeln, diese sollten auch Zugang zu ordentlichen Gerichten bekommen. Die Tötung von Sklaven wurde strikt untersagt, auf der Synode von Laon drohten die Bischöfe den Herren in diesem Fall die Exkommunikation an. Die Kleriker organisierten den Freikauf von Sklaven und von Strafgefangenen, sie forderten von den Fürsten die Respektierung des Kirchenasyls für leichte Vergehen. Damit haben die Lehren der Kleriker und Theologen gewiss zur Humanisierung der alten Stammes- und Volksrechte beigetragen. Für die Frauen haben sich diese Lehren allerdings ambivalent ausgewirkt, denn zum einen wurden die Lebenssituationen von Frauen verbessert, aber zum anderen wurden ihre Rechte deutlich vermindert.[6]

---

5   A. Angenendt, Das Frühmittelalter 190–196.
6   P. Meinhold, Kirchengeschichte in Schwerpunkten 70–75.

Veränderungen in der Lebenswelt

Das Christentum vermittelte den Stammes- und Volkskulturen wichtige soziale Werte der antiken Kultur, die von einzelnen Philosophenschulen (Stoiker, Kyniker) geprägt worden waren. Das Reich der Franken erstreckte seine Herrschaft über die Stämme der Sachsen, der Friesen, der Alemannen, der Bajuwaren, der Thüringer, der Langobarden, es ermöglichte eine flächendeckende Missionierung dieser Stammesgebiete. In Baiern missionierte der Wormser Bischof Rupert, der in Salzburg (Juvavum) noch auf römische Tempelreste traf. Er reformierte dort ein schon bestehendes Kloster (St. Peter) und gründete ein Nonnenkloster (Nonnberg). In Regensburg predigte der Bischof Emmeran aus Poitiers, und in Freising wirkte der Bischof Korbinian als Missionar. Das bairische Stammesrecht wurde um 743 von Klerikern aufgeschrieben, es behandelt den Schutz der Kirchengüter, der Kleriker und der Pilger, das Gebot der Arbeitsruhe am Sonntag und einige Hindernisse für die Eheschließung. Die Agilolfinger regierten als Herzöge, sie waren oberste Heerführer, Richter und Friedensbewahrer. Sie schützten die Eigentumsrechte der Adeligen und der Freien.[7]

Auch in Alemannien übten Herzöge unter der Herrschaft der Merowinger die Herrschaft aus. Dort wurden Klöster in Konstanz, St. Gallen und Chur gegründet, das Kloster Reichenau geht auf den iro-fränkischen Mönch Pirmin zurück. Auch hier waren die Klöster und die Bischofssitze die Zentren der Missionierung, aber auch der lateinischen Schriftkultur. Um 730 wurden die alemannischen Stammesgesetze von christlichen Schreibern aufgeschrieben; auch sie betonten den Schutz des Kirchenbesitzes und der Kleriker, der Bischof genoss denselben militärischen Schutz wie der Herzog. Die Fürsten akzeptierten die Freilassung der Kirchensklaven, das Asylrecht in den Kirchen und die Arbeitsruhe am Sonntag. Der Herzog wird als oberster Kriegsherr und Richter, aber auch als Garant des Friedens bestimmt.[8]

Am Ende des 7. Jh. begannen angelsächsische und irische Missionare in enger Zusammenarbeit mit der Königsdynastie der Karolinger im Fränkischen Reich den christlichen Glauben erneut zu verbreiten und die Kirche nach dem römischen Modell zu organisieren. So predigte der Mönch Willibrord aus Nordhumbrien unter dem Stamm der Friesen das Evangelium von Jesus Christus, er hatte sich unter den militärischen Schutz des Königs Pippin gestellt. Vom Papst in Rom ließ er sich seinen Missionsauftrag bestätigen, danach gründete er das Kloster Echternach, das zu einem Zentrum der Glaubensverkündigung und der iro-schottischen Schreibkunst wurde. Hier wurden neben den angelsächsischen Texten auch die frühesten altdeutschen Glossen zur Bibel niedergeschrieben, das Kloster war aber auch ein politischer Stützpunkt der fränkischen Könige.

Aus Wessex stammte der Mönch Winfried, der sich später Bonifatius nannte; er holte sich auf einer Wallfahrt nach Rom vom Papst Gregor II. den Auftrag zur Glaubensverbreitung in Teilen Germaniens. Unter dem Schutz von Kriegern pilgerte er zum Stamm der Thyringer, dann zu den Friesen und zuletzt zu den Hessen, um dort

---

7   H.L. Wuermling, Die Geschichte Bayerns. München 2003, 34–46.
8   P. Riche, Von Gregor dem Großen bis Pippin den Jüngeren 658–670.

das Evangelium von Christus zu verkündigen und die Kirchenstruktur aufzubauen. Auf einer zweiten Pilgerreise nach Rom wurde er vom Papst zum Bischof geweiht, nun gründete er in Thüringen, in Hessen und im Stammesgebiet der Baiern neue Bischofssitze und weihte Bischöfe. Danach versammelten sich diese Bischöfe zu einer Synode (Concilium Germanicum), um neue Gesetze des christlichen Lebens zu beschließen; der König von Austrasien Karlmann gab diesen Beschlüssen staatliche Gesetzeskraft für sein Reich. Diese Gesetze (Capitulare) wurden bereits „nach Christi Geburt" (post Christum natum) datiert.

Die Bischöfe verboten den Klerikern die Jagd und das Tragen von Waffen; sie sollten sich von ihren Frauen und Konkubinen trennen, sonst wurde ihnen die Auspeitschung angedroht. Die alten germanischen Kultstätten sollten mit militärischer Gewalt zerstört werden, die alten Riten wurden verboten; die Freiheiten der Klöster und der fürstlichen Eigenkirchen sollten durch die Bischöfe eingegrenzt werden. Entfremdete Kirchengüter mussten durch die Fürsten wieder an die Klöster und Bischöfe zurückgegeben werden.[9] Sowohl Karlmann als auch Pippin wollten mit den Klerikern die alte Volksreligion ausrotten, diese wurde jetzt von den Theologen „Aberglaube" (superstitium) genannt und im ganzen Volk verboten. Das Tragen von Amuletten, die Beschwörung der Toten und das Opfern von Tieren an die Schutzgötter wurden untersagt. Auch der Papst Zacharias I. forderte auf einer Synode der Bischöfe in Rom die Zerstörung der alten Kultplätze. An diesen Papst wandte sich der fränkische Hausmaier (maior domus) Pippin III. mit der Frage, ob es gut sei, dass im Land ein König ohne militärische und politische Macht regiere.

Der Papst gab in einem Schreiben die Antwort, dass derjenige König heißen möge, der die politische und militärische Macht habe, weil sonst die Ordnung im Reich der Franken gestört werde. In diesem Schreiben ordnete der Papst kraft „apostolischer Gewalt" (potestate apostolica) an, dass Pippin zum König erhoben werde. Dieses Schreiben wurde von den Klerikern und Mönchen von St. Denis unterstützt; im November 751 versammelten sich die fränkischen Fürsten und wählten auf Geheiß des römischen Papstes den Hausmaier Pippin zum neuen König. Damit wurde mit Unterstützung des Papstes und der Kleriker im Reich der Franken ein Dynastiewechsel vollzogen, die Herrschaft der Merowingerkönige war zu Ende gekommen.[10]

Auf Rat der Kleriker und Mönche ließ sich Pippin von den Bischöfen zum König salben, denn die Theologen wussten, dass auch die Könige des Alten Testaments von den Propheten gesalbt worden waren. Damit war der neue König der Franken den jüdischen Königen der Bibel gleichgestellt, er war durch die Salbung unverletzbar und nicht absetzbar. Auf diese Weise sicherte sich der neue König seine politische Macht mit der Hilfe der christlichen Religion. Doch schon achtzig Jahre früher hatte sich der westgotische König Wamba von seinen Bischöfen zum König salben lassen. Nach diesem Herrschaftswechsel ritt der Papst Stephan II. im Jahr 754 in das Reich der Franken und salbte im Kloster St. Denis in Paris Pippin zum König; auch seine

---

9   P. Riche, Von Gregor dem Großen bis Pippin den Jüngeren 666–676.

10   A. Angenendt, Das Frühmittelalter 180–186. P. Riche, Von Gregor dem Großen bis Pippin den Jüngeren 670–680.

Frau Bertranda und die beiden Söhne Karlmann und Karl wurden vom Papst mit heiligem Öl gesalbt.

Damit hatte der Papst seine formelle Abhängigkeit vom Kaiser in Byzanz aufgegeben und sich dem politischen und militärischen Schutz des Frankenkönigs unterstellt. Er ernannte den König Pippin und seine Söhne zu römischen Patriziern (Patricii Romani). Aus dieser symbolträchtigen Aktion hatten beide Seiten einen Vorteil, der König stabilisierte seine Herrschaft mittels der Religion und der Kleriker; der Papst vergrößerte den Kirchenbesitz (Patrimonium Petri) und unterstellte diesen dem Schutz des fränkischen Königs.[11] Nun intensivierten die Kleriker und Mönche die Verkündigung und Organisation des christlichen Glaubens. Wieder verboten die Bischöfe auf ihren Synoden die Verehrung der alten Schutzgötter und die Beschwörung der Toten; es durften keine magischen Handlungen mehr öffentlich ausgeführt werden, Liebestränke und das Tragen von Amuletten wurden untersagt.

Aus dieser Zeit überliefert uns der Mönch Pirmin von Reichenau eine christliche Taufformel, in der der Taufbewerber dem Teufel und seinen gefallenen Engeln abschwören musste; er musste sich von der Verehrung der alten Schutzgötter („Götzen"), von Diebstahl und Betrug, von sexueller Ausschweifung und Trunkenheit trennen. Dann musste er bezeugen, dass er an den allmächtigen Weltgott, an den göttlichen Sohn Jesus Christus, an den heiligen Geist und an die heilige katholische Kirche glaube. Erst nach diesem Bekenntnis wurde er dreimal im Wasser untergetaucht, damit war er ein vollwertiger Christ geworden. Nun forderten die Kleriker, dass die Getauften das Vater unser und das Glaubensbekenntnis bereits in der Volkssprache auswendig lernen sollten.

Eine solche Übersetzung in althochdeutscher Sprache liegt uns in einer Handschrift in Weißenburg vor. Der Bischof Chrodegang von Metz forderte, dass die Getauften zweimal im Monat die Predigt eines Klerikers hören sollten; die Predigt musste bereits in der Sprache des Volkes gehalten werden. Zu dieser Zeit waren also bereits einige Prediger zweisprachig, die anderen benötigten einen Übersetzer. Denn die theologischen Lehren wurden weiterhin in lateinischer Sprache verfasst und weitergegeben.[12] Für das nicht literarisch gebildete Volk wurde nun die Glaubensverkündigung durch gemalte Bilder wichtig. In der Folgezeit wurden die großen Themen des Glaubens an den Wänden der Kapellen und der Kirchen bildhaft dargestellt und mit Farben gemalt. Doch diese Bilder sollten von den Glaubenden nicht angebetet, sondern nur verehrt werden; denn sie sollten aus den Bildern den neuen Glauben lernen. Zu den Gottesdiensten gehörten zu dieser Zeit Gesänge und Tänze, Prozessionen und Wallfahrten. Von den Klerikern und Mönchen wurden Segensgebete für die Hochzeit und für die Verabschiedung der Toten, aber auch für die Felder und Weinberge verfasst.

Zu den Grabstätten der Heiligen, der Martyrer und der Wundertäter zogen zu dieser Zeit viele Pilger, denn die Wallfahrt sollte ihnen die Vergebung der Sünden,

---

11 P. Riche, Von Gregor dem Großen bis Pippin den Jüngeren 665–670.
12 P. Meinhold, Kirchengeschichte in Schwerpunkten 70–75. P. Riche, Von Gregor dem Großen bis Pippin den Jüngeren 670–678.

die Heilung von Krankheiten und ein langes Leben bringen. Viele Pilger zogen zu Fuß oder mit dem Pferd in die heilige Stadt Rom, um dort den Ablass ihrer Sünden zu bekommen. Einige adelige und reiche Pilger fuhren mit Schiffen schon in das Land Jesu, nach Palästina, um dort göttliche Lebenskraft in sich aufzunehmen. Die Moslems schützten die christlichen Pilger und gewährten ihnen freien Zutritt zu den heiligen Stätten, denn sie sahen in den Christen die Anhänger einer Buchreligion; Jesus war für sie ein göttlicher Prophet. Zu dieser Zeit verfassten Mönche und Kleriker viele Bußbücher, in denen für jede Sünde die passende Strafe und Buße festgesetzt wurde. Gleichzeitig begannen Kleriker, die kirchliche Rechtsordnung aufzuschreiben.

Die Karolingische Kultur und Lebenswelt

Karl der Große regierte ab 771 über 43 Jahre lang das Fränkische Reich, zuerst als König, ab 800 dann als römischer Kaiser. Seinen theologischen Beratern folgend sah er sich als Erwählter des Weltgottes, sein Königtum war göttliches Recht, folglich war er auch der Hüter und Bewahrer des katholischen Glaubens. Die Theologen um ihn sahen in den Franken das neue von Gott auserwählte Volk, der König sei der Schützer der Frömmigkeit und der wahren Lehre, deswegen müsse er gegen Ketzer und Häretiker hart kämpfen. Denn es sei seine Aufgabe, den katholischen Glauben im himmlischen Glanz erstrahlen zu lassen (Alkuin von York). Der König verfügte über 200 Reichsklöster, er ernannte alle Bischöfe und Äbte, die vom ihm wichtige politische Funktionen erhielten. Die Theologen und Berater sahen den König als Nachfolger der biblischen Propheten, Politik und Religion wurden eng verflochten. Ähnliches hatten die jüdischen Könige Hiskija und Joshija bereits angestrebt und versucht.[13]

Doch der Papst war nach dieser Lehre der Theologen dem Kaiser klar untergeordnet, bei der Krönung in Rom musste der Bischof von Rom nach dem byzantinischen Ritual vor dem neuen Kaiser der Römer den Kniefall (proskynesis) leisten. Damit war das Römische Imperium durch den Papst von den Griechen an die Franken übertragen worden; der Kaiser wurde von den Theologen als „neuer Konstantin" gesehen. Doch Karl krönte seinen Sohn Ludwig in Aachen im Jahr 813 allein und ohne Mitwirkung des Papstes zum König und Mitkaiser. Damit wollte er zeigen, dass seine politische Macht nicht von der Legitimation des Papstes abhängig sei. Der Kaiser Ludwig bestätigte dem Bischof von Rom in einer Urkunde (Hludovicianum) die Pippinschen Schenkungen und garantierte die freie Wahl der Päpste. Doch der Kaiser Lothar setzte durch, dass jeder Papst vor seiner Krönung in Rom dem Kaiser den Treueid als Vasall schwören musste. Damit unterlag die päpstliche Verwaltung der Kontrolle der kaiserlichen Beamten. Doch bereits im Jahr 843 wurde das Fränkische Reich im Vertrag von Verdun in mehrere Teile gespalten.[14]

---

13 P. Riche, Das Christentum im karolingischen Reich. I: G. Dagron (Hg.), Die Geschichte des Christentums IV. Freiburg 2006, 686–702.
14 P. Riche, Das Christentum im karolingischen Reich 700–712.

In der Folgezeit versuchten einige Bischöfe von Rom, der Kontrolle durch die fränkischen Kaiser zu entkommen. So widersetzte sich der Papst Nikolaus I. der Ehescheidung des Kaisers Lothar II. In dieser Zeit wurden in der Kirchenprovinz von Reims von Klerikern die Pseudoisidorischen Dekretalien verfasst, die dem Papst mehr Gewalt über die Bischöfe und Erzbischöfe zusprachen. Von da an betonte der Bischof von Rom wieder seinen Führungsanspruch im Bereich der Glaubenslehre und der kirchlichen Rechtssprechung. Dabei riskierte er sogar den Konflikt mit der griechischen Ostkirche im Byzantinischen Reich. Als dann der griechische Patriarch Photios den Bischof von Rom exkommunizierte, antwortete dieser, der Papst könne von niemandem gerichtet werden, denn er sei der oberste Richter in Glaubensfragen. Und der Papst Nikolaus I. schrieb sogar, die Kaiser seien auf die Päpste angewiesen, um das ewige Heil bei Gott erlangen zu können; nur in den weltlichen Dingen müssten die Bischöfe und Päpste den kaiserlichen Gesetzen folgen.[15]

Zu dieser Zeit begannen einige Kleriker und Theologen um den Papst zu lehren, dass der Bischof von Rom in Fragen der Religion über dem Kaiser stehe. Die griechischen Bischöfe hatten auf ihrem vierten Konzil in Konstantinopel die guten Beziehungen zum Bischof von Rom und zur lateinischen Westkirche wieder hergestellt. Doch jetzt wurde der Papst vom Süden her immer häufiger von den Schiffen der Sarazenen bedroht, gleichzeitig hatten im Norden die fränkischen Kaiser gegen die Einfälle der Normannen zu kämpfen. Deswegen konnten die fränkischen Heere dem Papst wenig Hilfe anbieten. Kaiser Karl hatte die Stammesführer der Sachsen mit militärischer Gewalt zur Annahme des christlichen Glaubens gezwungen. Danach kämpfte er drei Jahre lang gegen die Awaren im Osten und stabilisierte dort die Grenze seines Imperiums. Damit kamen auch slawische Völker wie die Tschechen (Böhmen) unter die Oberherrschaft der Franken.

Doch im Kampf gegen die Moslems (Mauren) in Spanien hatte der fränkische König wenig Erfolg; es konnten nur wenige kleine christliche Fürstentümer erhalten werden. Unter den Nachfolgern Karls begann die christliche Missionierung der Völker Skandinaviens; denn die Wikinger und Normannen hatten mit ihren Raubschiffen ständig die Küsten von England und den Nordwesten des Frankenreiches überfallen. Durch die Verhandlungen der Kleriker konnte der Dänenkönig Harald bereits im Jahr 826 getauft werden. Danach erbaten auch die Schweden vom Königshof der Franken christliche Missionare, denn sie erwarteten sich vom christlichen Glauben einen Vorteil für ihre Kultur und Herrschaft. In der Folgezeit predigte der Mönch Ansgar in Uppsala in Schweden das Evangelium von Jesus Christus. Der fränkische Kaiser errichtete mit seinen Kriegern und Klerikern einen Bischofsitz in Hamburg (Hamaburg), von dort aus sollten die Völker im Norden missioniert werden.[16]

Am Bischofssitz Hamburg sollten nun die Missionare für die Völker in Skandinavien und für die slawischen Völker östlich der Elbe ausgebildet werden. Doch es gelang den Normannen weiterhin, das Reich der Franken im Nordwesten zu bedro-

---

15 P. Riche, Das Christentum im karolingischen Reich 710–720.

16 P. Meinhold, Kirchengeschichte in Schwerpunkten 75–80. P. Riche, Das Christentum im karolingischen Reich 725–731.

hen; sie plünderten Klöster und Bischofssitze und nahmen den Abt von St. Denis in Paris gefangen. Der Kaiser musste hohes Lösegeld für die Befreiung des Abtes und für den Abzug der Schiffspiraten zahlen; sie waren mit ihren Schiffen auf der Seine bis Paris gekommen. Nun begannen die fränkischen Krieger, die Flüsse im Land mit Holzsperren zu blockieren und an den Ufern Burgen zu bauen. Etwas später wies der Kaiser den Normannen Land im Nordwesten seines Reichs zu, wo sie siedeln und sesshaft werden konnten. Ihre Anführer aber mussten den christlichen Glauben annehmen, dort entstand in der Folgezeit das Herzogtum der Normandie.

Die Mission an den slawischen Völkern sollte nun vor allem vom Stammesgebiet der Baiern organisiert werden. Die Bischofssitze in Salzburg, Passau und Regensburg wurden damit beauftragt, sie schickten Missionare nach Süden zu den Slowenen und Kroaten, sowie nach Osten zu den Tschechen und Slowaken. Die Missionare für die Polen und die Elbslawen kamen aus Hamburg und später aus Magdeburg. Doch die slawischen Stämme der Serben und der Russen (Rus) wandten sich der byzantinischen Religion und Kultur zu, denn sie hatten seit langem Handelsbeziehungen zum Reich von Byzanz. Die Missionare entwickelten eine neue Schriftform, das Kyrillische Alphabet, das aus der griechischen Schrift abgeleitet wurde. Seit dieser christlichen Missionierung ist die Konfessionsgrenze auch die Schriftgrenze und Kulturgrenze zwischen dem griechischen Osten und dem lateinischen Westen Europas.[17]

Die karolingischen Könige verstanden sich nach den Lehren der Kleriker als Nachfolger der biblischen Könige David und Salomon. Sie schützten die Juden in ihrem Reich und unternahmen keine Anstrengungen, sie zum christlichen Glauben zu bekehren. Daher waren Juden zu dieser Zeit Gefolgsleute der Könige und Fürsten, sie reisten als königliche Gesandte in den Orient und brachten von dort Stoffe, Gewürze und Weihrauch mit. Kaiser Ludwig gewährte seinem jüdischen Hofhändler viele Privilegien des Zolls; er setzte einen eigenen Beamten (magister Judaeorum) ein, der die Rechte der Juden schützte und Konflikte mit den Christen schlichtete. Doch der Bischof Agobard von Lyon klagte darüber, dass die Juden vom Kaiser das Recht erhalten hatten, neue Synagogen zu bauen und den Markttag vom Sabbat auf einen anderen Tag der Woche zu verlegen.[18] Doch zu dieser Zeit lebten die Juden zumeist ungestört mit den Christen zusammen, sie trugen keine besondere Kleidung, sprachen die Volkssprache und feierten ihre Gottesdienste in den Synagogen.

Häufig gingen auch Christen zu den Predigten der Rabbis; ja es traten sogar christliche Familien zum jüdischen Glauben über, etwa der Pfalzdiakon Bodo. Dieser schrieb, er habe sich von der Vielgötterei der Christen (Trinität) abgewandt und zum einen Gott der Welt bekehrt. Die Sittenlosigkeit der Kleriker und die Streitigkeiten der Theologen seien ihm unerträglich geworden. Sein christlicher Briefpartner Alvarus bestätige ihm, dass er im Christentum 72 Häresien kenne. Zu dieser Zeit rief jedoch der judenfeindliche Bischof Agobard von Lyon seine Kleriker auf, auch in den

---

17 A. Angenendt, Das Frühmittelalter 292–302. P. Riche, Das Christentum im karolingischen Reich 728–734.

18 A. Angenendt, Das Frühmittelalter 352–361. P. Riche, Das Christentum in kraolingischen Reich 730–734.

jüdischen Synagogen den Glauben an Jesus Christus zu predigen; er schrieb, dass er stolz darauf sei, einige Juden zum Christentum bekehrt zu haben. Sein Nachfolger Bischof Amolo von Lyon verfasste einen „Traktat gegen die Juden" als Argumentationshilfe für die christlichen Prediger. Doch die Kaiser lehnten die Bestrebungen der Bischöfe ab, Mischehen zwischen Juden und Christen zu verbieten und keine neuen Synagogen mehr bauen zu lassen.[19]

Die Elternrechte der Juden über ihre Kinder durften nicht eingeschränkt werden, und Zwangstaufen von Juden sollten verhindert werden. Zu dieser Zeit diskutierten die christlichen Lehrer der Bibel mit den jüdischen Lehrern des Talmud öffentlich über die rechte Auslegung der Bibel (Altes Testament). Auch in Italien (Parma, Turin) fanden öffentliche Diskussionen zwischen gelehrten Juden und Christen statt. Der Theologe Paulus Diakonus aus Pavia betonte, dass er viel von den jüdischen Lehrern gelernt hätte. Dem Bischof Amalar von Metz wurde von Klerikern und Mönchen sogar vorgeworfen, er lade Juden zur Feier der christlichen Liturgie ein. Dieser Bischof war davon überzeugt, dass sich am Ende der Zeit die Synagoge wieder mit der christlichen Kirche verbinden werden.[20]

In den Städten des Fränkischen Reiches residierten die Bischöfe, sie errichteten Kirchen und Klöster, Kreuzgänge und Baptisterien, Häuser für Kleriker und für Dienstleute. Die Bevölkerung der Stadt, die Händler und Handwerker, die Bauarbeiter und die Bauern lebten zum Teil für den Bischof und von seinen Aufträgen. Zum Hof des Bischofs (familia episcopi) gehörten die Kanoniker und Domherren, die Lektoren und Kantoren, die Notare und Dienstleute, die Leiter der Hospitäler, sowie Knechte und Mägde. Viele Handwerker wie Maurer, Holzarbeiter, Goldschmiede und Münzmeister bekamen Aufträge von den Bischöfen und höheren Klerikern. Ähnlich wie die Bischöfe gaben auch die Klöster und die Pfalzen der Könige und Fürsten vielen Menschen Arbeit, denn diese Institutionen konnten mit ihren Einnahmen aus dem Feudalbesitz Bauwerke errichten. Die meisten Bauern, Viehhirten und Unfreien haben zu dieser Zeit wohl in einfachen Häusern und Hütten gelebt.

Die höheren Kleriker wurden zu dieser Zeit an den Domschulen und Klosterschulen ausgebildet, die Juristen und Notare an den Palastschulen. Die niederen Kleriker wurden einfach angelernt, sie mussten etwas Latein lernen, um Gebete bei der Messe mitsprechen zu können. Vor allem das Credo und das Pater noster sollten in Latein gebetet werden, die Unterweisungen im Glauben fanden in den Volkssprachen statt.[21] Die vielen Streitfragen der Theologen und höheren Kleriker, ob der Heilige Geist aus dem göttlichen Sohn oder durch diesen hindurch hervorgehe, interessierte die Laienchristen kaum. Zumeist verstanden sie gar nicht den Sinn dieser Diskussionen, etwa ob Christus bei der Feier der Eucharistie nur symbolisch oder real gegenwärtig sei. Zu dieser Zeit verfassten die Theologen und Kleriker für die Laienchristen viele Ratbücher für die christliche Lebensführung (specula). Darin forderten sie die Christen

---

19 P. Meinhold, Kirchengeschichte in Schwerpunkten 76–82.
20 J.H. Emminghaus/L. Dittner, Amalarus von Metz. In: Lexikon des Mittelalters, München 1960, 505–510. P. Riche, Das Christentum im karolingischen Reich 730–734.
21 P. Meinhold, Kirchengeschichte in Schwerpunkten 76–84.

zum täglichen Gebet, zur Unterstützung der Armen, zur Buße für Sünden, zur Stärke im Glauben, zum Tun der Gerechtigkeit und zur Treue zu den Fürsten auf. Viele Kleriker verfassten nun auch Gebete und religiöse Dichtungen in den Volkssprachen; z.B. ein Gedicht über das Ende der Welt (Muspilli) oder das Wessobrunner Gebet in Baiern, oder die altsächsische Dichtung über Jesus Christus (Heliand).[22]

Aus dieser Zeit kennen wir ein altdeutsches Vater unser (Fater unseer) aus dem Kloster St. Gallen und ein Glaubensbekenntnis aus Weißenburg (Gilaubiu in got fater). Die Kleriker waren verpflichtet, den Laienchristen in der Sterbestunde beizustehen, sie mussten diese zur Buße auffordern und mit geweihtem Öl salben; auch sollten sie ihnen den Leib Christi als Wegzehrung (viaticum) in den Tod spenden. Die Bestattung der Toten erfolgte zumeist in der Nähe der Kirchen, um die Seelen vor bösen Dämonen zu schützen; für die Verstorbenen wurden von den Klerikern Totenmessen gelesen. Kleriker und Laienchristen schlossen sich zu dieser Zeit zu Gebetsbruderschaften und zu Schwesternvereinen zusammen, sie wollten gemeinsam durch Gebet und Fasten Sünden tilgen. Adelige und Krieger schenkten den Klöstern und Bischöfen Güter, um durch solche Stiftungen den Ablass der Sünden und das Heil der Seele zu erlangen. Vor der Feier der Liturgie mussten die Kleriker auf sexuelle Handlungen verzichten, denn der strenge Weltgott forderte nach der Lehre der Theologen „reine Hände".[23]

Die kaiserlichen Gesetze (Capitularia) gingen über die alten Volksrechte weit hinaus, sie sollten durch Königsboten (missi) im ganzen Reich verkündet und durchgesetzt werden. Diese Boten, die zu Pferd unterwegs waren, mussten die Einhaltung dieser Gesetze in allen Regionen regelmäßig überprüfen. Die Vasallen mussten den Eid auf den König, die Fürsten und die Lehensherren schwören. Die Bischöfe und Klöster wurden vom Kaiser aufgefordert, die Betreuung der Armen und Kranken zu organisieren. Zu dieser Zeit wurden die privaten Fehden stark eingeschränkt, statt der Blutrache der Sippen sollte jetzt „Wergeld" bezahlt werden. Jetzt wurden die Kompetenzen der regionalen Gerichte vergrößert, denn innerhalb des Imperiums sollte der Rechtsfriede herrschen. Die Sklaverei wurde langsam in „Hörigkeit" übergeführt, der Binnenmarkt für die Hörigen wurde eingeschränkt. Die großen theologischen Ratgeber der karolingischen Herrschaft waren Hilduin und Helisachar, Benedikt von Aniane und Ebo von Reims, Jonas von Orleans und Smaragd von St. Mihiel.[24]

Als im Jahr 830 der Kaiser Ludwig von seinem Sohn Lothar entmachtet wurde, da erlitt das Fränkische Reich eine deutliche Schwächung. Im Vertrag von Verdun (843) wurde das Imperium unter drei kaiserliche Söhne geteilt, nun wurden ein Westreich, ein Mittelreich und ein Ostreich gebildet. Damit war die Konzeption eines einheitlichen christlichen Fränkischen Reiches wieder zerbrochen, die politische Macht der drei Teilreiche war geschwächt. In einem Vertrag von Meerssen (870) erfolgte eine weitere Teilung zwischen einem Westreich, einem Ostreich und einem Königreich Italien. In der Folgezeit wurde das Ostreich in den lateinischen Texten

22 P. Riche, Das Christentum im karolingischen Reich 760–766.
23 A. Angenendt, Das Frühmittelalter 346–356. H.W. Goetz, Leben im Mittelalter 65–15.
24 H.W. Goetz, Leben im Mittelalter 115–163.

immer häufiger „Germania" genannt, was auf die germanischen Volkssprachen (lingua theodusca=deutsch) hinweist. Zu dieser Zeit versuchten Theologen und Kleriker immer häufiger, Texte der Bibel und Gebete der Kirche in die deutsche Volkssprache zu übersetzen.[25]

Vor allem im ostfränkischen Reich war die Christianisierung noch längst nicht abgeschlossen, die Glaubensverkündigung der Kleriker wurde nun intensiviert. Jetzt wurden Bischöfe und Mönche auch zu den slawischen Völkern geschickt, die in der Nachbarschaft siedelten. Die Bischöfe von Salzburg, Passau, Regensburg und Magdeburg organisierten die Glaubensverkündigung an die slawischen Völker. Die Motive für den Übertritt der Krieger zum christlichen Glauben waren verschieden: Zum einen war der christliche Gott der stärkste Kriegsgott, denn seine Heere waren siegreich; zum andern hatten die christlichen Völker bereits eine höhere Kultur und Technik, wie der Handel mit ihnen seit langem zeigte. Mit der Übernahme des christlichen Glaubens begann für die meisten Stammeskulturen auch die *Zeit der Schriftlichkeit*; denn Kleriker und Mönche begannen, die heiligen Texte des neuen Glaubens aufzuschreiben. Erschwert wurde die Annahme des neuen Glaubens durch die Bindung der Sippen an ihre Ahnen und an ihre bisherigen Schutzgötter, durch den Glauben an unsichtbare Kräfte und Mächte in der ganzen Lebenswelt.[26]

Die christliche Glaubensunterweisung geschah in den Volkssprachen, zum Teil durch Übersetzer, zum Teil durch zweisprachige Prediger. Nach der neuen christlichen Lehre wurden nun die alten Schutzgötter zu Engeln und Heiligen degradiert, oder sie wurden zu bösen Dämonen und Geistwesen verteufelt. Die Anhänger der alten Volksreligion wurden von den Predigern als Verehrer des Teufels und als Anhänger böser Mächte bezeichnet und schon bald verfolgt. Nur die getauften Christen waren die vom Weltgott erwählten Menschen, sie mussten nun gegen die Feinde des neuen Glaubens mit dem Schwert kämpfen; doch untereinander sollten sie kein Blut vergießen. Mit den Anhängern der alten Volksreligion (Heiden=pagani) durften sie keine Verträge schließen; die Fürsten mussten mitwirken, den neuen Glauben überall und auch mit Gewalt zu verbreiten. Die Missionare und Prediger waren mit Kriegern zu ihrem persönlichen Schutz unterwegs; trotzdem wurden einige Missionare ermordet. Diese getöteten Missionare wurden als Martyrer und Heilige verehrt.[27]

In der Zeit der Karolinigischen Herrschaft wurde in den Klöstern, an den Bischofsitzen und an den Pfalzen die Schreibkunst intensiviert; dort wurden die jährlichen Ereignisse (annales) aufgeschrieben. Wichtige Zentren der Schreibkunst waren die Klöster Corbie an der Somme und Fulda im Land der Hessen. Zu dieser Zeit entstanden die ersten Beschreibungen der Natur (Hrabanus Maurus, De rerum naturae); es wurden von Klerikern Evangelienharmonien in altdeutscher Sprache verfasst (Otfried von Weißenburg). In der Buchmalerei wurde Christus vor allem als Beherrscher der ganzen Welt dargestellt, als Vorbild der Könige und Fürsten. Wahrscheinlich in

---

25 A. Angenendt, Das Frühmittelalter 400–420.
26 H.W. Goetz, Leben im Mittelalter 120–144.
27 A. Angenendt, Das Frühmittelalter 420–432. P. Meinhold, Kirchengeschichte in Schwerpunkten 76–84.

Fulda wurde zu dieser Zeit ein großes Epos über Jesus Christus (Heliand) in altsächsischer Sprache verfasst. Darin wurden die Christen als „Kinder des Friedens" bezeichnet, sie sollten sich von Mord und Totschlag trennen. Die Evangelienharmonie des Otfried von Weißenburg (Elsass) stellte Christus als den Besieger des Teufels dar, der Gekreuzigte sei zum Herrscher der ganzen Welt geworden. Wie Christus so sollten auch die Christen das Leiden auf sich nehmen, um in die Herrlichkeit des Himmels zu gelangen.[28]

Amalar von Metz hatte gelehrt, dass bei jeder Messe in der Kirche das Leben, das Kreuz und die Auferstehung Christi gegenwärtig würden. Der Theologe Paschasius Radbert setzte das Brot und den Wein der Eucharistiefeier bereits mit dem Leib und dem Blut Christi gleich. Doch der Mönch Ratramnus war der Auffassung, dass in der Eucharistie der Leib und das Blut Christi nur verhüllt anwesend seien. Er glaubte, dass die Christen das Brot essen, aber darin die Gestalt (figura) des Leibes Christi erkennen. Er deutete die Eucharistie als ein Abbild des im Himmel erhöhten Jesus Christus. Der Theologe Hinkmar von Reims schrieb über die Voraussetzungen für eine christliche Eheschließung; er nannte die Verlobung, die Dotierung der Verlobten mit Ehegut und die Trauung. Er forderte bereits den Konsens der Ehepartner, Zwangsehen sollten nicht mehr erlaubt sein. Doch war zu dieser Zeit die Eheschließung ein weltlicher Rechtsakt, die Kleriker spendeten dazu nur den kirchlichen Segen.[29]

Bei der Buße für böse Taten ging es um Sühne, um Wiedergutmachung des angerichteten Schadens und um die Änderung der Gesinnung; denn nur durch die rechte Gesinnung könne von den Glaubenden die göttliche Gnadenkraft erworben werden. Die Christen sollten von den Klerikern im Glauben unterwiesen werden, damit sie nicht vom Teufel zu bösen Taten verführt werden. Die Angst vor dem göttlichen Gericht und vor der ewigen Hölle war ein wichtiger Faktor, um die Glaubenden zum moralischen Handeln anzuleiten. Die Prediger schätzten das asketische Leben, die Abhärtung des Körpers, das regelmäßige Fasten, den zeitweiligen Verzicht auf Schlaf und sexuelle Betätigung. Sie werteten die menschliche Sexualität erheblich ab, denn sie sahen darin die Gefahren oder das Wirken böser und dämonischer Mächte. Nur in der geregelten Ehe seien die Partner vor diesen Mächten geschützt, daher sei der Ehebruch eine Sünde vor dem Weltgott. Die Gläubigen verehrten die Reliquien von Heiligen und von Martyrern, sie glaubten an viele Wundertäter, aber sie hatten große Angst vor dem Zorn des strengen Weltgottes. An die Stelle der alten Tieropfer und Menschenopfer waren nach der Christianisierung die Askese und die körperliche Bußleistung getreten.[30]

---

28 H.W. Goetz, Leben im Mittelalter 20–34.
29 H.W. Goetz, Leben im Mittelalter 44–60.
30 A. Angenendt, Das Frühmittelalter 440–456.

Soziale Entwicklungen und Umbrüche

In dieser Zeitepoche sind trotz langer Konstanz einige Entwicklungen in der Gesellschaft erkennbar. Es gab Perioden der Bevölkerungszunahme durch Wärmeperioden des Klimas und durch Verbesserungen der Kulturtechniken. Doch in Zeiten der Klimaverschlechterung gab es Hungersnöte, Seuchen und Bevölkerungsrückgänge. Wegen der mangelnden Hygiene im Wohnbereich sind viele Menschen an Krankheiten frühzeitig gestorben, auch die Sterblichkeit der Kinder war hoch. So lag die durchschnittliche Lebenserwartung zwischen 27 und 32 Jahren, die Kindersterblichkeit lag oft bei 40%. Männer, welche die Kindheit überlebt hatten, wurden im Durchschnitt 47 Jahre alt; Frauen wurden wegen der vielen Geburten im Schnitt nur 44 Jahre alt. Die Skelettfunde zeigen, dass die Männer im Schnitt um 10 cm größer waren als die Frauen. Die Qualität der Nahrung war bei der Bevölkerung sehr verschieden, sie hing von den wirtschaftlichen Möglichkeiten ab; die Armen und Unfreien waren zumeist schlecht ernährt und vielen Krankheiten ausgesetzt. Die sozialen Unsicherheiten und die Ausgesetztheit an die Kräfte der Natur waren sehr hoch.[31]

In der Familie, der Sippe oder der Hausgemeinschaft waren die meisten Menschen geschützt. Doch es gab auch Marginalisierte, Ausgestoßene, Flüchtige, sie lebten in der Wildheit der Natur und waren großen Gefahren ausgesetzt. Die Sippen und Hausgemeinschaften wurden zu dieser Zeit von den Männern dominiert, auch die Eheformen waren väterzentriert und patriarchal. Die Eheschließung bestand in der Verhandlung der Sippen (petitio), in der Verlobung (desponsatio), in der Übergabe (traditio) der Braut an die neue Sippe, in der Überreichung der Brautgabe (dos) und im öffentlichen Vollzug der Hochzeitsnacht (nuptio). Die Eheschließung war ein rechtlicher Vorgang zwischen den Sippen; nach der Christianisierung kam zur Eheschließung der Segen der Kleriker hinzu. In der Folgezeit suchten die Theologen und Kleriker Einfluss zu gewinnen auf das Eherecht der Stämme und Sippen; sie erschwerten die Scheidung, die bisher von den Sippen geregelt wurde; und sie verfassten Bußbücher für die Verfehlungen gegen die kirchliche Ehemoral.[32]

Zu dieser Zeit konnten nur die adeligen Frauen eine gewisse Selbständigkeit in der Ehe erreichen, die anderen Frauen mussten ihren Männern untertan sein; so lehrten es auch die Kleriker und Theologen mit vielen Bibeltexten. Sie sprachen von der sündhaften Urmutter Eva, durch sie sei die „Erbsünde" auf alle Menschen übergegangen. Damit trugen sie zur weiteren Abwertung der Frauen bei, doch die Gottesmutter Maria wurde ihnen als Vorbild hingestellt. Nach der Christianisierung wurden die Frauen generell aus den liturgischen Rollen ausgeschlossen, das Gottesbild war nun nur mehr männlich. Allein die Nonnen hatten in den Klöstern eine gewisse Unabhängigkeit von den Männern und die Möglichkeit der literarischen Bildung. Ein tragischer Zug liegt nun darin, dass es vor allem adelige Frauen und Königinnen waren, welche ihre Männer zur Christianisierung ihrer Stämme überredet hatten.

---

31   H.W. Goetz, Leben im Mittelalter 20–34. E. Ennen, Frauen im Mittelater 44–60.
32   S. Shahar, Die Frau im Mittelalter 127–144. P. Ketsch, Frauen im Mittelalter 129–144.

Die christlichen Theologen und Kleriker haben nachweislich die Unterordnung der Frauen unter die Männer verstärkt.

Allein die adeligen Frauen konnten eine gewisse Selbständigkeit in ihren Entscheidungen erlangen. Fürstinnen und Königinnen konnten für kurze Zeit mit männlichen Beratern die politische Herrschaft ausüben, solange ihre Söhne rechtlich unmündig waren; oder sie durften Teile des Königsgutes selbständig verwalten. Für das Herzogtum Österreich erlaubte ein Privileg des Reiches (Privilegium minus) sogar das Erbe der Herrschaft und der Besitzungen in der weiblichen Linie (1156). Die kirchlichen Bußbücher wollten das sexuelle Verhalten der Männer und Frauen regeln und lenken, sie lehrten eine strenge Ehemoral und setzten Bußen für sexuelle Verfehlungen fest. Aus diesen Bußbüchern erkennen wir, dass die Mehrheit der Laienchristen sich nicht an die Moralregeln der Kleriker gehalten hat. Werke der frühen Dichtkunst deuten an, dass die oberen sozialen Schichten einer freieren Ehemoral folgten, denn die adeligen Männer hatten zumeist sexuelle Beziehungen mit mehreren Frauen.[33] Doch die Theologen und Kleriker lehrten in ihren Schriften, der erste und einzige Zweck der sexuellen Vereinigung der Geschlechter sei die Zeugung und Weitergabe von Leben; das Erleben der sexuellen Lust sei mit der Gefahr böser dämonischer Mächte und mit der Sünde verbunden.

Der männliche Same durfte nach der Lehre der Theologen nicht vergeudet werden, daher sei die männliche Selbstbefriedigung eine Sünde gegen Gott. Die weibliche Selbstbefriedigung sei eine schwächere Sünde, weil kein Same zerstört werde. Sexuelle Beziehungen außerhalb der patriarchalen Ehen wurden verboten, homosexuelle Beziehungen beider Geschlechter wurden als Sünde gegen Gott und gegen die menschliche Natur (contra naturam) gewertet. Oft wurde in den Texten der Theologen die Homosexualität auch als „Sodomie" bezeichnet. Doch im allgemeinen bezeichnete die Sodomie die sexuellen Beziehungen von Menschen zu den Tieren; angeblich sei die Stadt Sodom wegen dieser Sünde von Gott zerstört worden. Als unnatürliche Formen der sexuellen Vereinigung sahen die Theologen die Rückenlage der Männer und die Vereinigung mit den Frauen von hinten (a tergo). Strikt verboten wurden das Küssen der Geschlechtsorgane und der Analverkehr. Diese Verfehlungen mussten den Klerikern und Mönchen gebeichtet werden, sie verhängten dafür Bußwerke.[34]

Mit dieser repressiven Reglementierung des Sexualverhaltens konnte sich in den christlichen Ländern kaum eine erotische Kultur entfalten, die es in der antiken Lebenswelt und in anderen Kulturen dieser Zeit (Islam) längst gab. Doch wir können heute nicht mehr feststellen, ob sich die Mehrheit der Laienchristen an diese Regeln der Kleriker und Theologen gehalten hatte. Von den Adeligen wissen wir aus literarischen Zeugnissen, dass sie es nicht taten. Und von den Bauern und vom niedrigen Volk wird der Spruch überliefert, dass die Kleriker nicht alles wissen müssten, was sie taten und glaubten. Dieser Spruch bezieht sich sehr wahrscheinlich auch auf das Sexualverhalten beider Geschlechter und auf den Glauben an die alten Schutzgötter.

---

33   H.W. Goetz, Leben im Mittelalter 40–58.
34   Reginald von Prüm, De synodibus causis 2,250f. Jonas von Orleans, De institutione laicali 2,6.

Mit der Verbreitung der Ohrenbeichte versuchten die Kleriker und Mönche, die Kontrolle über das Sexualverhalten der Laienchristen zu gewinnen, was ihnen aber wahrscheinlich nicht gelungen ist.

Nun verboten die Kleriker auch jede Form der Geburtenkontrolle und der Abtreibung von unerwünschten Kindern; sie empfahlen die sexuelle Enthaltsamkeit im Advent und in der Fastenzeit. Heutige Forschungen ergeben, dass die durchschnittliche Geburtenrate einer Frau bei ung. 4 Kindern lag; nur 54% der Kinder erlebten das Erwachsenenalter, viele starben als Jugendliche. Die Kindertötung wurde von den Klerikern und den Königen strikt verboten, aber ausgesetzte Kinder wurden von Frauen eingesammelt und in kirchliche Waisenhäuser gebracht. Die Kindheit war nur eine kurze Periode im Leben, früh mussten die Kinder schwere Arbeit auf den Feldern oder beim Vieh verrichten. Nach dem salischen Recht galten Kinder mit 12 Jahren als Erwachsene, nach dem Eintritt der Sexualreife konnten sie von den Sippen verheiratet werden. Die Kleriker erlaubten für die Diakone ein Mindestalter von 25 Jahren, für die Priester von 30 Jahren.[35]

Zu dieser Zeit waren die freien Bauern wirtschaftlich besser gestellt als die hörigen Bauern; denn diese mussten den Großteil ihrer Erträge an die Grundherren abgeben, den freien Bauern blieb mehr zum Leben ihrer Sippen. Im allgemeinen lebten die Grundherren und ihre Bauern getrennt, nur im Salhof und im Fronhof lebten sie unter einem Dach. Die Grundherren übten die niedrige Gerichtsbarkeit über die Bauern aus, die Abgabenverweigerung wurde hart bestraft. Die Dörfer waren zuerst als Nachbarschaftsverbände der Bauern organisiert, unter ihnen galt die Pflicht zur Nachbarschaftshilfe; erst später wurden aus diesen Verbindung Rechtsverbände und Landgemeinden. Wenn in einem Dorf eine Kirche stand, wurde die Bildung einer Landgemeinde verstärkt. Doch im Lauf der Zeit rückten sich die freien und die unfreien Bauern wirtschaftlich näher, die Abgaben wurden von den Grundherren angeglichen. Nun hielten die Bauern und die Viehhirten wohl am längsten an den Mythen und Riten der Stammesreligionen fest; die Ausführung ihrer Riten an geheimen Orten war von niemandem kontrollierbar. Die Arbeit der Bauern war hart, unfreie Bauern mussten mehr an Fronarbeit für ihre Herren leisten als freie Bauern; diese aber mussten eine Wehrabgabe als Ersatz für den Heeresdienst leisten.[36]

Die Feste der Bauern waren durch die kirchlichen Jahreszeiten geregelt, es gab die Kirchweihfeste, Karneval, Feste zu Taufen und zu Hochzeiten. Eine differenzierte Kultur entfalteten die Fürsten und Könige an ihren Höfen, aber auch die Bischöfe und die Klöster. Im Lauf der Zeit wurden die frühen Pfalzen zu Gutshöfen ausgebaut, daraus entwickelten sich große Fürstenhöfe. Aus dem an Personen (Fürsten, Könige) orientierten Staat wurde nun langsam ein zusammenhängender Flächenstaat, die adeligen Sippen bauten feste Burgen aus Stein und Holz; vereinzelt wurden von Fürsten und Bischöfen neue Städte als Handelsplätze gegründet. In der Folgezeit

---

35 Petrus Damiani, Epistolae 8,4. Migne, Patrologia latina 144,468. E. Ennen, Frauen im Mittelalter 56–70.

36 W. Rösener, Bauern im Mittelalter. München 1985, 134–155. K. Brunner/G. Jaritz, Landherr, Bauer, Ackerknecht. Wien 1985, 84–92.

wurden die Burgen, die Bischofssitze, die Klöster und die Städte zu Zentren der Güterverwaltung. An diesen Zentren wirkten Schreiber und Rechtsgelehrte, bald kamen
auch Sänger, Dichter und Spielleute hinzu. Im 9. und 10. Jh. wurden viele Burgen
zur Verteidigung des Imperiums gebaut, diese Burgen wurden nun zu Zentren der
ritterlichen Kultur.[37]

Die Ritter entwickelten sich aus den Kriegern, sie bildeten einen gehobenen sozialen Stand und waren den Bauern, den freien Arbeitern und den Hörigen weit überlegen. Denn sie trugen die Waffen, ihre Ausbildung begann mit 10 Jahren und war
erst mit 20 Jahren abgeschlossen; dabei mussten viele Kampftechniken mit Waffen
und Reitpferden gelernt und geübt werden. Die Schwertübergabe durch die Fürsten
schloss die Ausbildung der Ritter ab, dazu kam später noch der Segen der Kleriker.
Die Ritter lebten mit ihren Frauen und Sippen auf den Burgen, sie waren mit der
Verteidigung des Landes betraut; sie standen im Dienst von Fürsten, Königen, Bischöfen, Äbten bzw. Äbtissinnen. Sie veranstalteten regelmäßig ihre Kampfspiele und
Tourniere zur Erprobung und Stärkung ihrer Kampfkraft. Durch die verschiedenen
Ritterfeste bildete sich eine „höfische" Gesellschaft, die durch besondere Kleidung
und Mode zu erkennen war.[38]

Auf den Burgen wirkten bei großen Festen Sänger und Spielleute, Musiker und
Tänzer, Possenreißer, Zauberer und Akrobaten. An den großen Hoffesten der Fürsten
und Könige nahmen einige Tausend Ritter teil, diese Feste dauerten mehrere Tage und
wurden in Festzelten veranstaltet. Das Leben der Ritter war kostspielig, die Erhaltung
der Burgen und die Ausrüstung mit Kriegswaffen und mit Pferden erforderte von den
Bauen hohe Abgaben. Im späten Mittelalter warben die Fürsten, Könige und Bischöfe
aber vermehrt Heere von bezahlten Söldnern an, damit ging die Kultur der Ritter zu
Ende. Denn danach wurden auch die Aufgaben der Verwaltung von bürgerlichen
Beamten in den Städten und Märkten durchgeführt. Doch das Leben der Ritter hat
die Kultur des Mittelalters stark geprägt, an den Fürstenhöfen entstanden die ersten
Dichtungen und literarischen Werke in den Volkssprachen.

Eine besondere Lebensform und Kultur entwickelte sich in den Städten, die als Orte
des Handels ständig an Bedeutung gewannen. Aber erst im 11. und 12. Jh. wurden
die Städte zu rechtlichen Institutionen, sie standen unter dem Schutz eines Fürsten,
eines Bischofs oder des Reiches. Im Lateinischen hießen die alten Stadtsiedlungen
civitas, urbs oder oppidum. Das altdeutsche Wort für Stadt war „burg", weil diese
Siedlungen meist in der Nähe einer Burg lagen. Deswegen wurden die Bewohner der
Städte auch „Bürger" (burgaere) genannt. In der althochdeutschen Dichtung hieß die
Stadt Rom noch „Rumburg". Die Städte entstanden um die größeren Bischofssitze
oder in der Nähe von Burgen. Bischöfe und Fürsten waren die Schutzherren ihrer
Handelsplätze, an sie mussten Abgaben gezahlt werden. Auch in der Nähe von Klö-
stern und Wallfahrtsorten konnten Städte entstehen. Der Markt und der Handel mit

---

37 J. Buhmke, Höfische Kultur. München 1979, 84–98. M. Bloch, Die Feudalgesellschaft. Frankfurt
    1985, 66–92.
38 J. Buhmke, Höfische Kultur 113–129. A. Borst, Das Rittertum im Mittelalter. Darmstadt 1985,
    113–137.

erzeugten Gütern waren die Lebensadern einer Stadt, dafür gab es Zolleinnahmen in verschiedener Höhe. Im 11. und 12. Jh. wurden im deutschsprachigen Raum viele neue Stadtsiedlungen gegründet, es war eine Zeit des wirtschaftlichen Wachstums; Freiburg im Breisgau ist eine der ersten Gründungen dieser Zeit.[39]

Um 1150 gab es im Deutschen Reich an die 200 Städte, und fünfzig Jahre später waren es bereits 600. Dies war eine Zeit der Zunahme der Bevölkerung auf Grund des günstigen Klimas. Die Stadtherren waren Grafen, Fürsten, Könige, Bischöfe, Äbte, sie erteilten den Bewohnern der Städte Handelsprivilegien und Sonderrechte, um die Wirtschaft und damit ihre eigenen Einnahmen zu steigern. Doch viele Sonderrechte mussten den Stadtherren von den Bürgern abgetrotzt werden. So erhielten Städte das Recht der Befestigung mit Mauern und Gräben, das Recht der Gerichtsbarkeit, der Münzprägung, der Zolleinhebung und der freien Marktes. In manchen Städten teilten sich ein Fürst und ein Bischof die Stadtherrschaft (z.B. Sitten/Sion), sie schufen Anreize für das Leben in den Städten. Deswegen zogen Bauern und freie Lohnarbeiter in die Städte, sie erhielten dort besondere „Freiheiten" und Stadtrechte. Die Bürger organisierten sich als „Gemeinde" (Kommune), ganz ähnlich wie zuvor die Kirchengemeinden. Teile der Bevölkerung schlossen sich zu Schwurvereinen (coniurationes) zusammen, um sich gegenseitig Hilfe in Notsituationen zu leisten. Diese Vereinigungen beteiligten sich auch an der Verwaltung der Städte, oft protestierten sie gegen die Politik ihrer Stadtherren.[40]

Gelegentlich wurde ein Bischof aus der Stadt vertrieben, denn die Bürger organisierten ihre selbständige Verwaltung. Aus dem „Bürgerhaus" (domus civium) wurde später das Rathaus, der Sitz der Bürgerverwaltung. Dort übernahmen städtische Räte die Ämter der Verwaltung, und „Schöffen" wurden an den Gerichten beteiligt. So bekamen die bürgerlichen Oberschichten (Patrizier) immer mehr Anteil an der Stadtverwaltung, sie schufen feste Ämter, nämlich den „Bürgermeister" (magister civium, potesta), die Schöffen bei Gericht und die Stadträte als Vertreter der Bewohner. Die Handwerker und Händler organisierten sich zu Zünften und Gilden, es bildeten sich spezielle Berufsgruppen; nämlich die Steinarbeiter, die Holzarbeiter, die Metallarbeiter, die Bäcker, die Müller, die Weber u.a. Der Markt war das Zentrum einer Stadt, größere Städte hatten bald mehrere Märkte, durch deren Umsätze wuchs der Wohlstand der Bürger. Durch Erzeugen und Verkauf von Waren wuchs die Wirtschaft, die Verteilung der Gewinne war aber unterschiedlich. Viele Städte schufen nun für die Verwaltung eigene Stadtrechte, etwa Köln, Lübeck, Magdeburg; diese Rechtsordnungen wurden von anderen Städten später übernommen.[41]

In vielen Städten taten sich die Berufsgruppen in eigenen Stadtvierteln zusammen, etwa die Gerber, der Metzger, die Müller. Ab dem 10. Jh. mussten auch die Juden in einem eigenen Stadtviertel rund um ihre Synagoge leben, doch dieses Viertel war

---

39   E. Ennen, Die europäische Stadt im Mittelalter. Göttingen 1979, 68–92. M. Mitterauer, Markt und Stadt im Mittelalter. Stuttgart 1980, 128–145.

40   M. Mitterauer, Markt und Stadt im Mittelalter 134–156. H.W. Goetz, Leben im Mittelalter 210–222.

41   H.W. Goetz, Leben im Mittelalter 220–232.

noch durch keine Mauer abgegrenzt; es war noch kein Ghetto. Zu den Einrichtungen der Städte gehörten viele Gasthäuser und Kneipen, Freudenhäuser, Pilgerhäuser, Spitäler und Armenhäuser. Die Pflege der Armen und der Kranken war meist mit einer Kirche oder einem Kloster verbunden. Die größeren Städte hatten im Mittelalter 10.000 bis 20.000 Einwohner, die kleinen Städte von 200 bis 2000. Die Bürgerrechte der Stadt bekamen nur die freien Bürger, die Unfreien und Hörigen blieben davon ausgeschlossen. Im Ringen um die Privilegien und Freiheitsrechte mit den Stadtherren wuchs die Bevölkerung zusammen, denn sie hatte ähnliche Ziele. Doch es entstand eine deutliche soziale Schichtung, die reicheren Bürger hatten ungleich mehr Rechte als die ärmeren Schichten.[42]

Die Frauen wurden den Männern rechtlich weitgehend gleichgestellt, aber sie hatten keinen Anteil am politischen Leben. Die Oberschicht bildeten die Kaufleute, die Händler und die Amtsträger (Ministerialen) der Stadtherren; auch Handwerker konnten zu dieser Schicht der Patrizier aufsteigen. Zur Mittelschicht gehörten die meisten Handwerker, die Gewerbetreibenden, die Zinspflichtigen der Kirchen oder der Grundherren. Vor allem die Handwerker schlossen sich zu Bruderschaften zusammen, um ihr Wissen weiterzugeben. Zu den Unterschichten gehörten die Gesellen, die Lehrlinge, die Gehilfen, die freien Lohnarbeiter, die Knechte und Mägde, die Hörigen, unehelich Geborene, die Henker, Schinder und Totengräber. Sie hatten keine Bürgerrechte und meist auch keinen Grundbesitz; ihr Anteil wird von Historikern auf ung. 40% der Bevölkerung geschätzt.

So bildeten die Städte einen eigenen Lebensraum und Rechtskreis, die einzelnen Schichten verhielten sich untereinander zumeist kooperativ. In der Folgezeit entstanden organisierte Dienstleistungen, nämlich Gastwirte, Ärzte, Heilpraktiker, Friseure, Badehäuser und Freudenhäuser, wo die „Schönfrauen" oder die „gelüstigen Fräulein" ihre erotischen Dienste anboten. Zu den großen Jahrmärkten kamen Spielleute und Gaukler in die Stadt. Mit der bürgerlichen Lebensform bildete sich auch ein bürgerliches Denken, das demokratische Ansätze zeigte. Die Lebensform der Städte unterschied sich deutlich von der der Landbewohner, die Stadtluft machte freier. Die Religion spielte in den Städten eine wichtige Rolle, es wurden viele Kirchen und Klöster gebaut. Die Kirchen veranstalteten die großen Riten des Kirchenjahres mit Prozessionen und Umzügen, vor allem die Kirchweihfeste wurden intensiv gefeiert. Zu dieser Zeit hat die Religion wesentlich zur Stabilisierung der sozialen Ordnung beigetragen.[43]

---

42   H. Stoob, Forschungen zum Städtewesen in Europa I. Köln 1970, 45–68. M. Mitterauer, Markt und Stadt im Mittelalter 128–144.
43   H.W. Goetz, Leben im Mittelalter 230–246.

Die byzantinische Lebenswelt

Das Christentum ist in der griechischen Kultur und Lebenswelt entstanden, erst später wurden seine Lehren und Lebensformen in die lateinische Kultur übersetzt. Aber in der Folgezeit waren das östliche und das westliche Christentum nie deckungsgleich, denn die politischen und kulturellen Situationen waren zu verschieden. Mit der Teilung des Römischen Imperiums in eine östliche und eine westliche Reichshälfte wurden die kulturellen und religiösen Unterschiede noch verstärkt. Doch das byzantinische Reich wurde stark von der christlichen Religion geprägt und zusammengehalten, trotz der Vielfalt der Glaubensbekenntnisse. Hier sollen nun politische, religiöse und kulturelle Entwicklungen in das Blickfeld kommen.

Die politischen Entwicklungen

Mit dem Ende des weströmischen Reiches (476) waren die kaiserlichen Hoheitszeichen (Insignien) mit Schiffen nach Konstantinopel gebracht worden, wo sie nun aufbewahrt wurden. Hinter dieser symbolischen Überführung (translatio) stand auch der politische Anspruch, in späterer Zukunft das Römische Imperium im Westen wieder zu errichten. Dies gelang zum Teil dem byzantinischen Kaiser Justinianos I., der über 38 Jahre die Herrschaft ausübte. Denn ihm gelang es, mit seinen Feldherren einen Teil der alten Provinzen Africa und Italien wieder zu erobern und dort die Politik zu bestimmen. Außerdem sahen sich die germanischen Heerführer und Könige, welche Italien, Gallien und Hispania erobert hatten, zumindest formell vom Kaiser in Byzanz abhängig. Manche von ihnen suchten die Kooperation mit diesem Kaiser, um ihre eigene Herrschaft abzusichern.[1]

Der Kaiser Justinianos I. sah sich als vom Weltgott eingesetzter Herrscher, der in seinem Reich einen einheitlichen christlichen Glauben durchsetzen wollte. Aus diesem Grund erließ er strenge Gesetze gegen christliche Häretiker, gegen altgläubige Nichtchristen, gegen die Manichäer und gegen die Juden. Im Codex Justinianus, der 529 veröffentlicht wurde, fasste er die älteren Gesetzessammlungen (Codes Gregorianus, Codex Hermogenianus und Codex Theodosianus) zusammen und ergänzte diese durch neue Geseze (Digestes, Institutiones und Novellae). Viele dieser Gesetze befassten sich mit der erlaubten Religion, mit der Wahl der Reichsbischöfe und Me-

---

1 A. Angenendt, Das Frühmittelalter 144–147, 238–240.

tropoliten. Diese Bischöfe mussten unverheiratet sein, damit sie den Kirchenbesitz nicht an ihre Kinder vererben konnten; außerdem sollten die Bischöfe und Kleriker den Laienchristen ein moralisches Vorbild sein. Den Bischöfen war auch der Schutz der ausgesetzten Kinder, der Geisteskranken, der minderjährigen Waisenkinder und der unverheirateten Frauen und Witwen aufgetragen.[2]

Den Klerikern waren homosexuelle Handlungen schwer verboten, sie wurden mit Kastration bedroht. Frauen durften erst nach dem 50. Lebensjahr Diakoninnen werden, danach war ihnen die Heirat verboten. Mönche, die ihre Klöster verließen, wurden zum Militärdienst eingezogen. Das Asylrecht der Kirchen wurde begrenzt, den Steuerhinterziehern durfte kein Schutz gewährt werden. In Athen wurde durch kaiserlichen Erlass die Platonische Akademie geschlossen, weil ihre Lehren nicht mit den Dogmen der Bischöfe verträglich waren. Nun mussten alle Nichtchristen die Taufe empfangen, wer sie verweigerte, verlor seinen Besitz oder wurde in fremde Provinzen verbannt. Wer an den alten Götterkulten teilnahm und entdeckt wurde, der wurde mit dem Tod bestraft. In Alexandria konnte die Platonische Akademie noch bis zur Eroberung durch die Moslems im 7. Jh. bestehen. Doch auch in Ägypten wurden nun die letzten Tempel der Göttin Isis und des Gottes Jupiter Ammon geschlossen. Verfolgt wurden nun auch die Astrologen, die Wahrsager und die Magier, denn die christlichen Bischöfe beanspruchten das Deutungsmonopol des Lebens.[3]

Der Kaiser sandte christliche Missionare mit militärischem Schutz in die östlichen Provinzen seines Reiches, auch zu den Goten an der Donau und zu den Nubiern am Nil. Den Juden wurden ihre alten Rechte des Kultes und der Lebensführung weiterhin zugestanden, doch die Samariter wurden als Häretiker eingestuft und verfolgt. Bei einem Aufstand sollen an die 100.000 Samariter getötet worden sein[4]; die meisten überlebenden Samariter konvertierten zum christlichen Glauben. Verfolgt wurden auch die prophetischen Montanisten und die Arianer in der eroberten Provinz Africa und in Italien; dort mussten die arianischen Kirchen den katholischen Reichsbischöfen übergeben werden. Die monophysitischen Christen, die in Jesus Christus nur eine menschliche Natur sahen, wurden aber von der Kaiserin Theodora geschützt. In der Folgezeit gab es mehrere Versuche, die monophysitischen Bischöfe mit den katholischen Bischöfen zu vereinen, was aber immer scheiterte. Der Kaiser aber wollte von allen Christen das Glaubensbekenntnis des Konzils von Chalkedon.

Um sich den Lehren der Monophysiten anzunähern, wurden sogar einige Lehren des Origenes aus Alexandria und von drei Theologen aus der Schule von Antiochia (Theodoretos von Kyros, Theodoros von Mopsuestia und Ibas von Edessa) als Häresien verurteilt. Der Kaiser berief ein ökumenisches Konzil aller Bischöfe nach Konstantinopel ein, um die Versöhnung mit den monophysitischen Bischöfen zu erreichen, die er aus politischen Gründen dringend brauchte. Aber die katholischen Bischöfe verweigerten die Versöhnung, daher wurden in der Folgezeit die Mono-

---

2   P. Maraval, Die Religionspolitik unter Justinian I. In: L. Pietri (Hg.), Die Geschichte des Christentums III. Freiburg 2001, 421–424.
3   P. Meinhold, Kirchengeschichte in Schwerpunkten 48–56.
4   P. Maraval, Die Religionspolitik unter Justinian I. 436–444.

physiten immer mehr in die östlichen Privinzen des Imperiums abgedrängt. Da sie als Häretiker eingestuft wurden, waren sie in der Folgezeit immer weniger bereit, das Imperium mitzutragen und zu verteidigen. In der Folgezeit entstanden im Byzantinischen Reich immer mehr Sonderkirchen, die der Kaiser mit rechtlichen und militärischen Mitteln nicht verhindern konnte. In Syrien entstand die Melkitische Kirchenorganisation, in Ägypten verbreitete sich die Koptische Kirche. Die Kaiser Justinos II. und Maurikios mussten diese Kirchen akzeptieren, um die Einheit des Imperiums bewahren zu können.[5]

Ein wichtiger Faktor des religiösen und kulturellen Lebens waren die Mönche und Nonnen, die in Klöstern (koinobitoi) oder als Einsiedler (monachoi) lebten. Viele verarmte und marginalisierte Männer und Frauen schlossen sich den Mönchen und Nonnen an, um überleben zu können. Unter ihnen waren auch viele Personen, welche die hohe Last der Steuern nicht mehr tragen konnten. Sie fanden im religiösen Glauben eine starke Motivation, um ihre schwierige Lebenssituation bewältigen zu können. Die geforderte Askese wurde erträglich, wenn es um das Überleben ging und wenn dem Dasein ein religiöser Sinn gegeben wurde. Die Bischöfe und Kaiser hatten das Leben der Mönche und Nonnen durch mehrere Gesetze (tagmata) geregelt, beide strebten nach der Aufsicht über diese verbreitete Lebensform. Doppelklöster von Mönchen und Nonnen wurden verboten, denn diese sollten sexuell enthaltsam leben. Die Vorsteher der Klöster (hegoumenoi) gewannen immer mehr politischen Einfluss, denn die Laienchristen sahen in den Mönchen und Nonnen Vorbilder des christlichen Lebens.[6]

Viele Klöster von Mönchen und Nonnen wurden in einsamen Regionen gegründet, etwa am Rand von Wüsten; andere entstanden in den großen Städten des Imperiums. Sie galten den Laienchristen als Orte des Gebets, der Sündenvergebung, der Heilung von Krankheiten und der Stärkung der Lebenskraft. Vor allem von den Einsiedlern wurde angenommen, dass sie Wundertaten wirken konnten, weil sie nahe beim Weltgott lebten. Die Klöster wurden aber auch Wirtschaftsbetriebe des Feldbaues, der Viehzucht, des Weinbaus und des Handwerks. In ihnen gab es auch des Schreibens und Lesens kundige Mönche und Nonnen, sie schrieben die Texte der Bibel und die Lehren der frühen Theologen ab und gaben sie an andere Klöster, aber auch an Bischöfe weiter. Daher wurde in den Klöstern auch ein Teil des Wissens der antiken Kultur bewahrt, soweit es mit dem christlichen Glauben verträglich war. Die Großgrundbesitzer stifteten Güter für die Klöster, die dann von den Mönchen und Nonnen bewirtschaftet wurden.[7]

Gleichzeitig wurden die Klöster, vor allem in den Städten, auch zu Zentren der Armenhilfe, der Speisung der Hungernden, der Pflege der Kranken und der Aufnahme der Hauslosen. Sie pflegten die Gastfreundschaft und richteten Schlafstätten für die Ärmsten ein. Mit der Zustimmung ihrer Herren durften auch Sklaven in ein Kloster

---

5 P. Meinhold, Kirchengeschichte in Schwerpunkten 49–60.

6 B. Flusin, Das Aufblühen des östlichen Mönchtums. In: L. Pietri (Hg.), Die Geschichte des Christentums III, Freiburg 2006, 660–675.

7 K.S. Frank, Mönchtum. In: LThK VII, Freiburg 2006, 398–404.

eintreten, das sie aber nicht mehr verlassen durften. Die meisten Klöster befolgten schriftliche Regeln der Lebensform, doch viele Mönche und Nonnen schlossen sich dem monphysitischen Glauben an. In der Folgezeit verbreiteten sich die Klöster besonders im Osten der Provinz Syrien bis nach Edessa, in Palästina und in Ägypten. Auch Einsiedler hatten einige gemeinsame Einrichtungen (Laura), das gemeinsame Gebet und den Austausch ihrer Erfahrungen. In Konstantinopel versuchten die Mönche und Nonnen ständig, auch einen politischen Einfluss zu gewinnen; doch hier standen sie in Konkurrenz zu den Reichsbischöfen und Metropoliten.[8]

Die Lehrer der Theologie entfalteten die griechische Kultur weiter; sie kannten die Schriften der meisten Schulen der Philosophie, der Rhetorik, der Dichtung und der Geschichtsschreibung. Die staatlichen Rhetoren wurden auch in der antiken Literatur ausgebildet, sie verbanden deren Inhalt fortan mit christlichen Lehren. Die Theologen und Lehrer des Glaubens verfassten Spruchsammlungen von Dichtern und Weisheitslehrern, aber auch Argumentationsketten (katenai) aus der Bibel. Die Theologen und Prediger nahmen vor allem die Lehren der neuplatonischen Philosophie in ihr Denken auf. In den Klöstern entstand eine Vielfalt an asketischer Literatur, welche das einfache und gottergebene Leben pries. Gesammelt wurden aber auch die Sprüche der frühen Wüstenmönche (Apophtegmata patrum), sowie Legenden über heilige Mönche und Nonnen, über Wundertäter und Martyrer.[9]

Von vielen Mönchen und Nonnen wurde angenommen, dass in ihnen göttliche Kräfte seien, mit denen sie Wunder tun und Krankheiten heilen konnten; deswegen wurden nach ihrem Tod ihre Reliquien verehrt. Die Prediger entfalteten eine Kunst der Bilder, um die Lehren des Glaubens anschaulich darstellen zu können. Es entstanden große Malerschulen, die auf die Darstellung der Engel, der Gottesmutter Maria und des Christus und einiger Heiliger spezialisiert waren. Gemalt wurden Szenen aus der Bibel, aus der Lebensgeschichte Jesu, die Verherrlichung Christi und der Heiligen und Martyrer. Die Bilder wurden durch Mosaiktechnik oder Maltechnik an den Wänden, Decken und Fußböden der Kirchen dargestellt. Bald wurde im christlichen Volk angenommen, dass in diesen Bildern göttliche Kräfte gespeichert seien (Bildmagie). Die Gläubigen wollten diese Bilder berühren oder küssen, um diese göttlichen Kräfte in sich aufzunehmen. Auch die Kaiser, die Patriarchen und die Apostel wurden häufig dargestellt, sie galten als die Beschützer des Imperiums.[10]

Die Gottesmutter Maria (theotokos) ersetzte im Glauben des Volkes und nach den Lehren der Prediger die alten griechischen Göttinnen der Fruchtbarkeit und des Trostes. Deren Titel wurden nun auf Maria übertragen, denn der christliche Gott war nur männlich. An den großen Marienfesten (Verkündigung, Geburt, Entschlafung) wurden in den Städten feierliche Prozessionen ausgeführt, zu dieser Zeit wurden viele Marienkirchen und Basiliken der Gottesmutter gebaut (Nea Maria). Besonders in den Klöstern wurde die göttliche Jungfrau und Mutter verehrt, die Kaiser und

---

8 B. Flusin, Das Aufblühen des östlichen Mönchtums 630–646.
9 K.S. Frank, Mönchtum 398–402.
10 B. Flusin, Das reichskirchliche Christentum. In: L. Pietri (Hg.), Die Geschichte des Christentums III, Freiburg 2006, 660–675.

Patriarchen stellten die Hauptstadt des Reiches unter ihren Schutz; wie einst die Stadt Athen unter dem Schutz der Göttin Athena stand. Nun verfassten die Mönche und Nonnen große Lieder und Hymnen auf die Gottesmutter und den göttlichen Erlöser Jesus Christus.[11]

Die feierliche Liturgie der Kleriker und die vielen Prozessionen zu den Heiligtümern orientierten sich am Ritual des Kaiserkultes. So wie der Kaiser beim Besuch einer Stadt (parousia) von der Bevölkerung um Erbarmen angefleht wurde (Kyrie eleison), so flehten auch die Bischöfe und Kleriker den einen Weltgott und seinen Sohn Jesus Christus um Erbarmen an; sie benutzten die gleiche Formel. Sie sangen das Lob des göttlichen Schöpfers, des Erlösers vom Bösen, der Engel und der Heiligen; sie veranstalteten große Wallfahrten und Prozessionen zu den großen Kirchen, um die Vergebung der Sünden und die göttliche Hilfe zu erbitten. Die Kaiser ließen große Kirchen und Basiliken bauen, sie sollten Abbilder der himmlischen Welt sein; denn die Herrschaft der Kaiser und Patriarchen sei ein glanzvolles Abbild der göttlichen Herrschaft über die ganze Welt. Das Imperium und die orthodoxe Religion waren eng verflochten, sie stützten sich gegenseitig und dauerhaft.[12]

Die Kultbauten richteten den Blick der Gläubigen auf die göttliche Wirklichkeit, im Altarraum (Apsis) waren die Bilder des göttlichen Erlösers, der Engel und Heiligen. Christus wurde als der Beherrscher der ganzen Welt (pantokrator) dargestellt. Die hohen Kuppeln in den Kathedralen sollten das Himmelsgewölbe symbolisieren, in der Feier der Liturgie suchten die Glaubenden die innere Verwandlung. An den Gräbern der Martyrer wurde um die Vergebung der Sünden und um Heilung von Krankheit gebetet. Die Gottesmutter wurde von beiden Geschlechtern um Hilfe in der Not, um Schutz vor Feinden und um Fruchtbarkeit angefleht. Manche Palastkirchen (z. B. San Vitale in Ravenna) wurden mit achteckigem Grundriss erbaut. Bis zum großen Bilderstreit trugen Kleriker und Laienchristen auf ihren Festgewändern religiöse Bilder; nach diesem Streit durften nur mehr Kleriker diese Bilder tragen.[13]

Von den Wallfahrten wurden Gefäße (ampullae) mit Erde oder mit Öl von den heiligen Orten mitgenommen, die mit den Reliquien der Martyrer in Berührung gekommen waren. Denn die Mönche und Kleriker lehrten, dass in den religiösen Bildern (Ikonen) göttliche Kraft sei, welche den Menschen Heilung bringe. Diese Bilder sollten geküsst und in Prozessionen mitgetragen werden. Auf vielen Bildern waren die Wundertaten Jesu oder seine Himmelfahrt dargestellt, auch seine Geburt und die Anbetung der Hirten wurden häufig gemalt. Als die toratreuen Juden und die Moslems an dieser Bilderverehrung Kritik übten, begannen einige Theologen, religiöse Bilder zu zerstören. In der Folgezeit begann der lange Bilderstreit (Ikonoklasmus), der die byzantinische Kultur schwer belastete und schwächte. Denn nun folgten einige Theologen dem altjüdischen Bilderverbot, das die Darstellung des Heiligen und Göttlichen untersagte. Denn der eine Weltgott sollte nicht von den

11 K.S. Frank, Mönchtum 398–402.
12 B. Flusin, Das reichskirchliche Christentum 680–702.
13 R. Warland, Byzantinische Kunst. In: LThK II, Freiburg 2006, 863–867. E. Kitzinger, Byzantinische Kunst im Werden. Köln 1985, 65–81.

Menschen durch die Verehrung der Bilder zu etwas gezwungen werden können. So hatten bereits die jüdischen Jahwepriester argumentiert, als sie die Bilder der jüdischen Volksreligion zerstörten.[14]

Durch die lang andauernden Kämpfe zwischen dem Byzantinischen Reich und dem Reich der Perser (Sassaniden) wurden beide Großreiche erheblich geschwächt. Als der Kaiser Heraklios den persischen König Chosrau II. im Jahr 627 bei Ninive besiegte, da wurden die arabischen Söldner aus dem persischen Heer frei. Sie vereinigten sich mit arabischen Söldnern aus dem byzantinischen Heer und begannen zusammen mit arabischen Heerführern (Abu Bakr), das persische Imperium für die Moslems zu erobern. Kurze Zeit später gelang ihnen unter der moslemischen Einheitsreligion die Eroberung ganzer Provinzen des Byzantinischen Reiches; nämlich der Provinzen Syrien, Palästina und Ägypten. So waren die moslemischen Araber die siegreichen Dritten, die vom militärischen Niedergang der beiden Großreiche profitiert haben. Die moslemischen Krieger hatten als Söldner sowohl die persische, als auch die byzantinische Kriegstechnik und Organisation der Kriegsheere gelernt. In Persien gab es längst christliche Gemeinden, meist Monophysiten mit einer eigenen Kirchenstruktur; sie wurden in das moslemische Imperium eingegliedert.[15]

Auch in Armenien, das vom Reich der Perser abhängig war, gab es christliche Gemeinden und eine feste Kirchenstruktur. Das westliche Georgien war schon früh christlich geworden, der östliche Teil des Landes folgte der persischen Religion des Zarathustra. In beiden Ländern waren viele Klöster entstanden, die orthodoxen Bischöfe lebten in Konkurrenz mit den monophysitischen Klerikern. Später verbreitete sich dort auch ein nestorianisches Christentum.

Politische Umwälzungen und Kriege

Im 6. und 7. Jh. wurde das Byzantinische Reich durch Bedrohungen von außen schwer erschüttert. Denn ab 578 drangen Reiterkrieger der Awaren und der Slawen in das Imperium ein, sie eroberten Teile Makedoniens und Achaias, von Illyrien und Thrakien. Dann ließen sie sich in Achaia nieder und wurden zeitweise sesshaft, der römische Limes im Norden musste aufgegeben werden. Slawen siedelten im Umkreis von Thessalonike und bedrohten die Stadt; zusammen mit den Awaren und den Bulgaren belagerten sie die Hauptstadt Konstantinopel (619); eine Belagerung dauerte sieben Jahre. In der Folgezeit siedelten Slawen in Gebieten von Illyrien und auf dem Balkan. Als Thessalonike von den Slawen bedroht wurde, verstärkten die Mönche und Prediger die Verehrung der Gottesmutter; sie schrieben den Abzug der Feinde dem Wirken der Gottesmutter und des heiligen Demetrios zu.[16]

---

14 J.M. Spieser, Byzantinische Spiritualität. In: L. Pietri (Hg.), Die Geschichte des Christentums III, Freiburg 2006,720–744.

15 N. Garsoin, Persien, die Kirche im Osten. In: L. Piertri (Hg.), Die Geschichte des Christentums III, Freiburg 2006, 1162–1175.

16 G. Dagron, Byzantinische Kirche und byzantinische Christenheit. In: G. Dagron (Hg.), Die Geschichte des Christentums IV. Freiburg 1994, 8–14.

Zu dieser Zeit verstärkten auch die Perser ihre Kriegszüge gegen das Byzantinische Reich. Der „König der Könige" Khosrau II. eroberte im Jahr 604 Edessa, vier Jahre später überschritt er mit seinen Truppen den Fluss Euphrat und eroberte Teile der byzantinischen Provinzen Syrien und Palästina. Diese Provinzen waren durch den langen Bürgerkrieg zwischen den beiden Heerführern Heraklios und Phokas geschwächt worden, sie leisteten den Persern wenig Widerstand. Die Perser wurden von starken arabischen Hilfstruppen unterstützt, sie eroberten Antiochia und Apamea und Teile von Kilikien. Im Jahr 614 wurden Jerusalem und Kaisareia in Palästina erobert, die Perser richteten dort eine neue Verwaltung ein. Die Provinz Ägypten ergab sich den persischen Heeren, nur die Stadt Alexandria musste erobert werden. Viele Bewohner dieser Provinzen wurden nach Persien verschleppt oder getötet; christliche Prediger sahen in diesen Kriegen die Zeichen für den baldigen Weltuntergang.[17]

Der Perserkönig Khosrau II. hatte zwei christliche Ehefrauen, er verwaltete das eroberte Land sogar mit christlichen Ministern. Doch die zoroastrische Religion sollte den Vorrang vor dem Christentum haben, allerdings wurden alle christlichen Gemeinden geduldet. Aber der persische König vertrieb die orthodoxen Bischöfe, die mit dem Kaiser Heraklios verbündet waren und ersetzte sie durch monophysistische Bischöfe. Auf Münzen in Alexandria ließ sich der Perserkönig sogar mit dem christlichen Kreuz darstellen, denn er wollte eine tolerante und pluralistische Religion, ähnlich wie König Kyros I. im 6. Jh.v.Chr. Da sich die Stadt Jerusalem den Persern nicht ergeben hatte, wurden viele Bewohner nach Persien deportiert oder getötet. Die Reliquien des Kreuzes Jesu wurden von den Siegern als Beute mitgenommen. Danach verbündeten sich die toratreuen Juden mit den Persern und plünderten christliche Kirchen, sie warben unter Christen für den Übertritt zum jüdischen Glauben. Nun sagte der siegreiche Perserkönig dem Patriarchen Zacharias von Jerusalem, dass der Gott der Perser dem Gott der Christen weit überlegen sei.[18]

Die christlichen Prediger deuteten die Niederlage als Strafe Gottes für die Sünden der Christen, wie zur Zeit der Babylonischen Gefangenschaft der Juden. Ein Mönch sah in einer Vision, wie die göttlichen Engel die heilige Stadt verließen. Doch die zerstörten heiligen Stätten, das Grab Jesu, Golgatha und die Bauten auf den Zionsberg konnten durch Spenden der Perser und des Patriarchen wieder aufgebaut werden. Zu dieser Zeit fielen viele Christen von ihrem Glauben ab und verspotteten das Kreuz Jesu; sie traten zum Glauben der Perser oder der Juden über. Doch Perser durften nicht zum christlichen Glauben übertreten, das wurde mit der Todesstrafe bedroht. Mönche berichten, dass Perser deswegen getötet wurden. Zu dieser Zeit war in Arabien der Prophet und Heerführer Muhammad mit seinen Anhängern von Mekka nach Yatrib (Medina) geflohen (622), Verwandte hatten ihn dort aufgenommen. Ihm schlossen sich danach arabische Krieger an, die aus den Heeren der Perser und der Byzantiner kamen, als sich diese auflösten. Zu dieser Zeit musste der Kaiser Heraklios an die Krieger der Awaren Tribute zahlen, dass sie seine Hauptstadt Konstantinopel

17   G. Dagron, Byzantinische Kirche und byzantinische Christenheit 10–15.
18   Strategios, Kanonar von Jerusalem 19,11.

nicht angriffen. Der Patriarch Sergios stellte den Gold- und Silberschatz aller Kirchen der Stadt zur Verfügung, um diesen Tribut zahlen zu können.[19]

Doch im Juni 626 griffen die Awaren und die Perser, wohl nach Absprachen durch Gesandte, gleichzeitig die Stadt Konstantinopel an; die Awaren kamen von Adrianopel her, die Perser aus der Region um Chalkedon. Zeitgenossen schätzten die Kriegsheere der Perser und der Awaren zusammen auf 80.000 Mann. Nun ließ der Patriarch in mehreren Prozessionen um den Sieg der Belagerten beten; und am 7. August gelang es der byzantinischen Flotte, die Schiffe der Slawen zu vertreiben, damit kam die Belagerung der Stadt zu Ende. Die Kleriker und Theologen feierten ein großes Siegesfest, sie schrieben die Befreiung der Gottesmutter Maria zu. Denn der Patriarch hatte die Ikone der Gottesmutter (theotokos) zur Verteidigung der Stadt eingesetzt, sie gab den Soldaten Mut und Kampfkraft. Jetzt dichteten die Theologen große Hymnen auf die siegreiche Gottesmutter; der bekannteste ist der Hymnos akathistos, der stehend gesungen werden musste, um die Bereitschaft zum Kämpfen auszudrücken.[20]

Danach begann der Kaiser Heraklios im Osten des Reiches den Kampf gegen die Perser; seine Armee zog bis zum Kaukasusgebirge und zerstörte persische Städte und Feuertempel. Am 12. Dezember 627 besiegte der Bruder des Kaisers (Theodoros) den persischen König bei der alten Stadt Ninive, danach eroberte er dessen Residenz in Dastagert. Dabei wurde der König Khosrau II. getötet, ihm folgte als Heerführer sein Sohn; dieser bot den Byzantinern den Frieden an. Doch die persischen Heerführer folgten dem jungen König nicht mehr, die persischen Heere lösten sich auf, große Teile der arabischen Söldner kehrten nach Arabien zurück. Viele von ihnen schlossen sich dem Heerführer Muhammad und seinen Nachfolgern an. Die persischen Truppen räumten nun auch die Provinzen Ägypten, Syrien und Palästina, sie gaben den Christen sogar die entführte Kreuzreliquie zurück.[21]

Kaiser Heraklios zog als Triumphator nach Konstantinopel, in den Kirchen wurden große Dankgottesdienste gefeiert. Im Jahr 630, als Muhammad mit seinem Heer Mekka eroberte, brachte der Kaiser Heraklios die Kreuzreliquie nach Jerusalem zurück, denn der Sieg wurde als göttliches Geschenk gesehen. Nun näherte sich der Kaiser den Monophysiten und den Nestorianern an, doch für die Verteidigung des Imperiums kam diese Annäherung zu spät. Denn vier Jahre später begannen moslemische Truppen mit der Eroberung der byzantinischen Provinzen Syrien und Palästina, da schlossen sich viele Monophysiten und Nestorianer den Moslems an. So hatte der Jahrhunderte lange Kampf der Bischöfe und der Kaiser gegen die monophysitischen und nestorianischen Christen zur partiellen Selbstzerstörung des Reiches im Osten geführt.[22]

---

19 G. Dagron, Byzantinische Kirche und byzantinische Christenheit 14–18.
20 G. Dagron, Byzantinische Kirche und byzantinische Christenheit 16–20. E.Ch. Suttner, Ostkirchen. In: LThK VIII, Freiburg 2006, 1204–1206.
21 E.Ch. Suttner, Ostkirchen 1204–1206. Ders., Das östliche Christentum. Würzburg 1997, 78–90.
22 H. Jansen, Mohammed. Eine Biographie. München 2008, 441–452.

Die moslemischen Eroberungen

Da sich das Heer der Perser nach der verlorenen Schlacht bei Ninive weitgehend aufgelöst hatte, kehrten viele arabische Söldnertruppen in ihre Heimat zurück. Sie dürften sich sehr schnell dem Heerführer Muhammad und seinen Nachfolgern angeschlossen haben. Dabei ist bis heute nicht eindeutig zu entscheiden, ob Muhammad der einzige siegreiche Heerführer in Arabien war oder ob hinter seiner Gestalt mehrere Heerführer stehen.[23] Jedenfalls haben sich die arabischen Krieger sehr schnell unter einem einzigen Heerführer (Muhammad) und unter einem einzigen Kriegsgott (Allah) vereinigt. Danach begannen sie mit Kriegszügen gegen die Städte Muta und Tabuk (630), drei Jahre später fielen sie schon in Syrien ein. Und im Jahr darauf eroberten sie Bosra und fielen in Palästina ein. Ein Heer der Byzantiner wurde bei Jerusalem und bei Pella besiegt; danach mussten sich die Städte Damaskus und Emesa den Moslems ergeben. Auch hier dürften Monophysiten und Nestorianer zu den siegreichen Heeren der Araber übergelaufen sein. Nach kurzen Erfolgen wurde die Armee des Kaisers Heraklios im Jahr 636 von den Moslems besiegt.[24]

Danach ergaben sich die Städte Damaskus und Emesa endgültig den moslemischen Kriegern, es folgten die Städte Chalkis, Apameia, Aleppo und Antiochia am Orontes. Jerusalem wurde vom Kalifen Omar belagert, der einen Vertrag mit den Bewohnern der Stadt schloss. Danach ergab sich die heilige Stadt der Juden und Christen, der Kalif betete an diesem Ort, in dessen Richtung bereits Muhammad mit seinen Anhängern 17 Monate lang gebetet hatte. Danach ließ Omar die große Moschee bauen (Omarmoschee), in der Juden, Christen und Moslems beten sollten. Die toratreuen Juden aber forderten vom Kalifen die Entfernung der christlichen Kreuze vom Ölberg. Danach eroberten die Moslems die Provinzen Syrien, Palästina, Mesopotamien und Armenien ohne großen Widerstand der Byzantiner. Der Kaiser Heraklios war vor der Schlacht am Yarmuk nach Konstantinopel geflohen und hatte die Kreuzreliquie von Jerusalem mitgenommen.[25]

Die Gründe für das Überlaufen byzantinischer Truppen zu den arabischen Moslems waren vielfältig. Zum einen waren es die arabischen Söldner im byzantinischen Heer, denen der Kaiser schon längere Zeit den Sold nicht mehr zahlen konnte. Dann war es die lange Unterdrückung der Monophysiten und Nestorianer durch die orthodoxen Bischöfe und den Kaiser. So wird von vielen Städten berichtet, dass die Bischöfe den Eroberern die Tore der Stadt geöffnet haben. Vermutlich haben sie und die anderen Bewohner sich steuerliche Entlastungen erwartet, denn die byzantinische Verwaltung war durch die langen Kriege geschwächt. Ab 639 begannen die Moslems den heiligen Krieg gegen die Provinz Ägypten auf dem Landweg und vom Meer her. In der Schlacht bei Heliopolis wurde der byzantinische Heerführer Theodoros besiegt, jetzt waren die Städte auf Verhandlungen mit den Angreifern angewiesen.

---

23 H. Jansen, Mohammed 440–460.
24 K. Prenner, Die Stimme Allahs. Religion und Kultur des Islam. Graz 2003, 67–92.
25 G. Dagron, Byzantinische Kirche und byzantinische Christenheit 20–24.

Der melkitische Patriarch führte die Verhandlungen, er bot den Moslems hohe Tributzahlungen an, mit denen auch der Kaiser Heraklios einverstanden war.[26]

In der Folgezeit garantierten die Moslems den Christen die Sicherheit ihres Lebens und ihres Besitzes, wenn sie regelmäßig eine Kopfsteuer zahlten. Ab 642 unterwarf sich ganz Ägypten den moslemischen Heeren, auch diese Provinz war durch den langen Bürgerkrieg zwischen Phokas und Heraklios geschwächt worden und politisch gespalten. Die koptischen Bauern auf dem Land standen gegen die Griechen in den Städten. Zeitzeugen schrieben, die Moslems hätten die militärische Schwäche der Byzantiner und den Hass des Volkes auf den Kaiser Heraklios erkannt und ausgenutzt. Auch hier hatte der Kaiser die monophysitischen Christen (Jakobiten) lange Zeit verfolgen lassen. Nun hatten Teile der Bevölkerung die Moslems um Hilfe gegen die orthodoxen Bischöfe gerufen. In der Folgezeit traten viele Christen zum Glauben der Moslems über, weil sie dann steuerliche Vorteile hatten.[27]

Lebenswelt und Kultur

Zu dieser Zeit war das byzantinische Reich klein geworden, es erstreckte sich nur mehr über Teile Kleinasiens und Südosteuropas. Es blieb ständig von den Moslems bedroht, die Konstantinopel häufig vom Meer her angriffen und belagerten. Trotzdem hat sich das Imperium des Kaisers mit der Hilfe der orthodoxen Patriarchen und Bischöfe wieder gefestigt, es konnte noch über 800 Jahre die moslemischen Angriffe abwehren. Doch vom Norden her drängten die Slawen, vor allem die Serben und die Bulgaren in das Byzantinische Reich. Daher ließen die Kaiser Justinianos II. und Konstantinos V. Slawen in Bythynien am Schwarzen Meer ansiedeln. Die Slawen am Balkan und außerhalb des Imperiums wurden durch christliche Missionare in die griechische Kultur einbezogen.[28]

Die Kaiser verschafften den Bischöfen wieder wichtige Funktionen in der Gesellschaft, vor allem in den Städten; sie erhielten Stiftungen von Gütern, um die Versorgung der Armen, der Kranken und der Flüchtlinge organisieren zu können. An den Klöstern und Bischofskirchen wurden Häuser für alte und kranke Menschen, für Waisenkinder und ausgesetzte Kinder, auch für Obdachlose eingerichtet. Es wurden Bruderschaften von Laienchristen (spoudaioi, philoponoi) gegründet, die zusammen mit den Diakonen den Dienst an den Armen ausübten. Diesen Vereinigungen gehörten auch viele Frauen an, sie sammelten die Kranken und Schwachen von den Straßen auf und bereiteten ihnen einen Ort des ruhigen Sterbens; sie organisierten auch deren Begräbnis. Da die Besitztümer sehr ungleich verteilt waren und der Steuerdruck des Reiches wegen der militärischen Ausgaben sehr hoch war, verarmten viele Menschen, vor allem in den ländlichen Regionen.[29]

---

26 K. Prenner, Die Stimme Allahs 124–148.
27 Johannes von Nikiu, Chronikon 120f, 107–110, 115–117.
28 G. Dagron, Byzantinische Kirche und byzantinische Christenheit 24–28.
29 G. Dagron, Byzantinische Kirche und byzantinische Christenheit 29–40.

Neben den orthodoxen Christen lebten im Imperium auch viele nichtorthodoxe Christen, aber auch Juden und Altgläubige. Die Bischöfe verschärften auf ihren Synoden die Regeln des gesellschaftlichen Zusammenlebens, sie verboten die Abtreibung unerwünschter Kinder, den Brautraub und den Ehebruch, und weitgehend auch die Ehescheidung; die Frauen durften keine erotisch aufreizenden Frisuren und Kleider mehr tragen. Kleriker durften keine Gasthäuser und Bordelle unterhalten, sie sollten nicht an den Pferderennen im Hippodrom teilnehmen; sie durften kein Geld gegen Zinsforderungen verleihen und keine kirchlichen Ämter kaufen. Auf den Straßen mussten sie an ihrer Kleidung erkennbar sein, ihre Ämter durften sie nicht in der Familie vererben; denn sie waren verheiratet und hatten Kinder, nur den Bischöfen wurde die Eheschließung verboten. Für Subdiakone galt ein Mindestalter von 20 Jahren, für Diakone von 25 Jahren und für Presbyter von 30 Jahren. Die Kleriker mussten vor dem Eintritt in den Klerikerstand heiraten, Bischöfe mussten unverheiratet sein; sie waren entweder Mönche oder verwitwete Kleriker.[30]

Den Bischöfen und Theologen war daran gelegen, das Heilige vom Profanen scharf abzugrenzen. In den Kirchen waren die Kleriker von den Laienchristen durch die Chorschranken und die Ikonenwand (Ikonostase) getrennt. Die Bischöfe verboten den Laienchristen die Teilnahme an den altgriechischen Bacchusfesten mit Tänzen und Maskeraden, aber auch die Befolgung des alten Kalenders. Dies zeigt, dass vor allem in den ländlichen Regionen die alten Götterfeste noch lange Zeit gefeiert wurden. Die Theologen warnten die Laienchristen vor dem Glücksspiel (tyche), der Magie und der Wahrsagekunst, aber auch vor den umherziehenden Mönchen, die als „Narren Christi" auftraten. Wir müssen also annehmen, dass auch in der christlichen Kultur noch lange Zeit altgriechische Mythen, Riten und Vorstellungen weiter lebten. Die Prediger warnten vor häretischen Gruppen, die nicht dem Glauben der orthodoxen Bischöfe anhingen.[31]

Die Bischöfe grenzten sich aber auch vom Glauben der toratreuen Juden strikt ab; sie verboten den Laienchristen, sich von jüdischen Ärzten behandeln zu lassen, mit Juden in die Thermen zu gehen oder von jüdischen Bäckern ungesäuerte Brote zu kaufen. In den Städten gab es regelmäßig Streitgespräche zwischen christlichen Theologen und jüdischen Lehrern. Als der Kaiser Heraklios die Kreuzreliquie nach Konstantinopel brachte, wurden Juden von fanatischen Christen getötet. Danach gab der Kaiser den Befehl, dass Juden im ganzen Reich auch gegen ihren Willen getauft und zu Christen gemacht werden durften. Doch die Zwangstaufe stieß auf starken Widerstand, nur wenige Juden traten freiwillig zum Glauben der Christen über.[32]

Nach der Eroberung Palästinas durch die Moslems predigten viele Theologen und Kleriker, die Moslems seien Verbündete der Juden, beide wollten den christlichen Glauben zerstören. Die Juden antworteten, die Christen seien im Unrecht, wenn sie die religiösen Bilder und die Kreuze verehrten. In den eroberten Gebieten traten

---

30 E.Ch. Suttner, Ostkirchen 1204–1206.
31 G. Dagron, Byzantinische Kirche und byzantinische Christenheit 60–72.
32 E.Ch. Suttner, Ds östliche Christentum 128–145.

sowohl Juden als auch Christen zur moslemischen Religion über. Johannes von Damaskus sah im Islam eine christliche Häresie, die den wahren Glauben der Bischöfe bedrohte. Die einfachen Christen verehrten weiterhin die Mönche und Wunderheiler, sie glaubten, dass diese sogar das Wetter beeinflussen konnten. Zu dieser Zeit standen auf den öffentlichen Plätzen der Städte und Dörfer viele Bilder der Heiligen und des göttlichen Erlösers, der Gottesmutter und der Engel. Denn das Volk glaubte und die Kleriker lehrten, dass diese Bilder die Menschen in ihren Siedlungen vor Feinden und vor Krankheiten schützten.[33]

Der lange Streit um die Bilder

Die Juden und die Moslems kritisierten die Verehrung der Bilder bei den Christen, weil sie selber keine Bilder des Göttlichen zuließen. Durch diese Kritik begannen auch einige Theologen und Kleriker an der Richtigkeit der Bilderverehrung zu zweifeln. Sie erinnerten sich nun an das Bilderverbot in der jüdischen Bibel (Altes Testament), in Ex 20,4–5 und Dtn 5,8–9. Dort hatten die jüdischen Jahwepriester dem Volk verboten, Bilder des Göttlichen und der Engel anzufertigen und diese zu verehren. Denn der eine Bundesgott Jahwe sollte nicht durch die Anrufung der Bilder zu erwünschten Handlungen gezwungen werden, er sollte souverän entscheiden können. Ab 720 nahm im Byzantinischen Reich die Kritik an der Verehrung der Bilder zu, auch Theologen und Kleriker schlossen sich dieser Ablehnung der Bilder an. Als die Moslems die Stadt Nikaia belagerten, warf ein christlicher Soldat einen Stein auf die Ikone der Gottesmutter, die zum Schutz der Stadt aufgestellt war; doch am nächsten Tag fiel dieser Soldat im Kampf. Kaiser Leon III. ließ die Ikone Christi vom Tor seines Palastes entfernen, doch das Volk protestierte dagegen, denn es verlor den Schutz durch das Christusbild.[34]

In der Folgezeit spalteten sich die Christen in Bilderverehrer und in Bilderstürmer (ikonoklastai). Die Verehrer der Bilder sagten, die Bilderfeinde seien Verbündete der Juden und der Moslems, sie wollten den christlichen Glauben zerstören. In der Folgezeit verboten einige Kaiser die öffentliche Verehrung der Bilder mit Prozessionen und Kniefall (proskynesis), auch eine Synode der Bischöfe in Hiereia verbot den Bilderkult. Darauf wurden viele Bilder in den Kirchen und in öffentlichen Gebäuden zerstört. Doch auf einer anderen Synode in Nikaia (787) entschied die Mehrheit der Bischöfe, dass religiöse Bilder wieder öffentlich verehrt werden durften. Aber immer noch standen sich im ganzen Reich zwei gegnerische Parteien gegenüber, die unversöhnlich schienen. Für die einen waren die religiösen Bilder nur tote Gegenstände und hatten keinerlei Wirkung; für die anderen aber waren in den Bildern und Reliquien göttliche Kräfte, die den Menschen zu Hilfe kommen konnten. In der Folgezeit entschieden die Bischöfe, dass die religiösen Bilder wohl verehrt, aber nicht angebetet werden durften. Johannes von Damaskus

---

33 E.Ch. Suttner Ostkirchen 1204–1206.
34 G. Dagron, Der Ikonoklasmus und die Begründung der Orthodoxie. In: G. Dagron (Hg.), Die Geschichte des Christentums IV, Freiburg 1994, 98–110.

lehrte, durch die göttliche Menschwerdung in Jesus Christus sei das Bilderverbot des Alten Testaments aufgehoben worden.[35]

Zu dieser Zeit wurden von den Theologen mehrere Abhandlungen gegen die Juden, die Moslems und die christlichen Häretiker verfasst. Den Bilderfeinden wurde vorgeworfen, sie seien im Geheimen Helfer der Moslems und der toratreuen Juden. Doch zwischen 780 und 850 kam es im Imperium zu einer zweiten Welle der Bilderzerstörung. Zu dieser Zeit kämpften die Bulgaren im Norden und die Moslems im Osten gegen die Heere des Kaisers. Jetzt behaupteten die Gegner der Bilderverehrung, die Angriffe der Feinde auf das Imperium seien die Strafe Gottes für die verbotene Verehrung der Bilder. Zu dieser Zeit wurden in vielen Regionen wieder Bilder mit religiösen Inhalten zerstört, Soldaten warfen Steine auf die Christusikone, weil sie ihnen keine Siege gebracht hatte. Der Kaiser Leon V. schloss sich den Bilderzerstörern an, doch seine Nachfolger begannen, die öffentliche Verehrung der Bilder wieder zu tolerieren.[36]

Die Theologen Nikephoros und Theodoros Studites verteidigten die Verehrung der Bilder, weil sie auf Christus und die Heiligen hinwiesen, aber nicht mit ihnen identisch seien. Doch durch den Streit um die religiösen Bilder vertiefte sich die Entfremdung zwischen der griechischen Ostkirche und der lateinischen Westkirche. Denn im Westen war die Verehrung der Bilder nie in Frage gestellt worden. Außerdem gab es Streit bei der Missionierung der slawischen Völker, die sich zum Teil der Ostkirche und zum Teil der Westkirche anschlossen. Im Byzantinischen Imperium arbeiteten der Kaiser und die Bischöfe eng zusammen, sie stützten gegenseitig ihre Herrschaft. Da aber der Kaiser über das Militär verfügte, griff er regelmäßig in die Angelegenheiten der Kirche und der Religion ein. Bei der Missionierung der slawischen Völker mussten die Inhalte des christlichen Glaubens in die slawischen Sprachen übersetzt werden. Dafür wurde von den Missionaren Kyrillos und Methodios ein eigenes Alphabet geschaffen (Kyrillica), das vom griechischen Alphabet abgeleitet wurde. Damit konnten die christlichen Schriften in der slawischen Sprache und Schrift dargelegt werden.[37]

Die kyrillische Schrift setzte sich bei allen slawischen Völkern durch, welche das griechische Christentum angenommen hatten, bei den Serben, Bulgaren und Russen. Bei den slawischen Völkern, die das lateinische Christentum annahmen, setzte sich die lateinische Schrift durch. Durch die Kämpfe der Moslems gegen das Byzantinische Reich verstärkte sich die Kritik der Theologen und Kleriker an der Religion des Islam. Sie schrieben, Muhammad sei ein falscher Prophet, er sei unter dem Einfluss der Juden und der christlichen Häretiker gestanden; er suche nur den Krieg gegen die Christen, der Koran vermittle ein falsches Bild von Gott. Die moslemische Religion verbreite unmoralische Vorschriften und Gebote, etwa die Polygamie der Männer, die Scheidung der Ehe, die Befreiung der sexuellen Triebe, die Pflicht zum heiligen Krieg, den Aufruf zur Gewalt, die Beschneidung der männlichen Penisvorhaut, un-

---

35 E.Ch. Suttner, Das östliche Christentum 130–148.
36 G. Dagron, Der Ikonoklasmus 140–160.
37 E.Ch. Suttner, Ostkirchen 1204–1206.

sinnige Speiseverbote und rituelle Waschungen. Alle diese Fehler und Mängel hätten die Moslems von den toratreuen Juden und von den christlichen Häretikern gelernt. Der Himmel der Moslems sei materialistisch, weil dort die Seligen Wein trinken und sich den sexuellen Lüsten hingeben.[38]

Zu dieser Zeit stifteten die Kaiser und reiche Adelige weiterhin viele Klöster für Mönche und Nonnen, die mit der Versorgung der Armen und Kranken betreut wurden. Diese Klöster mussten mehrfach reformiert werden, um ihren sozialen Aufgaben nachkommen zu können. Die Mönche und Kleriker strebten auch nach politischem Einfluss, sie bekamen die Kontrolle über die Ehe und Familie und über die Erziehung der Kinder. Ab dem 10. Jh. richteten Klöster und Kleriker in den Städten wieder Grammatikschulen ein, wo das Lesen und Schreiben gelehrt wurde. In einigen Städten gab es noch Schulen der Rhetorik auf niederem Niveau. In den Klöstern wurden die Bibel, die Schriften der Theologen und einiger antiker Autoren abgeschrieben. Ab dem 11. Jh. wurde am Hof des Kaisers wieder eine Schule der Rechtslehre eingerichtet, in der die Beamten des Staates ausgebildet wurden; dort wurden auch die Fächer der Philosophie und der Logik gelehrt.[39]

Die Mönche und Kleriker verfassten viele Bußbücher, in denen die Sünden der Laienchristen aufgelistet wurden. Diese Sünden konnten durch Schuldbekenntnisse vor den Klerikern und Mönchen ausgelöscht werden. Im 11. Jh. kam es zum Bruch zwischen der griechischen Ostkirche und der lateinischen Westkirche. Bereits der Patriarch Photios hatte die lateinischen Theologen vor zahlreichen Irrtümern gewarnt. Es sei ein Irrtum, an den Samstagen der Fastenzeit das jüdische Sabbatfasten zu verlagern; es sei ein Fehler, den Priestern die Eheschließung zu verbieten und sie zu unerlaubten sexuellen Beziehungen zu zwingen. Der göttliche Geist (pneuma) gehe nicht aus dem göttlichen Vater und dem göttlichen Sohn (filioque) hervor, sondern er fließe aus dem göttlichen Vater und durch den göttlichen Sohn hindurch. Der Patriarch Michael Kerularios forderte einen Bischof aus Italien auf, den jüdischen Brauch einzustellen, bei der Feier der Eucharistie ungesäuertes Brot zu verwenden und an den Samstagen zu fasten.[40]

Der Brief des Patriarchen an den Bischof wurde dem Papst in Rom bekannt, der sich als Patriarch des Westens verstand. Er schickte die Bischöfe Humbert von Silva Candida und Petrus von Amalfi nach Konstantinopel, um mit dem Patriarchen zu verhandeln. Dabei kam es zu harten theologischen Auseinandersetzungen und am 16. Juli 1054 legten die Gesandten des Papstes in der Kirche Hagia Sophia eine Urkunde der Exkommunikation gegen den Patriarchen von Konstantinopel auf den Altar. In der Stadt kam es zu einem Aufruhr des Volkes, die Gesandten des Papstes mussten das Land fluchtartig verlassen, nur die kaiserlichen Soldaten schützten sie. Mit dieser Exkommunikation des griechischen Patriarchen war der Bruch zwischen der Westkirche und der Ostkirche vollzogen, sie dauerte bis in die zweite Hälfte

---

38 J. De Boor (Hg.), Theophanes 333f.
39 G. Dagron, Die Zeit des Wandels. In: G. Dagron (Hg.), Die Geschichte des Christentums IV, Freiburg 1994, 314–340.
40 E.Ch. Suttner, Die Ostkirchen. Wien 1997, 39–50.

des 20. Jh. Seither bewerteten die lateinischen Kleriker, vor allem die Bischöfe und Theologen, die Christen der Ostkirche als „Schismatiker" und als potentielle Feinde. Sie verweigerten dem Byzantinischen Reich politische und militärische Hilfe gegen die Moslems. Die Einheit der christlichen Politik und Kultur war endgültig zerbrochen.[41]

Die Verteidigung des Imperiums

In der Folgezeit bedrohten die Moslems das Byzantinische Reich vom Osten und vom Süden her, sie belagerten die Hauptstadt immer wieder vom Meer her. Nun wurde das ganze Reich in militärische Bezirke (themai) eingeteilt, dort hatte der oberste Militärführer auch die höchste Befugnis in der Verwaltung. Oft mussten die Steuern erhöht werden, um ein starkes Heer unterhalten zu können. Erst mit den Dynastie der Makedonier (867 bis 1056) konnte das Byzantinische Reich wieder zur Gegenoffensive gegen die Moslems übergehen. Es gelang einigen Heerführern, Teile von Syrien, Palästina und Armenien wieder zu erobern. Die östliche Reichsgrenze wurde kurzzeitig wieder bis zum Fluss Euphrat verschoben. Doch der Einbruch der Turkvölker und der Seldschuqen von Zentralasien her bedrohte das Reich von neuem. Die Kaiser erhofften sich von der Kriegsheeren der lateinischen Kreuzzüge eine wirksame Hilfe gegen die Moslems. Aber diese Hilfe blieb weitgehend aus, weil sich die byzantinischen Heere nicht den lateinischen Befehlsgebern unterordnen wollten.[42]

Der erste Kreuzzug der Lateiner begann im Jahr 1096 und dauerte drei Jahre. Es waren Fußtruppen und Reiter aus Frankreich, Flandern und Lothringen, die keiner einheitlichen Führung unterstanden. So kämpften sie in kleinen Einheiten gegen die Moslems und wurden von diesen oft besiegt. Danach sammelten sich lateinische Ritterheere vor Konstantinopel, wo sie dem byzantinischen Kaiser den Treueeid schwören mussten. Sie eroberten die Städte Antiochia und Jerusalem und töteten viele Moslems; danach vollzogen sie in einer großen Bußprozession die Riten der Reinigung von ihren Sünden. In der Folgezeit setzten die siegreichen Kreuzfahrer christliche Herrscher in Jerusalem, in Antiochia, in Tripolis und in Edessa ein. Doch bald danach gingen diese Städte wieder an die Moslems verloren, die weiteren Kreuzzüge verliefen nicht erfolgreich für die lateinischen Krieger. Auf einem vierten Kreuzzug im Jahr 1204 eroberten die Kreuzfahrer die Stadt Konstantinopel und errichteten ein lateinisches Kaiserreich. Mit dieser Demütigung des Byzantinischen Reiches schwächten sie dessen Verteidigung erheblich und auf lange Zeit.[43]

In der Folgezeit konnten sich die Byzantiner gegen die vordringenden Türken und Seldschuqen, die Moslems geworden waren, kaum noch erwehren. So hatte dieser Kreuzzug den Untergang des Byzantinischen Reiches im Jahr 1453 vorbereitet. Im 11.

---

41 E.Ch. Suttner, Die Ostkirchen 56–72.
42 E.Ch. Suttner, Die Ostkirchen 97–120.
43 E.Ch. Suttner, Das wechselvolle Verhältnis zwischen den Kirchen des Ostens und des Westens. Würzburg 1996, 85–115.

und 12. Jh. verloren viele Kleinbauern ihren Besitz, dieser ging an die Großgrund-besitzer. Die Träger der kulturellen Einheit waren zu dieser Zeit die Klöster und die Kleriker, die über große Wirtschaftskraft verfügten. Jetzt sahen sich die Griechen als die einzigen Bewahrer der antiken Kultur und des orthodoxen Glaubens. Dem lateinischen Christentum unterstellten die byzantinischen Theologen und Kleriker einen Abfall vom wahren Glauben an Jesus Christus. Damit führten sie das Imperi-um immer stärker in eine politische Isolation, die schließlich zu dessen Untergang führte.[44]

---

44   E.Ch. Suttner, Das wechselvolle Verhältnis 122–138.

Entwicklung der westlichen Kultur

Nach der Zeit der Karolinigischen Könige wurde die westliche Kultur von vielen Faktoren geprägt, es gab deutliche Weiterentwicklungen in den einzelnen regionalen Gesellschaften. Die sich stabilisierenden Herrschaftsverhältnisse wirkten sich positiv auf die wirtschaftliche Entwicklung aus. Klimatische Wärmeperioden haben dazu beigetragen, dass in den meisten Regionen Westeuropas die Bevölkerung wachsen konnte, weil genug an Nahrung produziert werden konnte, sodass es selten Hungersnöte gab. Die meisten europäischen Völker waren als Ackerbauern und Viehzüchter sesshaft geworden, nur im Norden und Westen kämpften die Normannen (Nordmänner) noch längere Zeit um Siedlungsgebiete. Im Osten waren die Ungarn noch nicht sesshaft geworden, sie stießen bis nach Norditalien und Pannonien vor. Irland wurde häufig von den norwegischen Wikingern erobert und geplündert. Im Allgemeinen aber wirkte die Christianisierung der Adeligen und der Krieger stabilisierend auf die politische und kulturelle Entwicklung. Denn durch den christlichen Glauben wurden die europäischen Völker und Stämme schrittweise in ein gemeinsames Wertesystem eingebunden.

Politische Entwicklungen und Brüche

Das Reich der Franken blieb auch unter dem Kaiser Ludwig dem Frommen (gest. 840) gefestigt, obwohl seine Söhne eine Revolte gegen den Vater anstifteten. Die Normannen fielen noch regelmäßig im Westen des Reiches ein, und im Süden bedrohten die Moslems mit ihren Schiffen die Küstenregionen; sie eroberten sogar Sizilien. Die Verwaltung des Reiches wurde durch neue Gesetze (Renovatio imperii Francorum) verbessert, seine Unteilbarkeit wurde für kurze Zeit festgeschrieben. Doch der Einfluss der höheren Kleriker wurde stärker, die Bischöfe Agobard von Lyon und Ebo von Reims formulierten auf einer Synode in Paris, dass die Bischöfe die moralische Kontrolle über die Herrscher auszuüben hätten. Wegen angeblichen moralischen Vergehens wurde der Kaiser von den Bischöfen kurzzeitig exkommuniziert, die Insignien der Herrschaft wurden ihm abgenommen. Erst nach einem öffentlichen Schuldbekenntnis durfte er die Zeichen der Herrschaft wieder übernehmen und die Exkommunikation wurde aufgehoben. Vor seinem Tod legte der Kaiser Ludwig ein großes Schuldbekenntnis ab.[1]

---

1   W. Hartmann, Die Herrscher der Karolingerzeit. In: G. Hartmann/K.R. Schnith (Hg.), Die Kaiser. 1200 Jahre europäische Geschichte. Wiesbaden 2005, 71–98.

Doch im Vertrag von Verdun im Jahr 843 wurde das Reich der Franken in ein westliches und ein östliches Reich geteilt, es gab zwei verschiedene Herrscher. Die Einfälle der Normannen gingen zu dieser Zeit weiter. Im Osten der Reichsgrenze bildeten die Fürsten der slawischen Mährer (Ratislaw und Swatopluk) ein neues Reich, das sich nach Pannonien ausdehnte. Die letzten Karolinger waren lange Zeit im Streit um die Herrschaft, bis sich Arnulf von Kärnten als Kaiser durchsetzen konnte. Zu seiner Zeit fielen die Ungarn in die östlichen Teile des Reiches ein, doch er konnte sie nicht aufhalten. Mit dem Tod des minderjährigen Königs Ludwig IV. starben die Karolinger aus, jetzt konnten die mit ihnen verwandten Konradiner die Herrschaft gewinnen. In Forchheim einigten sich die Anführer der Franken, der Sachsen, der Alemannen und der Baiern, den Heerführer Konrad I. als König im ostfränkischen Reich einzusetzen. Zu dieser Zeit gewannen die Herzöge (duces) starke politische Macht, sie standen zwischen den Grafen (comes) und dem König (rex). Dieser aber brauchte die Stütze der Bischöfe, um seine Macht sichern zu können.[2]

Die folgende Königssippe der Ottonen stammte aus Sachsen, einer ihrer Vorfahren hieß Liudolf. In Fritzlar wurde Heinrich I. von den Anführern der Franken und der Sachsen zum König des ostfränkischen Reiches ausgerufen. Er verzichtete auf eine Salbung der Bischöfe, um nicht von ihnen abhängig zu werden. Doch er musste lange Zeit um die Durchsetzung seiner Herrschaft kämpfen und Kriege führen. Zu dieser Zeit bildeten sich fünf große Herzogtümer, nämlich Alemannien, Baiern, Franken, Sachsen und Lothringen. Aus Hochburgund erhielt der neue König die Heilige Lanze überreicht, die seither zum Thronschatz der deutschen Könige gehörte. In dieser Zeit wurden viele Burgen gebaut und die Reitertruppen der Herzöge und Grafen wurden neu organisiert. Im Osten des Reiches gingen die Kämpfe gegen die Ungarn und die Slawen weiter. Die Herzöge einigten sich, dass das Reich nicht mehr geteilt werden sollte, denn das Heil des Volkes (salus populorum) sollte auf einem einzigen König liegen. Nun war die Herrschaft von den Franken auf die Sachsen übergegangen, ab dem 11. Jh. wurde das Reich in den schriftlichen Texten Regnum Teutonicum genannt.[3]

Im Jahr 936 wurde Otto I. in Aachen zum ostfränkischen bzw. deutschen König erhoben, nach dem Treueeid der Fürsten wurde er im Dom vom Mainzer Erzbischof zum König gesalbt und danach gekrönt. Beim Krönungsmahl diente der Herzog von Lotharingen als Kämmerer, der Herzog von Sachsen als Truchsess, der Herzog von Schwaben als Mundschenk und der Herzog von Baiern als Marschall d.h. Stallknecht. Dies waren die Ämter der Adeligen zu dieser Zeit. Der König erhielt seine Herrschaft nach der Lehre der Theologen und Kleriker „von Gottes Gnaden" (gratia Dei), er brauchte die Religion zur Legitimation seines Amtes. König Otto I. errichtete im Osten mehrere Grenzmarken gegen die Slawen, gleichzeitig konnte er seine Herrschaft in Italien und in Burgund durch Kriegszüge festigen. Im Sommer 955 gelang es ihm mit der Unterstützung des Bischofs Ulrich von Augsburg, die

---

2 W. Hartmann, Die Herrscher der Karolingerzeit 85–100.
3 E. Hlawitschka, Die Herrscher der Ottonenzeit. In: G. Hartmann/K.R. Schnith (Hg.), Die Kaiser 180–210.

Heere der Ungarn auf dem Lechfeld zu besiegen. Nun wurden die Ungarn bis zur Ostgrenze des früheren Fränkischen Reiches zurück gedrängt und zur Sesshaftigkeit gezwungen; eine Ostmark sollte diese Grenze militärisch absichern, dort wurden viele Burgen errichtet.

Danach besiegte der König die slawischen Stämme östlich der Elbe, gliederte sie in sein Reich ein und errichtete in ihrem Siedlungsgebiet Bischofsitze, Burgen und Klöster. Im Jahr 962 wurde dieser König vom Papst in Rom zum römischen Kaiser gesalbt und gekrönt, dieser schloss mit dem Bischof von Rom einen Schutzvertrag (Pactum Ottonianum). Aber von nun an griff der Kaiser auch in die Abläufe der Papstwahlen ein, er setzte seine Kandidaten durch. Im Osten des Reiches begann zu dieser Zeit die Missionierung der slawischen Böhmen und der Polen, die Missionare wurden in Magdeburg ausgebildet und wirkten unter dem militärischen Schutz des deutschen Königs. Die lateinischen Missionare hatten jedoch bei den Fürsten von Kiew (Rus) keinen Erfolg gehabt, dort setzten sich die griechischen Missionare aus Byzanz durch.[4]

Seinen Sohn Otto II. verheiratete der König mit einer Prinzessin Theophanu aus Byzanz, damit sollte die Verbindung zum oströmischen Reich hergestellt werden. Der junge König fungierte als Mitkönig und später als Mitkaiser, bis er im Jahr 973 die alleinige Herrschaft antreten konnte. Er errichtete im Süden des Reiches neben den Herzogtümern von Schwaben und Baiern ein drittes Herzogtum Kärnten, die bairische Ostmark wurde vom König dem Geschlecht der Babenberger (Bamberg) anvertraut. In Süditalien verlor der König eine Schlacht gegen die Moslems; und an der Ostgrenze musste er Aufstände der Slawen niederringen. Als der König starb, gewann seine Frau Theophanu großen Einfluss auf das Imperium, bis ihr Sohn Otto III. regierungsfähig wurde. Die beiden Königsfrauen Adelheid und Theophanu waren von Bischöfen zu Mitregentinnen des Reiches (consortes imperii) gesalbt worden. Auch Otto III. wurde in Rom vom Papst zum römischen Kaiser gekrönt, er trug fortan den Titel „Imperator Augustus Romanorum". In der Folgezeit griff er häufig in die Papstwahl ein, zu seiner Zeit wurde die Missionierung der Polen und der Ungarn gezielt und systematisch weiter geführt.[5]

Mit dem Kaiser Konrad II. begann die Herrschaft der Salier im ostfränkischen Reich, zu diesem gehörten Deutschland, Italien und Burgund. Dieser König konnte die Ostgrenze zu den Ungarn und zu den Böhmen weiter sichern und mit Burgen befestigen, die Kämpfe mit den Normannen gingen weiter. Dem König Heinrich III. gelang es, die Länder Böhmen und Polen als Lehen des deutschen Reiches zu bewerten. Zu dieser Zeit vertraten einige Theologen (Wazo von Lüttich) die Lehre, die Bischöfe seien zuerst dem Papst in Rom den Gehorsam schuldig und erst dann dem deutschen König und römischen Kaiser. Denn die Bischofsweihe schaffe einen höheren Rang als die Königssalbung. Damit begann der große Konflikt zwischen der fürstlichen Herrschaft (imperium) und der geistlichen Macht der Kleriker (sacerdotium). Unter dem König Heinrich IV. kam dieser Streit voll zum Ausbruch, als der Papst Gregor VII. den deut-

---

4   E. Hlawitschka, Die Herrscher der Ottonenzeit 129–139.
5   E. Hlawitschka, Die Herrscher der Ottonenzeit 130–140.

schen König mit dem Bannfluch belegte und ihn zum Bußgang nach Canossa zwang. Denn damit hatte der König die geistliche Oberherrschaft des Papstes anerkannt, die Mehrheit der Fürsten und der Bischöfe im Reich hatten ihn dazu gezwungen. Mit dieser Entscheidung aber wurde das Imperium deutlich geschwächt.[6]

Auch der Kaiser Heinrich V. wurde in den Streit um die Investitur der Bischöfe hineingezogen. In dieser Zeit war es den Klerikern und Bischöfen gelungen, in der Herrschaft der Bischöfe und Äbte zwischen der geistlichen Vollmacht (spiritualia) und der weltlichen Macht (temporalia) zu unterscheiden. In Worms einigten sich im Jahr 1122 die Bischöfe, die Fürsten und die Vertreter des Papstes auf ein „Konkordat", das eine scharfe Trennung zwischen diesen beiden Rechtsbereichen vorsah. Mit den Symbolen des Ringes und des Hirtenstabes wurden den Bischöfen und Äbten die geistlichen Vollmachten übergeben, und mit dem königlichen Zepter wurde die weltliche und militärische Herrschergewalt übertragen.

Auch die Dynastie der Staufer wurde in viele Konflikte mit den Bischöfen und Päpsten hineingezogen. König Friedrich I. Barbarossa musste lange Zeit um seinen Herrschaftsanspruch in Italien kämpfen und Kriege führen; das Ringen mit seinem Cousin Heinrich dem Löwen schwächte seine königliche Macht deutlich. Auf einem Kreuzzug gegen die Moslems ertrank der Kaiser in einem Fluss in Kleinasien. Auch der Kaiser Heinrich VI. starb während der Vorbereitung eines Kreuzzugs in Süditalien. Durch den Streit mit den Theologen und Klerikern wurde die Zentralgewalt des Reiches deutlich geschwächt, doch die regionalen Fürsten, die Herzöge, Grafen, Bischöfe und Äbte konnten ihren politischen Einfluss stärken.[7]

Die gesellschaftlichen Veränderungen

In der Zeit des sog. „Hochmittelalters" entstanden in West- und Mitteleuropa viele neue Stadtsiedlungen, was auch mit dem Anwachsen der Bevölkerung zu tun hatte. Die Städte waren vor allem Handelsplätze, an denen sich neben den Händlern Handwerker und Dienstleistungen ansiedelten. Viele dieser Stadtsiedlungen entstanden um einen Bischofssitz, um eine Burg, eine Pfalz oder ein Kloster, sie bildeten neue Sozialstrukturen mit beruflicher Differenzierung. Dort lebten neben den Händlern und Handwerkern auch die Besitzer von Ackerland und von Viehherden. In ihren Häusern lebten die Knechte und Mägde, die aber neue Freiräume gewinnen konnten. Die Stadträte erarbeiteten neue städtische Rechtsordnungen, die von Grafen, Fürsten, Bischöfen, Äbten oder Königen bestätigt wurden. In vielen Städten wurden nun Grundschulen für Lesen, Rechnen und Schreiben, aber auch der höheren Bildung eingerichtet. In manchen Städten gab es Rechtsschulen (Padua, Bologna), Klosterschulen und bischöfliche Schulen (Paris, Köln). Die Einwohnerzahl der Städte lag zwischen 1000 und 10.000 Personen.[8]

---

6   K.R. Schnith, Die Herrscher der Salierzeit. In: G. Hartmann/K.R. Schnith (Hg.), Die Kaiser 180–210.

7   K. Höflinger, Die Herrscher der Stauferzeit. In: G. Hartmann/K.R. Schnith (Hg.), Die Kaiser 248–296.

8   C. Haase, Die Stadt im Mittelalter I. Darmstadt 1997, 120–145.

Die freien Märkte mit ihren Marktrechten waren maßgeblich an der Entstehung und Entwicklung der Städte beteiligt; diese hoben von den Händlern Zölle ein und setzten die Maße und Gewichte fest. Für den Handel wurden Straßen ausgebaut, damit sie mit Pferdewagen befahren werden konnten; gleichzeitig wurden die Schifffahrtswege auf den Flüssen verbessert. Die Frauen erreichten in den Städten eine deutliche Aufwertung, sie erhielten mehr an Rechten und Freibriefen für den Handel und das Gewerbe. Sie waren ungleich besser gestellt als die Frauen in den ländlichen Regionen der Bauern und Viehhirten. Die Städte waren zentrale Orte der Gerichte, der Bildung und der wirtschaftlichen Entwicklung. Das religiöse Leben wurde von den Kirchen und Klöstern bestimmt, Kleriker, Mönche und Nonnen waren in den Sozialdiensten an den Armen und Kranken engagiert. Es wurden neue Kirchen und Klöster gebaut, aber auch Häuser für Kranke, Sieche, Arme, Hauslose und Fremde.[9]

Die soziale Oberschicht der Besitzbürger (Patrizier) unterschied sich im Lebensstil bald deutlich von der breiten Mittelschicht der Handwerker, der Kleinhändler, der freien Lohnarbeiter und der Unterschicht der Knechte und Mägde. In einigen Städten siedelten seit langem Juden als Händler und Handwerker, auch als Besitzer von Feldern und Viehherden. Sie waren bei den Christen meist angesehen und geschätzt, es gab Austausch im Handel und im privaten Leben. Doch die Kleriker und Theologen waren um die Abgrenzung der Juden von den Christen besorgt, sie verboten auf vielen Synoden die Heirat oder Gastmähler mit Juden. Damit wurden die Juden in den Städten in eigene Stadtviertel gedrängt (Judenviertel), dort gab es Judengassen und Judenplätze; sie waren aber noch nicht durch Mauern von christlichen Vierteln getrennt. Auch um Burgen entstanden Judendörfer, denn die Adeligen und Fürsten schätzten die Juden als Geldverleiher. In den Städten errichteten sie ihre Synagogen in Verbindung mit Gemeindehäusern, Armenhäusern und Bädern. Doch mit dem Beginn der Kreuzzüge verschlechterte sich die Situation der Juden unter den Christen, denn viele Theologen und Kleriker stuften nun in ihren Predigten die Juden wie die Moslems als „Gottesfeinde" und als „Söhne des Teufels" (Joh 8,44) ein.[10]

In manchen Städten kam es nun zu Verfolgungen und Tötungen von Juden durch Christen; die Kreuzfahrer zerstörten in vielen Städten die jüdischen Siedlungen. Fortan lehrten die Theologen, die Juden dürften keinen Besitz an Grund und Boden haben, weil sie von der einzigen Wahrheit der Christen abwichen. Sie mussten nun ihren Besitz verkaufen, das dafür eingenommene Münzgeld konnten sie in der Erde vergraben, damit es vor Raub sicher war. Auf diese Weise wurden sie bald zu geschätzten Geldverleihern für Kaufleute, Fürsten und Könige. Aber sie begannen, für das verliehene Geld feste Zinsen zu verlangen, was den Christen noch verboten war; denn sie mussten nun ihr Geld auch ohne den Besitz von Boden und von Viehherden vermehren. Mit der Geldverleihung zu fixen Zinssätzen trugen die Juden im Mittelalter wesentlich zur wirtschaftlichen Entwicklung bei.

---

9   H.K. Schulze, Grundstrukturen der Verfassung im Mittelalter II. Stuttgart 1991, 162–180. H. Stoob, Forschungen zum Städtewesen in Europa I, 39–56.

10   L. Poliakov, Geschichte des Antisemitismus I. Worms 1981, 24–38.

Nun schlossen sich die christlichen Händler, Handwerker und Kaufleute zu Genossenschaften zusammen, um sich gegenseitig in Notlagen unterstützen zu können. So entstanden die Zünfte der Handwerker, die Gilden der Händler, die Bruderschaften der sozialen Dienste. Auch die Patrizier schlossen sich zu Münzhausgenossenschaften und zu Gilden zusammen. Jetzt begannen die Fernhändler, die Gilden und Hansen den Handel mit fremden Ländern zu organisieren, ihre Handelswege gingen zum Teil über das Meer weit in den Norden und Süden und nach Osten. Viele dieser Handelsgenossenschaften standen unter dem Schutz von Heiligen, ihre Gemeinschaften hatten auch einen religiösen Zusammenhalt. Auch die Gesellen und Handwerker schlossen sich zu Gesellenbruderschaften zusammen, viele Handwerker und Gesellen zogen von Stadt zu Stadt, bis sie sesshaft wurden. Die Arbeiter und Meister der großen Dombauhütten bildeten Gemeinschaften (Freimaurer), in denen sie ihr Fachwissen weiter gaben. In den Städten gab es viele religiöse Gemeinschaften des Gebets und der Askese, Brüdervereine und Schwesternschaften.[11]

Einige Städte unterstanden direkt dem Reich (Reichsstädte), sie genossen besondere Privilegien im Handel. Andere Städte waren von einem Bischof, einem Fürsten oder Grafen abhängig. In vielen Städten gelang es den Patriziern, von ihren Feudalherren immer unabhängiger zu werden. Damit entwickelte sich die Gesellschaft in den Städten anders als in den ländlichen Regionen, der wirtschaftliche Wohlstand war höher und es gab eine größere soziale Mobilität. Allerdings bei Bränden oder Seuchen lebten die Städter ausgesetzter als die Bewohner der Landregionen. Die hygienischen Maßnahmen wie die Beseitigung von Abwässern und Fäkalien war in den Städten schwieriger als auf einem Bauernhof oder im kleinen Dorf. Deswegen verbreiteten sich Seuchen wie Cholera oder Pest vor allem in den Städten.[12]

Die religiösen Lebenswelten

Die moralische Christianisierung der Völker und Stämme kam im Reich der Franken und der Ottonen nur langsam voran. So sprechen die Bischofsynoden von Tribur (895) und von Trosly (909) von zerstörten Klöstern, von Diebstählen aus den Kirchen, von der Unterdrückung der Armen, von sexueller Unzucht und Ehebruch, von der Teilnahme an keltischen und germanischen Riten. Viele kirchlichen Ämter wurden mit Geld gekauft (Simonie), die Bischöfe lebten selber als Feudalherren mit großen Besitzungen. Die meisten Kleriker waren zu dieser Zeit verheiratet, sie vererbten zum Teil auch Kirchengut in ihren Familien weiter. Aus diesem Grund forderten viele Mönche und Theologen die Ehelosigkeit der höheren, bald aber aller Kleriker; doch die niederen Kleriker hatten wenig zum Vererben. Die Bischöfe und Erzpriester hatten Hoheitsrechte über Märkte, Handelswege, Häfen und Fischwässer. An jedem Bischofssitz gab es ein Kathedralkapitel bzw. Domkapitel, das aus zehn bis fünfzig

---

11   B. Swineköper, Gilden und Zünfte. Sigmaringen 1985, 43–57.
12   H. Stoob, Forschungen zum Städtewesen in Europa I, 66–82. H.K. Schulze, Grundstrukturen der Verfassung im Mittelalter II, 200–210.

Prälaten bestand. Die Archediakone und Erzpriester halfen bei der Verwaltung des Diözese mit.[13]

In der Zeit der Karolinger und Ottonen mussten viele Klöster neu gebaut werden, die durch die Einfälle der Normannen und der Ungarn zerstört worden waren. In Burgund gründete Berno von Baume das Kloster Cluny, von dem eine große Reformbewegung anderer Klöster ausging. Diese Klöster wollten nämlich von ihren adeligen Stifterfamilien unabhängig werden, sie stritten um mehr Selbstverwaltung und um die freie Wahl der Äbte. Die Päpste unterstützten diese Reform, denn damit sollten die Klöster von den Fürsten, Königen und Grafen unabhängig werden; es ging letztlich um die Stärkung der Macht der Kleriker. Ähnliche Reformen des Klosterrechts gab es auch in England, in Irland und in Lothringen. Doch im Reich der Ottonen war die Verbindung zwischen der Königsherrschaft und den Klöstern und Bischöfen sehr eng, nur wenige Klöster schlossen sich daher der Reform von Cluny an. Die höheren Kleriker standen weiterhin im Dienst des Reiches, sie mussten dem König Heerfolge leisten und große Kontingente an Kriegern und Reitern stellen.[14]

Die Ämter der höheren Kleriker wurden fast durchwegs an die Familien der Fürsten, Herzöge und Könige vergeben. Der König bestätigte die Wahl der Bischöfe, Äbte und Äbtissinnen, er hatte ein absolutes Vetorecht. Denn die Bischöfe und Äbte wirkten bei der Verwaltung des Imperiums mit, einige fungierten als Kanzler und Erzkanzler, sie bestimmten mit den Fürsten die Politik. An den Kathedralschulen wurden das kirchliche Recht, die lateinische Sprache und die Regeln der Verwaltung der Güter gelehrt. Im 11. Jh. wurden vier deutsche Bischöfe zu Päpsten gewählt, in der Folgezeit kam es häufig zu Konflikten mit den Fürsten. König Heinrich III. übergab an die gewählten Bischöfe und Äbte die Funktionen und die Lehen des Reiches mit den Symbolen des Ringes und des Hirtenstabes. Denn durch die enge Verbindung der Fürsten mit den Bischöfen konnte das Reich politisch gefestigt werden. Doch in der Stadt Rom hatten zu dieser Zeit immer häufiger die römischen Adelsfamilien nach der Papstkrone gegriffen, sie waren aber untereinander tief zerstritten. Nun mussten die deutschen Könige und römischen Kaiser häufig ordnend in die Papstwahl eingreifen.[15]

Doch die lateinischen Kirchen in Süditalien hatten sich der Herrschaft des Papstes entfremdet, während die griechischen Kirchen dieser Region weiterhin dem Patriarchen von Konstantinopel unterstanden. Auch im westfränkischen Reich waren die Bischöfe in das System der Herrschaft und Verwaltung eingebunden. Die Bischöfe des ostfränkischen Reiches schickten Missionare zu den Völkern der Slawen, der Ungarn und der Skandinavier. Um die vielen Kriege der Fürsten innerhalb des Imperiums einzudämmen, gründeten höhere Kleriker die politische Bewegung der „Waffenruhe Gottes" (Treuga Dei); denn sie sahen im Krieg unter Christen einen Verstoß gegen die göttlichen Gebote. Der „gerechte Krieg" (bellum iustum) sollte nur gegen Häre-

---

13 P. Meinhold, Kirchengeschichte in Schwerpunkten 85–94.
14 P. Riche, Die westliche Christenheit. In: G. Dagron (Hg.), Die Geschichte des Christentums IV, Freiburg 1994, 780–814.
15 P. Meinhold, Kirchengeschichte in Schwerpunkten 100–108.

tiker und Gottesfeinde geführt werden. Mit dieser Grundidee zogen im 11. und 12. Jh. viele christliche Heere gegen die Moslems in Palästina, sie wollten das Land der Bibel von den „Ungläubigen" befreien.[16]

Die Klöster und die Bischofssitze waren Zentren des kulturellen Lebens, der lateinischen Sprache und der Schreibkunst. An diesen Schulen wurden religiöse Gedichte verfasst und Legenden von Heiligen geschrieben. Neben dem Kirchenrecht und der Kirchenmusik wurde auch Astronomie gelehrt, um den Kalender zu verbessern. In den Schreibstuben der Klöster wurden neben der Theologie auch Werke der antiken Dichtung abgeschrieben. Im Norden Spaniens und in Südfrankreich kam es zu einem kulturellen Austausch mit der moslemischen Kultur. An den Domschulen wurden die Rhetorik Ciceros, die Elementenlehre Euklids (De institutione geometrica) und die Architekturlehre des Vitruvius (De architectura) gelehrt. Denn zu dieser Zeit wurden im Reich bereits große Kirchen und Klöster gebaut, es bildeten sich die verschiedenen Schulen des Dombaus. Bereits im 10. Jh. waren in Clermont, Toul, Köln, Mainz, Paris und Cluny große Kirchen erbaut worden. Im 11. Jh. wurden Kirchen in Magdeburg, Fulda, Hildesheim, Trier, Corvey und auf der Reichenau gebaut.[17]

Zu dieser Zeit legten die Kleriker großen Wert auf die feierliche Liturgie mit lateinischer Sprache, auf die Verehrung der Reliquien der Martyrer und Heiligen und auf die großen Wallfahrten der Laienchristen. Viele Kirchen wurden mit Bildern und mit Steinplastiken ausgestattet, um dem Volk die Lehren des Glaubens anschaulich darzustellen. Die großen Wallfahrten gingen zum Petrusgrab nach Rom, zum Grab des Apostels Jakobus nach Santiago de Compostella, nach Mont St. Michel, zu Klöstern und Bischofskirchen, aber auch ins Heilige Land Palästina zum Grab Jesu. Viele Kleriker und Laienchristen glaubten, dass an diesen heiligen Orten Krankheiten geheilt und Sünden vergeben werden konnten. Um das Jahr 1000 lehrten viele Theologen und Kleriker, jetzt sei die Zeit des „Antichrist", denn in Kürze werde Christus vom Himmel wieder auf die Erde kommen. Deswegen warnten viele Prediger und Mönche vor den Riten der „Hexen", vor der Anbetung des Teufels, vor den altgermanischen Riten und vor Zaubertränken, vor obszönen Tänzen und sexuellen Ausschweifungen. Zu dieser Zeit wurden nun „Sendgerichte" ausgeschickt, welche die Taufelsverehrer und bösen Hexen ausforschen sollten.[18]

Zur gleichen Zeit begannen die höheren Kleriker zusammen mit den Fürsten mit der Aufspürung von christlichen Häretikern. Solche Abweichler vom Glauben der Bischöfe wurden 1022 bei Orleans aufgespürt, sie glaubten nicht an die Taufe und die Eucharistie und lehnten die patriarchale Ehe und den Fleischgenuss ab. Diese Häretiker wurden von den Bischöfen und Theologen zum Feuertod verurteilt, denn ihr Irrtum sollte durch Feuer ausgelöscht werden. In den Texten der Theologen ist zu dieser Zeit von Manichäern und Bogumilen die Rede, auch sie verweigerten die Ehe und führten ein Leben in Armut. Im christlichen Volk nahm der Protest gegen die ungleiche Verteilung der Güter und Reichtümer zu, die Feudalkirche wurde zum

---

16 P. Riche, Die westliche Christenheit 820–848.
17 K.S. Frank, Mönchtum 398–402.
18 P. Riche, Die westliche Christenheit 840–866.

Zielpunkt der offenen Kritik. In einigen Städten kam es zu öffentlichen Diskussionen zwischen christlichen Theologen und jüdischen Rabbis, weil Christen zum jüdischen Glauben übertraten.[19]

Gleichzeitig verstärkten die Bischöfe ihre Kritik an den verheirateten Klerikern, sie drohten den Frauen der höheren und der niederen Kleriker sogar die Versklavung an. Dabei waren zu dieser Zeit viele Bischöfe selbst verheiratet und hatten Kinder. Nun wurden viele Kleriker zum Konkubinat gedrängt, denn die Kinder von Konkubinen waren nicht erbberechtigt. Die Bischöfe verstärkten die Missionierung bei den Slawen, Ungarn und Skandinaviern, der Übertritt der Stammesführer zum christlichen Glauben brachte diesen auch wirtschaftliche und politische Vorteile. Auch die Fürsten dieser Völker wurden von Bischöfen zu Königen gesalbt, auch ihre Herrschaft wurde fortan durch die Religion verstärkt. In der Folgezeit wurden in diesen Ländern Klöster und Bischofsitze eingerichtet, die zu Zentren der Glaubensverkündigung wurden. Doch auch hier blieb das Volk noch lange Zeit bei den alten Glaubensvorstellungen und Riten, diese wurden aber mit christlichen Inhalten vermischt.[20]

Im Jahr 988 übernahm der Fürst Wladimir von Kiew den christlichen Glauben in der griechisch-orthodoxen Form, die Krieger traten zur neuen Religion über. Als die Statue des alten Schutzgottes Pervan in den Fluss geworfen wurde, holten die Bauern und Hirten diese Statue aus dem Fluss und stellten sie an einem geheimen Ort wieder auf. Das Volk widersetzte sich dieser gewaltsamen Missionierung von oben, viele Missionare wurden getötet. Ähnliche Widerstände gegen die christlichen Missionare und gegen die gewaltsame Zerstörung der alten Volksreligion gab es auch in Skandinavien, in Island, in Polen und Ungarn, bei den Bulgaren und Kroaten. Doch die Krieger mit den Klerikern setzten den neuen Glauben durch, alte Heiligtümer wurden in christliche Kirchen umgewandelt. Damit entstanden in Osteuropa und in Nordeuropa christliche Königreiche, ihre Völker traten damit aber auch in die Schriftkultur Europas ein. Viele Ereignisse dieser Zeit wurden von Klerikern und Mönchen aufgeschrieben.[21]

Lehren der Philosophen

Die Lehren der antiken Philosophen hatten über die christlichen Glaubenslehren einigen Einfluss auf die Moral und Lebenswelt des frühen Mittelalters. Doch eine eigenständige Philosophie konnte sich zu dieser Zeit nicht entfalten, weil die Theologen die Dominanz über die Philosophie ausüben wollten und konnten. Nach ihrer Auffassung sollten philosophische Überlegungen nur eine Dienstfunktion (ancilla theologiae) haben, um die Lehren des christlichen Glaubens besser darstellen zu können. Trotzdem finden sich bei einigen Lehrern der Theologie philosophische

---

19 P. Riche, Die westliche Christenheit 850–870.
20 P. Meinhold, Kirchengeschichte in Schwerpunkten 100–106.
21 J. Kloczowski, Die Ausbreitung des Christentums von der Adria zur Ostsee. In: G. Dagron (Hg.), Die Geschichte des Christentums IV, Freiburg 1994, 884–920.

Argumentationen, die hier näher dargestellt werden sollen. An den Domschulen und Klosterschulen lehrten fast ausschließlich Kleriker, unter ihnen bildeten sich verschiedene Denkrichtungen. So setzten die sog. Dialektiker (Logiker) ihre Argumente stark auf die Erkenntnisse der natürlichen Vernunft, sie schätzten die klare Sprache und die rationale Denkweise. Doch ihnen standen die Antidialektiker gegenüber, welche ihre Argumente primär von den Lehren des christlichen Glaubens herleiteten; sie setzten das logische Denken dann außer Kraft, wenn es den kirchlichen Lehren widersprach.[22]

Im 11. Jh. versuchte der Theologe und spätere Bischof *Anselm von Canterbury*, der in Aosta geboren wurde, zwischen den Annahmen des Glaubens und den Einsichten der Vernunft zu vermitteln; denn er ging davon aus, dass der religiöse Glaube nach der rationalen Erkenntnis strebe. So betonte er im Gefolge von Aurelius Augustinus, dass er zuerst an die Lehren der Religion glaube, um dann zu den Erkenntnissen der Vernunft fortschreiten zu können. Doch Gott können wir nicht mit unserer Vernunft suchen, wenn er uns nicht schon vorher belehrt hat; ohne seine Selbstoffenbarung können wir ihn nicht finden.[23]

Aber die meisten theologischen Lehrer nahmen zu dieser Zeit keine unmittelbare Schau der Gottheit in der mystischen Vereinigung mit dem Absoluten mehr an, wie es ihre neuplatonischen Vorgänger lange Zeit getan hatten. Sondern sie gingen von einer mittelbaren Gotteserkenntnis im Bereich der Welt, der Schöpfung und des Lebens aus. Daher suchten sie nach vernünftigen Argumenten für die Existenz eines göttlichen Wesens und für dessen Eigenschaften. Für Anselm, der ein Schüler des Lanfranc war, stellte der religiöse Glaube den Horizont dar, innerhalb dessen nach rationalen Begründungen für die einzelnen Inhalte des Glaubens gesucht wird. Deswegen suchte er vernünftige Argumente für die Menschwerdung Gottes in Jesus Christus (Cur Deus homo). Da er an Gott glaubte, flehte er ihn an, ihm bei der Suche nach vernünftigen Argumenten zu helfen; er wollte den Glauben mit rationalen Gründen stärken.[24]

In seinem Werk „Monologion" hatte Anselm argumentiert, dass Gott die erste Ursache (causa prima) aller Wesen sei, weil die Kette der Ursachen nicht unendlich sein könne. Da alle Dinge und Lebewesen in der Welt in einer Rangordnung der Vollkommenheit stehen, müsse ein höchstes und vollkommenes Wesen angenommen werden; dieses höchste und vollkommene Wesen können wir Gott nennen. Weil in unserer Welt viele relativ schöne und gute Dinge und Lebewesen existieren, müsse es ein absolut Schönes und Gutes geben, nämlich Gott. Doch diese Argumente blieben für Anselm unbefriedigend, denn da Gott nicht von der Welt abhängig sei, dürften unsere Argumente für die Gotteserkenntnis nicht von unserer natürlichen Vernunft abhängen. Gottes Würde verlange nach einem Beweis, der von den Tatsachen unserer empirischen Erfahrung unabhängig sei. Einen solchen Beweis legte er in seinem Werk „Proslogion" vor.[25]

---

22   W. Röd, Der Weg der Philosophie I, 315–319.
23   Anselm von Canterbury, Proslogion 1.
24   W. Röd, Der Weg der Philosophie I, 315–319.
25   W. Röd, Der Weg der Philosophie I, 316–319.

Wie Augustinus wollte auch Anselm zu einer Gotteserkenntnis vorstoßen, in der nur die Relation der Seele zu Gott eine Rolle spielt. So schrieb er den Beweis für die Existenz Gottes auf eine Tafel, die von einem Mitbruder im Kloster bewacht wurde; denn niemand sollte diesen Beweis auslöschen können. Er ging davon aus, dass auch der Gottesleugner Gott denken müssen, denn sonst könne er nicht dessen Existenz ablehnen. In diesem Denkmodell ist Gott ein Wesen, über dem kein größeres mehr gedacht werden kann. Daher leugne der Atheist nur die Existenz dieses Wesens, das er aber denken müsse. Nun sei ein Wesen, das im Denken und in der Wirklichkeit existiert, auf alle Fälle größer als ein Wesen, das nur in unserem Denken existiere. Daher sei es ein Widerspruch, Gott nur im Denken der Menschen zu sehen und nicht auch in der Wirklichkeit. Denn dann sei Gott nicht das Größte aller Dinge und Wesen, da gedachte und wirkliche Wesen möglich seien. Wenn Gott das Größte aller Wesen sei, dann müsse er unabhängig von unserem Denken existieren. Der Atheist widerspreche sich selber, denn er sehe in Gott nicht die höchste Wirklichkeit.[26]

Folglich müsse jeder, der in Gott das höchste aller möglichen Wesen sehe, auch seine Existenz annehmen. Damit hat Anselm in der Tradition Platons von der Annahme der höchsten Idee auf die reale Existenz dieser Idee geschlossen. Doch der Mönch Gaunilo von Marmoutier gab dem Anselm zur Antwort, dass wir auch nicht von der Idee einer vollkommenen Insel auf die Existenz dieser Insel schließen könnten. Doch Anselm gab zur Antwort, dass wir eine begrenzte Insel nicht mit dem unbegrenzten Wesen der Gottheit vergleichen könnten. Für Anselm wurden damit auch die göttlichen Attribute der Güte, der Allmacht, der Gerechtigkeit und der Liebe unserer Vernunft einsichtig. Gott sei nicht nur ein Wesen, über dem nichts Größeres gedacht werden könne, er sei unendlich größer als alles, was wir Menschen denken könnten. Seit I. Kant wird dieser Gottesbeweis der ontologische genannt.[27]

Nun sagen die Gegner dieses Beweises, dass es sich um einen logischen Trick handle, denn der logische Schluss komme nur mit Hilfe einer Definition und mit formalen Grundsätzen zustande, um die Existenz der Definition sicherzustellen. I. Kant sprach von einem Kategorienfehler in diesem Beweis; doch die Philosophen R. Descartes, B. Spinoza, G.W. Leibniz, Ch. Wolff und G.W.F. Hegel haben diesen Beweis verteidigt. Die theologischen Lehrer des Mittelalters folgten zum Teil diesem Beweis, zum Teil lehnten sie ihn ab. Hinter ihm steht die Annahme, dass alle unsere Begriffe idealen Gegenständen zuzuordnen seien. Es wird davon ausgegangen, dass die Bedeutung allgemeiner Begriffe ähnlich sei wie die Bedeutung von Einzelbegriffen und von Eigennamen, denn die Eigennamen zielten auf reale Personen.[28]

Im 12. Jh. entspann sich eine große Diskussion um den Status der Universalbegriffe (universalia), wie Menschheit, Schönheit, Güte u.a. Die einen Lehrer waren überzeugt, dass unseren Universalbegriffen eine Wirklichkeit zukomme (Universalienrealisten), während die anderen davon überzeugt waren, dass unseren universalen

---

26 Anselm von Canterbury, Monologion 1–3. K. Flasch, Anselm von Canterbury. In: O. Höffe (Hg.), Klassiker der Philosophie I, 177–187.

27 K. Flasch, Anselm von Canterbury 190–197.

28 W. Röd, Der Weg der Philosophie I, 315–319.

Begriffen keine Realität entspräche (Nominalisten). Sie sahen in diesen Begriffen nur sprachliche Zusammenfassungen von realen und nicht realen Dingen. Die Nominalisten gingen davon aus, dass es kein reales Allgemeines gäbe, sondern nur allgemein verwendete Namen (nomina) und Begriffe. Es ging also um die Frage, ob universale Begriffe konkrete und reale Dinge zusammenfassen, oder ob sie ideale Wesenheiten meinen, die unabhängig von unserem Denken existieren.[29]

Die meisten Theologen wandten sich gegen den Nominalismus, denn wenn Gott nur ein Name für Vater, Sohn und Geist sei, dann könnte leicht an drei Götter geglaubt werden. Um den Glauben an den einen Gott zu retten, hielten sie am Realismus der Allgemeinbegriffe fest. Doch der Theologe Roscelinus sah in den universalen Begriffen nur Lautgebilde der Stimme (flautus vocis). Die Gegenposition vertrat Wilhelm von Champeaux, der überzeugt war, dass die Universalbegriffe realer existierten als die vielen Einzeldinge, die ihnen zugeordnet seien. So sei der einzelne Mensch nur eine Modifikation der gesamten Menschheit. Adams Sündenfall habe die Menschen moralisch verdorben, folglich hätten alle Menschen an der Erbsünde teil. Wenn aber die ganze Menschheit unsterblich sein sollte, dann werde die Unsterblichkeit Einzelner, vor allem der Christen, nivelliert. Die meisten Lehrer vertraten zu dieser Zeit einen abgeschwächten Realismus der Universalbegriffe.[30]

Um eine mittlere Position bemühte sich *Petrus Abaelard* im 12. Jh., der um die Eigenständigkeit des philosophischen Denkens gegenüber den Vorgaben der Religion gerungen hat. Er gab zu bedenken, dass wir in der Sprache immer nur Wörter (nomina) und keine Dinge (res) aussagen können. Denn wenn es allgemeine Wesen gäbe, die sich in mehreren Dingen konkretisieren, dann müssten auch die grundsätzlichen Bestimmungen der Dinge den Wesenheiten zugeschrieben werden. Das, worauf sich alle allgemeinen Ausdrücke beziehen, kann aber auch nicht bloß als Gesamtheit aller Teile angesehen werden. Allgemein sei nur das Wort als sinnvolle Rede (sermo), nicht aber das Wort als Lautgebilde (vox). Die sinnvolle Rede habe auf Grund von Übereinkünften Bedeutung.[31]

Damit unterschied Petrus Abaelard in einer Theorie der Erkenntnis zwischen den Sinneswahrnehmungen (sensus), der Einbildungskraft (imaginatio) und dem Verstand (intellectus). Unsere Sinneswahrnehmungen bilden reale Dinge ab, ohne Vermittlung von Bildern. Unsere Einbildungskraft erzeugt dann ein diffuses Bild des Gegenstandes, das solche Züge enthält, die allen Individuen einer Art gemeinsam sind. Diese Formen der Einbildungskraft seien etwas Fiktives und Imaginäres, vergleichbar mit Traumbildern. Auf die Bilder der Einbildungskraft richte sich dann der Verstand, wenn er sprachliche Begriffe bilde. Daher geschähe die Einführung allgemeiner Begriffe nicht ohne reale Grundlage. Denn die Dinge verhielten sich in bestimmter Weise und stimmten in gewissen Eigenschaften überein. Für Petrus

---

29 W. Röd, Der Weg der Philosophie I, 318–320.
30 W. Röd, Der Weg der Philosophie I, 318–320.
31 G. Wieland, Abaelard. In: LThK I, Freiburg 2006, 9f. R. Thomas (Hg.), Abaelard. Person, Werk und Wirkung. Trier 1980, 134–150.

Abaelard gibt es keine idealen Entitäten, sondern nur partikulare Seiende; damit hat er einen wichtigen Beitrag zur Diskussion um die Universalbegriffe geleistet.[32]

Für die theologische Diskussion müsse die kritische und vernünftige Diskussion akzeptiert werden (Sic et non). Erst wenn man die verschiedenen Lehren der Tradition gegenüberstelle, müsse mit rationalen Argumenten zwischen diesen entschieden werden. Für die moralischen Bewertungen der Taten seien nicht die ausgeführten Handlungen wichtig, sondern die inneren Einstellungen der Handelnden. Daher müsse eine gute Handlung immer einer guten Absicht entspringen; über die Güte einer Absicht müsse das subjektive Gewissen entscheiden. Auch in der Theologie sei der methodische Zweifel wichtig, ein blinder Glaube sei nicht zu vertreten. Denn zuerst müsse man über einen Sachverhalt ein Wissen haben, bevor man ihn im Glauben vertiefen könne (intelligo ut credam). Die kritische Vernunft sei die größte Gabe Gottes an uns Menschen; die Zielwerte der Sittlichkeit seien nur aus der Erkenntnis der menschlichen Natur zu gewinnen. Daher solle jeder Mensch danach streben, sich selbst besser zu erkennen (scito teipsum), um dann seinem subjektiven Gewissen folgen zu können.[33]

Da alle Menschen ein Wissen von Gott haben, könne es keine Ungläubigen und Atheisten im Vollsinn geben. Folglich könnten alle Menschen, nicht nur die Christen, gerettet werden. Denn auch die Griechen hatten ein hohes Ethos, das den Zielwerten des Evangeliums entsprach. Damit trat Abaelard für ein tolerantes Denken gegenüber den Andersdenkenden ein, doch seine Stimme wurde von den Inhabern der politischen Macht nicht gehört. Als er sich als Laienchrist für das Recht aller Menschen einsetzte, den Liebespartner frei wählen zu können und sich seine Schülerin Heloise zur Liebespartnerin wählte, wurde er im Auftrag höherer Kleriker kastriert. Er und seine Geliebte mussten getrennt in ein Kloster gehen, die Regeln der Eheschließung und der Liebe wollten zu dieser Zeit allein die Theologen und die höheren Kleriker bestimmen. Erst in der Zeit der europäischen Aufklärung wurde die Stimme des Petrus Abaelard wieder gehört.[34]

Ein Gegner des dialektischen und logischen Denkens war der Mystiker Bernhard von Clairvaux, der mit Petrus Abaelard im Dom zu Sens öffentlich diskutiert hatte. Er suchte nach der Weisheit des Herzens und kritisierte die rationale Theologie als leeres Geschwätz (loquacitas). Er wollte vielmehr die gelernten Sätze des christlichen Glaubens innerlich erleben (credo ut experiar); vor allem in der mystischen Schau und Ekstase wollte er der Gottheit nahe kommen. Daher sei die Demut der Anfang des Weges zu Gott, dann folge die Sehnsucht nach dem Göttlichen, die Liebe zu Gott, die regelmäßige Betrachtung der Geheimnisse des Glaubens und schließlich die mystische Ekstase; erst in ihr geschähe die volle Vereinigung mit dem Göttlichen (unio mystica). Bernhard war ein Vertreter des kämpferischen und gewaltbereiten Christentums, deswegen hat er wortgewaltig für die Teilnahme am Kreuzzug gegen die Moslems geworben.[35]

---

32 Petrus Abaelardus, Logica ingentientibus 314,25–27.
33 Petrus Abelardus, Scito teipsum 9.
34 W. Röd, Der Weg der Philosophie I, 320–323.
35 W. Röd, Der Weg der Philosophie I, 323f.

Der Lehrer Hugo von St. Victor bei Paris bemühte sich um die Einbeziehung der sieben freien Künste in die theologische Lehre. Er schätzte alle Erkenntnisse der Wissenschaften und der Logik. Mit Aristoteles sah er in der Vernunft das Vermögen der Menschen, durch die Abstraktion von den Einzeldingen zur Erkenntnis der allgemeinen Wesensformen zu gelangen. Auch er war davon überzeugt, dass es dem Mystiker möglich sei, in der geistlichen Kontemplation das Wesen der Gottheit auf intuitive Weise zu erfassen. Aber auch der Mystiker müsse von der Erfahrung der Außenwelt ausgehen und dann zur inneren Erfahrung fortschreiten. Wir Menschen hätten die Fähigkeit zu einem dreifachen Schauen: Mit den Augen des Körpers sehen wir die Außenwelt, mit dem Auge der Vernunft sehen wir die Innenwelt, und mit dem Auge der Seele schauen wir das Göttliche und Ewige. Der Aufstieg der Seele zu Gott aber beginne immer mit der Reinigung der Seele von Schuld.[36]

Auch Richard von St. Victor wollte die Existenz Gottes mit rationalen Argumenten beweisen. Dabei ging er immer von empirischen Voraussetzungen aus, denn alle empirisch erfahrbaren Dinge existierten nicht aus sich selbst, sondern aus einem Anderen und Größeren. Sie existierten letztlich aus dem Göttlichen. Auch wenn die Stufen der Vollkommenheit geprüft werden, um zur höchsten Vollkommenheit des Göttlichen zu gelangen, gehe es zuerst immer um die Beobachtung der empirischen Welt.[37] Doch höher als die rationale Erkenntnis der Wirklichkeit Gottes sei die mystische Schau des Göttlichen. Aber grundsätzlich sollten sich die rationale Erkenntnis und der religiöse Glaube ergänzen; sie müssten nicht gegeneinander kämpfen, wie die Anti-Dialektiker glaubten.[38]

Von platonischen Ideen ließ sich die Schule von Chartres leiten, dort lehrten Fulbert und Bernhard von Chartres, Adelbert von Bath und Johann von Salesbury. Diese Denker neigten zu einem Realismus in der Frage der Universalbegriffe, sie sahen die ewigen Ideen als höchste Formen der Wirklichkeit im göttlichen Geist dargestellt. Wegen der Transzendenz Gottes könne die philosophische Kategorienlehre nicht auf die Theologie angewendet werden. Sie glaubten im Anschluss an den Timaios von Plato, dass die göttliche Erschaffung der Dinge ähnlich wie die Erzeugung der natürlichen Zahlen aus der Zahl Eins geschähe. Aber sie befassten sich auch mit Erkenntnissen der Naturwissenschaften und der antiken Medizin, die zu dieser Zeit rudimentär über moslemische Lehrer in Spanien vermittelt worden sind.

Der Abt Joachim von Fiore ordnete die Epochen der fortschreitenden Weltgeschichte den drei göttlichen Personen zu. Im Zeitalter des göttlichen Vaters sei die Gottheit in der Gestalt des Abraham Mensch geworden. Im Zeitalter des göttlichen Sohnes sei Gott in Jesus Christus ein Mensch geworden. Aber im beginnenden Zeitalter des Heiligen Geistes könne Gott in jedem mystischen Menschen Gestalt annehmen. Durch den Sieg des ewigen Evangeliums beginne nun ein spirituelles Christentum, das viele Reformen der Feudalkirche zur Folge haben müsse. Zu dieser Zeit fasste der Lehrer Petrus Lombardus die Lehren der Theologie in einem großen Buch der Sentenzen (Summa sen-

---

36　R. Berndt, Hugo von St. Victor. In: LThK V, Freiburg 2006, 311f.
37　Richard von St. Victor. Über die Dreieinigkeit 1,11.
38　W. Röd, Der Weg der Philosophie I, 323–325.

tentiarum) zusammen. Jetzt konnten die theologischen Lehren übersichtlich gelesen und diskutiert werden, die Glaubenslehre bekam ihre „scholastische" Ordnung (ordo scholastica). Damit begann die theologische Scholastik im engeren Sinn.[39]

Islamische und jüdische Philosophie

Weil die jüdische und islamische Philosophie im Mittelalter zum Teil von christlichen Theologen rezipiert wurde, soll sie bereits hier skizziert werden. Die syrischen und persischen Übersetzer hatten philosophische Texte der Antike aus dem Syrischen in die arabische und in die persische Sprache übersetzt. Dadurch erhielten die moslemischen Schreiber und Lehrer ein rudimentäres Wissen über platonische, neuplatonische und aristotelische Philosophie. Neben den philosophischen Texten wurden mathematische, medizinische und naturwissenschaftliche Schriften übersetzt, abgeschrieben und an den Fürstenhöfen und deren Schulen verbreitet. Viele dieser Schriften wurden ab dem 12. Jh. aus dem Arabischen ins Lateinische übersetzt, denn in der westlichen Kultur waren diese antiken Texte verloren gegangen oder zerstört worden. Damit wurde die moslemische Kultur zur Vermittlerin der antiken Philosophie, Medizin und Naturwissenschaft.

Nun kannten die moslemischen Schreiber fast das gesamte Werk des Aristoteles; von Platon kannten sie die Dialoge Timaios, Phaido, Krito, Parmenides, die Gesetze und den Staat, die im Lateinischen kaum bekannt waren. Auch die neuplatonischen Schriften waren den moslemischen Übersetzern zugänglich, aber zwischen den Lehren Platons und des Aristoteles konnten sie nicht genau unterscheiden. So verstanden sie einen Auszug aus Plotin als Gotteslehre der Aristoteles (Liber de causis). Nach der islamischen Eroberung der oströmischen Provinzen Syrien, Palästina und Ägypten konnte sich dort die griechische Kultur noch länger behaupten. Der Theologe Johannes von Damaskus verfasste große Werke über den christlichen Glauben, er sah im Islam eine neue christliche Häresie.[40]

In dieser Zeit wurden fast 200 Jahre lang Schriften von griechischen Philosophen, Mathematikern, Physikern, Medizinern ins Arabische und ins Persische übersetzt, die frühen Übersetzer waren meist zweisprachige Juden und Christen. Außerdem wurden noch gnostische, hermetische und neupythagoräische Schriften übersetzt. Die moslemischen Lehrer sahen in den Begriffen und Lehren der Philosophen, ähnlich wie die christlichen Theologen, ein wichtiges Hilfsmittel zur Deutung der Glaubenslehren und des Koran. Die Philosophie bekam von Anfang an eine Dienstfunktion gegenüber der Religion (kalam). Als erster hatte der arabische Lehrer *Al Kindi* im 9. Jh. versucht, philosophische Lehren mit der islamischen Theologie zu verbinden. Er glaubte, dass die Lehren der Philosophie mit der moslemischen Religion übereinstimmten. Der erkennende Intellekt sei der höchste und unsterbliche Teil der menschlichen Seele. Und der eine Gott sei die erste Ursache (prima causa) aller Dinge, die Seele verhalte sich zu Gott wie das Licht zur Sonne.[41]

---

39   W. Röd, Der Weg der Philosophie I, 322–325.
40   K. Prenner, Die Stimme Allahs 136–154.
41   W.G. Lerch, Denker des Propheten. Die Philosophie des Islam. Düsseldorf 2000, 42–46.

Der aus Turkestan stammende Lehrer *Al Farabi* wollte im 10. Jh. die Logik des Aristoteles für die theologischen Fragen nutzen. Er glaubte, dass alle Dinge und Wesen vom einen Weltgott abhängen; die Existenz gehöre zum Wesen Gottes, alle Dinge und Lebewesen aber erhalten ihre Existenz von Gott. Der eine Gott sei absolut notwendig, alle Dinge und Wesen aber seien relativ und auf ihn bezogen. Aus dem göttlichen Verstand fließen die vielen intelligenten Wesen, eines davon sei die menschliche Seele. Die Dinge und das auf sie gerichtete menschlichen Denken fließen aus dem einen Gott, deswegen stimmen unsere menschlichen Denkformen mit den Dingen in der Welt überein. Bei unserem Denken geschieht eine Erleuchtung unseres Verstandes mit dem göttlichen Licht. Hier vermengte Al Farabi platonisches Denken mit Begriffen des Aristoteles.[42]

Al Farabi sah im tätigen Verstand des Menschen vor allem das Vermögen, von den Dingen abstrahierend zu denken. Er war überzeugt, dass dieses Denken ein überirdischer Vorgang sei, an dem alle vernünftigen Wesen Anteil haben. Wenn wir mit dem erworbenen Verstand das rationale Denken lernen, dann partizipieren wir an der kosmischen Kraft des aus sich tätigen Intellekts (intellectus activus). Die göttliche Welterschaffung deutete Al Farabi nach dem neuplatonischen Modell des Überfließens; alle Gegenstände und Wesen seien aus dem einen Göttlichen heraus geflossen. Dieses Fließen geschähe in mehreren Abstufungen und Ebenen des Seins, es wurden zehn Stufen des Intellekts angenommen. Auf der ersten Stufe wirke der erste Intellekt, auf den anderen Stufen die weiteren Intellekte; und erst auf der zehnten Stufe wirke der aus sich selbst aktive Intellekt, der die gesamte Welt unterhalb der Mondbahn lenke.[43]

Andere Schwerpunkte in der Philosophie und Gotteslehre setzte der Lehrer *Ibn Shina* (lat. Avicenna), der aus Buchara in Usbekistan stammte; er wirkte im 11. Jh. und starb in Persien. Er war umfassend gebildet und verfasste ein großes Werk über das medizinische Wissen (Kanon). Im philosophischen „Buch der Genesung" stellte er die Lehren der Logik, der Physik, der Mathematik und der Metaphysik umfassend dar. Alle Dinge und Wesen fließen aus der einen Gottheit, alle werden von dieser erkannt. Unmittelbar aus dem einen Weltgott fließen die höchsten Stufen der geistigen Wirklichkeit, aus diesen Stufen fließen dann die niedrigeren Ränge der geistigen Tätigkeit. Nur Gott existiere von seinem Wesen her, alle Dinge und geistigen Wesenheiten seien nur relativ und auf Gott bezogen. In der Welt gehe jeder Wirklichkeit immer die Möglichkeit voraus; die Materie und das Stoffliche seien voller Möglichkeiten der unterschiedlichen Formung. Von der allgemeinen Wirklichkeit (universalia) können wir sagen, dass sie vor den Dingen, in den Dingen und nach den Dingen existiert. Sofern die universale Wirklichkeit im göttlichen Geist enthalten ist, existiert sie schon ewig vor allen Dingen. Als Form der Dinge existiere sie in diesen; und als Begriff existiere sie nach den Dingen.[44]

---

42 W.G. Lerch, Denker des Propheten 48–54.
43 K. Prenner, Die Stimme Allahs 138–142.
44 G.W. Lerch, Denker des Propheten 63–72.

Universale Begriffe entstehen erst im menschlichen Denken durch den Vorgang der Abstraktion von den Einzeldingen. Dabei wird der denkende Mensch vom aktiv tätigen Verstand, der allgemeinen Denkkraft aller denkenden Wesen, erleuchtet. Die Vielheit der Einzelwesen werde vor allem durch die formbare Materie bestimmt. Die Welt habe keinen Anfang in der Zeit, denn sie fließe aus der ewigen Wirklichkeit Gottes. Gott wirke mit Notwendigkeit und bringe die höchste Intelligenz auf unmittelbare Weise hervor; die niederen Intelligenzen fließen dann aus den höheren Geistwesen. Als die christlichen Theologen (Gundisalvi) im 13. Jh. diese Lehren ins Lateinische übersetzten, korrigierten sie alle Auffassungen, welche nicht mit der christlichen Gotteslehre übereinstimmten.[45]

Doch die meisten theologischen Lehrer im Islam (kalam) widersetzten sich diesen Lehren der griechischen Philosophie (falsafa), weil sie nicht mit den Lehren des Koran vereinbar waren. Der Mystiker *Al Ghazali* (Algazel) warf den islamischen Philosophen Al Farabi und Ibn Shina vor, dass sie die Ewigkeit der Welt lehrten und damit die göttliche Erschaffung der Welt und die ewige Vorsehung leugneten; auch glaubten sie nicht an den freien Willen der Menschen, an ihre moralische Verantwortung, an die Möglichkeit von Wundern und an die leibliche Auferstehung der Toten. Er war überzeugt, dass es im Weltgeschehen gar keine natürlichen Ursachen gäbe, weil alles von Allah verursacht werde. Mit seiner Schrift „Vernichtung der Philosophie" wollte er die philosophischen Lehren der Griechen aus der islamischen Kultur verbannen. Doch der Philosoph *Ibn Ruschd* (Averroes) wies diese Kritik zurück, weil er glaubte, dass jeder Mensch zur Philosophie berufen sei, weil diese dem Leben viele Vorteile bringe. Die bildhaften Wahrheiten des Koran sollten durch philosophische Wahrheiten ergänzt werden. Auch die Philosophie führe die Menschen von der Erkenntnis der Welt zur Erkenntnis Allahs.[46]

Ibn Ruschd wurde in Cordoba in Spanien geboren, in seiner Jugend wirkte er als Richter und Hofarzt des Kalifen, 1198 starb er in Marrakesch. Er orientierte sich an der Philosophie des Aristoteles, zu dessen Werk er mehrere Kommentare verfasste. So kam er zur Überzeugung, dass der tätige Verstand, der von den Einzeldingen die allgemeinen Formen abstrahierte, und der passive Verstand, der die Begriffe aufnehme, gar nicht verschieden seien. Der tätige Verstand verhalte sich zum aufnehmenden Verstand wie die Form zum konkreten Inhalt. Der tätige Verstand und die ewige Form seien ungeschaffen, daher unzerstörbar und ewig. Folglich lebe nur der aktive und vernünftige Teil der menschlichen Seele nach dem Tod des Körpers weiter, der erworbene und empfangende Intellekt löse sich mit dem Körper auf. Unser Verstand, den wir durch Erfahrung und durch Lernen entfalten, komme mit dem Tod zu Ende. Diese Lehre wurde von den islamischen Theologen strikt abgelehnt, weil sie mit den Inhalten des Koran nicht verträglich war.[47]

Für Ibn Ruschd bringt die Philosophie die bildhaften Wahrheiten der Religion klarer zur Sprache. Für ihn gab es aber nicht zwei Formen der Wahrheit, die religiöse

---

45 W. Röd, Der Weg der Philosophie I, 328–330. K. Prenner, Die Stimme Allahs 140–144.
46 W.G. Lerch, Denker des Propheten 119–129.
47 K. Prenner, Die Stimme Allahs 156–162. W.G. Lerch, Denker des Propheten 130–139.

und die philosophische, sondern zwei Formen des Redens über die selben Inhalte. Sein Hauptwerk „Die Leitung der Einsamen" war stark vom Denken des Al Farabi geprägt. Für eine Verbindung von rationalem Denken und religiöser Mystik engagierte sich der Philosoph *Ibn Tufail*, der im 12. Jh. ebenfalls in Spanien wirkte. Er verfasste ein Werk „Der Lebende, Sohn des Wachen"; darin beschrieb er den erkennenden Intellekt, der die Welt immer besser erforsche und beschreibe. Mit dem Lebenden war der erkennende Verstand der Menschen gemeint, der die Welt und die Natur erkunde. Das höchste Ziel des menschlichen Geistes sei es, Gott als erste Ursache des Weltgeschehens zu erkennen. Doch die Arbeit des forschenden Geistes werde durch die mystische Schau der göttlichen Geheimnisse überhöht. Wir erkennen in diesem Denkmodell die Ansätze einer natürlichen Gotteslehre, die von empirischen Betrachtungen der Welt ausgeht.[48]

Ähnlich wie die moslemischen Denker haben auch *jüdische Lehrer* versucht, die Inhalte des jüdischen Glaubens in der Sprache der griechischen Philosophie darzustellen. Ein geistiges Zentrum der jüdischen Kultur war Babylon, dort wirkten jüdische und moslemische Lehrer eng zusammen. Dort begann *Chiwi aus Balch* im 9. Jh., kritische Fragen an die Lehren der Bibel zu stellen. Er hatte in arabischer und in aramäischer Sprache zweihundert Einwände gegen das Gottesbild der Bibel vorgelegt: Gott sei oft ungerecht und ohne Mitleid, er begünstige die Übeltäter und sei voller Rachepläne. Der Lehrer *Dawid Almuqammis* betonte die Einheit und Einzigkeit des jüdischen Gottes gegenüber der christlichen Trinität.[49]

Der Lehrer *Saadia ben Josef* stammte aus Ägypten und lehrte in Sura. In seinem „Buch der philosophischen Meinungen und der Religionslehre" im 10. Jh. wollte er zeigen, dass die Religion und die Philosophie sich gegenseitig helfen, die eine göttliche Wahrheit zu finden. Die Texte der Bibel dürften nicht wörtlich verstanden werden, sie müssten mit den Mitteln der unterscheidenden Vernunft und mit der Methode der Allegorie ausgelegt werden. Die Welt sei von Gott geschaffen und räumlich begrenzt; Gott sei der ewige und allmächtige Beweger; in ihm sei keine Mannigfaltigkeit und Verschiedenheit der Personen, wie die Christen glauben. Von ihm können wir sagen, dass er volles Leben, höchste Macht und reine Weisheit sei. Deswegen belohne er die moralisch guten Menschen und bestrafe die Übeltäter. Die Gebote der Religion stammten zum Teil aus der menschlichen Vernunft, zum Teil aus der Tradition der Kultur. Das Judentum sei eine vernünftige Religion, der Glaube und die Philosophie seien keine Widersprüche. Da der Mensch einen freien Willen habe, sei er für seine Taten und Entscheidungen verantwortlich.[50]

Neuplatonische Ideen verband der Lehrer *Isaak Israeli* im 10. Jh. mit der jüdischen Glaubenslehre. Er hatte mehrere medizinische und philosophische Bücher in arabischer Sprache verfasst. Im „Buch der Definitionen" sah er die Aufgabe der Philosophie im Erfassen der Werke des göttlichen Schöpfers. Der Philosoph nähere sich der Gottheit durch das beobachtende und unterscheidende Denken. Die Schöpfung

---

48 W.G. Lerch, Denker des Propheten 136–139.
49 H. und M. Simon, Geschichte der jüdischen Philosophie. München 1992, 34–48.
50 H. und M. Simon, Geschichte der jüdischen Philosophie 48–52.

der Welt sei durch den göttlichen Willen erfolgt, Materie und Form seien von Gott erschaffen worden. Aus dem ersten Intellekt fließe das göttliche Licht in mehreren Stufen zum menschlichen Geist und zur menschlichen Seele. In unserer Seele seien rationale, animalische und vegetative Fähigkeiten. Die Sphäre des Himmels zeige sich in der gesamten Natur, denn die ganze Welt und der Kosmos fließen aus der von Gott geschaffenen Form und der Materie. Das Ziel des Menschen sei es, über die Erkenntnis der Welt zur Erkenntnis Gottes aufzusteigen. Auch das philosophische Wissen trage zum Glück der Menschen bei.[51]

Im 11. Jh. wirkte der Lehrer *Salomo ibn Gabirol* in Spanien. In seinem Buch „Quelle des Lebens" wollte er die Lehren des jüdischen Glaubens mit den Einsichten der griechischen Philosophie verbinden. In neuplatonischer Tradition sah er die Welt und den Kosmos in vielen Abstufungen aus dem göttlichen Sein fließen. Die Materie sei allen Dingen gemeinsam, sie sei potentielles Sein und werde durch ewige Formen gestaltet. Sie gehe aus dem ruhenden Wesen der Gottheit hervor und verbinde sich mit der durch den göttlichen Willen gewirkten Form zur höchsten Substanz der Welt, nämlich zur Intelligenz. Nun sei das Wesen der Gottheit unendlich, ohne Grenzen und Formung, für uns Menschen unerkennbar. Wir können Gott nur aus den Werken seiner Schöpfung rudimentär erahnen. Auch die formlose erste Materie (materia prima) können wir nicht erfassen, da wir nur Formen erfassen können.[52]

Im späten 11. Jh. verfasste in Spanien der Lehrer *Bachja ibn Paquda* ein Werk „Die Pflichten der Herzen", in dem er neuplatonischen Lehren folgte. Gott habe zur Erkenntnis der Wahrheit drei Tore geöffnet, nämlich den gesunden Verstand, die Gesetze des Moses und die Lehren der Propheten. Alle Pflichten des Herzens seien auf der Vernunft aufgebaut; dazu gehören die Liebe und das Vertrauen zu Gott. Aus der Größe der Schöpfung können wir die Größe des göttlichen Schöpfers erahnen, jeder Mensch sei lernfähig. Gott bestimme das Schicksal jedes Menschen; die Weisen sollten nach der mystischen Vereinigung mit dem Göttlichen streben. Das Leben in der Welt, in der Ehe und Familie sei die Vorbereitung auf die Welt des Himmels. Die zeitweilige Askese helfe den Menschen, sich von den Bindungen an die Welt zu lösen.[53]

Ebenfalls in Spanien wirkte *Abraham bar Chija* im 12. Jh., er verfasste seine Bücher in hebräischer Sprache. Er war überzeugt, dass die Materie und die Form zwei Potenzen im göttlichen Sein seien, dass sie aber bei der Welterschaffung zu zwei Wirklichkeiten geworden seien. Die Erschaffung der Welt sei durch die göttliche Liebe erfolgt; die gesunde menschliche Seele werde von der philosophischen Weisheit geleitet, aber die kranke Seele folge der Torheit und Unvernunft. Für das Glück des Lebens seien die Gottesfurcht und die guten Taten für die Mitmenschen nötig. Jeder Mensch sei für die Ewigkeit bestimmt, er müsse im Leben sein Wissen

---

51 H. und M. Simon, Geschichte der jüdischen Philosophie 60–66.
52 W. Röd, Der Weg der Philosophie I, 332–335.
53 A.B. Kilcher (Hg.) Lexikon jüdischer Philosophen. Stuttgart 2003, 92–104. H. und M. Simon, Geschicte der jüdischen Philosophie 80–84.

vermehren und den Mitmenschen Gutes tun. Der Weise aber achte die Güter der Welt gering.

In Cordoba wirkte der Lehrer *Josef ibn Zadiq* im 12. Jh., er hat ein Werk über den „Mikrokosmos" verfasst. Darin beschreibt er die Schönheit dieser Welt, die Größe des göttlichen Schöpfers, die Anweisungen zur Entfaltung der Vernunft und die Regeln des moralischen Handelns. Jeder Mensch könne sehen, dass die Welt aus Materie und Form aufgebaut sei; und jede Menschenseele sei ein Teil der großen Weltseele, in ihr sei keine Materie. Wir erkennen die Tugenden des moralischen Lebens durch die Entfaltung der kritischen Vernunft. Durch die Weisheit der Philosophie und durch das moralische Leben nähern wir uns dem Göttlichen.[54]

Zu den jüdischen Philosophen in Spanien gehört auch *Abraham ibn Esra*, der im 12. Jh. wirkte. Er verfasste Schriften über die hebräische Grammatik und über die Auslegung der Bibel. Sein Weltbild war neuplatonisch geprägt, er sah in Gott das Ureine und den ewigen Weltgrund. Aus diesem Urgrund fließen in mehreren Seinsstufen die himmlische Welt und die irdische Welt. Die ganze Welt sei göttliche Schöpfung und sie sei gut, alle Menschen könnten mit den Kräften ihres Verstandes das moralisch Gute erkennen. Ihre Aufgabe bestehe darin, in die Welt des Göttlichen zurückzukehren, aus der sie gekommen seien. Ein Kritiker und Gegner der Philosophie war Jehuda Halewi im 12. Jh., der die Lehren der Bibel und des Talmud höher schätzte als die Lehren der Philosophie.[55]

In Toledo wirkte im 12. Jh. der Lehrer *Abraham ibn Daud*, der ein „Buch der Überlieferung" und ein Werk „Der erhabene Glaube" verfasste. Er schrieb in arabischer Sprache und wurde später ins Hebräische übersetzt. Auch er ging davon aus, dass die Lehren des Glaubens mit den Einsichten der kritischen Philosophie verträglich seien. Aber er neigte bereits zur Weltdeutung des Aristoteles, den er in Auszügen gelesen hatte. Für ihn waren nur die Körper aus Materie und Form aufgebaut, nicht aber die geistigen Wirklichkeiten. Die menschliche Seele sei nun die Formkraft des menschlichen Körpers, durch ihre Fähigkeit des Denkens sei jede Menschenseele unsterblich. Die Existenz Gottes sei durch die menschliche Vernunft erkennbar und beweisbar, doch das Wesen der Gottheit bleibe uns Menschen verborgen. Gott habe nur die Materie und die Form als zwei Seinsprinzipien geschaffen, die verschiedenen Seinsstufen flössen aus der Welt des Geistigen. Zum Glück der Menschen gehörten eine vernünftige Moral, die Ordnung im Haus und im Staat, in der Wirtschaft und in der Politik. Die Übel in der Welt könnten nicht von Gott stammen, weil dieser nur das moralisch Gute schaffe und bewirke.[56]

---

54 W. Röd, Der Weg der Philosophie I, 332–335.
55 H. und M. Simon, Geschichte der jüdischen Philosophie 102–112.
56 A.B. Kilcher (Hg,) Lexikon jüdischer Philosophen 67–80. H. und M. Simon, Geschichte der jüdischen Philosophie 126–132.

Herrschaft 9 und Religion

Seit das orthodoxe Christentum der Bischöfe unter dem Kaiser Theodosius I. und seinen Nachfolgern zur einzigen Reichsreligion wurde, war das Verhältnis zwischen der religiösen Lehre und der politischen Herrschaft ein enges. Die spätrömischen Kaiser benötigten die Religion der Kleriker und Bischöfe zur Festigung und zum Zusammenhalt des auseinander strebenden Imperiums. Als sich das weströmische Reich auflöste, wuchs den Bischöfen und Theologen auch eine starke politische Macht zu, die sie geschickt einsetzten. Auf diese Weise tradierte die römische Reichskirche in der Zeit der Völkerwanderung viele Zielwerte und Lebensformen der antiken Kultur. Diese Werte und Ordnungen wurden dann von keltischen, germanischen, slawischen und finn-ugrischen Völkern übernommen. Bei der Missionierung dieser Völker wurden christliche Lehren mit Lebenswerten der antiken Kultur verbunden.[1]

Die Verbindung von Religion und Politik

Nach der Lehre des Reichsbischofs Aurelius Augustinus sollten die politische Herrschaft und die geistliche Macht zwar theoretisch getrennt werden. Doch de facto zwangen die Bischöfe (z.B. Ambrosius von Mailand) die Kaiser und später die Könige, Fürsten und Heerführer, ihre orthodoxen Lehren in ihrem Herrschaftsgebiet mit politischer und militärischer Macht durchzusetzen. Doch unter dem fränkischen Kaiser Karl dem Großen und gemäß seinen Hoftheologen (Libri Carolini) stand die politische Macht deutlich über den religiösen Institutionen. Der Kaiser selbst verstand sich als der Hüter des wahren Glaubens, den Bischof von Rom nannte er seinen „ersten Kaplan". Doch viele Theologen, Kleriker und Mönche waren mit dieser Rangordnung nicht zufrieden, sie wollten die Macht der Bischöfe und Päpste deutlich erhöhen. So erinnerten sie sich an die jüdische Bibel, wo die Könige und Heerführer von den Propheten und Priestern für ihre Funktionen mit heiligem Öl gesalbt wurden.[2]

Aus diesem Grund wurden im frühen Mittelalter viele Fürsten und Könige von den Bischöfen gesalbt oder mit einer Krone gekrönt. Damit sollte die politische und militärische Macht der Fürsten und Könige auf magische Weise gestärkt werden,

---

1   A. Grabner-Haider/J. Maier, Kulturgeschichte des frühen Christentums. Göttingen 2008, 59–79.
2   A. Grabner-Haider/J. Maier, Kulturgeschichte des frühen Christentums 66–80.

doch dadurch gerieten sie in eine Abhängigkeit von den höheren Klerikern. Zu dieser Zeit hatten Mönche und Theologen die Legende erzählt, Christus habe dem Apostel Petrus zwei Schwerter gegeben, ein geistliches und ein weltliches. Später habe Petrus das politische Schwert den Fürsten übergeben, das geistliche Schwert aber habe er behalten. Bald aber lehrten die Mönche von Cluny, das geistliche Schwert sei dem weltlichen Schwert deutlich übergeordnet, folglich müsse der Papst über allen Fürsten und Königen und auch über dem Kaiser stehen und regieren.

Nun war dieser gefährliche Machtanspruch der höheren Kleriker lange Zeit politisch nicht durchsetzbar. Doch als sich dafür die Möglichkeit ergab, wurde er von Bischöfen und Päpsten durchgesetzt. Denn nun drohten der Papst und die Bischöfe den Fürsten die Exkommunikation aus der Kirchengemeinschaft und den Bann an, wenn sie nicht den Vorgaben der Kleriker folgten. Denn als Laienchristen waren sie nach Auffassung der Theologen in allen Fragen den Klerikern untergeordnet. Wer aber mit dem Kirchenbann belegt war, konnte nicht die Herrschaft ausüben. Denn nach der Lehre der Theologen und wohl auch nach dem Glauben der Fürsten und des Volkes schwächte der Kirchenbann die Kampfkraft der Herrscher. Damit waren religiöse Lehren zu einem Mittel der Durchsetzung von politischer Macht geworden.

Mit dieser Lehre der Theologen aber wurden die Institutionen der Königreiche, der Fürstentümer und der Kaiserreiche erheblich geschwächt. Bald erhoben einige Päpste und Theologen den Anspruch, über den Königen und Kaisern zu stehen und diese einsetzen und absetzen zu können. Die Spannung zwischen der politischen Herrschaft und dem privaten Seelenheil war in eine neue Dynamik getreten. Dieser Entwicklungsprozess soll nun näher nachgezeichnet werden.[3]

Die politischen Ansprüche der Kleriker

Nach der Trennung der griechischen Ostkirche von der lateinischen Westkirche verstärkten die westlichen Theologen und Bischöfe ihre politischen Herrschaftsansprüche. Allerdings war es bei der Wahl der Bischöfe und der Päpste über lange Zeit zu schweren Auseinandersetzungen zwischen Adelsfamilien und Interessengruppen gekommen. In der Folge gab es häufig Spaltungen (Schismata) in der Kirchenleitung, nicht selten standen sich zwei Päpste mit ihren Anhängern gegenüber. Folglich waren die Kleriker und Theologen bemüht, klare Regeln für die Wahl und die Einsetzung der Bischöfe und der Päpste aufzustellen. Oft verurteilten die Päpste sich gegenseitig und belegten die Anhänger des Gegners mit dem Kirchenbann und der Exkommunikation. Der Papst Alexander III. riskierte im 11. Jh. einen schweren Konflikt mit dem deutschen König Heinrich IV. Dieser hatte als junger König zusehen müssen, wie Rechte und Besitzungen des Reiches an Adelige und Kleriker verkauft wurden. Als er die Herrschaft antrat, wollte er diese Rechte und Besitzungen für das Reich wieder zurückerobern.[4]

---

3   A. Grabner-Haider, Die Diener Gottes. Das Klerikerchristentum und seine Geschichte. Darmstadt 2007, 47–76.
4   P. Meinhold, Kirchengeschichte in Schwerpunkten 110–121.

Zu einem offenen Streit zwischen dem König und dem Papst kam es wegen einer Bischofsbesetzung in Mailand. Der Papst hatte den Kandidaten des Königs mit dem Bann belegt, danach starb er. Sein Nachfolger als Bischof von Rom und als Papst war der Mönch Hildebrand, der den Namen Gregor VII. annahm. Er war fest davon überzeugt, dass er als Nachfolger des Apostels Petrus alle Fürsten und Könige zum Gehorsam zwingen könne. Nun zog der König seinen Kandidaten in Mailand zurück und bot dem neuen Papst die Kooperation an. Daraufhin nahm der Papst die Kirchenstrafe vom königlichen Kandidaten zurück, gleichzeitig wollte er dem König den Schutz der römischen Kirche anbieten. Aber er forderte vom König einen Kriegszug (Kreuzzug) gegen die ungläubigen Moslems in Palästina. Doch dieser Kreuzzug kam nicht zustande. In der Folge wollte der Papst seinen Herrschaftsanspruch über die deutschen Bischöfe durchsetzen, doch diese leisteten ihm heftigen Widerstand.

Der Erzbischof Liemar von Hamburg-Bremen nannte in einem Brief den Papst einen „gefährlichen Menschen", der den Bischöfen wie seinen Amtsleuten Befehle erteilen wolle.[5] Denn im deutschen Reich ernannte der König die Bischöfe und Äbte nach politischen Gesichtspunkten. Doch der Papst und die römische Kurie waren mit vielen Ernennungen nicht einverstanden; sie luden einzelne Bischöfe nach Rom zur Verantwortung ihrer pastoralen und politischen Tätigkeit. Als einige Bischöfe den Besuch in Rom verweigerten, wurden sie vom Papst mit dem Kirchenbann belegt. Im Februar 1075 veröffentlichte Gregor VII. sein politisches Programm (Dictatus Papae); darin beanspruchte er die alleinige Einsetzung oder Absetzung der Bischöfe und Äbte, ganz ohne die Zustimmung der Fürsten und Könige. Dem Papst stehe das höchste und letzte Urteil in der Christenheit und eine universale Autorität zu. In der Folge beanspruchte der Papst, auch Fürsten, Könige und Kaiser absetzen zu können, wenn sie vom wahren Glauben der Kleriker abwichen. Der Papst dekretierte, dass er die Treueide gegenüber sündhaften Menschen auflösen könne und dass er die kaiserlichen Hoheitszeichen verwenden dürfe. Damit beanspruchte er mit seinen Theologen die höchste religiöse und politische Macht in der ganzen Christenheit. Er forderte die Fürsten auf, die päpstliche Macht auch unter den Moslems durchzusetzen.[6]

Doch der Kaiser hielt an seinem Recht fest, die Bischöfe zu ernennen, bei drei Ernennungen in Italien kam es zum Konflikt. Nun schickte der Papst dem Kaiser ein Protestschreiben, daraufhin kündigten viele der deutschen Bischöfe dem Papst den Gehorsam auf. Die Kanzlei des Kaisers stellte in einem Schreiben ihren Rechtsanspruch dar, danach stammte das Königtum direkt von Gott und nicht aus der Hand eines Papstes. Der gesalbte König könne von niemandem abgesetzt werden, außer wenn er vom katholischen Glauben abfiele. Zuletzt forderte der Kaiser den Papst auf, sein Amt aufzugeben: „Steig herab, steig herab!" Aber jetzt setzte der Papst das magische Mittel des Bannfluches ein, er verhängte über den König den Kirchenbann und entband alle Untertanen vom Treueid. Jetzt war der König exkommuniziert und

5   K.R. Schnith, Die Herrscher der Salierzeit 205–210. A. Paravicini-Bagliani, Die römische Kirche 1054 bis 1124. In: A. Vauchez (Hg.), Die Geschichte des Christentums V, Freiburg 1995, 33–45.
6   A. Paravicini-Bagliani, Die römische Kirche 56–62.

durfte seine Herrschaftsrechte nicht mehr ausüben. Zuerst antwortete die Kanzlei des Kaisers ebenfalls mit einem Bannfluch über den Mönch Hildebrand, den Papst.[7]

Doch nun starben im Reich einige Fürsten als Anhänger des Königs, andere wurden ermordet. In der Folge gelang es dem Papst mit seinen Gesandten, viele der deutschen Bischöfe auf seine Seite zu ziehen. Bald bildete sich eine Opposition deutscher Fürsten gegen den König, sie hatten mit den Gesandten des Papstes Verbindung aufgenommen. Diese Fürsten forderten nun vom König, er müsse innerhalb eines Jahres vom Bannfluch frei sein, sonst wollten sie ihm nicht mehr folgen. Im Winter 1077 zog der König mit seinem Gefolge nach Canossa und leistete vor dem Papst öffentliche Kirchenbuße. Danach erteilte der Papst dem König die Absolution und löste ihn vom Bannfluch, nun konnte er wieder als König regieren. Damit aber hatte der König und Kaiser das höchste Richteramt des Papstes anerkannt; die höheren Kleriker bestimmten nun über die Politik des Reiches und der ganzen Christenheit. Doch einige der deutschen Fürsten wählten jetzt einen Gegenkönig, Rudolf von Rheinfelden. Dieser bestätigte ihnen das Recht auf die freie Königswahl, unabhängig von einer Königssippe.[8]

Nun veröffentlichte der Papst ein allgemeines Verbot der Investitur von Bischöfen und Äbten durch Laienchristen, also durch Könige und Fürsten. Denn der Kaiser wurde trotz seiner Salbung zu den Laienchristen gezählt. Darauf sprach der Papst über den König erneut den Bannfluch aus. Doch nun versammelten sich dessen Anhänger, Fürsten und Bischöfe, in Brixen und forderten den Amtsverzicht des Papstes. Wenn er diesem Fürstenbeschluss nicht folge, dann solle er mit militärischer Gewalt aus seinem Amt vertrieben werden. Danach zog der König Heinrich mit einem Heer nach Italien und eroberte die Stadt Rom; der Papst konnte in die Engelsburg flüchten. In Rom bestätigte eine Synode der Bischöfe die Absetzung des Papstes, nun wurde ein Gegenpapst gewählt, der den König und seine Frau zum Kaiser bzw. zur Kaiserin krönte.[9]

Als die Truppen des Kaisers Rom verlassen hatten, eroberten die Normannen von Süden her die Stadt; aber der Papst Gregor VII. starb im Exil in Salerno. Der Kaiser ließ in seiner Schrift „Liber de unitate ecclesiae conservanda" festhalten, dass die Würde des Königs unmittelbar von Gott stamme und nicht vom Papst. Doch auch die nachfolgenden Päpste Urban II. und Paschalis II. kämpften weiterhin gegen die Rechte des deutschen Königs. Zuletzt musste dieser seine Herrschaft nach langen Kämpfen an seinen Sohn Heinrich V. abtreten. Durch diesen Machtanspruch der Päpste wurde das deutsche Reich deutlich geschwächt und alte politische Konflikte wurden verschärft. Auch der Papst Urban II. verbot auf einer Synode in Clermont die Eidesleistung von Klerikern in die Hände von Laienchristen (Fürsten und Königen). Denn die Hände der Fürsten seien durch die vielen Kriege mit Blut befleckt. Fortan unterschieden die Theologen immer deutliche zwischen der geistlichen Gewalt (spiritualia) und der weltlichen, politischen und militärischen Gewalt (temporalia). Diese Unterschei-

---

7   P. Meinhold, Kirchengeschichte in Schwerpunkten 100–108.
8   R. Fischer-Wollpert, Lexikon der Päpste. Wiesbaden 2004, 65–68.
9   R. Fischer-Wollpert, Lexikon der Päpste 65–67.

dung akzeptierte nun auch der deutsche Königshof. Der Papst Paschalis II. schlug vor, die Bischöfe und Äbte sollten ihre weltlichen Güter dem König zurückgeben. Doch dieser Vorschlag scheiterte an den betroffenen höheren Klerikern, der Papst wurde von den königlichen Soldaten sogar in Haft genommen.[10]

Aus der Haft schlug der Papst nun vor, der König dürfe die Bischöfe und Äbte mit dem Ring und dem Hirtenstab in ihre Ämter und Besitzrechte investieren, aber dies müsse vor der kirchlichen Weihe geschehen; eine Investitur ohne Weihe sei nicht zulässig. Das akzeptierte der König, jetzt ließ er sich vom befreiten Papst zum Kaiser krönen. Doch in der Folgezeit verhandelten die Theologen des Papstes und die Juristen des Königs weiter über die Frage der Investitur mit kirchlichen Ämtern durch Laienchristen. Bei Worms einigten sie sich im Jahr 1122 auf eine neue Rechtsordnung (Wormser Konkordat) für das Zusammenwirken von Klerikern und Fürsten. Hier wurde nun die klare Trennung von geistlicher Vollmacht und von weltlichem Besitz akzeptiert. Der König gestand den Klerikern die freie Wahl der Bischöfe und Äbte zu; nur in Konfliktfällen wolle er als Schiedsrichter eingreifen. Der König verzichtete aber bei der Übergabe der Lehensgüter an die Bischöfe und Äbte auf die geistlichen Symbole des Ringes und des Hirtenstabes; er verwendete dafür fortan nur noch das Zepter als Zeichen der weltlichen und politischen Herrschaft. Die Bischöfe und Äbte durften dem Kaiser weiterhin den Treueid schwören. Vor seinem Tod hatte der König Heinrich V. die Fürsten der Staufer als seine Erben eingesetzt.[11]

Die politischen Konflikte mit den Klerikern

Als der Staufer Friedrich I. (Barbarossa) zum deutschen König gewählt wurde, da war ein Einfluss der päpstlichen Kurie nicht erkennbar. Der König zeigte dem Papst durch eine Gesandtschaft seine Wahl zum König an, ohne die päpstliche Zustimmung zu erbitten. Danach trat er in Verhandlungen mit dem Papst ein, um seine Krönung zum Kaiser zu erwirken. In einem Abkommen wurden die Ehre des Reiches (honor regni) und die Ehre des Papstes (honor papatus) als gleichwertig anerkannt. Der König versprach dem Papst den militärischen Schutz der Stadt Rom vor den Normannen, der Papst versprach die baldige Kaiserkrönung. Der Papst und der König wollten gemeinsam den Einfluss des Byzantinischen Reiches von Italien fernhalten. Als der König dem Papst den Marschalldienst (Halten des Steigbügels) verweigerte, musste zuerst geklärt werden, dass mit diesem alten Ritual keine lehensrechtliche Abhängigkeit des Reiches vom Papst verbunden sei. Danach verlangte der König die Entfernung einer Inschrift auf dem Lateranpalast des Papstes, wo der deutsche König Lothar III. als Lehensmann des Papstes bezeichnet worden war.[12]

Der König Friedrich I. und sein Hof vertraten die Überzeugung, das Königtum und das Kaisertum seien direkt von Gott eingesetzt und stammten nicht vom Papst. Als in Rom zwei Päpste gewählt wurden, konnte der König seinen Kandidaten durch

---

10 R. Fischer-Wollpert, Lexikon der Päpste 65–71.
11 K. Schnith, Die Herrscher der Salierzeit 210–243.
12 R. Fischer-Wollpert, Lexikon der Päpste 74–78.

seine militärische Präsenz durchsetzen. Doch nach der Kaiserkrönung brach in Rom eine Seuche aus, der König musste mit seinen Truppen die Stadt fluchtartig verlassen. Nach einer militärischen Niederlage bei Mailand (Legnano) musste der Kaiser den Papst Alexander III. anerkennen. Bei einem Friedensfest in Venedig leistete der Kaiser dem Papst die Steigbügelhaltung und küsste ihm den Fuß. Als der Kaiser sich auch noch zu einem Kreuzzug gegen die Moslems in Palästina bereit erklärte, bekam er vom Papst das Recht bestätigt, die Besitz- und Herrschaftsrechte (regalia et spolia) weiterhin an Bischöfe und Äbte übergeben zu dürfen. Als der Kaiser den Kreuzzug ausführte, starb er aber in einem Fluss in Kleinasien. Er hatte die Ehre des deutschen Reiches gegen die Ansprüche der Kleriker mit Entschiedenheit verteidigt.[13]

Zu dieser Zeit trafen sich die Bischöfe und Äbte Italiens regelmäßig zu Fastensynoden in Rom im Lateranpalast des Papstes, dort bestimmten sie die Politik der höheren Kleriker. Auf dem ersten Laterankonzil im Jahr 1123 wurden die Übereinkünfte des Worsmer Konkordats akzeptiert, denn ein ähnliches Konkordat hatten die Kleriker schon einige Jahre zuvor mit dem König von England in London geschlossen. Die Bischöfe verboten den Klerikern und Laienchristen den Kauf von kirchlichen Ämtern auf dem Papier, aber dieses Verbot war nicht durchzusetzen. Außerdem forderten sie den Eheverzicht der niederen und höheren Kleriker, die damit in den Konkubinat gedrängt wurden. Die christlichen Fürsten und Könige wurden zur Einhaltung des „Gottesfriedens" (Treuga Dei) untereinander aufgefordert, aber gegen die ungläubigen Moslems in Palästina sollten sie in den Krieg ziehen. Den Kreuzfahrern wurde der Ablass all ihrer Sünden, sowie der Schutz ihrer Familien und ihres Eigentums zugesichert.[14]

Eine zweite Synode der Bischöfe und Äbte im Lateranpalast zu Rom im Jahr 1139 sollte eine Kirchenspaltung durch eine doppelte Papstwahl beenden. Die Bischöfe verboten die Einhebung von Wucherzinsen, sowie die Teilnahme an Rittertournieren. Den Mönchen wurde untersagt, an den hohen Schulen Rechtswissenschaft und Medizin zu studieren; den Domkapiteln wurde das Recht bestätigt, den Bischof wählen zu dürfen. Ein drittes Konzil im Lateranpalast im Jahr 1179 beendete den Kampf zwischen dem König Friedrich I. und dem Papst Alexander III; alle Weihen der Gegenpäpste wurden für ungültig erklärt. Für die Wahl eines zukünftigen Papstes sollte eine Zweidrittelmehrheit der Wähler notwendig sein. Die Bischöfe mussten 30 Jahre alt sein, bevor sie ihr Amt antreten durften. Den Klerikern wurde die Anhäufung von Ämtern (beneficia) verboten, für die Spendung der Sakramente durften sie keine Gebühren einheben. Den Juden und den Moslems wurde untersagt, Christen als Sklaven zu halten. Die soziale und religiöse Protestbewegung der Katharer wurde aus der Kirche ausgeschlossen, die Fürsten und Könige wurden aufgefordert, gegen diese Bewegung militärisch zu kämpfen.[15]

Zu dieser Zeit hatten die höheren Kleriker, die Bischöfe und Päpste stark an politischem Einfluss gewonnen. Sie hatten zwar keine großen Kriegsheere, aber sie

---

13 K. Höflinger, Die Herrscher der Stauferzeit. In: G. Hartmann/K.R. Schnith (Hg.), Die Kaiser 275–298.
14 R. Fischer-Wollpert, Lexikon der Päpste 74–80.
15 R. Bäumer, Synoden. In: LthK VI, Freiburg 2006, 815–817.

setzten die Mittel des Bannfluches und der Exkommunikation geschickt ein, um ihre Macht zu vermehren. Dies aber setzte voraus, dass die Mehrheit der Laienchristen an die (magische) Wirkung dieses Bannfluches glaubte. Doch die Kleriker hatten durch viele Jahrhunderte gelehrt, das Heil der Seele könne nur in der wahren Kirche der Bischöfe gefunden werden. Die höheren Kleriker und die Theologen rangen mit den Fürsten und Königen um die politische Macht, denn Bischöfe, Äbte und Äbtissinnen waren zu dieser Zeit Feudalherren. Sie vereinigten also die religiöse und politische Macht in einer Hand. Wir erkennen hier die konsequente Durchsetzung des Reichschristentums, das mit dem römischen Kaiser Theodosius I. begonnen hatte.[16]

Entwicklungen der Lebenswelt und Gesellschaft

Das Leben der meisten Menschen wurde von religiösen Überzeugungen geprägt, dabei wurden vorchristliche und christliche Lehren vermischt. Nun waren die Überzeugungen der Laienchristen aber nicht deckungsgleich mit den Lehren der Kleriker, wie wir aus vielen Klagen der Theologen und Mönche wissen. Die einfachen Bauern, Hirten, Handwerker, Knechte und Mägde kannten diese Lehren kaum oder sie konnten sie nicht verstehen. Viele von ihnen hingen noch keltischen, germanischen, slawischen oder finn-ugrischen Mythen an. Regelmäßig wurden archaische Riten zur Abwehr von Hagel, zur Vertreibung von Krankheit und zum Schutz vor dem frühen Tod ausgeführt. Deswegen begannen die Kleriker und Theologen zu dieser Zeit mit der systematischen Aufspürung und Verfolgung dieser alten Riten und Überzeugungen. Doch die völlige Ausrottung dieser Vorstellungen und Glaubensformen ist ihnen wohl nicht gelungen.[17]

Die niederen Kleriker engagierten sich weiterhin bei der Versorgung der Armen und bei der Pflege der Kranken. In der Zeit der aufkommenden Geldwirtschaft hatten die Theologen feste Zinssätze für ausgeliehenes Geld verboten; denn allein die Arbeit sollte Geld bringen, nicht aber das Verleihen von Geld. So hatten es schon frühe Bischofsversammlungen in Arelate (314) und in Nikaia (325) beschlossen. Diese Beschlüsse wurden auch im Mittelalter als gültig angesehen, erst in der Zeit der Kirchenreformation wurden sie außer Kraft gesetzt. Die Geldverleiher, die feste Zinsen verlangten, wurden von den Theologen „Wucherer" (cupidi) genannt, ihnen wurden die Sakramente und das Begräbnis in geweihter Erde versagt (II. Laterankonzil). Nur die Juden durften Geld gegen feste Zinsen verleihen, aber sie galten den Theologen als Häretiker und „Gottesmörder". Deswegen wurden die Juden schon zu dieser Zeit die gefragten Spezialisten der Geldverleihung. Als durch die Kreuzzüge ihre Besitzungen zerstört wurden, verkauften viele Juden ihren Besitz; sie vergruben das dafür erhaltene Geld in der Erde, oder sie verliehen es an Fürsten, Grafen und Könige. Sie mussten Zinsen einheben, um überleben zu können.[18]

---

16 R. Fischer-Wollpert, Lexikon der Päpste 76–82.
17 A. Grabner-Haider, Das Laienchristentum. Darmstadt 2007, 46–72.
18 M. Parisse, Die Christianisierung der Gesellschaft. In: A. Vauchez (Hg.), Die Geschichte des Christentums V, Freiburg 1995, 434–440.

Den Kriegern und den Adeligen wurde durch die Theologen die Aufgabe zugeteilt, die waffenlose Bevölkerung vor Angriffen zu schützen; der Schutz galt vor allem den Witwen und Waisenkindern, den Armen und den Kirchen. Die höheren Kleriker und die Adeligen sollten einen Teil ihres Besitzes für die Armen zur Verfügung stellen. In dieser Zeit nahm auf Grund des wärmeren Klimas und der verbesserten Arbeitstechniken die Bevölkerung zu, es wurden neue Märkte und Städte gegründet. Dort wurden Häuser für die Armenpflege, für die Krankenversorgung und für die Unterbringung der Pilger und Reisenden eingerichtet. Viele Menschen waren auf Wallfahrt zu den heiligen Orten der Martyrer, um Heilung von Krankheiten oder die Vergebung der Sünden zu erlangen. In den Städten beteiligten sich auch viele Laienchristen an den sozialen Aufgaben (hospitalitas).[19]

Zu dieser Zeit versuchten die Kleriker und Theologen, das Leben der Familien und die gelebte Sexualität immer stärker unter ihre Kontrolle zu bringen. Sie erlaubten beiden Geschlechtern die sexuelle Betätigung nur innerhalb der geordneten und patriarchalen Ehe, sie sollte allein dem Zweck des Nachwuchses dienen. Sie verboten den Ehebruch als Einbruch in die Besitzrechte der Männer, den Frauenraub bzw. die Raubehe, Inzest und Heirat unter Blutsverwandten. Die Männer hatten in der Ehe ungleich mehr Rechte als die Frauen, diese sollten den Männern Gehorsam leisten. Adelige Männer hatten neben ihren Erstfrauen mehrere Konkubinen. Weil Adam von Gott zuerst erschaffen worden sei und weil Eva vom Teufel zur Sünde verführt worden sei, müssten sich die Frauen auf ewige Zeiten den Männern unterordnen. In ihren Bußbüchern schrieben Theologen (z.B. Burchard von Worms), die Frauen seien leichter als die Männer zur Sünde verführbar, denn sie hätten einen schwachen Verstand und eine lose Zunge.[20]

Viele Theologen und Kleriker werteten die Frauen fundamental ab, sie sahen in den Töchtern Evas die Ursache für das Elend der Menschen. Sie unterstellten ihnen, dass sie die Männer zur sexuellen Sünde verführten. Viele Mönche und Nonnen verehrten die göttliche Mutter und Jungfrau Maria, denn sie sei die neue Eva; und Christus habe die Sünde der ersten Eva gesühnt. Maria sei wegen ihrer Jungfräulichkeit die „Miterlöserin" der Menschen, auch Maria Magdalena wurde als Vorbild verehrt. Aus den vielen Bußbüchern der Mönche wissen wir, dass viele Laienchristen diese Lehren der Theologen nicht kannten oder nicht akzeptierten. Die Ritter und Adeligen entwickelten zu dieser Zeit, angeregt durch Sänger und Musiker, eine Kultur der „Frauenminne", in der die Frauen deutlich aufgewertet wurden. Die Mönche und Nonnen aber gaben sich der Marienminne hin, sie war ein Ersatz für die fehlenden sexuellen Beziehungen. Viele Kleriker lebten in dieser Zeit in sexuellen Beziehungen zu Konkubinen oder zu unfreien Frauen.[21]

Wir dürfen nicht annehmen, dass die asketischen Ideale der Theologen von den Laienchristen auch gelebt worden sind. Viele Dichtungen und Lieder dieser Zeit deuten in Teilen der Gesellschaft eine sinnliche und lebensfrohe Kultur an. Laienchristen

---

19   H.W. Goetz, Leben im Mittelalter 124–147.
20   M. Parisse, Die Christianisierung der Gesellschaft 434–440.
21   H.W. Goetz, Leben im Mittelalter 118–134. P. Ketsch, Die Frau im Mittelalter 101–119.

bildeten ihre eigene Form der Frömmigkeit; Adelige und Ritter verbanden Gotterge-
benheit mit dem Mut zum Kämpfen; Bauern und Hirten lebten nahe der Natur und
dankten Gott für reiche Ernten und reiche Tierherden. Als die Krieger und Ritter von
den höheren Klerikern zu den Kreuzzügen gegen die Moslems aufgerufen wurden,
begannen Theologen vom „gerechten Krieg" (bellum iustum) zu reden. Die Klöster
waren weiterhin Zentren der Wirtschaft und der Bildung, neben den theologischen
Schriften wurden vermehrt auch Schriften der antiken Kultur abgeschrieben.[22]

Neben den Klosterschulen und Domschulen entstanden in einigen Städten freie
Schulen des Schreibens, des Lesens, der Grammatik und der Arithmetik. An manchen
Dom- und Klosterschulen wurden neue Disziplinen gelehrt, das Studium des Rechts,
der Medizin, der Dichtung und der Redekunst. Vor allem in Bologna und Paris wurden die antiken Rechtssammlungen und kirchlichen Entscheidungen gesammelt und
ausgelegt. Der Mönch Gratian verfasste im 12. Jh. eine kirchliche Rechtssammlung,
für ihn mussten alle Gesetze des Staates und der Religion dem Naturrecht (lex na-
turalis) entsprechen. Denn das Naturrecht sei der direkte Ausdruck des göttlichen
Willens. Daher müssten alle Gesetze, die dem Naturrecht widersprechen, aufgehoben
werden. Zu dieser Zeit wurden auch Werke über die Geschichte verfasst, etwa die
„Gesta Friderici" des Otto von Freising oder „De quarta vigilia" des Gerhoh von
Reichersberg. Der Abt Joachim von Fiore sagte voraus, dass sich in einem Zeitalter
des Heiligen Geistes die Leiden der Menschen stark verringern würden.[23]

In dieser Zeitepoche wurden bereits zwei „Narrenspiegel" (Nigellus und Ysen-
grim) verfasst, in denen das Leben der Mönche und der niederen Kleriker auf sa-
tirische Weise dargestellt wurde. An manchen Orten (z.B. Mailand) organisierten
Laienchristen ihre eigene Spiritualität, viele von ihnen wollten von moralisch un-
würdigen Priestern keine Sakramente mehr empfangen. Einige schlossen sich zu
Armutsbewegungen zusammen, sie verteilten ihre Güter an die Armen und führten
ein einfaches Leben. Doch die Theologen und Bischöfe sahen in diesen Bewegungen
eine Gefahr für die Reichskirche und die Feudalordnung, deswegen begannen sie,
diese Bewegungen militärisch zu verfolgen.[24]

Als der byzantinische Kaiser Manuel im 12. Jh. die Bewegung der Bogumilen aus
Konstantinopel vertrieb, dürften einige ihrer Prediger in den lateinischen Westen
gekommen sei. Bald bildeten sich in Frankreich, in Flandern und am Rhein Bewegungen von Laienchristen, welche die Sakramente der Kleriker ablehnten und die
patriarchale Ehe verweigerten. Sie wurden von den Theologen Katharer (die Reinen) oder Albigenser oder Bulgaren oder Poplicani genannt. Vor allem die Katharer
gewannen wegen ihrer sozialen Lehren größere Anhängerschaft, sie nannten sich
die „guten Menschen" (boni homines) und kritisierten den Reichtum der höheren
Kleriker. Bald unterstützten auch adelige Familien die Armutsbewegungen. Die Katharer lehrten, dass in jedem Menschen ein göttlicher Lichtfunke sei, der entfaltet

---

22 M. Parisse, Die Christianisierung der Gesellschaft 450–456.
23 M. Parisse, Die Christianisierung der Gesellschaft 460–467.
24 H.W. Goetz, Leben im Mittelalter 72–89. J. Leclercq, Monks and love in 12th century in France.
   Oxford 1979, 36–49.

werden solle. Die wahren Christen brauchten daher keine kirchlichen Ämter und keine Reichtümer, keine Sakramente und keine Dominanz der Männer über die Frauen.[25]

Die Waldenser forderten auch für die Laienchristen, das Evangelium Christi zu predigen. Doch die höheren Kleriker lehnten dies ab, ihnen war das Monopol der Glaubensverkündigung wichtig. Auch die Humiliaten wollten das einfache Leben der Armen teilen und die Besitztümer auf alle gerecht verteilen. Doch die Theologen und die höheren Kleriker sahen in diesen sozialen Bewegungen einen Angriff auf die feudalistische Gesellschaft. Viele Laienchristen hatten aus den Predigten der Kleriker gelernt, wie die frühen Christen gelebt hatten. Jetzt erkannten sie, dass die Lebensform der Reichskirche dem Leben der frühen Christen widerspreche. Viele von ihnen wollten die Güter gerechter verteilen und die Hilfe an den Schwächsten verstärken. Sie glaubten, dass ein solidarisches Leben in der verwirklichten Nächstenhilfe ausreichend sei, um für alle Menschen ein gutes und friedliches Leben zu ermöglichen. Doch die höheren Kleriker und die Theologen blieben weiterhin die Stützen der Reichskirche und des Feudalsystems in der Wirtschaft.[26]

---

25   M. Parisse, Die Christianisierung der Gesellschaft 480–502.
26   K. Brunner/G. Jaritz, Landherr, Bauer, Ackerknecht 37–55. J. Buhmke, Höfische Kultur 96–117.

Anfänge der Dichtkunst

Im frühen Mittelalter vollzog sich der langsame Übergang von der lateinischen Sprache der Römischen Imperiums zu den verschiedenen Volkssprachen Europas und deren Verschriftlichung. Schon in der römischen Lebenswelt gab es deutliche Unterschiede zwischen der Hochsprache der Dichtung, des Rechts und der Theologen einerseits und dem gesprochenen Vulgärlatein in den verschiedenen Regionen. Durch veränderte politische und soziale Situationen wurde das Vulgärlatein zum Träger sprachlicher Entwicklungen, während das geschriebene Latein der Verwaltung und der Theologie nur gering verändert wurde. Es wird erkennbar, dass bereits das gesprochene Latein eine regionale Vielfalt in Hispania, in Dacia, in Africa und in Gallien zeigte. Das sog. Spätlatein ist in den sprachlichen Ausdrücken ungleich vielfältiger, als das klassische Latein der Dichter, Philosophen und Juristen.

Latein als Literatursprache

Mit der Christianisierung des weströmischen Imperiums wurde Latein die amtliche Sprache der christlichen Glaubensverkündigung, der Liturgie und der Theologie. Als Sondersprache bildete sich ein christliches Latein, in dem viele Ausdrücke aus dem christlichen Glauben und damit aus der jüdischen und griechischen Kultur stammten. Viele der frühen Christen brachten die Sprache der unteren und mittleren sozialen Schichten mit, fast alle Glaubenslehren mussten aus dem Griechischen übersetzt werden. Damit war das christliche Latein eine Übersetzungssprache, in die viele fremde Lehnwörter aufgenommen wurden. Bereits im 2. Jh. war in Africa die griechische Bibel ins Lateinische übersetzt worden, die sog. Vetus latina. Nun wirkten die Lesung der Bibel und die Feier der Liturgie lange Zeit stabilisierend auf die Entwicklung des christlichen Lateins. Im frühen Mittelalter entfernte sich aber das gesprochene Latein schon weit vom literarischen Latein.[1]

Als Karl der Große das Fränkische Imperium errichtete, sah er mit seinen Beratern in der lateinischen Sprache das Fundament seiner neuen Herrschaft. Mit seinen lateinisch gebildeten Beratern entwarf er ein Bildungsprogramm der lateinischen Sprache für sein ganzes Reich. Inseln der lateinischen Kultur waren schon vorher

---

1   U. Kindermann, Latein. In: LThK VI, Freiburg 2006, 669f. P. Stotz, Handbuch zur lateinischen Sprache im Mittelalter. München 1996, 64–78.

der westgotische Königshof in Spanien und das Kloster Lerinum in Südgallien. Die Palastschulen in Aachen und an anderen Pfalzorten sollten zu neuen Zentren der lateinischen Bildung und Kultur werden. Auch in den Klöstern und an den Bischofsitzen sollte die lateinische Bildung gestärkt werden. Einhard berichtet in der „Vita Karolini", der König habe an seinen Pfalzen Bibliotheken errichtet und Bücher gekauft. Als Kaiser ließ er zwei Bildungserlässe verlautbaren, die von Alkuin von York mitgeprägt wurden, die „Epistola de litteris colendis" und die „Admonitio generalis". Das waren Rundschreiben an die Bischöfe und Äbte des ganzen Reiches, die durch Königsboten zugestellt wurden.[2]

In diesen Schreiben forderte der König die Bischöfe und Äbte auf, neben der Bibel und der Theologie in ihren Schulen auch die profanen Wissenschaften zu pflegen; denn durch diese Wissenschaften könnten die Geheimnisse der Bibel besser erforscht werden. Es sollte eine Einheit in der christlichen Lehre und in der lateinischen Sprache angestrebt werden.[3] Die Bischöfe sollten mit den Klerikern gemeinsam leben und für eine gute Ausbildung der Schüler Sorge tragen. Kleriker ohne gute Sitten und ohne gute Bildung im Glauben sollten eine Zeitlang schweigen, bis sie beides gelernt hätten. Wenn sie aber beides nicht lernten, sollten sie aus dem Stand der Kleriker entfernt werden. Die Bischöfe sollten Schulen für lesende Knaben einrichten, zu denen die Söhne der Adeligen, der Freien und der Unfreien Zugang haben sollten. Königsboten mussten die Durchführung dieser Anordnung in allen Klöstern und an den Bischofsitzen überprüfen. Damit sollte eine einheitliche Hochsprache für die christliche Theologie und für die Verwaltung des Reiches geschaffen werden.[4]

Die letzten Vertreter der lateinischen Hochsprache vor der karolingischen Reform waren Cassiodorus, Petrus von Pisa, Paulus Diaconus und Venantius Fortunatus. In Africa war die lateinische Schriftkultur mit der Eroberung durch den byzantinischen Feldherrn Belisarios verloren gegangen. Anders war die Situation bei den Angelsachsen, denn Papst Gregor I. schickte den römischen Mönch Augustinus mit 40 anderen Mönchen zum König Ethelbert; sie brachten das römische Latein nach Britannien, das dort die Kultur prägen sollte; denn dort gab es kein gesprochenes Vulgärlatein. Die angelsächsischen Missionare, aber auch Alkuin von York haben dieses römische Latein ins Fränkische Reich gebracht. Auf der Synode von Whitby verbanden sich die irische und die angelsächsische Kirche. Beda Venerabilis stellte mit seinen Schriften einen Höhepunkt der lateinischen Sprache dar.[5]

Durch die iro-schottischen Mönche kam dieses römische Latein auf den Kontinent und wurde in vielen Klöstern gelehrt. Die Missionare Gallus und Columban spielten dabei eine wichtige Rolle. Im Kloster St. Gallen und auf der Reichenau wurden Lebensgeschichten des Gallus verfasst und verbreitet (Vita sancti Galli), die später von den Mönchen Wetti und Walafried Strabo bearbeitet worden sind. Notker der

---

2   P. Klopsch, Latein als Literatursprache. In: E. Wischer (Hg.), Propyläen Geschichte der Literatur
     II. Frankfurt [19]1988, 310–319.
3   U. Kindermann, Latein 660f.
4   P. Klopsch, Latein als Literatursprache 315–320.
5   P. Stotz, Handbuch zur lateinischen Sprache im Mittelalter 122–140.

Stammler (Balbulus) verfasste eine lateinische Lebensgeschichte des heiligen Gallus in Versmaßen; dabei half ihm der Mönch Hartmann. Beide schufen das Versmaß der Gallus-Vita (Metrum de vita sancti Galli); darin spielte der Dialog eine große Rolle, wie ihn Papst Gregor in seiner Schrift „Dialogi" gefordert hatte. Denn im Zwiegespräch sollten verschiedene Überzeugungen zum Ausdruck kommen.[6]

Durch die karolingische Reform sollte im Reich der Franken ein einheitliches Latein geschrieben und gelehrt werden. Am Hof des Königs wirkte Theodulf als lateinischer Dichter; und Heiric von Auxerre schrieb um 873 eine Lebensgeschichte des heiligen Germanus (Vita sancti Germani), die er dem Kaiser Karl dem Kahlen widmete. Darin schrieb er, die lateinische Sprache sei wie eine Flamme, die aus erloschener Asche wieder entfacht wurde. An den lateinischen Schulen sollten die Philosophie gelehrt und die Bildung der Adeligen und der Kleriker gefördert werden. Die Lehrer sollten am Wissen der Griechen anknüpfen und dieses in das Land der Franken bringen. Diese neue lateinische Hochsprache sollte die Theologie, die Liturgie und die Verwaltung des Imperiums prägen. Latein war nun die einheitliche Sprache der Wissenschaft, der kirchlichen Lehre, der Kanzleien und der Urkunden.

Diese auch „Mittellatein" genannte Sprache unterschied sich deutlich vom klassischen Latein in der Sprachstruktur und im Wortschatz; in ihr finden sich viele Begriffe aus der christlichen Religion und Theologie. Dieses Latein wurde bei der Missionierung der europäischen Völker zur Amtssprache auch in der Politik, sie war die Basis der christlichen Kultur und Moral. Der erste deutsche Autor in lateinischer Sprache war der Bischof Arbeo von Freising mit seiner „Vita sancti Corbiniani" und der „Vita sancti Hainhrammi". In dieser Hochsprache schrieben verschiedene Theologen ihre regionalen Kirchengeschichten; etwa die „Historia gentium Gothorum" des Gregor von Tours, die „Historia ecclesiastica gentis Anglorum" des Beda Venerabilis, die Geschichte der Langobarden des Paulus Diaconus, die Geschichte der Sachsen von Widukind von Corvey, und später die Geschichte der Dänen (Gesta Danorum) des Saxo-Grammaticus. Zu dieser Zeit wurden viele lateinische Hymnen für die Liturgie gedichtet, die Dichtkunst griff christliche Themen auf und verband sie mit Schriften des Vergilius Naso.[7]

Anfänge der volkssprachlichen Dichtung

Die weltliche Dichtung im Mittelalter war auf adelige und ritterliche Förderer angewiesen, während sich die geistliche Dichtung in den Klöstern und an den Domschulen entfalten konnte. Karl der Große hatte einen Kreis von Dichtern und Gelehrten an seinem Hof versammelt, die in lateinischer Sprache schrieben. Der westgotische Bischof Theodulf von Orleans hatte Versepisteln verfasst. Vom Franken Angilbert, vom Bischof Amalar von Trier und vom Langobarden Petrus von Pisa stammen lateinische Gedichte. Bei den Mahlzeiten in den Klöstern wurden geistliche Texte vorgelesen. Dies ahmten die Fürsten bei ihren Festtafeln nach, sie ließen historische

---

6   P. Klopsch, Latein als Literatursprache 320–324.

7   P. Stotz, Handbuch zur lateinischen Sprache im Mittelalter 44–62.

und poetische Werke vortragen. Einhard berichtet, Karl der Große habe auch „heidnische" Lieder von Königen und Kriegen aufschreiben und erzählen lassen.[8]

Nach der Teilung des Fränkischen Reiches entstanden die ersten altfränkischen Dichtungen, die Straßburger Eide um 842 und der „Gesang der heiligen Eulalia" um 880. Im ostfränkischen Reich entstand die althochdeutsche Dichtung „Tatian" um 830 und die altsächsische Christusdichtung „Heliand" ebenfalls um 830. In beiden Werken sollte die Botschaft Christi angemessen vermittelt werden. Bereits im 7. Jh. hatten in England die Dichter Cynewulf und Caedmon Dichtungen in der Volkssprache verfasst, die den christlichen Glauben darstellten. Der König Alfred holte Lehrer aus dem Frankenreich an seine Klosterschulen. Im Reich der Ostfranken verfasste Otfried von Weißenburg im Elsass um 870 eine große Evangelienharmonie. In der lateinischen Vorrede erklärte der Autor, warum er das Werk in der Sprache des Volkes (theodisce) schrieb; diese Sprache sei der lateinischen Sprachform ebenbürtig. Der Autor widmete das Buch dem König Ludwig dem Deutschen.[9]

Im westfränkischen Reich wurde um 1100 das Heldenepos „La chanson de Roland" (Rolandslied) verfasst. Dieses Lied wurde von den Fürsten bald für ihre Politik der Kreuzzüge eingesetzt, deswegen wurde es in provencalischer, in lateinischer, in altitalienischer, in englischer und in deutscher Sprache nachgedichtet. Darin wurde das Leben der Adeligen gelobt, dieser Lobpreis der Kriegshelden war lange Zeit mündlich weitergegeben worden, bis er aufgeschrieben wurde. Die Mönche wollten für diese „heidnischen" Lieder aber kein Pergament zur Verfügung stellen. In England wurde um 720 der „Beowulf" als Preislied der Kriegshelden verfasst, es wurde von Sängern an den Höfer der Fürsten vorgetragen. Diese Hofsänger hießen im germanischen Bereich „Skops", in den skandinavischen Ländern „Skalden". Sie zogen mit den Fürsten und ihren Heeren und besangen die Tapferkeit der Krieger und die politischen Ereignisse. Sie waren auf die Großzügigkeit der Fürsten angewiesen, deren Lob sie sangen; manche erhielten später ein Stück Land geschenkt.[10]

Diese Hofsänger unterschieden sich von den Spielleuten (spilman), welche ebenfalls von Hof zu Hof zogen, aber von den Spenden der Fürsten leben mussten. Viele Texte wurden mit der Leier oder der Harfe begleitet. In den Fragmenten des altdeutschen „Hildebrandsliedes" um 820 leben Reste dieser mündlichen Vortragskunst weiter. Das erste historische Heldenlied in altdeutscher Sprache war das „Ludwigslied" um 881, in dem der Sieg des Königs Ludwig III. über die Normannen besungen wurde. Die vom König geführten Franken werden darin als ein von Gott erwähltes Volk bezeichnet. Der Verfasser war ein Kleriker, denn er ordnete die Heldentaten den christlichen Tugenden unter. Die volkssprachige Dichtung entstand entweder im Auftrag der Kleriker zur Verkündigung des christlichen Glaubens, oder im Auftrag der Fürsten zum Lob ihrer kriegerischen Taten. Nur langsam emanzipierte sich die weltliche Dichtung von den Vorgaben der Kleriker, erst spät konnte an den Höfen

---

8   J. Buhmke, Höfische Kultur I, 56–78.

9   R. Krohn, Literaturbetrieb im Mittelalter. In: E. Wischer (Hg.), Proypläen Geschichte der Literatur II, 200–202.

10   J. Buhmke, Höfische Kultur I, 98–112.

der Fürsten eine von der Religion freie Dichtung entstehen. Die Fürsten traten meist als Geldgeber der Sänger und Dichter auf.[11]

In der Provence im Süden des westfränkischen Reiches entstand eine neue Form der Liebeslyrik, die von Hofsängern (Trobadors) vorgetragen wurde. Ein großer Gönner dieser Sänger war Wilhelm IX. von Poitiers und Aquitanien. Unter den 400 mit Namen bekannten Sängern waren auch Adelige, z.b. Raimbaut von Orange, Jaufre Rudel von Blois, Bertran de Born. Neben den adeligen Trobadors gab es noch die Sänger niederer Herkunft (joglars), die für ihre Lieder Geld erbaten. Auch diese beruflichen Spielleute (ioculatores) zogen von einem zum anderen Fürstenhof, sie sangen zumeist vorgegebene Texte. Hingegen verfassten die Trobadors ihre Texte selber und unterlegten sie mit bestimmten Melodien und Rhytmen. Soweit sie der Schrift kundig waren, schrieben sie ihre Lieder auf, oder sie diktierten ihre Lieder den Schreibern. Die Lyrik der Trobadors wurde später in Textsammlungen zusammengefasst. Auch am Hof des Grafen Raimon V. von Toulouse waren viele Hofsänger tätig, Peire Roger, Bernart von Ventadour, Peire Vidal. Große Gönner der Sänger waren auch die Grafen Raimon Barral in Marseille, Robert von Auvergne, Wilhelm III. von Montpellier, aber vor allem der König Richard Löwenherz aus England.[12]

Von Südfrankreich aus kam die Trobadorlyrik an die Höfe von Aragon und Kastilien. Die reitenden Sänger waren ein wichtiges Kommunikationssystem zwischen den Fürstenhöfen, sie erzählten in ihren Liedern auch die Tagespolitik der verschiedenen Länder. Auch an den Fürstenhöfen in Oberitalien konnte sich die Lyrik der Trobadors verbreiten, die Sänger fanden Aufnahme in Savoyen, in Ravenna, Ferarra, Padua, Treviso. Auch hier begannen sie bald in altitalienischer Mundart zu dichten und zu singen. Zentren der Liebeslyrik waren die Fürstenhöfe zu Genua, Brescia und Malespina. Der Stauferkaiser Friedrich II. richtete später in Süditalien eine Schule für Hofsänger und Dichter ein. In Südfrankreich traten auch adelige Frauen als Dichterinnen und Sängerinnen auf, ung. 20 Namen sind bekannt geworden. Von der Comtessa di Dia sind fünf Liebeslieder überliefert. Häufig waren Fürstinnen und Königinnen die Gönnerinnen der Hofsänger; zu ihnen gehören Eleonore von Aquitanien oder Ermengard von Narbonne. Die adeligen Frauen waren entscheidend daran beteiligt, dass sich die Lyrik der Trobadors auch im Norden Frankreichs verbreiten konnte.[13]

Dort hießen die Sänger Trouvers, auch sie thematisierten die höfische und adelige Liebe der Geschlechter (fin amors). Auch Spielleute und Kaufleute waren bei der Verbreitung dieser Liebeslyrik beteiligt. Bald wurde diese Dichtkunst auch an den Höfen in Flandern bekannt, von dort verbreitete sie sich zu deutschen Fürstenhöfen. Am Ende des 12. Jh. verfasste der Kleriker Andreas Capellanus einen lateinischen Gesang auf die Liebe der Geschlechter (De amore). Darin war von „Liebesgerichten" die Rede, die häufig von den adeligen Frauen geleitet wurden. Zu dieser Zeit wurden

---

11 R. Krohn, Literaturbetrieb im Mittelalter 200–204.
12 J. Buhmke, Höfische Kultur I, 78–89. W. Hotz, Pfalzen und Burgen der Stauferzeit 122–140. A. Borst (Hg.), Das Rittertum im Mittelater 67–90.
13 A. Borst (Hg.), Das Rittertum im Mittelalter 92–114. J. Buhmke, Höfische Kultur I, 117–139.

die Ehen der Adeligen häufig geschieden, denn die Kleriker hatten noch nicht die Ehegerichtsbarkeit errungen. In den altfranzösischen Liederhandschriften sind über 100 Liebesdichtungen erhalten geblieben. Die Kultur der Liebeslyrik wurde von den Adeligen getragen, sie zeigte aber bereits auch die Emanzipation der Laienchristen von den Morallehren der Kleriker.[14]

Die höfische Dichtung ist ein Ausdruck des erstarkten Selbstbewusstseins der Adeligen gegenüber den Klerikern. Nun entstanden ab dem 12. Jh. auch in den Städten weltliche Schulen des Schreibens, des Lesens und des Rechnens. An den französischen Fürstenhöfen bildeten die Schreiber nun die Literaturgattung des Romans (roman courtois), der das Leben und die Liebe der adeligen Helden zum Thema hat. Die Epik der Heldendichtung (chanson de geste) wurde weiterhin gepflegt. An der Entstehung des höfischen Romans hatten adelige Frauen einen entscheidenden Anteil. Dies gilt vor allem für die Höfe der Eleonore von Aquitanien und der Marie de Champagne mit ihrem Hof in Troyes. Dieser Fürstenhof wurde zu einem Zentrum des literarischen Schaffens, dort wurden die Sänger Chretien de Troyes, Rigaut de Barbezieux und Grace Brule gefördert. Chretien hatte den Roman „Lancelot" geschrieben. In einem anderen Werk (Erec und Eneide) bezog er sich direkt auf die Gräfin Marie, denn sie habe ihm den Inhalt und den Sinn seiner Dichtung gegeben. Nun stellte Chretien sogar die Geschichte eines Ehebruchs dar, ganz gegen die Moralregeln der Kleriker; außerdem besang er die höfische Liebe in höchsten Tönen.[15]

Chretien wirkte am Hof von Troyes und zog dann an den Hof des Philipp von Flandern, dem er seinen Gralsroman „Parceval" widmete. Auch Alice von Blois förderte die Dichtkunst an ihrem Hof, dort verfasste Gautier von Arras seinen Roman in Versen „Ille et Galeron" im Jahr 1167. Dieser Roman war von der deutschen Königin Beatrix angeregt worden, die Burgund geerbt hatte. Gautier nannte in seinem Epos „Eracle" voll Dank als Geldgeber den Grafen Thibaut von Blois, sowie Marie de Champagne und Balduin vom Hennegau. Marie und Alice waren Schwestern, so förderten dynastische Verbindung das Literaturschaffen an den Fürstenhöfen. Jetzt kamen die literarischen Verbindungen auch an den englischen Königshof, dort herrschten seit 1066 anglo-normannische Könige. Dort verfasste ein mit Namen nicht bekannter geistlicher Autor das Werk „Navigatio sanct Brendani", in dem keltische Themen behandelt wurden. Die spätere Königin Adeliza von Löwen förderte in Frankreich die volkssprachliche Dichtung; auf ihre Anregung hin verfasste Philipp von Thaon die erste Tiergeschichte „Bestiarium" in altfranzösischer Sprache.[16]

Wilhelm von Malmesbury verfasste die „Taten der englischen Könige" (Gesta regum Anglorum) und die „Historia novella", die er dem Fürsten Robert von Gloster widmete. Dieser bezahlte auch den Dichter Geoffrey of Monmouth, der um 1135 die „Geschichte der britannischen Könige" (Historia regum Britanniae) verfasste. Der normannische Dichter Geoffrey Gaimar schrieb den „Roman de Rou", und Benoit de Sainte Maure verfasste den „Roman de Troie" und eine Chronik der Fürsten der

---

14 R. Krohn, Literaturbetrieb im Mittelalter 205–210.
15 R. Krohn, Literaturbetrieb im Mittelalter 208–212.
16 R. Buhmke, Höfische Kultur I, 112–129.

Normandie. Im genannten Roman wurden Geschichten von Ehebrüchen (Lancelot) und von Liebesbeziehungen zu dritt berichtet. Die fürstlichen Mäzene deckten diese Geschichten, die für Kleriker unakzeptabel waren. Zu dieser Zeit emanzipierte sich also die Ehemoral der Fürsten und Ritter deutlich von den Lehren der Kleriker, denen sie wohl nie gefolgt waren. Jetzt durfte in der höfischen Dichtung das reale Leben dargestellt werden, wie es von den Adeligen gelebt wurde.[17]

Literatur im ostfränkischen Reich

Die Förderer der deutschsprachigen Sänger und Dichter sind nicht so gut bezeugt wie die in Frankreich und England. Genannt werden Kaiser Heinrich VI., Rudolf von Fenis, Friedrich von Hausen, Ulrich von Gutenberg und Kaiser Friedrich I. Barbarossa. Soweit die Dichter aus dem niederen Adel kamen, waren sie wirtschaftlich nicht von ihren Gönnern abhängig. Ob die deutschen Minnesänger tatsächlich Berufsdichter waren, lässt sich heute nicht mehr klären. Reinmar der Alte dürfte am Hof der Babenberger in Wien gewirkt haben. Walther von der Vogelweise hat mit seinen Dichtungen wohl seinen Lebensunterhalt bestritten. Zur Gruppe der fahrenden Sänger gehörten auch Kleriker und Spielleute. An den Anfängen der höfischen Epik dürften hauptsächlich Kleriker beteiligt gewesen sein, da sie des Lesens und Schreibens kundig waren. Erst um die Mitte des 12. Jh. verließ die deutschsprachige weltliche Epik die Klöster und fand ihre Orte an den Höfen der Fürsten.[18]

Im „Rolandslied" des Pfaffen Konrad um 1170, dem ersten Werk weltlicher Literatur in deutscher Sprache, wird unter den Auftraggebern auch eine adelige Frau genannt. Der hauptsächliche Gönner aber war der Welfe Heinrich der Löwe. Die inhaltliche Anregung kam wohl aus dem französischen „Chanson de Roland", auf das die englische Prinzessin Mathilde hingewiesen hatte. Der Pfaffe Konrad sagt, er habe den französischen Text zuerst ins Lateinische übersetzt und von dort die Verse ins Deutsche übertragen. Der Kontakt zur französischen Dichtkunst war vor allem an den Fürstenhöfen am Rhein gegeben. Doch wurde die Dichtkunst in deutscher Sprache vor allem an den Höfen in Eisenach in Thüringen und der Babenberger in Wien gefördert. Zu dieser Zeit entstanden die „Eneide" des Heinrich von Veldecke, das „Lied von Troja" des Herbert von Fritzlar, eine Übersetzung der „Metamorphosen" von Ovid durch Albrecht von Halberstadt. Diese mittelhochdeutschen Werke wurden vor Adeligen vorgetragen, es wurden die Heldentaten und das Liebesleben der Krieger dargestellt.[19]

Schon in den alten germanischen Fürstentümern und Königreichen muss es eine Dichtkunst gegeben haben, die in Versen und Halbversen gegliedert war und mündlich weiter gegeben wurde. Eine Vorstellung davon erhalten wir in den Fragmenten

---

17   R. Krohn, Literaturbetrieb im Mittelalter 211–214.
18   J.D. Müller, Geschichte der deutschen Literatur. In: LThK VI, Freiburg 2006, 959–961. J. Buhmke/D. Kartschoke/T. Cramer (Hg.), Geschichte der deutschen Literatur im Mittelalter I. München 1990, 67–87.
19   J.D. Müller, Geschichte der deutschen Literatur 959–961.

des sog. „Hildebrandsliedes" (Das Lied von Hildebrand und Hadubrand), das wir aus einer Schrift im Kloster Fulda um 800 kennen. Es dürfte in der Zeit der Völkerwanderung bei den Langobarden verfasst worden sein; bei der mündlichen Überlieferung sind Stabreime und Halbzeilen verloren gegangen. Da ist von zwei Kriegsheeren die Rede, von Ringen und von Münzgold der Helden. Andere frühe Texte haben mit der Mythologie, mit der Kunst der Weissagung und mit den magischen Heilungen zu tun. Zu ihnen gehören die „Merseburger Zaubersprüche", die lange Zeit mündlich weiter gegeben wurden. Mit der Christianisierung bekam die Bibel große Bedeutung für die Kleriker; der gotische Bischof Ulfila (Wulfila) hatte bereits im 4. Jh. große Teile der Bibel in die altgotische Sprache übersetzt. Bei der Verkündigung des neuen Glaubens wurden christliche Begriffe in die altgermanische Sprache übertragen, die Bibel war dem Volk aber nicht zugänglich. Nun versuchten die Kleriker, die bekannten Formen der Dichtung auch für die Verkündigung des neuen Glaubens einzusetzen. In England wurden die alten Heldenlieder mit christlichen Werten ergänzt, was sich etwa im „Beowulf" zeigt. In Norddeutschland wurde im frühen 9. Jh. das christliche Heldengedicht „Heliand" in altsächsischer Sprache verfasst; darin wurde das Leben Jesu in Stabreimen dargestellt. Ähnlich wurden Fragmente der biblischen Genesis in altdeutscher Sprache nachgedichtet.[20]

In hochdeutscher Sprache haben wir aus dieser frühen Zeit nur zwei kleine Fragmente, das „Wessobrunner Gebet" und das „Muspilli", eine Schilderung des Jüngsten Gerichts in 100 Versen. Otfried von Weißenburg hatte in seiner althochdeutschen Evangelienharmonie versucht, das Versmaß mit der Technik des Reimes zu verbinden. Er beklagte in seiner lateinischen Einleitung die Schwierigkeit, die deutsche Sprache in Lautschrift wiederzugeben. Ab 804 waren alle deutschen Stämme im Fränkischen Reich zusammengefasst, die im Volk gesprochene Sprache wurde nun von den Schreibern „diutisk" (deutsch) genannt, denn diot bedeutete das Volk. In lateinischen Handschriften wurde zu dieser Zeit auch noch die englische Sprache „diutisk" genannt. Doch bald wurde „diutisk" zur Abgrenzung vom Lateinischen, vom Englischen und vom Altfranzösischen (Welsch) benutzt. Die Engländer nennen das Holländische bis heute dutch. Mit dem Schreiben der Volkssprache setzten sich in den großen Schreibschulen (Fulda, St. Gallen, Murbach) auch einheitliche Schreibweisen und Sprachformen durch.[21]

Die Volksdichtung wurde mündlich weitergegeben, sie blieb schriftlos und ging daher verloren. Allein die christliche und die höfische Literatur wurden aufgeschrieben, sie blieben uns erhalten. Ein wichtiger Umschlagplatz zwischen der französischen und der deutschen Dichtung war das Land Flandern, denn dort waren viele Adelsfamilien zweisprachig. Daher wird die mittelhochdeutsche Dichtersprache stark vom Flämischen geprägt. Nach der Aussage des Gottfried von Strassburg war der Niederländer Heinrich von Veldecke der erste höfische Dichter in deutscher

---

20 E. Seebold, Die kontinental-germanischen Sprachen und Literaturen. In: E. Wischer (Hg.); Propyläen Geschichte der Literatur II, 223–230.

21 J. Buhmke/D. Kartschoke/T. Cramer (Hg.), Geschichte der deutschen Literatur im Mittelalter I, 113–135.

Sprache. Er verfasste epische und lyrische Werke vorwiegend in der oberdeutschen Form, was auf oberdeutsche Zuhörer hindeutet. Hartmann von Aue sang am Ende des 12. Jh. in seinem Werk „Erec" das Lob der adeligen Frauen, vor allem des Mädchens Enite. Ähnlich beschrieb Gottfried von Strassburg um 1200 die Schönheit und die Kleider der adeligen Frauen (Isolde).[22]

Wir erkennen hier einen deutlichen Kontrapunkt der adeligen Laienchristen zu den Lehren der Theologen und Kleriker. Denn diese sahen in ihren Predigten die Frauen vor allem als ein schwaches Geschlecht, das leicht zur Sünde verführbar sei. Der Theologe Thomas von Aquin hatte etwas später die frauenfeindlichen Lehren zusammengefasst. Doch die höfischen Sänger und Dichter akzeptierten diese Lehren nicht, sie priesen die Schönheit und die Tugend der adeligen Frauen, von Sünde ist in ihren Liedern nicht mehr die Rede. Auch die mittelhochdeutsche Lyrik kreiste um die intensiven Liebesbeziehungen zwischen den Geschlechtern, was vor allem in den vielen „Tagliedern" zum Ausdruck kam. Dietmar von Aist sprach vom „lieben Schatz", vom Erwachen und Abschiednehmen der Liebenden. In den Dichtungen des Heinrich von Morungen und des Walther von der Vogelweide wurde die adelige Frau als „Herrin" angesprochen.[23]

Angelsächsische und skandinavische Dichtung

Auch in der altenglischen und mittelenglischen Sprache wurde Literatur verfasst, die zuerst religiöse Themen zum Inhalt hatte. Mit dem Eindringen der Normannen in England (1066) kamen auch normannische (romanische) Sprache und Kultur in das Land. Die bisherige germanische und keltische Sprache vermischte sich mit romanischen Sprachformen und Wörtern. Die siegreiche Oberschicht sprach längere Zeit normannisch-pikardisch, oder sie wurde zweisprachig. Im großen Epos „Beowulf" (um 870) wird der Hofsänger des Königs Hrothger vorgestellt, der ein Preislied auf den siegreichen Helden Beowulf singt. Die Nachricht vom Tod des Helden wird mit einer Prophezeiung für die Zukunft verbunden. Die Sänger hatten die Aufgabe, an den Fürstenhöfen den Ruhm und die Stärke der Kriegshelden zu verkünden, um die Gefolgschaft an die Helden zu binden. Sie mussten auch die Moral der Krieger und Adeligen besingen, die Tapferkeit im Krieg soll mit Gerechtigkeit und Milde in Friedenszeiten verbunden werden.[24]

Beda Venerabilis hatte um 731 seine „Kirchengeschichte des Volkes der Angeln" in lateinischer Sprache abgeschlossen, er beschrieb darin die Zeit der Christianisierung der Angeln, der Sachsen und der Jüten auf der Insel. Ein Werk in altenglischer Sprache ist die „Angelsächsische Chronik" (Anglo-Saxian chronicle), die in verschiedenen Fassungen vorliegt; sie ist in Verbindung mit dem „Peterborouh chronicle" von 1154 zu sehen. Darin werden die historischen Ereignisse ab 937 mit großen Preisliedern auf die Kriegshelden verbunden. Bereits im Beowulf-Epos waren die christlichen Inhalte deut-

---

22 E. Seebold, Die kontinental-germanischen Sprachen 225–230.
23 J.D. Müller, Geschichte der deutschen Literatur 959–961.
24 D. Bradley, England. In: LThK, III Freiburg 2006, 661–672.

lich zu erkennen, denn die Helden wurden aufgefordert, im Krieg sich in der Mordlust zu mäßigen und im Frieden die Nächstenliebe zu leben. In einem Gedicht „The dream of the road" ist von einer Traumvision des christlichen Kreuzes die Rede; später wurde die angelsächsische Heldendichtung mit Themen der Bibel verbunden.[25]

In einem mittelenglischen Gedicht „The owl and the nightingale" (Die Eule und die Nachtigal) wurde eine Tierfabel mit philosophischen und moralischen Überlegungen verbunden. Mittelenglische Romane über die Tapferkeit der Ritter und die Liebe der edlen Frauen wurden erst nach 1200 verfasst; dazu gehören „The lay of Havelok the Dame", „Alliterative mate Arthure" und „Sir Gawayne and the green knight". In diesen Werken sind deutliche Beziehungen zu skandinavischen Dichtungen zu erkennen.[26]

Auch die keltischen Sprachen haben in einigen Regionen Westeuropas überlebt, in Irland, Schottland, Wales und in der Bretagne. Aber keltische Literatur ist uns nur aus Irland überliefert, mit Ausläufern aus Schottland und Wales. Die Inselkelten hatten sich von den Festlandkelten auch sprachlich weg entwickelt. Die Kultsänger (filid, druid) hatten ihre Lieder und Dichtungen nur mündlich vorgetragen. Erst im Zuge der Christianisierung wurden einige dieser Dichtungen in lateinischer Schrift aufgeschrieben. So sind uns einige große Sagen-Zyklen erhalten geblieben. Im Ulster-Zyklus um 1106 wird vom jungen Helden Cu Chuchlainn erzählt, es ist von Viehdiebstählen, von Schlachten und von Friedensschlüssen die Rede. In einem mythischen Zyklus wird von den Schutzgöttern der Hirten, der Bauern, der Krieger, der Stämme und der ganzen Insel (Eriu) berichtet, die Krieger kämpften im Schutz göttlicher Mächte gegen die bösen Dämonen. Der Finn-Zyklus um 1200 berichtet vom Kampf des Helden Finn mac Cumaill mit seinem Gegenspieler Goll mac Morna. Es wird vom Leben der Jäger und Krieger, aber auch von der Liebe der Helden zu den schönen Frauen erzählt. Auch in kymrischer Sprache sind uns alte Texte überliefert, das Weiße Buch von Rhydderch, das Rote Buch von Hergest, das Buch von Taliesin und das Buch Aneirin. Aus Wales stammen die Dichtungen: Vier Zweige des Mabiogni, die Dame von der Quelle, Peredur Sohn von Effrawc, Geraint Sohn von Erbin, Rhonabwys Traum, sowie Culhweh und Olwen.[27]

In Skandinavien gab es seit dem 3. Jh. Runenschriften, die bis ins 13. Jh. verwendet wurden. Sie bezeugen bis 800 einen gemeinsamen nordischen Sprachgebrauch, erst nach dieser Zeit spalteten sich die Sprachen der Norweger, der Schweden und der Dänen. Die bekannteste Runeninschrift auf dem Stein in Rök in Östergötland (Schweden) aus dem 9. Jh. nennt die Namen von gefallenen Kriegern und den Bezug zu Mythen; diese Inschrift setzt bereits eine mündliche Heldendichtung voraus. Aus der Zeit der Wikinger gibt es viele Steinzeichnungen, welche Kriegszüge und mythische Szenen darstellen. In diese Zeit fallen die Edda-Dichtung und verschiedene

---

25 H. Gillmeister, Sprache und Literatur im mittelalterlichen England. In: E. Wischer (Hg.), Propyläen Geschichte der Literatur II, 242–252.

26 H. Gillmeister, Sprache und Literatur 244–254.

27 W. Meid, Die keltischen Sprachen und Literaturen. In: E. Wischer (Hg.), Propyläen Geschichte der Literatur II, 263–279.

Skaldendichtungen. Die ältere Sämundar-Edda vom 9. bis 10. Jh. enthält 30 Gedichte, elf Preislieder an Götter und 19 Gesänge an Kriegshelden. Die Seherin Volospa schaute darin den Anfang und das Ende der Weltzeit. In den Havamal (Sprüche des Hohen) wird der Gott Odin gepriesen, der den Kriegern magische Kraft und Siege schenkte. Das Skirmir-Lied erzählt von der Liebe des Gottes Freyr zur schönen Riesentochter Geror. Dann wird vom Schmied Volundr (Wieland), vom Helden Sigurd und vom Hunnenkönig Atli (Attila) berichtet. Die Edda schließt mit dem Hamdir-Lied, in dem bereits eine neue Generation von Kriegshelden besungen wird.[28]

Die Skaldendichtung war für den literarischen Vortrag an den Fürstenhöfen bestimmt, dafür gab es klare Regeln der Dichtkunst. Ungefähr 5.000 Skaldenstrophen sind uns überliefert, die meisten in der höfischen Form. Die mythischen Themen weisen darauf hin, dass mit der Dichtung auch religiöse Riten eng verbunden waren. Die spätere Edda (Großmutter) wurde vom isländischen Sänger Snorri Sturluson um 1200 verfasst, sie beschreibt die nordische Mythologie und verbindet sie mit der Skaldendichtung. Auch die vielen „Sagas" preisen die Ruhmestaten der Kriegshelden und der frühen Könige. Mit der Christianisierung der skandinavischen Völker traten auch christliche Themen in die Dichtungen ein, nun stand auch diesen Ländern das Pergament als Schreibmaterial zur Verfügung. Die älteste Handschrift war der „Dalbybogen" aus dem Kloster Lund, ein Evangelienbuch, das um 1050 entstanden ist. Seit 1150 gibt es auch Handschriften in altnordischer Sprache; die Inhalte dieser frühen Schriften sind Fragen des christlichen Glaubens, königliche Gesetze und Berichte von politischen Ereignissen.[29]

Um 1100 entstand in lateinischer Sprache die „Leidensgeschichte des heiligen Knud, König und Martyrer" (Passio sancti Canuti regis et martiris). Und zwanzig Jahre später verfasste der Mönch Aelnoth aus dem Kloster Odense eine große Legende über diesen König. Der Mönch sah in der Sichtweise des Aurelius Augustinus die Geschichte der Dänen als ein Ringen zwischen dem Gottesstaat und dem Staat des Teufels. Knud starb in dieser Darstellung wie Christus mit ausgebreiteten Armen, er wurde vom Speer der Feinde tödlich getroffen. Der Autor warf den Isländern und den Norwegern vor, sie hätten den christlichen Glauben befleckt, weil sie in der Fastenzeit verbotene Speisen gegessen hatten. Um 1130 verfasste der isländische Schreiber Ari Porgilsson in nordischer Sprache sein „Isländerbuch" (Islendingbok). Darin schrieb er, dass die Isländer auch nach der Einführung des christlichen Glaubens weiterhin Kinder aussetzten, dass sie Pferdefleisch aßen und ihren Schutzgöttern an heimlichen Orten weiterhin Opfer darbrachten. Er beschrieb die Besiedelung von Island, die alten Gesetze des Zusammenlebens, die Schaffung eines Kalenders, die Einführung des Christentums und fremdländische Bischöfe. Der Autor griff auf mündliche Erzählungen zurück und berichtet von harten und langen Kämpfen zwischen den Christen und den Anhängern der nordischen Volksreligion.[30]

---

28 P. Meulengracht-Sorensen, Die skandinavischen Sprachen und Literaturen. In: E. Wischer (Hg.), Propyläen Geschichte der Literatur II, 280–287.
29 P. Meulengracht-Sorensen, Die skandinavischen Sprachen 285–290.
30 P. Meulengracht-Sorensen, Die skandinavischen Sprachen 290–295.

In Norwegen wurden die ersten Gesetzessammlungen in altnordischer Sprache ab 1100 aufgeschrieben; dazu gehören das Gulapingslog, das Frostupingslog und eine Sammlung mit dem Titel „Die Graugans". Auch in Dänemark wurden zu dieser Zeit die alten Gesetze niedergeschrieben, das Jütische Recht (Iyske Lov), das Schonische Recht, Gutalagen und Äldre Västagötalagen. Zu dieser Zeit bestanden enge Beziehungen zwischen Island und Norwegen und zu den englischen Fürstenhöfen. Zwischen 1150 und 1180 verfasste ein anonymer Schreiber aus Island einen grammatischen Traktat über die isländische Sprache; darin versuchte er, das gesprochene Lautsystem einem vereinfachten lateinischen Alphabet anzupassen. Die lateinischen Dichtungen begannen in Norwegen mit der Heiligsprechung des Königs Olaf im Jahr 1031. Danach verfasste der Mönch Theodoricus zwei Geschichten das Landes, die „Historia Norvegiae" und die „Historia de antiquitate regum Norvergiensium".[31]

Etwas später wurde in altnordischer Sprache ein Auszug aus der lateinischen Geschichte der norwegischen Könige verfasst (Agrip af Noregs Konunga sagum), der nur in einer isländischen Handschrift erhalten geblieben ist. In Dänemark entstanden schriftliche Legenden über die Heiligen; der Erzbischof Anders Suneson verfasste ein Werk „Hexaemeron" (Sechstagewerk) in Hexametern mit 8000 Versen. In der Roskilde Chronik (Roskilde Kroniken) wurde die Einführung des Christentums bei den Dänen beschrieben. Im 12. Jh. verfasste der Schreiber Svend Aggeson eine kurze Geschichte der Könige von Dänemark (Brevis historia Regum Dacie). Und der Schreiber Saxo Grammaticus schuf ein Werk über die Taten der Dänen (Gesta Danorum); er widmete das Werk dem Erzbischof Anders Suneson, dessen Schreiber er gewesen sein dürfte. Dabei hatte er viele Inhalte aus dem Werk „Taten der Hamburger Kirchenfürsten" des Bischofs Adam von Bremen übernommen. Darin ist von Kriegen des Erzbischofs Absalon und des Königs Waldemar I. gegen die Völker der Slawen (Venedi) die Rede. Die staatliche Macht wurde zu dieser Zeit vom König und vom Erzbischof getragen.[32]

Anfänge der romanischen Dichtungen

Durch die Christianisierung der europäischen Völker und Stämme, die in lateinischer Sprache erfolgte, sind neue Wörter und Glaubensvorstellungen auch in die Volkssprachen eingeflossen. In den Regionen mit romanischer Bevölkerungsmehrheit entwickelten sich unterschiedliche Formen des „vulgären" (vulgus=Volk) Latein, die sich vom Spätlatein der kirchlichen und der fürstlichen Verwaltung deutlich unterschieden. Daraus entstanden später die romanischen Sprachen in Frankreich, in Italien, in Spanien und in Rumänien, erst später in Portugal. Die geschriebene Sprache war noch lange Zeit das Latein, erst langsam wurden auch die romanischen Volkssprachen zu Schriftsprachen.

---

31 P. Meulengracht-Sorensen, Die skandinavischen Sprachen 290–296.
32 P. Meulengracht-Sorensen, Die skandinavischen Sprachen 292–296.

Das erste bekannte Literaturdokument in altfranzösischer Sprache ist der „Gesang der heiligen Eulalia" (Cantilene de sainte Eulalia) aus dem 9. Jh. Etwa hundert Jahre später entstand das „Leodegarlied" (La vie de saint Leger) und das „Alexiuslied" (Vie de saint Alexis). Zu dieser Zeit hatten die fränkischen Adeligen und Krieger schon die Sprache des romanischen Volkes angenommen, die Kleriker aber mussten beide Sprachen kennen. Jetzt wurden viele Lieder über die Großtaten und Kriege der Adeligen verfasst (Chanson de geste), darin wurden die Tugenden und Lebensformen der Krieger gepriesen. Zu diesen Heldenliedern gehört das „Rolandslied" (Chanson de Roland), der „Wagen von Nimes" (Le charroi de Nimes), die „Krönung Ludwigs" (Lo coronemez Loois). In diesen Dichtungen standen die Abenteuer (aventiure) der Helden im Vordergrund. Diese Heldendichtung verbreitete sich bald auch südlich der Alpen an den Fürstenhöfen in Oberitalien.[33]

Aus diesen Heldendichtungen entstand etwas später die Literaturform des Romans (romance), die auf antike Vorbilder zurückgriff; etwa der „Roman von Aeneas" (Le roman d´Eneas), der „Roman von Theben" (Le roman de thebes), der „Roman von Troja" (Le roman der Troie) von Benoit de Sainte More, im späten 12. Jh. verfasst. In den bretonischen Sagen spielte die Geschichte von Tristan und Isolde eine wichtige Rolle, sie wurde später literarisch weiterverarbeitet. Die neuen Themen des Romans waren nun die Liebe der Helden zu den Frauen, die Sehnsucht der Liebenden und die Suche nach dem Verlorenen. Im späten 12. Jh. verfasste Chretien de Troyes mehrere Romane mit ähnlicher Thematik: Cliges, Erec et Enide, Lancelot ou Le chevalier de la charrete, Yvian ou Le chevallier aulion, Perceval le Gallois ou Le conte de graal. Einige dieser Texte wurden in die mittelhochdeutsche und in die skandinavische Sprache übersetzt. In Italien wurde vor allem die Geschichte des Königs Artus und seiner Tafelrunde aufgegriffen, die aus dem bretonischen Sagenzyklus stammte.[34]

Erwas später verfasste Jehan Renart märchenhafte Romane, etwa den „Raubvogel" (L´escoufle) und den „Roman von der Rose oder von Guillaume de Dole" (Le roman de la rose ou Guillaume de Dole). Im 12. Jh. schrieb Nivardus von Gent einen lateinischen Tierroman „Ysengrimm" (Eisenhelm). Und in der Bretagne begann die Literaturgattung der Lais, das sind Liebesgeschichten, welche die Trennung und die Prüfung der Liebenden beschrieben. Die lyrische Dichtung befasste sich mit den Lebensgeschichten der Kriegshelden, aber auch mit moralischen Fragen des guten und gelingenden Lebens. Dazu gehören das Alexiuslied, der Gesang der heiligen Eulalia, das Leodegarlied und das „Leben des heiligen Martyrers Thomas". Der „Rosenroman" (Le roman de la rose) des Guillaume de Lorris befasste sich auch mit Fragen der Politik, des Wissens, der Schönheit und der Liebe der adeligen Frauen. Im 12. Jh. schrieb Etienne de Fougieres ein „Buch über die Sitten" (Livre des maniers), das zur Erziehung der adeligen Kinder und Jugendlichen benutzt wurde.[35]

---

33 A. Vitale-Brovarone, Die romanischen Sprachen und Literaturen. In: E. Wischer (Hg.), Propyläen Geschichte der Literatur II, 340–348.

34 A. Vitale-Brovarone, Die romanischen Sprachen 345–350.

35 A. Vitale-Brovarone, Die romanischen Sprachen 344–354.

Die provencalische Literatur in Südfrankreich übernahm jüdische, arabische und christliche Inhalte in ihre Darstellung. Eine eigene italienische Literatur konnte sich erst im 13. Jh. entfalten, da die Fürstenhöfe in Norditalien noch lange Zeit der lateinischen Sprache verhaftet blieben. Die Sprache und Kultur der Spanier wurde stark von den Moslems geprägt, die seit 711 im Land waren. Andalusien (Al Andalus) war ein unabhängiges Emirat geworden, ihm folgte das Emirat von Cordoba. Zuletzt gewannen die Almoraviden und die Almohaden die politische Herrschaft, bis das Teilfürstentum Granada im Jahr 1492 von den christlichen Königen erobert wurde. Die hispano-arabische Gesellschaft entfaltete eine reiche Literatur, zumeist in arabischer Sprache. In vielen dieser Werke, etwa im „Buch der Gärten" (Kitab al hadaif) des Faradj al Djayyani wurden die Liebesbeziehungen der Geschlechter mit der bildhaften Sprache der Natur dargestellt. Es wurden eigene Formen des Gedichts und der Prosa geschaffen, etwa das „Halsband der Taube, über die Liebe und die Liebenden" (Tauq al hamana). Diese Dichtung hat später die romano-spanische Literatur beeinflusst, bis hin zur spanischen Mystik.[36]

Die Entwicklung des geistlichen Dramas

Die Entstehung des literarischen Dramas hatte im Mittelalter stark mit der Liturgie der Kirche zu tun. Bei der Feier der Eucharistie wurde regelmäßig des Lebens, des Leidens, des Sterbens und der Auferstehung Jesu Christi gedacht. Im Verlauf des Kirchenjahres wurden die einzelnen Phasen im Leben Jesu besonders erinnert und durch Symbole und Riten dargestellt. Zu Weihnachten stand die Geburt Jesu im Vordergrund, zu Ostern ging es um das Nacherleben des Todes und der Auferstehung Christi; zu Pfingsten wurde der Aussendung des göttlichen Geistes über die Jesusjünger gedacht. Wie bei einer antiken Mysterienreligion waren auch die Christen in den Lebenskreis ihres göttlichen Heros eingebunden. Die Liturgie der Westkirche wurde in lateinischer Sprache gefeiert, nur die Predigt, die Glaubensverkündigung, kurze Gebete und das Glaubensbekenntnis wurden in den entstehenden Volkssprachen verfasst. Die Kleriker und viele Laienchristen verstanden die Feier der Eucharistie als kultisches Drama.

Ab dem 10. Jh. versuchten einzelne Theologen und Kleriker, zu den Festzeiten in die genormten Texte der Liturgie lateinische Texte einzuschieben, die „Tropen" (griech. tropoi) genannt wurden. Sie sollten vor allem zu Ostern und zu Weihnachten die Inhalte des Festes verdeutlichen. Die frühesten Einschübe geschahen zum Osterfest, wo die drei Frauen das Grab Jesu leer fanden und vom Engel erfuhren, dass der Gekreuzigte auferstanden sei. Im St. Gallener Ostertropus um 950 wurde ein Zwiegespräch zwischen dem Engel und den Frauen dargestellt: „Quem queritis in sepulcro, Christicole?" Dieser Dialog wurde zur Keimzelle des christlichen Dramas, denn bald sangen zwei Chöre dieses Gespräch. Auch in England ist um 970 eine ähnliche Osterfeier in der „Regularis concordia" des Bischofs Aethelwold von Winchester

---

36   V. Contarino, Zivilisation und Kultur der Araber in Spanien. In: E. Wischer (Hg.), Propyläen
     Geschichte der Literatur II, 368–382.

überliefert. Im 11. Jh. wurde diese Osterfeier ausgeweitet, jetzt wurde auch der Lauf der Apostel Petrus und Johannes zum Grab Jesu nachgespielt.[37]

In Frankreich wurde bald die Begegnung des auferstandenen Jesus mit Maria aus Magdala dargestellt; dabei trat der Auferstandene erstmalig leibhaftig auf. Auch in Spanien sind Osterspiele aus dem 11. Jh. überliefert. Zu einem Osterspiel in Klosterneuburg bei Wien gehörten die Bestellung der Grabwächter, die Verspottung des Gekreuzigten, der Kauf der Salben durch die Frauen und die Höllenfahrt Christi. Ein holländisches Osterspiel um 1200 stellte den Weg der Jünger nach Emmaus dar. Im Osterspiel von Benediktbeuren gewannen der Salbenkauf der Frauen und die Begegnung mit dem Salbenkrämer besonderes Gewicht. Die sog. Peregrinusspiele stellten den Weg der trauernden Jünger nach Emmaus dar. Ab dem 11. Jh. entstanden auch Weihnachtsspiele, bei denen die Engel die Hirten fragten: „Quem queritis?" (Wen suchet ihr?)[38]

Etwas später wurde auch der Besuch der drei Könige bei der Krippe spielerisch dargestellt. Eine starke Dramatik kam mit dem „Zorn des Herodes" (Herodes iratus) und mit dem Kindermord in Bethlehem hinzu. Später entstand noch das Prophetenspiel, bei dem die jüdischen Propheten, aber auch die Sibylle und der Dichter Vergilius nach dem Erlöser fragten. Aus den Ostertropen entwickelten sich die Passionsspiele mit der Marienklage, in denen das Leiden Christi umfassend dargestellt wurde. Die frühesten Marienklagen kennen wir aus dem Kloster Monte Cassino um 1150. Bald wurden auch die Auferweckung des Lazarus und die Bekehrung des Paulus im Spiel dargestellt. Autor eines solchen Spieles war der Theologe Hilarius, ein Schüler des Petrus Abaelard. Bald wurden auch Themen aus dem Alten Testament nachgespielt, etwa das „Spiel von Isaak und Rebecca und ihren Söhnen". Danach kamen Spiele von den Wundertaten und Legenden der Martyrer und der Heiligen hinzu. Die Lebensgeschichte des Bischof Nikolaus von Myra wurde bereits im 11. Jh. in Hildesheim gespielt. Andere Themen des geistlichen Spieles waren das göttliche Weltgericht, das Gleichnis von den fünf klugen und den fünf törichten Jungfrauen (sponsus) und das Auftreten des Antichrist. Das Antichristspiel aus dem Kloster Tegernsee (Ludus de Antichristo) stammte aus dem 12. Jh. und bekam unter dem Kaiser Barbarossa besondere Bedeutung.[39]

Bereits im 12. Jh. wurden volkssprachliche Einschübe in die lateinischen Texte gemacht. Aus dieser Zeit kennen wir ein französisches Adamsspiel, das große Verbreitung fand. In das volkssprachige Spiel konnten auch Laienchristen einbezogen werden, die Kleriker traten in den Hintergrund. Bei den Adamsspielen wurden die Erschaffung der ersten Menschen, der Sündenfall, die Vertreibung aus dem Paradies und die Ermordung des Abel durch Kain dargestellt. In Frankreich entstanden die Osterspiele in altfranzösischer Sprache (Sainte resurrection) und die Nikolausspiele (Jeu de Saint Nicolas) oder das „Wunder des Theophilus" (Le miracle

---

37 H. Zielske, Die Entwicklung des geistlichen und weltlichen Dramas und Theaters im Mittelalter. In: E. Wischer (Hg.), Propyläen Geschichte der Literatur II, 414–417.
38 H. Zielske, Die Entwicklung des geistlichen und weltlichen Dramas 415–420.
39 H. Zielske, Die Entwicklung des geistlichen und weltlichen Dramas 420–423.

de Theophile). In Spanien entstand um 1200 ein Dreikönigsspiel. In deutschen Ländern gab es die Osterspiele in Muri (Schweiz), in Innsbruck und in Frankfurt. Das weltliche Drama ohne religiöse Inhalte hat sich erst im späten Mittelalter entwickelt, doch sind die Übergänge der Inhalte fließend. Bei diesen Spielen ging es um das gemeinsame Erleben von Themen des Glauben und von Erfahrungen der eigenen Lebensgeschichte.[40]

---

40 H. Zielske, Die Entwicklung des geistlichen und weltlichen Dramas 420–431.

Baukunst, Malerei und Musik

Ein wesentlicher Teil der Kultur drückt sich in der Baukunst, der Malerei und in der Musik aus. Nach der Christianisierung des Römischen Imperiums wurden auf den Bildern hauptsächlich die großen Themen des christlichen Glaubens dargestellt, die Bilder der griechischen und römischen Mythologie wurden in den Hintergrund gedrängt. Zu den öffentlichen Bauwerken zählten Verwaltungsgebäude, Paläste der Herrscher, Verteidigungsanlagen, Stadtmauern, Wasserleitungen, christliche Kirchen, Versammlungsräume, Basiliken und Taufhallen. In den Städten wurden auch Privathäuser mit Bildern, Mosaiken und Skulpturen ausgestattet. Zu dieser Zeit war der kulturelle Vorsprung des byzantinischen Reiches zum lateinischen Westen groß, er hat sich erst spät verringert.

Entfaltung der byzantinischen Kunst

Der Bau von Konstantinopel wurde von Kaiser Konstantin I. begonnen und von den späteren Kaisern weiter ausgeführt. In den Kirchen und Basiliken sollte die göttliche Herrschaft symbolhaft dargestellt werden, um die Herrschaft der Kaiser zu legitimieren. Kaiser Justinianos I. ließ im 6. Jh. die Basilika der Hagia Sophia neu errichten, die beim Nika-Aufstand ein Raub der Flammen geworden war. Die Baumeister Anthemios von Tralleis und Isidoros aus Milet wurden namentlich genannt. Der Marmor kam von den kaiserlichen Werkstätten auf der Insel Prokonnesos, dort wurden die vorgefertigten Bauteile hergestellt und mit Schiffen an viele Orte des Imperiums transportiert. Der Bau der Basilika wurde von gut organisierten Handwerkern, Bauleuten, Zulieferern und Hilfsarbeitern in fünf Jahren ausgeführt. Durch ein Erdbeben stürzten bereits im 6. Jh. Vierungsbögen und Teile der Hauptkuppel ein, sie mussten später neu errichtet werden.[1]

Die byzantinische Bauweise verband Steinquader mit einer Schicht gebrannter Ziegel und mit einer Schicht Kalkmörtel in gleicher Dicke. Die Kuppel der Hagia Sophia ruht auf vier Pfeilern und erreicht eine Höhe von 56 m; die Hauptkuppel ist von mehreren Halbkuppeln umgeben. Im Inneren tragen Steinsäulen Teile der Emporen und der Galerien, die Kuppeln wurden innen mit ornamentalen Mosaiken ausgestattet. Nur die Wand hinter dem Altar war mit Bildern bemalt: Christus stand

---

1   R. Warland, Byzantinische Kunst. In. LThK, II, Freiburg 2006, 863–867.

zwischen den Aposteln Petrus und Paulus; außerdem wurden Wundertaten Jesu und die Stiftung des Kaiserpaares dargestellt. Der Altar war mit Silberplatten umkleidet, die Kapitelle des Ambo waren mit Gold überzogen. Auch die großen Kirchen der Apostel und des Friedens (Hagia Eirene) in der Hauptstadt waren Kuppelbauten, die im Lauf der Jahrhunderte weitergebaut wurden. Andere Großbauten waren die Basilika der Martyrer Sergios und Bakchos, sowie der Apostel Petrus und Paulus.[2]

Zu dieser Zeit wurden in den Städten große Zisternen gebaut, deren Decken von Steinsäulen getragen wurden. Ein Zentrum der byzantinischen Baukunst war Ravenna in Italien, als der Ostgotenkönig Theoderich I. dort residierte und als die Stadt vom Kaiser Justinianos I. später wieder erobert wurde. In diesem Byzantinischen Exarchat entstand die Palastkirche Sant Apollinare Nuovo, sie wurde noch unter Theoderich vollendet. Diese dreischiffige Basilika wurde mit offenem Dachstuhl gebaut, die Wände des Mittelschiffes sind vollständig mit Mosaikbildern gestaltet. Auf diesen Bildern schreiten die Heiligen auf einer Blumenwiese in einer Prozession dem Allerheiligsten (Apsis) entgegen. Die weiß gekleideten Martyrer und der heilige Martin bewegen sich auf Christus zu, der von Engeln bewacht auf einem Thron der Herrschaft sitzt. Die Prozession der heiligen Jungfrauen und der drei Könige schreitet auf die Gottesmutter mit dem Christuskind zu. So sollten auch die glaubenden Christen durch ein gottgefälliges Leben auf die Gottesmutter und auf Christus zugehen. Dazu wurden sie bei jedem festlichen Gottesdienst motiviert, die Bilder gaben den Glaubenden den Vorgeschmack der himmlischen Welt.[3]

Die zweite Basilika in Ravenna, San Vitale, stammt ebenfalls aus dem 6. Jh. und wurde erst nach der byzantinischen Eroberung im Jahr 540 begonnen. Die Kuppel ruht auf acht Pfeilern, das Presbyterium ist vollständig mit Mosaiken ausgestaltet; darauf sind die Bilder aus dem Alten Testament, dann die vier Evangelisten, die vier Thronengel, das göttliche Opferlamm und das himmlische Paradies dargestellt. In dieser Bilderwelt wurde der Bereich des Irdischen mit dem des Himmlischen verbunden. Andere Bilder zeigen den Kaiser Justinianos I. und seine Gemahlin Theodora, mit Bischöfen, Priestern, Amtsträgern und Leibwächtern. Christus thront mit zwei Engeln und zwei Heiligen auf der Weltkugel, er übte die universelle Herrschaft aus und krönte die Glaubenden mit dem Siegeskranz der göttlichen Herrlichkeit. Zu dieser Zeit wurden auch Monumentalplastiken aus Marmor geschaffen, die entweder die Herrschaft des Kaisers oder die göttliche Weltlenkung durch Jesus Christus darstellten. Alle diese Bilder verbanden die Herrschaft des Kaisers mit der göttlichen Weltherrschaft, die Christen sollten sich darin geborgen wissen.[4]

So verstanden sich die byzantinischen Kaiser als die Träger der göttlichen Herrschaft auf Erden, diese wurde in der Kaiserliturgie und in der Christusliturgie regelmäßig auf symbolische Weise dargestellt. Vor allem die Stadt Konstantinopel war das

2   J. Pijoan(Hg.), Die frühchristliche Kunst, die byzantinische und romanische Kunst. In: Arte Kunstgeschichte der Welt III. Lausanne 1979, 61–70. C. Mango, Byzantinische Architektur. Stuttgart 1986, 67–92.

3   C. Mango, Byzantinische Architektur 117–134.

4   R. Warland, Byzantinische Kunst 863–867.

Zentrum des Kaiserkults, dort wurden neue Paläste und Gartenanlagen, Prozessions-
wege und Kirchen gebaut. Doch ab dem 7. Jh., als die Moslems das Imperium bedrohten und große Gebiete davon eroberten, wurde die Bautätigkeit bescheidener. Denn
das Reich hatte fast die Hälfte seiner Fläche und die reichsten Provinzen verloren.
Kaiser Theophilos hatte im 9. Jh. einen großen Kuppelbau mit reichen Mosaikbildern
errichten lassen, darin wurde der Kaiser mit seinen Heerführern und seinen Siegen
dargestellt. Obwohl er bilderfeindlich gesinnt war, blieb ihm die bildhafte Darstellung
seiner Herrschaft aus politischen Gründen wichtig.[5]

Zum Kaiserkult gehörten die großen Prozessionen in der Stadt, das Ritual der Verehrung des Herrschers und die Einordnung aller Bewohner unter die vom Weltgott
gegebene Ordnung. Der Herrscher wurde auf fast allen Bildern religiös überhöht,
er brauchte die göttliche Legitimation seiner Herrschaft, die keineswegs gesichert
war. Auch der religiöse Kult (leiturgia) in den Basiliken diente der Festigung seiner
Herrschaft, die ihm von Christus geschenkt wurde. Christus war der neue und starke
Kultheros, der dem Imperium Größe und Macht verlieh und die Menschen von den
Feinden beschützte.[6] In schweren Krisenzeiten wurde die Gottesmutter (theotokos)
um Hilfe angerufen, sie hatte nach der Überzeugung der Kleriker die Feinde vertrieben. Nach dem Bruch mit der lateinischen Westkirche war das Imperium von Feinden
im Norden und im Osten eingekreist, vom Westen kam keine Hilfe mehr.[7]

Ein schwerer Schlag für das Imperium war die Eroberung Konstantinopels durch
die lateinischen Kreuzfahrer im Jahr 1204 mit der Errichtung eines lateinischen Kö-
nigreiches, das erst vom Heerführer Michail Palaiologos beendet werden konnte. Das
christliche Volk lebte stark mit den Bildern des Göttlichen, der Engel und der Heiligen, die Glaubenden sahen in den Bildern göttliche Kräfte wirksam. Die Darstellung
des Göttlichen und Heiligen schützte vor Krankheit und Gefahr, vor Feinden und
dem frühen Tod. Wichtig wurde das Bild Christi, das dieser nach einer Erzählung
der Mönche und Kleriker selbst dem König Abgar von Edessa überreicht haben soll.
Dieses Bild schützte die Stadt Edessa im 6. Jh. vor der Belagerung der Perser. Kaiser
Leon III. ließ die Ikone der Gottesmutter (Hodegetria) innerhalb der Mauern um
die Stadt tragen, um die Moslems zu vertreiben. Als monophysistischer Christ ließ
dieser Kaiser aber das Christusmosaik über der Chalke zerstören und löste im Volk
damit den ersten Bildersturm aus.[8]

Die Bilderstürmer und Zerstörer der Ikonen waren überzeugt, die bildhafte Darstellung der menschlichen Natur Christi zerreiße die Einheit des Gottmenschen und
sei eine Beleidigung Gottes. Dagegen verteidigte der Theologe Johannes von Damaskus im 8. Jh. die Verehrung der religiösen Bilder, denn sie seien ein Buch des Glaubens
für Analphabeten. Die Bilder seien nur ein Abbild des göttlichen Urbildes, in ihnen
sei aber die Gnadenkraft des göttlichen Geistes wirksam. Alles, was uns menschlich
sichtbar sei, könne auch in den Bildern dargestellt werden; also die Heiligen, die

---

5   C. Mango, Byzantinische Architektur 97–124.
6   R. Warland, Byzantinische Kunst 863–867.
7   W. Sas-Zaloziecky, Byzantinische Kunst. In: LThK II, Freiburg 2006, 849–856.
8   W. Sas-Zaloziecky, Byzantinische Kunst 849–852.

Gottesmutter, die Engel, die in Menschengestalt erschienen seien. Auch Christus könne in den Bildern dargestellt werden, da er ein Mensch geworden sei. Danach begann mit dem Kaiser Basileios I. eine neue Epoche der byzantinischen Malerei, die makedonische Epoche; jetzt wurden die alten Bildmotive der byzantinischen Klassik neu belebt.[9]

In der Architektur wurde nun der Typos der Kreuz-Kuppel-Kirche verbindlich, jede Kirche hatte die Grundform des Kreuzes, die Kuppel wurde auf vier Säulen gestützt. Eine solche Kirche wurde im 10. Jh. in Konstantinopel gebaut, die Myrelaion-Kirche, die wohl mit Bildern ausgestattet wurde. Im 11. Jh. wurde in Thessalonike die Panagia ton Chalkeon erbaut und mit einem zweigeschossigen Narthex (Vorhalle) ausgestattet. Zu diesem Typos gehören die Kirche Hosios Lukas in Delphi und die Klosterkirche Daphni bei Athen. Im 12. Jh. wurde in Konstantinopel vom Kaiser Johannes Komnenos und seiner Frau Eirene das Pantokrator-Kloster errichtet; dazu ein Krankenhaus, ein Altenheim und eine Medizinschule. Die Kuppelkirche war zugleich die Grablege des Kaisers, die hohe Kuppel sollte den Himmel darstellen; der erste Platz musste Christus zukommen. In der Feier der Liturgie vermischten sich Göttliches und Irdisches, die Glaubenden verbanden sich mit dem Heilswirken Gottes und seines Christus.[10]

Dieser Kirchentypos wurde auch in den Provinzen ausgeführt. In der Hagia Sophia in Thessalonike thront die Gottesmutter mit dem Jesuskind in der Apsis, die Kuppel zeigt die Himmelfahrt Christi. In den Kuppeln dieser Kirchen wurden die Bilder der Menschwerdung Gottes in Jesus Christus, sein Leben und seine Himmelfahrt dargestellt; aber auch die Verkündigung seiner Geburt, seine Darbringung im Tempel und seine Taufe am Jordan, die Fußwaschung, die Kreuzigung, die Auferstehung und der ungläubige Thomas. Die Mosaiken von Daphni aus dem 11. Jh. zeigen die Gottesmutter Maria mit den Engeln Michael und Gabriel, den göttlichen Pantokrator (Allherrscher) mit 16 Propheten, die Verkündigung, die Geburt, die Taufe und die Verklärung Jesu, die Geburt Mariens, die Anbetung der Könige, die Auferweckung des Lazarus, den Einzug in Jerusalem, die Auferstehung und den ungläubigen Thomas. In anderen Kirchen wurde Christus mit Moses und Elias dargestellt, oder auch die Ankündigung der Geburt der Maria. Durch die Bilder sollten die Glaubenden die Lehren des Glaubens besser verstehen.[11]

Große Mosaiken wurden im 12. Jh. im Michaelskloster in Kiew und in Nerezi bei Skopje geschaffen. Auch die Buchmalerei wurde seit dem Kaiser Justinianos I. vielfältig weiter entwickelt, die kaiserlichen Codices wurden mit Purpurfarbe gestaltet. In den Klöstern wurden Bücher der Bibel und der frühen Theologen abgeschrieben und mit Bildern versehen. Er wurden aber auch Texte von Homer, Plato, Aristoteles, Euklid, Lukian, sowie Schriften über Medizin, über Landbau und Kriegskunst abgeschrieben und mit Bildern ausgestaltet. Ein Homilienbuch für den Kaiser Basileios I. enthält 46 Miniaturbilder mit Szenen aus der Bibel. Auf

---

9　　C. Mango, Byzantinische Architektur 112–138.
10　　J. Pijoan (Hg.), Die frühchristliche Kunst, die byzantinische und romanische Kunst 80–96.
11　　E. Kitzinger, Byzantinische Kunst im Werden. Köln 1987, 57–72.

einem Psalmenbuch (Pariser Psalter) sind Bilder aus dem Leben Davids, von Moses und den Propheten gemalt. Viele Codices wurden mit Gold, Email und Elfenbein ausgestattet, in den Reliefs der Buchdeckel wurden meist Szenen aus der Bibel dargestellt. Oft erhebt auf diesen Bildern die Gottesmutter fürbittend die Hände zu ihrem göttlichen Sohn.[12]

Die byzantinischen Emailarbeiten finden sich vor allem auf Reliquienschreinen, auf liturgischen Geräten und auf den Insignien der Kaiser. Eine Reliefplatte (Pala d'oro) kam im 12. Jh. nach San Marco in Venedig, dort finden sich auf den Bildern auch die Himmelfahrt des Königs Alexander und die Heldentaten des Herakles. Nun strahlte die byzantinische Kunst auch in den lateinischen Westen aus; nachdem Belisarios die Provinz Africa von den Vandalen erobert hatte, wurden dort Kirchen mit Kuppeln, Apsiden und Bodenmosaiken errichtet. Zur Zeit des byzantinischen Bilderstreits flüchteten viele Künstler nach Süditalien und schufen dort große Werke der byzantinischen Kunst. Vor allem die Republik Venedig übernahm durch ihre Handelsbeziehungen zu Byzanz viele Kunstwerke der oströmischen Kultur. Das bekannteste Bauwerk ist der Markusdom in Venedig, der nach dem Vorbild der Apostelkirche in Konstantinopel erbaut wurde. Der Doge Domenico Contarini ließ Künstler aus Byzanz nach Venedig kommen und die Basilika im 9. Jh. beginnen. Nach einer Zerstörung wurde sie im 11. Jh. neu erbaut, und zwar in Kreuzform mit fünf Kuppeln. Die Kirche ist viel kleiner als ihr Vorbild in Konstantinopel, aber reich an byzantinischen Kunstwerken.[13]

Wichtige Kunstwerke wie die Pala d'oro oder die Quadriga über dem Hauptportal wurden von den Kreuzfahrern im Jahr 1204 in Konstantinopel geraubt. Byzantinische Kunst findet sich auch in der Basilika San Eufrasiana in Porec in Istrien, aber auch in Süditalien und auf Sizilien. Vor allem in Bari, in Appulien und in Otronto waren byzantinische Baumeister und Maler tätig. Wichtige Zeugnisse dieser Kunst sind die Capella Palatina in Palermo und der Dom von Cefalu. Als die Normannen Sizilien eroberten, führten sie die byzantinische Kunst in den Domen von Messina, Palermo und Monreale weiter. An diesen Kirchen arbeiteten auch arabische Ornamentkünstler aus Nordafrika, daher vermischten sich arabische und byzantinische Stilrichtungen.[14]

Die byzantinische Kunst wirkte nach der Christianisierung der Bulgaren, der Kiewer Rus und der Serben in weiten Regionen Osteuropas. Der heilige Berg Athos wurde zu einem Zentrum der mönchischen Spiritualität und der Kunst. Die Kirche der heiligen Sophia wurde zur Mutterkirche aller späteren Kirchen in Russland; noch im 11. Jh. wurde eine Sophia-Kathedrale in Nowgorod gebaut. So hat die byzantinische Kunst im ganzen Mittelalter wesentlich zur Verbreitung und Einwurzelung des christlichen Glaubens beigetragen. Sie hat gleichzeitig die Herrschaft der Fürsten und Könige gestützt. Sowohl die Baukunst als auch die Malerei stellten das Göttliche

---

12 R. Warland, Byzantinische Kunst 866–868. K. Weitzmann u.a., Die Ikonen. Freiburg 1982, 65–92.
13 R. Warland, Byzantinische Kunst 866–868.
14 E. Kitzinger, Byzantinische Kunst im Werden 112–132.

symbolhaft dar und verbanden es mit dem menschlichen Leben. Politik, Religion und Kunst waren über viele Jahrhunderte eine enge Verbindung eingegangen.[15]

Kunst in der Karolingischen Zeit

In dieser Zeitepoche vermischten sich im Reich der Franken antike und byzantinische Traditionen mit irisch-angelsächsischen und altgermanischen Stilelementen. Der Angelsachse Alkuin von York, der Westgote Theodulf von Orleans, sowie Eginhard und Angilbert gaben mit ihren theologischen Vorstellungen auch Impulse für das Kunstschaffen ihrer Zeit. So wurde die Pfalzkapelle Karls des Großen in Aachen um 800 von Odo von Metz erbaut und fünf Jahre später vom Papst Leo III. geweiht. Sie ist aus Steinquadern im oktogonalen Grundriss errichtet und wird von einer Kuppel bedeckt. Acht massive Pfeiler mit Rundbögen gestalten den Innenraum, das Vorbild war die Kirche San Vitale in Ravenna. Die Säulen, die Marmorblöcke und die Fußböden stammen aus Ravenna, sie wurden mit Genehmigung des Papstes Hadrian mit Pferdewagen nach Aachen transportiert. Die Pfalzkapelle symbolisierte die Herrschaft des fränkischen Kaisers, dessen Macht von Christus legitimiert wurde. An die Kapelle angebaut war ein Königssaal (Aula regia), wo der Kaiser Adelige, Krieger und Bischöfe empfing.[16]

Auch die Kaiserpfalzen in Ingelheim und Nijmwegen hatten eine Kapelle und eine Königshalle. In Ingelheim wurden auf Fresken auch die antiken Herrscher Minos, Kyros, Hannibal, Alexander und der Franke Karl Martell, Pippin der Kurze und Karl der Große dargestellt. Zu dieser Zeit wurde eine Steinbrücke über den Rhein gebaut, ein Schiffskanal zwischen dem Rhein und der Donau wurde begonnen, aber nicht fertiggestellt. Die meisten Kirchen zu dieser Zeit wurden aus einfachen Steinen und aus Holz gebaut. Große Kirchen aus Quadersteinen entstanden in Germagny des Près und im Kloster Corvey an der Weser, in Cividale in Friaul und in Fulda. Die Klöster St. Gallen, Fulda und Reichenau waren Zentren der kirchlichen Bildung, der Schreibkunst und der Buchmalerei. In Oberitalien entwickelte sich die lombardische Schule der Baukunst, die in Como ihr Zentrum hatte. Sie baute die großen Kirchen Sant Ambrogio in Mailand und San Michele in Pavia; der vergoldete Altar von Sant Ambrogio enthielt 20 Relieftafeln mit Darstellungen aus dem Leben Jesu.[17]

Ein Zentrum der Baukunst war auch das Kloster Monte Cassino, von dort aus wurden viele Klosterkirchen der Benediktiner angeregt. Die Baumeister von Como (Magistri casiri) waren auf den Bau von Querbögen und Kreuzrippengewölbe mit Bündelpfeilern spezialisiert. Der Baumeister Eginhard kannte das Buch „De architectura" von Vitruvius, er schickte nämlich Auszüge dieses Buches in lateinischer Sprache an die Bauhütte des Kaisers. Wichtig wurden zu dieser Zeit Schnitzereien

---

15   J. Pijoan (Hg.), Die frühchristliche Kunst, die byzantinische und romanische Kunst 100–128. W. Sas-Zaloziecky, Byzantinische Kunst 862–867.

16   M. Exner, Karolingische Kunst. In: LThK, V. Freiburg 2006, 1260–1262.

17   J. Pijoan (Hg.), Die frühchristliche Kunst, byzantinische und romanische Kunst 160–170.

aus Elfenbein, die Themen der Bibel darstellten. Mit ihnen wurden die Einbände der großen Handschriften gestaltet; etwa das Evangelium Longum, das um 900 in St. Gallen geschaffen wurde. Die älteste Handschrift der karolingischen Zeit ist das Godescalc-Evangeliar, das der Kaiser beim Meister Godescalc in Auftrag gegeben hatte. Der Künstler benutzte byzantinische Vorlagen, darin sitzt Christus mit dem Evangelienbuch auf dem Thron der Welt. Große Schulen der Miniaturmalerei entstanden in Aachen, Trier, Metz, Reims und Tours; ein Codex in Trier wurde für Ada, die Schwester Karls des Großen, gefertigt.[18]

Der Lorscher Codex stellt die Kreuzigung Christi und Johannes und Maria im Gewand von fränkischen Adeligen dar. Das Lorscher Evangeliar (Codex aureus) zeigt den Evangelisten Johannes beim Schreiben seines Evangeliums; über ihm sitzt der Heilige Geist als rote Taube im Lichtkreis. Das Evangeliar des Königs Lothar I. zeigt den Kaiser auf dem Thron der Herrschaft, umgeben von zwei adeligen Kriegern; dieses Werk stammt aus der Schule von Tours. Das Evangeliar des Godescalc wurde von Karl dem Großen und seiner Frau Hildegard in Auftrag gegeben, es ist in silbernen und goldenen Buchstaben auf purpurgefärbtem Pergament geschrieben; mit dieser Darstellung sollte die Herrlichkeit des Himmels und des ewigen Lebens symbolisiert werden. Mehrere Codices gehören zur Malerschule der Ada-Gruppe, vor allem in Reims wurden wertvolle Codices geschrieben und gemalt.[19]

Die Mönche von Marmoutiers stellten den Kaiser Karl den Kahlen dar, der von allegorischen Gestalten umgeben wurde. Die zweite Bibel des Kaisers wurde in der Nähe von Tournay gefertigt; eine dritte Bibel zeigt den Kaiser auf dem Thron sitzend, als neuer Salomon und höchster Richter des Reiches. Eine Bibel des Theodulf in Puy enthielt zwischen den Pergamentblättern vor jeder Malerei byzantinische und persische Webstoffe, um die Bilder zu schützen. So vereinigte die karolinigische Kunst viele Formen und Motive aus verschiedenen Regionen und Kulturen, sie diente der Verherrlichung des christlichen Glaubens und der Stärkung der Königsmacht. Die fränkischen Kaiser sahen sich auf derselben Ebene wie die byzantinischen Kaiser, dieser politische Anspruch sollte in der Kunst für alle Adeligen und höheren Kleriker sichtbar zum Ausdruck kommen.[20]

Christliche Kunst in Süd-, West- und Nordeuropa

In Spanien wurde in der Zeit der Herrschaft der Westgoten bis 711 mehrere Kirchen errichtet, Toledo war die Hauptstadt dieser Herrscher. Die Kirche in San Juan Bautista in der Provinz Palencia wurde im 7. Jh. errichtet, sie bestand aus drei Schiffen, die von Bögen und Säulen getrennt waren; an der Vorderseite war eine Vorhalle für die Gläubigen. Die Ausgrabungen lassen drei quadratische Apsiden für die Liturgie der

18 M. Exner, Karolingische Kunst 1260–1262. F. Mütherich/J.E. Gaehde, Karolingische Buchmalerei. München 1986, 124–156.
19 F. Mütherich/J.E. Gaehde, Karolingische Buchmalerei 130–153.
20 M. Exner, Karolingische Kunst 1260–1262. J. Pijoan (Hg.), Die frühchristliche Kunst, byzantinische und romanische Kunst 164–188. U.H. Elbern, Die karolingische Kunst. In: LThK, V. Freiburg 2006, 1374f.

Kleriker erkennen. Die Kirche San Pedro de la Nave in der Provinz Zamona bestand aus quadratischen Pfeilern und Säulen, auf den Kapitellen waren Szenen aus dem Alten Testament dargestellt, etwa Daniel in der Löwengrube und die Opferung des Isaak. Die Inschriften weisen auf koptische und syrische Vorbilder hin. Von der Kirche Santa Maria in Quintanilla in der Provinz Burgos sind die Apsis und das Querschiff erhalten geblieben, die Kirche war mit Flachreliefs ausgeschmückt. Aus dieser Zeit finden wir Kirchenbauten in Santa Comba, in Toledo, Merida, Cordoba, Barcelona, Tarragona und Tarrasa.

Diese Kirchen wurden aus Steinquadern gebaut, die Bögen hatten meist die Form eines Hufeisens, die Fassaden waren mit Ornamenten versehen. Die Kunst der Buchmalerei ging in Spanien bis auf die Malschule des Isidor von Sevilla zurück, an die zwanzig Miniaturblätter sind erhalten geblieben. Durch Goldschmiedearbeiten wurden Kreuze und Kronen geschmückt, das Kreuz Jesu war ein Zeichen der irdischen und der himmlischen Herrschaft. Als ab 711 die Moslems große Teile Spaniens erobert hatten, gründeten spanische Könige das christliche Fürstentum Oviedo, aus dem spätere größere Königreiche entstanden. Vor allem die Könige von Asturien entwickelten einen Baustil, der viele islamische Elemente aufgenommen hat; er heißt deswegen der *mozarabische Mischstil* der Baukunst. In Oviedo entstanden die Camera sancta und die Kirche San Tirso. Die Kirche Santa Maria del Naranco war zuerst eine königliche Festhalle (Aula regia), eine Palastkapelle war dem Erzengel Michael geweiht. Dort wurde später ein Splitter des Kreuzes Christi aufbewahrt, den Kreuzfahrer mitgebracht hatten.[21]

Aus der westgotischen Zeit stammen Kreuze und Zeichen der Königsherrschaft, sie waren mit Gold und Edelsteinen geschmückt, in denen byzantinische Techniken angewandt wurden. Reiche Miniaturmalereien mit Szenen aus der Bibel und vom höfischen Leben zeigt der Pentateuch von Ashburnham, der in Spanien gefertig worden ist. Unter dem asturischen König Ramiro I. wurden Kirchen und Königshallen gebaut, etwa Santa Maria del Naranco, San Miguel de Lillo, Santa Cristina de Lena. In die Steinplatten der Seitenwände sind Relifes eingearbeitet, die byzantinischen Mustern folgten; eine Ikonenwand (Ikonostase) trennte die Kleriker von den Laienchristen. Die Wände der Kirche San Julian de los Prados waren mit Malereien bedeckt und mit Marmor verkleidet. In der Krypta der Kirche San Slavador in Oviedo wurde der Kronschatz der Könige von Asturien aufbewahrt, ein Engelskreuz und ein Siegeskranz mit Edelsteinen und Vergoldungen. Ein Schrein aus Zedernholz stellte Christus, Maria und die Apostel dar.[22]

Die spanischen Christen, die unter moslemischer Herrschaft lebten (Mozaraber), entwickelten einen eigenen Baustil, der sich auch in Altkastilien und in der Haupstadt Leon verbreitete. Mönche aus Cordoba hatten diesen Baustil mitgebracht, die Kirchen wurden als Basiliken gebaut, die Bögen hatten die Form von Hufeisen, die Decken waren aus Holz. Solche Kirchen sind in Santa Maria del Bamba, in Santa Maria del Melque und in San Miguel de Escalada erhalten geblieben. Dort tragen

21   J.L. Gonzalez-Novalin, Spanien. In: LThK, IX. Freiburg 2006, 805–819.
22   J. Pijoan (Hg.), Die frühchristliche Kunst, byzantinische und romanische Kunst 138–142.

Rundsäulen die Bögen und die Mauern, die Wände sind mit Flachreliefs gegliedert. Auch in Katalanien wurden Kirchen im mozarabischen Stil gebaut, etwa Santa Maria del Marquet, Santa Julia de Boada, sowie das Kloster San Miguel de Cuxa im Roussilion jenseits der Pyrenäen.[23]

Von besonderer Bedeutung sind die mozarabischen Miniaturmalerein. Der Codex Beatus illustriert das Buch der Apokalypse des Johannes, dabei stützt sich die Deutung des Buches auf Texte afrikanischer Mönche. In diesem Buch aus dem 10. Jh. wird neben den männlichen Malern Emeternus und Maius auch die Malerin Eude genannt. Dies ist die erste Namensnennung einer Malerin in Spanien, wahrscheinlich in ganz Europa zu dieser Zeit. Das Apokalypsenbuch des Beatus wurde später mehrfach abgeschrieben. Im Jahr 1085 wurde Toledo von christlichen Heeren zurückerobert, und im Jahr 1492 fiel auch Granada an die christlichen Könige; damit war die moslemische Herrsdchaft in Spanien zu Ende gekommen. In der Zeit der Rückeroberung (reconquista) entstand der Mudejar-Stil, er wurde ebenfalls von moslemischen und von christlichen Künstlern geprägt. In Toledo wurde eine jüdische Synagoge gebaut und eine fünfschiffige Moschee; beide wurden später in christliche Kirchen umgewandelt. Der Alcazar in Sevilla wurde im 12. Jh. von moslemischen Künstlern erbaut, er wurde nach der christlichen Eroberung mehrfach erweitert und umgebaut.[24]

Auch in Westeuropa, vor allem in Irland und in England entwickelten sich mehrere Formen der Baukunst und der Malerei. Irische Mönche um Columban zogen im 6. Jh. nach Schottland und gründeten dort Klöster, z.B. Jona. Von dort zogen sie weiter nach Northumbria und gründeten das Kloster Lindisfarne. Später zogen diese Mönche nach Gallien und kamen bis in das Land der Langobarden. Als englische Möche im 7. Jh. nach Friesland und in das Land der Franken kamen, gründeten sie das Kloster Echternach bei Luxemburg. Diese irischen Klöster bildeten einen eigenen Baustil; ihre Steinkreuze zeigen christliche Gestalten, die von Flechtornamenten umgeben sind. Dargestellt wurden meist biblische Themen, Adam und Eva oder die Arche des Noah, sowie das Opfer Abrahams. Viele der irischen Klöster wurden durch die Einfälle der Skandinavier (Wikinger) im 8. und 9. Jh. zerstört. Vor allem in den Klöstern von Ardah und Clonmacnoise waren Meisterwerke der Goldschmiedekunst geschaffen worden.[25]

Mit Gold und Silber gestaltet waren die Reliquienschreine, die Kelche, die Stäbe der Bischöfe und die Kreuze. In den irischen Klöstern wurden viele Handschriften verfasst und mit Miniaturbildern gestaltet. Das Book of Kells entstand um 800 im Kloster Jona, die Initialen der großen Kapitel wurden mit reicher Bildsymbolik versehen. Ähnliche Codices wurden in den Klöstern von Durrow (Book of Durrow) und in Lindisfarne geschaffen, sie verbinden geistliche Darstellungen mit Ornamentkunst. Manche Historiker vermuten, dass koptische Handschriften in den irischen Klöstern

---

23 J.L. Gonzalez-Novalin, Spanien 805–812.
24 A. Bronisch/A. von Glodiss, Mozarabische Kunst. In: LThK VIII. Freiburg 2006, 509–511. A. Arbeiter/S. Noack-Haley, Hispania antiqua. Mainz 1988, 67–90.
25 P. Harbinson, The High Crosses in Ireland. Dublin 1992, 47–70.

aufbwahrt wurden, weil koptischer Einfluss bei der Bildgestaltung zu erkennen ist. Im Evangelienbuch von Durrow wurden nur drei Farben verwendet, nämlich Rot, Grün und Gold. Durch die irischen Mönche kam die irische Kunst auch nach West- und Mitteleuropa.[26]

Mit der Christianisierung der skandinavischen Länder wurden christliche Bauten auch in Dänemark, Schweden und Norwegen errichtet. Die frühen Kirchen wurden dort aus Holz gebaut, wie die Kirche in Borgung in Norwegen aus dem 12. Jh. Bereits aus der vorchristlichen Zeit sind aber reiche Kunstwerke erhalten geblieben: verzierte Schwerter, Äxte und Dolche der Wikinger. Auf Grabsäulen und Grabsteinen waren die Mythen der alten Völker dargestellt, aber auch viele Szenen von Kriegszügen. In Dänemark finden sich viele Steine mit Runenschriften und mit bildlichen Darstellungen. Vor allem die Gräber der Krieger und Adeligen waren mit reichen Grabbeigaben versehen, nämlich mit Schwertern, Schmuck und Kleiderspangen. Auch die Schiffe waren mit Szenen aus der Mythologie gestaltet, sie sollten den Kämpfern Kraft und Glück geben.

Die christlichen Kirchen übernahmen zum Teil die alten Bildmotive und verbanden sie mit christlichen Inhalten, meist mit Szenen aus der Bibel. Aus Stein gebaut wurden die Klosterkirchen und die Kirchen der Bischofsitze, z.B. Lund. Sie waren Zentren der Glaubensverkündigung, der Baukunst und der Schreibkunst. Die christlichen Könige beschenkten die Klöster und Bischöfe mit großen Gütern, denn die Kleriker mussten nun auch ihre Herrschaft stützen und absichern.[27]

Strukturen der romanischen Kunst

Die romanische Kunstepoche fasst das Kunstschaffen in West- und Mitteleuropa zusammen. Die Bauformen der Kirchen und Klöster orientierten sich an der antiken Kunst der Römer, führten aber auch karolingische Kunstformen weiter. Die Klöster bauten große Kirchen und Wohnräume, die alten Holzdecken wurden durch die Technik des gemauerten Gewölbes ersetzt, wohl um die Brandgefahr zu verringern. Die Kirchen hatten weiterhin die Form des Kreuzes, sie wurden mit ein bis drei Schiffen (naves) gebaut. Das Tonnengewölbe wurde von starken Mauern und Säulen getragen, außerdem wurden Kreuzgratgewölbe und Kuppeln aus Stein und aus Ziegeln gebaut. Besonders gestaltet wurde der Chorumgang, in dem sich kleine Kapellen befanden. Die Steinsäulen wurden mit Kapitellen abgeschlossen, die oft mit reichen Symbolen ausgestattet waren. Viele dieser Kapitle stellten Szenen aus der Bibel oder Tierornamente dar.[28]

Die Strebepfeiler der Gewölbe wurden außerhalb der Kirchenräume gebaut, sie stützten auch die Hauptbögen. Die Belichtung erfolgte durch Fenster im Haupt-

---

26 H. Roth, Irische Kunst. In: LThK V. Freiburg 2006, 588–590.

27 O. Bohn, Dänemark. In: LThK, III. Freiburg 2006, 8–10. J. Pijoan (Hg.), Die frühchristliche Kunst, byzantinische und romanische Kunst 157–160.

28 J. Krüger, Romanische Kunst. In: LThK VIII, Freiburg 2006, 1263–1268. G. Bindig, Die Königspfalzen. Darmstadt 1996, 116–118.

schiff, das die Seitenschiffe überragte. Über der Kreuzung des Hauptschiffes und des Querschiffes (Vierung) wurden häufig Türme gebaut, sie waren mit Bögen und spitzen Dächern versehen. Zu dieser Zeit bildeten sich große Schulen der Baukunst, die ganze Regionen bestimmten. Gebaut wurde mehrheitlich aus behauenen Steinquadern, aber auch aus gebrannten Tonziegeln. Die provencalische Schule schuf große Kirchen in Carpentras, Nimes, Cavaillon, Arles, Saint Gilles du Gard und Avignon. Von dort aus wurden die großen Kirchen in Languedoc und im Umland von Toulouse gebaut, aber auch in der Auvergne, in Poitiers, Puy, Clermont-Ferrand u.a. Viele dieser Kirchen haben eine Unterkirche (Krypta), wo häufig die Reliquien der Heiligen und Martyrer aufbewahrt wurden.[29]

Vor allem die Tore der Kirchen und Dome wurden durch reiche Steinplastiken gestaltet. Dargestellt wurden der Weltrichter Christus, die vier Evangelisten, die zwölf Apostel, die Festzüge der Heiligen und die Chöre der Engel. Besonders die Kirchen von Saint Gilles du Gard und Saint Trophime in Arles zeigen die reiche Gestaltung der Tore mit Säulen und Bögen. Die Glaubenden sollten beim Eintreten in die Kirche die Gestalten des Glaubens sehen und sich mental mit ihnen verbinden. Die Bilder aus Stein sollten den Glauben sichtbar und anschaulich machen, die Eintretenden sollten sich mit den Heiligen, den Engeln und mit Christus vereinigen. Vor allem an den großen Kirchen der Wallfahrt waren die Bilder wichtig, sie wurden durch lange Prozessionen vertieft. Die Bildhauer stellten in den Kirchen und Domen die Geheimnisse des Glaubens dar, in den dunklen Räumen und beim Gottesdienst sollte die innere Verwandlung der Getauften geschehen.[30]

Die Türme waren in mehreren Etagen und mit vielen Bögen aufgebaut, sie sollten den Glaubenden den Weg zum Himmel anzeigen. Kleine Türme wurden auch über den Portalen der Westfassade errichtet, die Apsis wurde oft mit halbrunden Kapellen gestaltet. Reiche Bilderzyklen aus Stein zeigen die Kirchen Notre Dame Grande in Poitiers, die Kathedralen von Angouleme und von Saint Front in Perigeux. Eine große Schule der Baukunst war mit dem Kloster Cluny verbunden, von ihr wurde die Kirchen Saint Philibert in Tournus errichtet. Die Kirche von Cluny kann heute nur mehr rekonstruiert werden, denn sie war im 18. Jh. zerstört worden. In Aquitanien und im Perigord wurde das Tonnengewölbe häufig durch ein Kuppelgewölbe ersetzt, was venezianischen und byzantinischen Einfluss erkennen lässt. Die Abtei Fontevrault war die Grabstätte der englischen Königsdynastie Plantagenet. Von Cluny aus wurde die große Schule der burgundischen Baukunst entwickelt, dort wurden römische Kreuzbögen verwendet. Die dritte Kirche in Cluny hatte fünf Schiffe und wurde 1131 vollendet, sie galt lange Zeit als die größte Kirche der Christenheit.[31]

Große Kirchen wurden in Autun, in Vezelay und in Paray le Monial erbaut, sie waren am großen Pilgerweg nach Santiago de Compostella gelegen. Vor allem die Kirche Sainte Madeleine in Vezelay ist reich an Bilderzyklen aus Stein, sie stellen die

---

29 J. Krüger, Romanische Kunst 1263–1268.
30 J. Pijoan (Hg.), Die frühchristliche Kunst, byzantinische und romanische Kunst 179–188.
31 J. Krüger, Romanische Kunst 1263–1268. H. Kubach, Romanischen Hallenkirchen in Europa. Mainz 1997, 56–89.

Herrschaft und die Himmelfahrt Christi dar und zeigen den Glaubenden den Weg
zum Himmel. Außerdem wurden die großen Szenen aus der Bibel und aus dem Leben
der Heiligen in Stein dargestellt. Die Bauschule der Ile de France schuf die großen
Kirchen Saint Benoit sur Loire und die Pantheonkirche von Saint Denis bei Paris.
Einen eigenen Stil entwickelte die Schule der Normandie, etwa in den Kirchen von
Caen, Saint Etienne und La Trinité. Zu dieser Zeit bauten die Klöster und die Bischöfe
die großen Kirchen, aber auch regionale Fürsten ließen in oder neben ihren Burgen
kleine Kirchen errichten. Aus dieser Zeit ist die Steinbrücke von Avignon erhalten.
Besonders gestaltet wurden die Kreuzgänge der Klöster, wo die Mönche ihre Gebete
sprachen und Prozessionen mit Gesängen veranstalteten und wo sie die Meditation
pflegten und sich entspannten.[32]

In manchen Kirchen sind die Gewölbe und Wände mit gemalten Bildern (Fresken)
bedeckt. In der Kirche Saint Savib sur Gartempe wurden Szenen aus dem Alten und
dem Neuen Testament dargestellt. Neben den Bildern in Stein vom Meister Gislebert
wurden auch Bilder in Elfenbein und in Metall geschnitzt, die liturgischen Geräte
wurden mit Gold und Email gestaltet. In manchen Kirchen, etwa in Berze la Ville,
wurde die gesamte Apsis mit Bildern bemalt; dargestellt wurden das Martyrium eines
Heiligen, die Herrschaft Christi über die Welt, der Zug der Engel und Heiligen zum
Himmel. Große Schulen der Bildhauerkunst waren in Toulouse, in Burgrund und im
Rousillion; bildhaft dargestellt wurden vor allem die Auferstehung, die Himmelfahrt
und die Weltherrschaft Christi. Auch die Wandmalerei wurde von verschiedenen
Malerschulen geprägt, auch hier ging vom Kloster Cluny große Strahlkraft aus. In
manchen Kirchen wurden bereits die Fenster mit buntem Glas und mit Bleistreifen
gestaltet, dabei wurden einfarbige Glasteile zu bunten Mosaiken zusammengesetzt.
Große Glasfenster mit Bildern der Heiligen, der Gottesmutter und der Engel finden
sich in Saint Denis und in Notre Dame de Chartres.[33]

Romanische Baukunst und Bilder finden wir auch in Spanien, in Katalonien war
der Baustil von Leon verbreitet. Große Kathedralen wurden in Santiago de Compostella, in Oviedo und in Laon errichtet. Andere Kirchen wie die von Zamora und
Salamanca zeigen Einflüsse des byzantinischen Stils. Auch hier wurden die Portale
und die Westfassaden mit vielen Bildern aus der Bibel gestaltet, die Türme wurden
mit Säulenreihen gegliedert. Reich gestaltet waren die Kreuzgänge der Klöster mit
den vielen Säulenkapitellen, etwa Santo Domingo de Silos. Die Portale von Santiago
de Compostella oder von San Vincente in Avila oder von Santa Maria la Real in
Sanguen zeigen reiche Steinplastiken, die Bilder des Glaubens wurden mit starker
Lebendigkeit dargestellt. Manche Kirchen waren in der Apsis oder in der Krypta
mit Wandmalerein versehen, da wurden meist Szenen aus dem Leben der Heiligen
anschaulich gemacht. In einigen Kirchen, etwa in San Pedro de Roda vermischten sich
mozarabische und karolingische Kunstformen; besonders in Katalanien wurden viele
Klosterkirchen und Bischofskirchen gebaut, etwa die Kathedrale von Gerona.[34]

---

32 H. Kubach, Romanische Hallenkirchen in Europa 82–102.
33 J. Pijoan (Hg.), Die frühchristliche Kunst, byzantinische und romanische Kunst 194–204.
34 J. Krüger, Romanische Kunst 1263–1268.

Eine Madonnenstatue aus Stein findet sich in der Kirche von Solsona. Die großen Malereien in Santa Maria de Tahul und in San Clemente de Tahul zeigten die Madonna mit dem Jesuskind, den Zug der Heiligen mit dem Weltherrscher Christus und das Buch des Lebens. Ein aus Holz geschnitztes Kreuz in mehreren Farben bemalt findet sich in Batlo. Oft waren die Holzwände der Altäre mit Bildern aus der Heilsgeschichte bemalt, etwa in der Kathedrale von Urgel. Gelegentlich wurden auch die Kreuzigung Jesu und die Abnahme seines toten Leibes vom Kreuz gemalt; besonders im französischen Roussilion erkennen wir viele spanische Einflüsse der Malerei und Bildkunst.[35]

Auch in Italien entstanden zahlreiche Bauwerke der kirchlichen Kunst. Um 1070 wurde das Kloster Monte Cassino neu erbaut, die Reliquien des heiligen Benedikt wurden aber aus Angst vor den Arabern nach Saint Benoit sur Loire in Frankreich gebracht. Monte Cassino wurde das Modell für viele Klosterbauten in Süd- und Mittelitalien. Im Norden Italiens bildete sich die lombardische Schule der Baukunst, die in Como und in Mailand ihre Zentren hatte. Sant Ambrogio in Mailand, San Michele in Pavia, San Zeno in Verona und San Abbondio in Como sind Meisterwerke dieser Schule. Große Bauten dieser Epoche sind die Kirche San Ciriaco in Ancona, San Lorenzo in Genua und das Baptisterium von Florenz. Alle diese Kirchen wurden mit reichen Bildern aus der Heilsgeschichte des Glaubens ausgestattet. Die großen Türme von Pisa und von Parma zeigen die Technik der Steinsäulen in der Verbindung mit Steinquadern. Der Dom von Pisa wurde an der ganzen Westfassade mit Steinsäulen gestaltet und mit Marmorplatten verkleidet. Im Inneren der Kirchen wurden die Kanzeln und die Emporen mit Steinplastiken versehen.[36]

Die Bronzetür und die Westfassade der Kirche San Zeno in Verona waren ein Höhepunkt der romanischen Baukunst in Italien. Dargestellt wurden neben den Inhalten des Glaubens auch die Arbeiten der Bauern und der Handwerker; viele Innenräume der Kirchen wurden mit Wandmalereien gestaltet. So zeigt Sant' Angelo in Formis in der Campania den Zug der Heiligen und den herrschenden Christus, von Engeln umgeben. Auch die Altarwände, die Kanzeln und die Lesepulte (Ambonen) wurden mit Bildern versehen. Die großen Handschriften dieser Zeit wurden von zwei Malerschulen gestaltet, der Schule von Rom und von Monte Cassino; sie waren Meister der Miniaturmalerei. Auch die Klöster Bobbio und Vercelli hatten Schulen der Malkunst. Kirchentore wurden gelegentlich mit Bronzetafeln verkleidet (San Zeno in Verona), sie zeigen die ganze Heilsgeschichte Jesu Christi. Diese Bilder dienten der Verkündigung des Glaubens und luden zum Nacherleben der Glaubensinhalte ein.[37]

Auch die deutschen Länder und England sind reich an romanischer Baukunst und Malerei. Unter dem Sachsenkönig Heinrich I. festigte sich das ostfränkische Reich, und in der Zeit der ottonischen und der salischen Herrschaft konnten große Kirchen und Dome gebaut werden. Nach dem Jahr 1000 setzte eine breite Bautätigkeit

---

35 J. Krüger, Romanische Kunst 1263–1268.
36 B. Schütz, Die Kirchenbauten der Kaiser. Freiburg 1989, 44–66.
37 J. Krüger, Romanische Kunst 1263–1268.

ein, fast alle Bischofsitze und Klöster bauten neue Kirchen. Sie folgten dabei dem
Modell der römischen Basilika, die Kirchen hatten die Form des Kreuzes Christi und
wurden mit mehreren Schiffen errichtet. St. Cyriak in Gernrode und St. Godehard
und St. Michael in Hildesheim sind frühe Bauten von Basiliken aus dieser Zeit; in
ihnen wechselten Säulen mit quadratischen Pfeilern, über dem Quadrat der Vierung
wurden wuchtige Türme errichtet. In St. Michael wurde im Osten und im Westen
ein Querhaus errichtet, auch dort tragen Säulen und Pfeiler die Seitenwände und
die Decken aus Holz.[38]

Doch die großen Bauwerke der romanischen Zeit waren die Kaiserdome in Speyer,
in Mainz und in Worms. Kaiser Konrad I. ließ um 1030 den Dom von Speyer beginnen,
er erreichte eine Länge von 133 m. Das Mittelschiff wurde mit Pfeilerarkaden
errichtet, das Hauptschiff wurde bereits mit einem Gewölbe überdacht. Die Vierung
wurde durch eine Kuppel überhöht, zwei Türme krönen die Westwand und drei
Türme sind über der Ostseite und der Apsis. An dieser Grabeskirche der deutschen
Kaiser arbeiteten auch Bauleute aus der Lombardei. Der Dom zu Mainz wurde etwas
später errichtet, er hat die Form einer gewölbten Pfeilerbasilika, mit je einem Chor
im Osten und im Westen und mit vier Türmen; dazu kam noch je ein achteckiger
Turm über der Ostvierung und über dem Westchor. Die Klosterkirche Maria Laach
wurde mit zwei Querschiffen und mit zwei Vierungstürmen erbaut. In der Stadt Köln
wurden zu dieser Zeit mehrere Kirchen errichtet, St. Maria im Kapitol, St. Aposteln,
Groß St. Martin und St. Kunibert.[39]

Auch die meisten Klöster bauten zu dieser Zeit große romanische Kirchen mit
reichen Skulpturen aus Stein und mit farbigen Glasfenstern, etwa St. Ulrich in Augsburg
und St. Kunibert in Köln. Das älteste und lebensgroße Kreuzbild Jesu stammt
aus dem Kölner Dom, dort wurde Christus als edler Dulder und als Vorbild aller
Leidenden dargestellt. Auch die Madonna mit dem Jesuskind wurde vielfach gestaltet,
sie war die große Fürbitterin bei ihrem Sohn. Zu den großen Goldschmiedearbeiten
dieser Zeit gehören die 51 Bildtafeln des Nikolaus von Verdun, die sich im Kloster
Klosterneuburg bei Wien befinden. Auf diesen Bildtafeln wird die gesamte Heilsgeschichte
der Menschheit dargestellt. Der Dreikönigsschrein im Kölner Dom, der aus
Mailand stammt, galt als Reliquienschrein für die Gebeine der Martyrer.[40]

Mit der Eroberung Englands durch die Normannen kam auch normannische
und französische Baukunst in das Land. In den Klöstern wurden normannische
Äbte eingesetzt, diese holten Baumeister aus ihrem Stammland. Eine Besonderheit
der englischen Baukunst wurde jetzt der Tower, in den eine Kirche oder Kapelle
hineingebaut wurde. Die Johanneskapelle im Tower von London hat drei Schiffe,
mit einem Tonnengewölbe und einem Chorumgang mit Bögen. Jetzt wurden viele
Kirchen mit breiten Langhäusern, mit Chören und Vierungstürmen gebaut; die
Bögen und Wände wurden mit Steinreliefs ausgestaltet. Zu den großen Bauten
dieser Zeit gehören die Kathedrale von Winchester, die Abteikirche von St. Albans

---

38   H. Kubach, Romanische Hallenkirchen in Europa 137–154.
39   J. Krüger, Romanische Kunst 1268–1270.
40   U. Mende, Die Bronzetüren des Mittelaters. München 1983, 66–87.

und die Kathedrale von Canterbury, die Kirchen von Worcester, Chichester, Norwich und Durham.[41]

Auch in den skandinavischen Ländern wurden nach der Christianisierung große Kirchen gebaut; die frühen Kirchen waren aus Holz, doch ab dem 11. Jh. wurden Kirchen aus Stein errichtet. Der Dom von Lund wurde nach dem Vorbild des Kaiserdoms von Speyer errichtet, daran haben Steinmetze aus der Lombardei mitgearbeitet. Die Apsis ist rechteckig, die Krypta wird von einem Kreuzgratgewölbe bedeckt. Die Dreifaltigkeitskirche in Uppsala wurde mit reichen Wandmalerein ausgestattet, dabei ist französischer Einfluss zu erkennen. In Dänemark entstanden große Kirchen in Ribe, in Roskilde, in Kalundborg. In Norwegen wurden die Stabkirchen aus Holz in Urnes, in Borgund und in Lom errichtet; die Portale wurden mit Flechtbandornamenten verkleidet. Kirchen aus Stein bzw. aus Ziegeln wurden in Stavanger und Drontheim gebaut; dort wurden Skulpturen aus Stein, aus Bronze und aus Edelmetallen geschaffen, welche die Themen des christlichen Glaubens darstellten.[42]

In den deutschen Ländern wurden zu dieser Zeit viele Skulpturen aus Elfenbein geschaffen, etwa der Einband des Perikopenbuches von Kaiser Heinrich II., der aus Gold, Emailplättchen, Perlen und Edelsteinen gearbeitet wurde. Reliquienschreine wurden aus Holz, aus vergoldeten Kupferplatten, aus Email und aus Walrosszähnen gestaltet. Im Gerokreuz von Köln oder in der goldenen Muttergottes von Essen wurden zentrale Themen des Glaubens bildhaft gestaltet. Mit Figuren aus dem Glaubensleben wurden auch die Kirchentüren, die Altarschranken, die Behälter der Hostien (Ciborien), die Lesepulte (Ambonen) und die Altarwände versehen. Große Steinplastiken wurden in den Werkstätten von Köln, Hildesheim und Regenburg geschaffen, auch sie sollten den religiösen Glauben anschaulich und berührbar machen. Kunstvoll gestaltet wurden die Taufbecken, die Weihrauchfässer, die Kerzenständer und die Kelche.[43]

Das Taufbecken von St. Bartholomäus in Lüttich stellte fünf Taufszenen dar. Goldene Altarverkleidungen wurden für die Dome in Aachen und in Basel geschaffen. Auch die Malkunst wurde weiter entwickelt, häufig dargestellt wurden die Geburt, der Verklärung und die Himmelfahrt Jesu, sowie die Herrschaft Christi im Himmel. Die großen Zentren der Buchmalerei waren Reichenau, Köln, Westfalen und Sachsen. So zeigen die Prachthandschriften und Evangeliare der großen Klöster St. Gallen und Reichenau das Leben Jesu und den Weg der Erlösung. Einige Evangeliare wurden für Könige und Bischöfe angefertigt, etwa für Otto II., Otto III. und Heinrich II., sie banden das Herrscherpaar in die Heilsgeschichte ein. Häufig wurde das Königspaar von Christus gekrönt, seine Herrschaft wurde durch den göttlichen Erlöser mitgetragen.[44]

So trugen die Baukunst und die Malkunst dieser Epoche wesentlich zur Verbreitung des christlichen Glaubens bei, aber auch zur Festigung der Herrschaft der Für-

---

41 J. Pijoan (Hg.), Die frühchristliche Kunst, byzantinische und romanische Kunst 250–264.
42 H. Kubach, Romanische Hallenkirchen in Europa 112–134.
43 J. Krüger, Romanische Kunst 1268–1270.
44 J. Krüger, Romanische Kunst 1268–1270.

sten und Könige. Die Glaubenden erlebten in den Kirchen und Domen das Schauspiel der heiligen Liturgie, sie wurden in die Geheimnisse der Heilsgeschichte hineingenommen und innerlich verwandelt. Daher sind die Bauwerke und Kunstwerke dieser Zeit ein Ausdruck des Glaubens der Kleriker und Theologen und eine Einladung zur Nachfolge Jesu. Die Herrschaft der Fürsten und das Heil der Einzelnen waren eng verbunden, deren Wohlergehen hing von der Ordnung der Gemeinschaft ab. Religion bestimmte das Leben der meisten Zeitgenossen, doch viele Menschen in den ländlichen Regionen bekamen diese Bilder gar nie zu sehen. Deswegen lebten dort noch lange Zeit keltische und germanische Mythen und Riten weiter.[45]

Die Entwicklung der Musik

Die Musik des frühen Mittelalters wurde von der Volkskultur, der Liturgie der Kirchen und dem Leben an den Fürstenhöfen geprägt. Am wenigsten wissen wir über die Lieder und Tänze des Volkes, sie wurden uns nicht aufgeschrieben. Gut informiert sind wir über die Musik und Gesänge in den Kirchen und Klöstern und an den Fürstenhöfen. Die Gottesdienste in den Kirchen wurden von den Anfängen her von Liedern, Hymnen und Gesängen geprägt, die wohl von einfachen Instrumenten wie Zimbeln, Klangschalen und Flöten begleitet wurden. Papst Gregor I. hatte im 6. Jh. die römische Liturgie neu geordnet, sie wurde später auch in anderen Regionen übernommen. Seit dem 9. Jh. hat sich dafür die Bezeichnung „Gregorianische Gesänge" (Gregorianik) durchgesetzt. Gemeint sind damit alle Gesänge des kirchlichen Festkalenders und der täglichen Gottesdienste, vor allem in den Klöstern (Gregoriana Carmina; Cantus romanus). Um 800 entstand ein Prolog „Gregorius praesul" zu den Gesängen der Messe und des Stundengebets (officium) der Mönche und Nonnen.[46]

Die Texte der Gregorianischen Gesänge stammen aus der Bibel, vor allem die Pslamen wurden mit einer einzigen Stimme (monotonia) gesungen. Später wurden zu dieser Melodie die Oktaven, die Quinten und die Quarten gesungen, durch Neumenschriften wurden die diatonischen Melodien festgelegt. So bezeichnete der Codex Montpellier die Töne mit den Buchstaben a bis p. Die Tonarten bestanden aus verschiedenen Folgen von Ganztönen und Halbtönen, sie wurden nach Zahlen geordnet: Protos, Deuteros, Tritos, Tetrados usw. Die Melodien mussten sich dem Satzbau und den Gedanken des gesungenen Textes anpassen, denn sie mussten die Inhalte interpretieren. Gesungen wurden die Texte der Lesungen, die Antwortgesänge der Zuhörer, die Psalmen und Hymnen.[47]

In der Folgezeit entwickelten sich bestimmte Formen des Gregorianischen Gesangs. Die Antiphon bezeichnete das wechselseitige Singen der Psalmen im Stundengebet oder bei der Feier der Messe. Das Responsorium meinte den Antwortgesang auf vorgetragene Texte, dabei wechselten Solostimmen mit Chorgesang. Die Gesänge

---

45   J. Pijoan (Hg.), Die frühchristliche Kunst, byzantinische und romanische Kunst 264–278.
46   A. Haug, Gregorianischer Gesang. In: LThK IV, Freiburg 2006, 1033–1037.
47   F. Haberl, Gregorianischer Gesang. In: LThK IV, Freiburg 1967, 1201–1205.

des Ordinariums begleiteten die gleich bleibenden Teile der Liturgie, die Gesänge des Propriums meinten die veränderlichen Texte zu den bestimmten Festen. In der Frühzeit wurden Antiphonen zu bestimmten Teilen der Messe gesammelt (Liber gradualis, Antiphonale missarum). Dem Einzelsänger (cantor) standen die Schola (schola) und die Gemeinschaft (omnes) gegenüber. Die ältesten Aufzeichnungen der Gregorianischen Gesänge haben wir aus dem 8. Jh., das Antiphonale von Mont Blandin und von Rheinau. Die Melodien der Gesänge wurden in den Klöstern lange Zeit mündlich weitergegeben, erst später gab es schriftliche Aufzeichnungen.[48]

Eine einheitliche Liturgie mit Gesängen wurde im karolingischen Reich geformt, sie sollte die Einheit des Imperiums festigen. Zu dieser Zeit wurden in Rom, in Süditalien und in Spanien aber unterschiedliche Gesänge und Melodien gesungen. Im 9. und 10. Jh. wurden die sog. Tropen geschaffen, darin wurden Melodien und Texte der römischen Gesänge (Cantilena romana) übernommen. Das Grundmodell des Singens war die einstimmige Melodie, die später mit der Oktave, der Quint und der Quart begleitet wurde. Bei der Feier der Eucharistie standen die Priester und Diakone auf der einen Seite und die Schola und das Volk auf der anderen Seite, in Wechselgesängen priesen sie die Heilstaten Gottes. Beim Chorgebet und beim Chorgesang der Mönche und der Nonnen wurden die einzelen Tageszeiten Matutin, Laudes, Terz, Sext, Non, Vesper und Komplet mit Psalmengesängen, mit Lesungen aus der Bibel und mit Hymnen gestaltet. Diese Gesänge begleiteten das Leben der Mönche und Nonnen; nur an den Festtagen und Sonntagen nahmen die Laienchristen an den Gottesdiensten teil.[49]

Am Fest der Unschuldigen Kinder durften die Klosterschüler und die jungen Kleriker eigene Texte dichten und singen, die sie mit Tänzen begleiteten. Wenn ein Fürst, ein Bischof oder ein König im Kloster oder in einer Stadt empfangen wurde, sangen die Sänger Huldigungsrufe, Strophenverse und Prozessionslieder. In der Fastenzeit und im Advent hatten die Büßer ihre eigenen Lieder, die sie in Prozessionen vortrugen. Die fahrenden Sänger trugen regelmäßig Geschichten und Ereignisse aus der Umgebung oder aus fernen Ländern vor, sie hatten bereits einfache Instrumente zur Begleitung. Sie sangen auf den Marktplätzen der Städte, bald auch an den Höfen und Burgen der Fürsten. Die freien Spielleute hatten die Aufgabe, die Fürsten und Bischöfe bei Festen oder bei Gastmählern mit Liedern, Spiel und Tanz zu unterhalten. Die Melodien dieser Sänger waren regional verschieden, sie wurden mündlich weitergegeben und erst spät aufgeschrieben.[50]

Ab dem 9. Jh. gab es Texte, die bei den Gesängen bereits den Verlauf der Melodien mit Symbolen andeuteten. Aus frühen Aufzeichnungen und Handschriften kennen wir auch die frühen Instrumente, nämlich Glocken, Zimbeln, Klangschalen, Flöten, Lauten, Hörner und Harfen. An den Fürstenhöfen in Südfrankreich sangen die Trobadors ihre Lieder, später kamen sie auch in andere Regionen. Sie sangen

---

48 A. Haug, Gregorianischer Gesang 1033–1037.
49 F. Haberl, Gregorianischer Gesang 1201–1205.
50 K. Schlager, Aspekte der mittelalterlichen Musik. In: E. Wischer (Hg.), Propyläen Geschichte der Literatur II, 401–405.

nach bestimmten Melodien von den Heldentaten der Krieger, der Fürsten und der höheren Kleriker. Erst im 13. Jh. wurden ihre Melodien in Handschriften (Chanconiers) aufgezeichnet. Diese Gesänge waren einstimmig, erst spät kamen andere Stimmen der Begleitung hinzu. Durch die Niederschrift der Texte und Melodien wurde eine gewisse Vereinheitlichung angestrebt, die aber nie vollständig gelang. Aus diesen Niederschriften kennen wir die verschiedenen Melodien in Südfrankreich, in Nordfrankreich, in Süditalien, in Spanien und in England. Da die meisten Schreiber Mönche waren, wurden die geistlichen Lieder früher aufgeschrieben als die weltlichen Gesänge.[51]

In den frühen Liedersammlungen wurden nur einige Gesänge ausgewählt. Aus den Notationen der Melodien erkennen wir, dass diese den Text interpretieren mussten. Erst später wurden zu bekannten Melodien neue Texte verfasst (Kontrafraktur). In den Kirchen wurden einer Melodie des Halleluja neue Texte unterlegt. Dasselbe taten die weltlichen Spielleute, sie sangen zu bekannten Melodien neue Inhalte. Weit verbeitet waren Trinklieder bei Festgelagen, Pilgerlieder bei Wallfahrten, Liebeslieder bei der Brautwerbung und bei der Hochzeit. Die frühen Aufzeichnungen in altenglischer und altdeutscher Sprache zeigen, dass die Melodien über Jahrhunderte hin gleich blieben und mit ständig neuen Texten versehen wurden. Eine frühe Musiklehre (Musica enchiriadis) wurde um 900 in Nordfrankreich aufgezeichnet, sie stellte das Tonsystem in vier Tetrachorden (Graves, Finales, Superiores, Excellentes) dar. Die Töne wurden mit vier unterschiedlich gewendeten Schriftzeichen (Daseia-Notation) dargestellt. Hier erkennen wir bereits die ersten Ansätze zur Mehrstimmigkeit.[52]

Die frühe Mehrstimmigkeit ergab sich aus dem Singen der Sänger auf verschiedenen Tonhöhen. Zweistimmige Sätze für Versus, Conductus und Choral kennen wir aus England seit dem 11. Jh, in Frankreich und in Spanien etwas später. Nun begannen auch weltliche Sänger, geistliche Melodien (cantus firmus) zu benutzen. Zu dieser Zeit entstanden Doppelmotetten und Tripelmotetten, hier wurden zu einer Melodie Texte in zwei oder drei Sprachen gesungen, lateinisch, provencalisch, burgundisch. Der Mönch Hermannus Contractus hatte als erster zur Marianischen Antiphon „Alma redemptoris mater" auch die Melodie geschrieben. Auch Adam von St. Victor deutete zu seinen Sequenzen bestimmte Melodien an. Als Schöpfer des individuellen Liedes aber gilt der Sänger und Dichter Oswald von Wolkenstein. Auch Texte von Notre Dame in Paris nannten schon die Namen der Sänger und Dichter.[53]

Frühe Notenschriften aus dem 11. Jh. gaben schon Tonhöhen und Noten an, sie unterschieden zwischen der theoretischen Musik (musica theoretica) und der praktischen Musik (musica practica). Die erste wurde als eine Wissenschaft von den Zahlen angesehen, denn in der Tradition der Philosophie des Pythagoras folgten die einzelnen Töne einem Verhältnis der Zahlen und hatten an der Harmonie der kosmischen Sphären Anteil. Die weltliche Musik (musica mundana) werde aus dem Lauf der Gestirne erkennbar, die menschliche Musik (musica humana) komme aus

51 K. Schlager, Aspekte der mittelalterlichen Musik 401–405.
52 K. Schlager, Aspekte der mittelalterlichen Musik 401–405.
53 P.P. Kaspar, Die wichtigsten Musiker im Porträt. Wiesbaden 2006, 41–47.

der Harmonie der Seele; die Instrumentalmusik (musica instrumentalis) bilde die Sphären des Kosmos ab. Die Tonverhältnisse der Quart und der Oktave werde durch die Länge der Saiten oder die Luftblasen in der Flöte bestimmt. An den Schulen der Klöster, der Bischöfe und der Fürsten wurde die Musik im Quadrivium unterrichtet, dabei wurde die Schrift „De artibus ac discipliis libaralium litterarum" von Cassiodorus als Lehrbuch verwendet.[54]

Das älteste geistliche Lied in althochdeutscher Sprache ist das Petrus-Lied, das um 840 in Freising aufgezeichnet wurde. Dort wurde der Melodieverlauf durch Zeichen (Neumen) über den Text geschrieben. Die Sänger glaubten, dass sie in ihren Gesängen die menschliche Welt mit der göttlichen Welt verbinden könnten. Ein Text des Pseudo Guido (Regolae musicae rhytmicae) von 1025 sagt, dass nur der Musicus die Gesetze der Musik kenne, der Cantor trage nur Texte und Melodien vor, ohne sie zu verstehen. Der Musicus aber wisse um den kosmischen Bezug der Melodien. Zu dieser Zeit trennten sich die Sänger und Spielleute immer mehr von den theoretischen Musikern, sie suchten das sinnliche Erleben der Musik.[55]

Bereits Aurelius Augustinus hatte in der Musik die Kenntnis des rechten Maßes gesehen; und Isidor von Sevilla sprach von der richtigen Proportion der Klänge und Melodien. Für Boethius wurde die Musik mit den Sinnen und dem Verstand erlebt. Sie bewege unsere Empfindungen und Gefühle, sie habe für den Körper und die Seele heilende Kräfte; in ihr erlebe der Mensch die Harmonie mit dem Kosmos. Die Schönheit der Musik drücke die Ordnung der göttlichen Welt aus, durch sie komme göttliche Weisheit in das menschliche Herz (Guido von Arezzo). Doch „krumme" Melodien und oberflächliche Gesänge könnten die Menschen von den wesentlichen Dingen abhalten.[56]

Die wichtigste Musiklehre verfasste Guido von Arezzo (Micrologus de disciplinae artis musicae) im Jahr 1031. Er lehrte, die Silben und Worte der Sprache müssten mit den Tönen abgestimmt werden, die Musik habe einen Bezug zur Grammatik. Die Gruppen von zwei oder drei Tönen (neumae) müssten auf den Inhalt der Texte abgestimmt werden. Die Sprache und die Musik hätten eine gemeinsame Grammatik, nämlich syllaba, pes, comma, versus, colon, periodus. Allgemein hatte die Musik zu dieser Zeit einen starken Bezug zum religiösen Weltbild, die Menschenwelt wurde als Abbild der göttlichen Welt gesehen. Die Musik war der große Lobpreis auf den göttlichen Schöpfer. Auch die Instrumente sollten zum Lob Gottes beitragen, was schon im Alten Testament bezeugt sei. Das höchste göttliche Lob aber komme aus der menschlichen Stimme und aus den moralisch reinen Herzen der Sänger.[57]

Ab dem 12. Jh. entfernte sich die weltliche Musik von ihren geistlichen Vorbildern, wir erkennen darin auch eine Abgrenzung der Laienchristen von den Klerikern.

---

54 A. Gerhards/E. Kohlhaas, Musik. In: LThK VII, Freiburg 2006, 543–550.
55 W. Suppmann, Der musizierende Mensch. Mainz 1984, 48–62.
56 Bernhard von Clairvaux, Ad Guidonem abatum. Epistolae 398. K. Schlager, Aspekte der mittelalterlichen Musik 405–411.
57 K. Schlager, Aspekte der mittelalterlichen Musik 405–411.

Die weltliche Musik (musica mundana) trennte sich nun von der göttlichen Musik (musica divina) und suchte ihre eigenen Texte und Melodien. Am wenigsten wissen wir über die Musik des einfachen Volkes, weil dessen Texte und Melodien nicht aufgezeichnet wurden. Um 1300 wurde in Paris bereits zwischen einer Musik des Volkes (musica vulgaris), einer Musik der gebildeten Musiker (musica mensurata) und einer kirchlichen Musik (musica ecclesiastica) unterschieden. Wir erkennen darin zum einen die soziale Schichtung, zum andern die Emanzipation der Laienchristen von den Vorgaben der Kleriker und Mönche und Nonnen.[58]

---

58 W. Suppmann, Der musizierende Mensch 66–88. K. Schlager, Aspekte der mittelalterlichen Musik 405–410.

Die jüdische Kultur

Von Johann Maier

Die Diaspora

Im Übergang vom Ausgang der Antike zum Mittelalter, als sich nach den Völkerwanderungen die Lage nach und nach wieder stabilisierte, haben jüdische Kaufleute dank der engen Verbindungen zwischen den weit verstreuten Gemeinden im Fernhandel des Mittelmeerraumes und darüber hinaus bedeutende Positionen übernommen.[1] In der Folge entstanden während der einsetzenden Urbanisierung in den neuen Staaten West- und Mitteleuropas jüdische Kolonien. Eine Stoßrichtung ergab sich von bereits in der Antike vorhandenen jüdischen Niederlassungen in Spanien und Südfrankreich aus[2] der Rhone entlang nach Norden bis ins Rheinland und nach Nordwestfrankreich[3]. So gelangten schon während des Frankenreiches auch manche spanisch-jüdische und damit babylonische Traditionen nach Norden.[4] Von Nordfrankreich aus wurden, durch die politischen Verbindungen begünstigt, in England kleine Gemeinden gegründet, deren exponierte Rolle im Finanzwesen und in der Politik ihnen aber zum Verhängnis wurde und 1290 zur Ausweisung von der Insel führte.[5]

Von Süditalien aus kam es in ottonischer Zeit den Handelswegen gegen Norden entlang über die Alpen bis ins Donau- und Rheingebiet hinein zur Gründung neuer, städtischer Niederlassungen.[6] Es waren kleine, aber wohlhabende Gemeinden mit günstigen Privilegien, die zunächst einzelnen Familien und später auch einzelnen

---

1   I. Ait, Il commercio nel Medioevo, Roma 2005. E. Ashtor, Studies on the Levantine Trade in the Middle Ages. London 1978. Ders., The Jews and the Mediterranean Economy, 10th–15th C. London 1980. Ders., East-West-Trade in the Medieval Mediterranean, London 1986.

2   A. Lunel, Juifs du Langedoc, de la Provence et des états français du Pape. Paris 1975. Für die Traditionspflege und Traditionszusammenhänge siehe v.a. A. Grossman, Ḥakhmê Ṣarfat ha-ri ʾšônîm. Jerusalem 1997². B. Z. Benedict, Märkaz ha-Tôrah ba-Provence, Jerusalem 1984/5.

3   R. Chazan, Medieval Jewry in Northern France. Baltimore 1973. Dahan G./Nahon G./Nicolas E. (Hg.), Rashi et la culture juive en France au moyen âge, Paris-Louvain 1997.

4   E. Benbassa, Geschichte der Juden in Frankreich. Berlin 2000. F. Lotter, Die Juden und die städtische Kontinuität von der Spätantike zum Mittelalter im lateinischen Westen. In: F. Mayrhofer/ F. Opl, Juden in der Stadt. Linz 1999, 21–79.

5   R.R. Mundill, England's Jewish Solution: Experiment and Expulsion. 1262–1290. Cambridge 1998. Z. Rokeah, Medieval English Jews and Royal Officials. Jerusalem 2000. P. Skinner (Hg.), The Jews in Medieval Britain. Woodbridge 2003.

6   F.-J. Ziwes, Studien zur Geschichte der Juden im mittleren Rheingebiet während des hohen und späten Mittelalters. Hannover (Forschungen zur Geschichte der Juden A/1) 1995.

Gemeinden verliehen wurden.[7] Diese Familien betrieben eine intensive Traditionspflege und ihre Werke wurden dementsprechend hoch geachtet.[8]

Von den kleinen, aber wirtschaftlich potenten Kolonien Mitteleuropas aus wurden
den Handelswegen entlang Märkte und Messen mitversorgt und allmählich über die
Grenzen des alten Römischen Reiches hinaus weitere Niederlassungen gegründet.
Später wiederholte sich der Vorgang als Teil einer allgemeinen, kontinuierlichen Ost-
Siedlungsbewegung im polnisch-litauischen Reich. Im Spätmittelalter verlagerte
sich der Schwerpunkt dieses „aschkenasischen" Judentums überhaupt nach Osten.
Ein älterer Strang von Handelsniederlassungen führte von den byzantinischen und
kleinasiatischen Gebieten aus nach Norden.[9] Zwei weitere Routen existierten ebenfalls von früher her. Eine führte von der östlichen Mittelmeerküste über die kauka-
sischen Regionen nach Zentralasien und über die sagenumwobene „Seidenstraße"
bis in den Fernen Osten, eine andere bestand im Seehandel durch das Rote Meer.[10]
Vom Mittelmeer aus gab es überhaupt Seehandelsverbindungen nach allen Richtungen, auch durch die Straße von Gibraltar bis an die west- und nordeuropäischen
Küsten.[11] Die Fernhändler verfügten über einen hervorragenden Informationsstand,
wobei den Juden die innerjüdische Solidarität und darüber hinaus oft auch noch ver-
wandtschaftliche Beziehungen zustatten kamen. Ihre Geschäftsbeziehungen waren
daher verlässlich, effektiv organisiert und bis zum bargeldlosen Geldverkehr gut geregelt, und ihnen fiel automatisch auch der Großteil des Metall- und Geldhandels
und des Kreditwesens zu.[12] Jüdischen Geschäftsleuten in christlichen Ländern kam
die im islamischen Bereich einsetzende Entwicklung im internationalen Handels-
verkehr und speziell im Finanz- und Bankwesen besonders zustatten, nahmen sie als
einzige tolerierte Minderheit diesbezüglich doch eine Monopolstellung ein.[13] Kein
Wunder, dass manche Herrscher solche Handelsherren auch als Finanzexperten in
ihren Dienst nahmen und diese darum nicht selten einen beträchtlichen politischen
Einfluss ausüben konnten. Aber derartige Positionen waren stets gefährdet und mit
dem Fall eines jüdischen Mächtigen gerieten auch die Gemeinden der betroffenen
Region in Gefahr. In den „aschkenasischen" Gebieten hat sich im Unterschied zu den
eher normalen Verhältnissen im mediterranen Bereich eine recht einseitige soziale
Zuspitzung ergeben. Das Spektrum der beruflichen Tätigkeiten war sehr begrenzt,

7   M. Toch, Die Juden im mittelalterlichen Reich. München 2003².
8   Germania Judaica, I. Tübingen 1963². A. Grossman, Ḥakmê ʿaškᶜnaz ha-riˈšônîm. Jerusalem
      1988/9².
9   A. Nazmi, Commercial Relations between Arabs and Slavs (9th–11th Centuries). Warszawa 1998.
10   R. Ptak, Die maritime Seidenstrasse. München 2007. S.D. Goitein/M. A. Friedman, India Traders
      of the Middle Ages. Dokuments from the Cairo Geniza. Leiden (Études sur le Judaïsme médiéval
      31) 2007.
11   A.R. Lewis, The Sea and Medieval Civilizations. London 1978. J.H. Pryor, Commerce, Shipping
      and Naval Warfare in the Medieval Mediterranean. London 1987.
12   A. Toaff/S. Schwarzfuchs (Hg.), Banking, Finance, International Trade, Ramat Gan (The Mediter-
      ranean and the Jews I.) 1989.
13   W. Fischel, The Origin of Banking in Medieval Islam. JRAS 1933, 339–352. 569–603. S. Herman,
      Medieval Usury and the Commercialization of Feudal Bonds. Berlin 1993. H. Pohl, (Hg.), Euro-
      päische Bankgeschichte. Frankfurt 1993.

und sobald im Fernhandel und Kreditwesen christliche Unternehmer tätig wurden, begann für die jüdische Minderheit ein aussichtsloser Konkurrenzkampf; und als Ausweg blieben fast nur die örtlich-regionalen Handelsmöglichkeiten und das kleine Geldgeschäft in Verbindung mit dem Pfandwesen. Begünstigt wurde dieser bedenkliche Trend, der mit dem Bevölkerungszuwachs immer geringere Einkünfte mit sich brachte, durch zwei Faktoren. Einmal durch das rabbinische Bildungsideal, das Berufe voraussetzte, die viel Zeit für das traditionelle Lernen erforderte, und zum andern durch die kirchlichen Forderungen nach Berufsbeschränkungen. Eine der Folgen war ein zunehmend negatives Umweltverhältnis,[14] das vor allem im Spätmittelalter, wenn auch oft nur für begrenzte Zeit, zu immer häufigeren örtlichen und regionalen Vertreibungen geführt hat.[15]

In Mesopotamien hatten die wirtschaftlich florierenden jüdischen Gemeinden von alters her einen besonderen politischen Status, weil von der Perser- und Partherzeit her ein Davidide als „Haupt des Exils" *(ro´š ha-gôlah)* bzw. Exilarch aus die Judenheit bei Hof repräsentierte und über die Juden des Reiches im Rahmen einer weitreichenden Autonomie eine monarchische Herrschaft ausübte. Diese Funktion wurde in ihrer politischen Bedeutung unter dem Kalifat noch gewichtiger. Als intern maßgebende autoritative Institutionen wirkten, gefördert durch die Exilarchen, auch die rabbinischen Schulen aus der talmudischen Periode unter der neuen Herrschaft gestärkt weiter. Im Zug der arabischen Eroberungswellen sind Juden, und unter ihnen auch Gelehrte, aus Mesopotamien nach Westen gezogen und haben so Verbindungen der dortigen Gemeinden mit Mesopotamien und den dortigen Schulen geschaffen und verstärkt.

Die jüdischen Gemeinden in Palästina-Syrien haben die arabische Eroberung zwar als Befreiung von der christlich-byzantinischen Herrschaft begrüßt, aber trotz der intensiven Bindung an das „Land Israel" und einem prinzipiellen Vorrang der dortigen Institutionen blieb das Übergewicht der mesopotamischen Judenheit erhalten. Ressentiments verursachte die Umwandlung des Jerusalemer Tempelareals in ein islamisches Heiligtum mit dem Felsendom an der Stelle des zerstörten Tempels und mit der al-Aqsa-Moschee an der Südwestecke. Andrerseits ersparte diese Bebauung dem Judentum den Zwang zu einer gewiss nicht unproblematischen Aktualisierung des längst nicht mehr zeitgemäßen Opferkults.

Jüdische Sippen haben in Arabien mit ihren Traditionen neben christlichen Gruppen eine gewisse Rolle bei der Entstehung des Islam gespielt. Da sie sich aber einer Islamisierung energisch widersetzten, hatten sie in dieser Region keine Zukunft.[16] Die von der Antike her existierenden Judengemeinden in Südarabien (Jemen) hingegen konnten bestehen bleiben und erfüllten eine gewichtige Funktion im Seehandel mit

---

14 M.A. Signer/J. van Engen (Hg.), Jews and Christians in Twelfth-Century Europe. Notre Dame 2001.
15 F. Burgard/A. Haverkamp/G. Mentgen (Hg.), Judenvertreibungen in Mittelalter und früher Neuzeit. Hannover 1999.
16 G.D. Newby, A History of the Jews of Arabia from Ancient Times to their Eclipse Under Islam. Columbia 1988. M. Lecker, Muslims, Jews and Pagans. Studies on Early Islamic Medina. Leiden 1995.

Arabien und Ostasien. Sie standen unter dem Einfluss sowohl der babylonischen wie ägyptisch-palästinischen Zentren, und sogar spanisch-jüdisches Kulturgut fand seinen Weg bis dorthin.[17]

Im nach und nach zusammenschrumpfenden byzantinischen Reich waren jüdische Gemeinden von der Antike her kontinuierlich vertreten, daher der palästinischen Tradition verpflichtet. Während über das jüdische Leben in Kleinasien relativ wenig Nachrichten erhalten geblieben sind, hat dieser Zweig der Diaspora in den byzantinisch beherrschten Gebieten an den Adriaküsten recht beachtliche Spuren hinterlassen.[18]

Die Gemeinden Siziliens und in Süditalien, wo seit 827 islamischer Einfluss wirksam war, pflegten enge Kontakte zu den benachbarten nordafrikanischen Gemeinden.[19] Und unter den Stauferherrschern waren interreligiöse Kontakte in den zahlenmäßig zwar nicht großen, aber kulturell sehr lebendigen Gemeinden Süditaliens trotz der religiös-rituellen eingehaltenen Absonderung durchaus üblich.[20]

Auch im Orient, nun unter islamischer Herrschaft, dehnte sich der Bereich der jüdischen Diaspora aus, so dass Juden nun so gut wie in der ganzen damals bekannten Welt vertreten waren.[21] Sie orientierten sich kulturell größtenteils an den bereits in der Antike vorhandenen Schwerpunkten in Babylonien und in Palästina. Aber es entstanden auch neue Schwerpunkte, und zwar der Dezentralisierung der politischen Macht des Kalifats entsprechend.

Nachdem sich in Ägypten-Palästina die Herrschaft der Fatimidendynastie (969–1171) etabliert hatte, ergaben sich auch für die regionale Judenheit Folgen. Sie wurde nun am Hof durch einen *nagîd* (Vorsteher) repräsentiert.[22] Die Situation der Juden wechselte des öfteren. Der Herrschaftswechsel bedeutete nämlich innerislamisch auch einen Wechsel der religiösen Orientierung, und das bedingte eine andere, ziemlich ambivalente Einstellung zu religiösen Minoritäten.[23] Es wurde jedenfalls von Verfolgungen berichtet und auf der christlichen Seite hat die Lage in Palästina/Ägypten zur Entstehung des Kreuzzugsgedankens beigetragen. Unter den Ajjubi-

---

17   Y. Tobi, The Jews of Yemen. Studies in their History and Culture. Leiden 1999.

18   A. Sharf, Byzantine Jewry from Justinian to the Fourth Crusade. New York-London 1984[2]. Ders., Jews and Other Minorities in Byzantium. Ramat Gan 1995.

19   S. Simonsohn, The Jews in Sicily. I. 383–1300. Leiden 1997. A. Scandaliato, Judaica minora sicula, Bologna 2007.

20   H. Houben, Möglichkeiten und Grenzen religiöser Toleranz im normannisch-staufischen Königreich Sizilien. Deutsches Archiv für Erforschung des Mittelalters 50, 1994, 159–198. R. Bonfil, La cultura ebraica e Federico II. In: Federico II e le nuove culture, Spoleto 1995, 153–171. Ders., Cultura ebraica e cultura cristiana nell'Italia meridionale nell'epoca alto- medievale. In: Cosimo Damiano Fonseca (Hg.), L'Ebraismo dell'Italia Meridionale Peninsulare dalle origini al 1541. Galatina 1996, 115–160.

21   S.W. Baron, A Social and Religious History of the Jews, I–XVIII. New York 1952–1983 (Bd. III–XII). H. Beinart, Atlas of Medieval Jewish History. Jerusalem 1992. M. R. Cohen, Unter Kreuz und Halbmond. Die Juden im Mittelalter. München 2005.

22   M.R. Cohen, Jewish Self Government in Medieval Egypt. The Origins of the Office of the Head of the Jews, ca 1065–1126. Princeton 1980.

23   M. Rustow, Heresy and the politics of community. The Jews of the Fatimid caliphate. Ithaca 2008.

den (1171–1250) waren die Verhältnisse zwar stabiler, aber mit den Kreuzzügen begann für die Judengemeinden im „Heiligen Land" eine recht schwierige Periode, weshalb man auch den Erfolg Saladins (1175–1193) so lebhaft begrüßte, zumal es nun wieder möglich war, in Jerusalem eine jüdische Gemeinde zu etablieren. Der neue Schwerpunkt gewann in seiner geographisch nach allen Richtungen vermittelnden Position große Bedeutung innerhalb der Gesamtdiaspora, wie es die zahlreichen Dokumente aus der „Kairoer Genizah" illustrieren. Dieses zufällig im zugemauerten Dachboden einer Synagoge in Alt-Kairo erhalten gebliebene und am Ende des 19. Jh. wiederentdeckte Archiv enthält auch zahlreiche Zeugnisse über das Leben innerhalb der ägyptischen Gemeinden, und zwar in einzigartiger Fülle und bis in Details.[24] Über Generationen stand die ägyptische Judenheit unter der Führung einer Familie, beginnend mit Mose ben Maimon aus Cordoba (gest. 1204), und weiter unter seinen Nachkommen Abraham ben Mose (1205–1237) und David ben Abraham (1238–1300).

Im westlichen Nordafrika[25] und auf der iberischen Halbinsel bildete sich unter den Mauren eine islamische und jüdische Kultur besonderen Charakters aus.[26] Im Westgotenreich waren den jüdischen Gemeinden unter den arianischen Herrschern noch ihre alten Rechte erhalten geblieben. Aber mit dem Übertritt des Herrscherhauses zur römisch-katholischen Konfession verschlechterten sich Rechtsstatus und Lebensumstände derart, dass die Juden die arabischen Eroberer erleichtert empfingen und sogar aktiv unterstützten, was das „Goldene Zeitalter" der iberischen Judenheit einleitete, die durch Zuwanderung aus dem Orient so verstärkt wurde, dass man sich hier nach den babylonischen Traditionen richtete. Aber über die Pflege der Tradition hinaus kam es hier zu einer erstaunlichen Horizonterweiterung, die einer Sonderentwicklung in der islamischen Umwelt zu verdanken war. Der Omajadenhof zu Cordoba legte Wert auf internationale Beziehungen und auf die Förderung von Wissenschaften und Kunst, speziell Literatur. Die Mächtigen des Reiches und die Herrscher der späteren maurischen Einzelstaaten folgten diesem Beispiel.[27] Juden, die im Dienst der maurischen Herrscher zu Ehren und zu Reichtum gekommen waren, wirkten im selben Sinne. So vor allem der Arzt Chasdaj ibn Schaprut (ca. 915–970), der eine weitreichende Korrespondenz führte und unter dessen Schirmherrschaft eine hebräische Sprachwissenschaft aufkam.[28] Oder etwas später der Politiker, talmudische Experte und Dichter Samuel ben Josef Ibn Naghrila ha-Nagid (gest. 1055/56), der im Dienst des Ziriden-Herrschers von Granada sogar als Feldherr zu

---

24 J. Mann, The Jews in Egypt and in Palestine under the Fatimid Caliphs, I–II Oxford 1920–22. Nachdruck London 1970. M. Cohen, Poverty and Charity in the Jewish Community of Medieval Egypt, Princeton 2003.

25 H.Z. (J. W.) Hirschberg, A History of the Jews in North Africa, I. From Antiquity to the Sixteenth Century. Leiden 1974². C. Iancu/J.-M. Lassere (Hg.), Juifs et Judaïsme en Afrique du Nord dans l'antiquité et le Haut Moyen-Age. Montpellier 1985.

26 E. Ashtor, The Jews of Muslim Spain, I–II (III) Philadelphia-Jerusalem 1992/1993.

27 G. D. Anderson/M. Rosser-Owen (Hg.), Revisiting al-Andalus. Leiden (The Medieval and Early Modern Iberian World 34) 2007.

28 C. del Valle Rodriguez, Historia de la gramática hebrea en España. I: Los Orígenes. Madrid 2002.

Ruhm gelangte und die Interessen der Judenheit vertrat.[29] Sein Sohn Jehosef folgte ihm im Amt, aber der erlitt das Schicksal, das so manchen politisch exponierten Vertreter von Minderheiten traf, wenn die Machtverhältnisse und Interessen wechselten, er wurde (1066) ermordet und die Juden Granadas sahen sich einer kurzen Verfolgung ausgesetzt.

Der Status der Juden war offensichtlich günstiger als jener der christlichen Minderheit und kulturell waren sie in der sich sehr rasch und verblüffend frei entfaltenden maurischen Kultur voll integriert. Die Ablehnung des islamischen Anspruchs auf die Überlegenheit der Prophetie des Muhammad bzw. des Koran blieb gleichwohl ungebrochen und wurde von islamischen Intellektuellen auch wahrgenommen und kritisiert.[30] Das Christentum erschien infolge der judenfeindlichen westgotischen Politik in einem weit negativeren Licht, was in den zahlreichen apologetischen und polemischen Schriften der folgenden Jahrhunderte unverblümten Ausdruck fand. Und das, obwohl sich im christlichen Spanien (Kastilien und Aragon) während der Reconquista bis ins späte 14. Jh. nicht viel änderte.[31] Die christlichen Herrscher waren nämlich bemüht, die Juden durch großzügige Privilegierungen für sich zu gewinnen, da sie den Sachverstand dieser Minderheit für die Organisation ihres Staatswesens und für ihre Wirtschaft sehr wohl zu schätzen wussten.[32]

Die maurisch-jüdische Kultur und Zivilisation wirkte sich bis in den Orient aus. Sie lebte während und nach der Reconquista in den jüdischen Gemeinden der christlichen Gebiete weiter und prägte über Südfrankreich und Italien und darüber hinaus das jüdische Geistesleben.[33]

Israel und die Weltvölker

Keine andere ethno-religiöse Gemeinschaft des Mittelalters verfügte über ein vergleichbares, derart weit gespanntes Netzwerk internationaler Beziehungen und über einen entsprechenden Informationsstand. Trotz der Zerstreuung der Judenheit und der Vielfalt der kulturellen Umgebungen blieb das Judentum daher auch in seinen religiösen Grundlagen in einem erstaunlichen Maß konstant.[34] Und das, obschon es keine zentralen Instanzen mehr gab und obwohl sich anfangs regional erhebliche Unterschiede ausgebildet hatten. Die unvermeidlichen Akkulturations- und Assimilationsprozesse verliefen natürlich in ständiger Spannung zu einer Grundforderung der jüdischen Tradition, nicht so zu sein wie die anderen Völker und sich abgesondert

---

29   A. Sáenz-Badillos, Shemuel ha-Naguid, un poète juif dans la vie politique musulmane au XIe siècle. In: R. Barkai (Hg.), Chrétiens, musulmans et juifs sans l'Espagne médiévale. Paris 1994, 135–180.

30   C. Adang, Islam frente a Judaísmo. La polémica de Ibn Hazm de Córdoba. Madrid 1994.

31   C. Carrete Parrondo/G. A. Meyuhas (Hg.), Creencias y culturas: Cristianos, judíos y musulmanes en la España medieval. Salamanca 1998.

32   Y. Baer, A History of the Jews in Christian Spain. I–II Philadelphia-Jerusalem 1992.

33   I. Bango, Remembering Sepharad. Jewish Culture in Medieval Spain. Washington 2004. R. Brann/ A. Sutcliffe (Hg.), Renewing the Past. Reconfiguring Jewish Culture. From al-Andalus to the Haskalah. Philadelphia 2003.

34   J. Maier, Geschichte der jüdischen Religion. Freiburg 1992[2].

zu halten. Diese Selbsterhaltung gewährleistete die örtliche Gemeinde, die sich als „heilige Gemeinde" und Repräsentation Israels verstand, und in denen vornehme Familien das Sagen hatten, die mit ihrem ökonomischen Potential die Existenz der Gemeinde gewährleisteten und für die Entrichtung der Abgaben an die fremde Obrigkeit sorgten, zugleich aber auch die Kontinuität der Bildungstradition wahrten. In den als autonome Kolonien organisierten Gemeinden, die das Recht hatten, die inneren Angelegenheiten nach den eigenen Gesetzen und Traditionen regeln zu dürfen, war der Einzelne sozial fest eingebunden.[35] Man lebte ja auch eng beieinander, in möglichst abgesonderten Vierteln, um die rituellen Reinheitsvorschriften einhalten zu können. Und alle drei monotheistischen Religionen legten Wert auf eine sichtbare Unterscheidung zwischen eigenen Mitgliedern und Fremdgläubigen, und daher ist es verboten, sich – außer in Notfällen – wie Nichtjuden zu kleiden oder ihre Sitten nachzuahmen.

Die Gefahr, dass Einzelne in einem Konfliktfall in eine andere Gemeinde auswichen, war zwar gegeben, doch die meisten Gemeinden hatten eine überschaubare Zahl von Mitgliedern und die Kontakte waren in der Regel so eng, dass sich jemand einer Verurteilung nicht so leicht entziehen konnte. Einen Ausweg bot die Konversion zur Umweltreligion, und dieser Versuchung erlagen auch manchmal Personen, die aus beruflichen Gründen enge Kontakte mit der Außenwelt pflegen mussten. Und diese Apostaten nahmen auch Vorteile wahr, die ihnen von der Mehrheitsreligion geboten wurden. Konversionen waren jedoch eine heikle Angelegenheit, denn alle drei monotheistischen Religionen bedrohten Apostasie mit der Todesstrafe, nur der Übertritt zum Islam wurde im jüdischem Recht milder beurteilt, weil er nicht als Abfall zu einem Götzendienst galt. Prinzipiell und auch erbrechtlich bleibt nach jüdischem Recht ein Apostat jedoch Mitglied des Erwählungskollektivs, nämlich als ein „Sünder Israels".[36] Konvertierte ein Christ zum Judentum, was durchaus auch vorkam, weil das Judentum (wie auch der Islam) als eine vernünftigere und tolerantere Religion wahrgenommen wurde, musste er daher in ein islamisches Land fliehen.[37] Missioniert wurde eigentlich nicht, doch bei nichtjüdischem Gesinde kam es im Lauf der Zeit zu Konversionen, die mehr oder weniger unbemerkt blieben; und das

35 L. Finkelstein, Jewish Self Government in the Middle Ages. New York 1964². Reprint Westport 1982. A. Grossman/J. Kaplan (Hg.), Qᵉhal Jiśraᵉ´el, II. Jᵉmê ha-bênajîm wᵉ-ha-ᶜet ha-ḥᵃdašah. Jerusalem 2004.

36 H.G. von Mutius, Das Apostatenproblem im Lichte jüdischer Rechtsgutachten aus Deutschland, Frankreich und Italien vom Ende des 10. bis zum Ende des 11. Jahrhunderts. In: Vorträge zur Justizforschung Band 2, Frankfurt a. M. (Rechtsprechung. Veröffentlichungen des Max Planck-Instituts für Europäische Rechtsgeschichte Frankfurt am Main 7) 1993, 1–24. J. Maier, Apostaten im Sefer Chasidim, in: Festschrift für Kurt Rudolph zum 65. Geburtstag. Hg. von H. Preißler/ H. Seiwert, Marburg 1994, 459–470. A. Haverkamp Baptised Jews in German Lands during the Twelfth Century. In: M. Signer/J. van Engen (Hg.), Jews and Christians in Twelfth–Century Europe. Notre Dame 2001, 255–310. D.J. Malkiel, Jews and Apostates in Medieval Europe: boundaries real and imagined. In: Past & Present 194, 2007, 3–34.

37 J.R. Rosenbloom, Conversion. From the Biblical period to the Present. Cincinnati 1978. W. Giese, in Judaismum lapsus est. Jüdische Proselytenmacherei im frühen und hohen Mittelalter (600–1300). Historisches Jahrbuch 88, 1981, 407–418.

gilt auch für manche Sklaven, die im Zug des Fernhandels von Osteuropa bis nach Nordafrika transportiert worden sind.

Eine besonders zweischneidige Aufgabe fiel den Minderheiten in der Finanzwirtschaft zu. Alle drei monotheistischen Religionen verbieten es, von Mitgliedern der eigenen Religion Zinsen auf Darlehen zu verlangen.[38] So waren es im islamischen Bereich Christen und Juden, im christlichen Bereich eben nur Juden, denen das Kreditwesen als Monopol zufiel; ein für die Obrigkeit in fiskalischer Hinsicht recht ertragreicher Umstand, aber bei den Schuldnern erregte das sehr leicht Ressentiments gegen die fremd- bzw. ungläubigen Gläubiger. In der christlichen Umwelt galten darum in erster Linie Juden als „Wucherer", denn andere Minoritäten gab es da ja nicht.[39]

Diese wirtschaftlich elitäre Funktion und die dadurch bedingte Rolle im jeweiligen Gastland schrumpfte aber gegen Ende der Periode in ihrer Bedeutung auch innerjüdisch, je größer die Gemeinden infolge des ansteigenden Bevölkerungszuwachses und der damit verbundenen wirtschaftlichen und sozialen Probleme wurden.

Ein weiterer Faktor verursachte eine sozial-ökonomisch einseitige Entwicklung. Das rabbinische Bildungsideal verlangt vom jüdischen Mann, dass er sich so viel als möglich dem Studium der Torah widmet. Berufe mit hohem Zeitaufwand, kamen daher nur im Notfall in Frage, und in der Regel bevorzugte man Tätigkeiten, die auch von der Ehefrau erledigt werden konnten, was im Handel leichter zu bewerkstelligen war. Im Mittelmeerraum entsprach die ökonomisch-soziale Struktur meist der Umwelt. In den kleinen, städtisch eingebundenen Handelskolonien aber kam es zu einseitigen Entwicklungen, die in der Folgezeit durch anwachsende nichtjüdische Konkurrenz am Ort, durch kirchlich geforderte Berufsbeschränkungen und auch durch den eigenen natürlichen Bevölkerungszuwachs verschärft zutage traten.

Die Grundlage der jüdischen Religion des Mittelalters bildete die rabbinische Tradition in Talmud und Midrasch, die zwischen der Zerstörung des Zweiten Tempels im Jahr 70 n.Chr. und den arabischen Eroberungswellen ab 628 n.Chr. schließlich auch literarisch Form und Gestalt gewonnen hatte.[40]

Schon in der rabbinischen Periode der Spätantike wurde auch im Mittelalter das Verhältnis zur Umwelt auf eine sehr strikte Weise definiert. Die Menschheit wird zweigeteilt: „Israel" steht als erwähltes Volk für sich allein, ist allein und exklusiv auf

---

38   E. Klingenberg, Das israelitische Zinsverbot in Torah, Mišnah und Talmud. Wiesbaden 1977. S. D. Goitein, A Mediterranean Society I. Berkeley 1967, 229ff. J. Shatzmiller, Shylock Reconsidered. Jews, Moneylending and the Medieval Society. Berkeley 1990. H. Soloveitchik, Pawnbroking. A study in ribbit and of the halakhah in exile, PAAJR 38–39, 1970/71 (1972), 203–268. J. E. Heil/ B. Wacker (Hg.), Shylock? Zinsverbot und Geldverleih in jüdischer und christlicher Tradition. München 1997. H.G. von Mutius, Taking Interest from Non-Jews. Main Problems in Traditional Jewish Law. In: M. Toch (Hg.), Wirtschaftsgeschichte der mittelalterlichen Juden. München 2008, 17–23.

39   M. Toch, Geldleiher und sonst nichts? Zur wirtschaftlichen Tätigkeit der Juden im deutschen Sprachraum des Spätmittelalters. In: Tel Aviver Jahrbuch für deutsche Geschichte 22, 1993, 117–126.

40   J. Maier, Die jüdische Kultur der ersten christlichen Jahrhunderte. In: A. Grabner-Haider/J. Maier, Kulturgeschichte des frühen Christentums. Von 100 bis 500 n.Chr., Göttingen 2008, 181–201.

die Torah verpflichtet, auf die absolut verbindliche Offenbarung an Mose am Sinai, die den Willen Gottes schlechthin repräsentiert und sogar die Schöpfungsordnung darstellt. Diesem „Israel" stehen die „Weltvölker" bzw. die Nichtjuden (gôjîm) gegenüber. Diese nichtjüdische Welt erscheint seit dem frühen 7. Jh. bis auf Randregionen ebenfalls zweigeteilt, in einen christlich und einen islamisch beherrschten Bereich. Nicht die Religion wurde dabei als entscheidendes Kriterium vorrangig wahrgenommen, sondern die politische Herrschaft, die man unabhängig von der praktizierten Religion der fremden Oberherrschaft heilsgeschichtlich interpretierte. Die christliche Welt wurde nämlich nach wie vor so wie einst das pagane Imperium Romanum als „Edom" eingestuft, dessen Ahnherr Esau als älterer Zwillingsbruder mit dem jüngeren Jakob/Israel konkurriert, das den Verkauf des Erstgeburtsrechts und damit den Anspruch auf die Vorherrschaft nicht anerkennen will. Rom/„Edom" usurpiert demgemäß eine Position, die eigentlich Israel zusteht. Rom hat im Jahre 70 n.Chr. den Zweiten Tempel zerstört, so wie Babylon 587/6 v.Chr. den ersten Tempel zerstört hatte, es wurde daher als ein zweites Babylon angesehen und man sprach auch von einem „dritten Exil" nach dem Aufenthalt in Ägypten und der babylonischen Gefangenschaft. Vor allem galt Rom /„Edom" aber als das letzte von den vier letzten Weltreichen der Weltgeschichte in Dan 2 und 7, als letzte Macht im Lauf der Heilsgeschichte, die fallen muss, bevor die Herrschaft Gottes bzw. Israels anbrechen kann.[41] Die christliche Deutung bezog dies auf das antike pagane Rom, für die jüdische Seite blieb Rom „Edom"; der Religionswechsel hatte nichts zu besagen. Das geschichtstheologische Interesse gilt folglich vor allem diesem „Edom", der christlichen Weltmacht.

Daneben hat sich unter der Herrschaft der Araber eine zweite Weltmacht etabliert. Genealogisch wurden die Araber und mit ihnen die Muslime durch Ismael repräsentiert, den Abraham mit Hagar, der ägyptischen Sklavin der Sarah, gezeugt hatte (Gen 16). Manchmal bezeichnete man auch die islamische Weltmacht als viertes Weltreich, aber meistens wurden Aufstieg und Wirken „Ismaels" als Anzeichen für den kommenden Untergang „Edoms" verstanden.[42]

Israel lebt auch dieser heilsgeschichtlichen Sicht nach entgegen seiner eigentlichen Bestimmung unter Fremdherrschaft, und dazu auch noch überwiegend in der Zerstreuung außerhalb des „Landes Israel", das sich in der Hand Ismaels, des „Sohnes der ägyptischen Sklavin" Hagar befindet, über das „Edom" ebenfalls herrschen möchte und in der Kreuzzugszeit dies auch tat. Man wusste sich trotz der vergleichsweise günstigen Bedingungen in der galût (Deportation, Exil), in der Fremde, fühlte sich fremd und brachte dies in der Literatur auch zum Ausdruck.

Status und Geschick der jüdischen Gemeinden waren in dieser weit gespannten Diaspora natürlich sehr unterschiedlich, im Großen und Ganzen waren die Ver-

---

41 G. Langer, Esau – Bruder und Feind. Göttingen 2009.

42 J. Maier, Die Vorstellung von den Weltreichen in der frühen hebräischen Dichtung des Mittelalters. In: Zeitschrift des Aachener Geschichtsvereins 84–85, 1977/8, 181–200. Ders., Zwischen den Mächten. Gottesherrschaft und Weltpolitik in der Gedankenwelt des mittelalterlichen Judentums. In: J.T. Marcus (Hg.), Surviving the Twentieth century. Social Philosophy from the Frankfurt School to the Columbia Faculty Seminars. New Brunswick/London 1999, 397–412.

hältnisse in den hier behandelten Jahrhunderten jedoch gut und es handelt sich um Glanzperioden der jüdischen Kulturgeschichte. Dennoch blieb das Gefühl vorherrschend, in der „Fremde" zu leben, in der *galût* bzw. im Exil, als *gôlah*, als deportiertes Kollektiv, unter der Herrschaft Fremder. Und soweit die Fremden noch dazu als Götzendiener galten, musste man sich von ihnen selbst und von allem, was zu ihnen gehörte, auch deutlich abgrenzen.[43] Wie auch in der Umwelt, herrschte auch unter Juden die Überzeugung, dass die Weltgeschichte ihrem Ende nahe ist und daher sah man in allen auffälligen Ereignissen Vor- und Anzeichen des Endes.[44] Daher blieb auch die Hoffnung auf einen endgültigen Machtwechsel zugunsten Israels stets akut.[45] Die lange Dauer des letzten „Exils" wurde freilich mit der Zeit zu einer schweren Belastung und drohte Zweifel an dem verheißenen Lauf der Heilsgeschichte zu wecken.

Ungeachtet der Zweiteilung der nichtjüdischen Welt in einen christlichen und einen islamischen Bereich verband die beiden das gemeinsame Erbe der vorchristlichen antiken Kultur. Während aber im christlichen Bereich die Bildung vor allem im kirchlich-monastischen Rahmen gepflegt wurde, entstanden im Orient großstädtische Kulturzentren, in denen über die höfische Sphäre in den Residenzen der Herrscher hinaus auch eine bürgerliche Bildungsschicht aktiv werden konnte. Die Ausstrahlung dieser Zentren war im ganzen Mittelmeerraum wirksam, denn trotz der christlich-islamischen Konfrontationen bildete dieser immer noch eine Einheit mit intensiven Beziehungen.[46] Und den Juden, auf beiden Seiten vertreten und speziell im internationalen Handel dank der guten Kontakte zwischen den Gemeinden der Diaspora tätig, kam dabei automatisch eine kulturvermittelnde Funktion zu.[47]

Unter der Herrschaft Ismaels

In Palästina und insbesondere in Babylonien setzte nach der arabischen Eroberung in den Dreißigerjahren des 7. Jh. eine lang andauernde Konsolidierung des politischen Status und der wirtschaftlichen Verhältnisse ein. Binnen weniger Jahrzehnte bekehrte sich die christliche Bevölkerung der eroberten Gebiete zum Islam und die

---

43 J. Maier, Fremdes und Fremde in der jüdischen Tradition und im *Sefär Chasidim*. Trier (Kleine Schriften des Arye-Maimon-Instituts Heft 3) 2002.

44 A.H. Silver, A History of Messianic Speculation in Israel from the First to the Seventeenth Centuries. Boston 1959[2]; L. J. Greenspoon/A. Simkins Ronald (Hg.), Millennialism from the Hebrew Bible to the Present. Creighton 2003.

45 J. Maier, Jüdische Apokalyptik im Mittelalter. In: W. Vögele/R.Schenk (Hg.), Apokalypse. Loccum (Loccumer Protokolle 31/99) 2000, 247–288.

46 C. Villain-Gandossi, La meditérranée aux XII–XVIe siècles. Relations maritimes, diplomatiques et commerciales. London 1983. A. Speer/L. Wegener (Hg.), Wissen über Grenzen. Arabisches Wissen und lateinisches Mittelalter. Berlin–New York (Miscellanea Mediaevalia 44) 2006.

47 J. Hamesse/M. Fattori (Hg.), Rencontre des cultures dans la philosophie médiévale. Traductions et traducteurs de l'antiquité tardive au XIVe siècle: Actes du Colloque international de Cassino 1989, Louvain-la-Neuve 1990. K. Bertau, Schrift, Macht, Heiligkeit in den Literaturen des jüdisch-christlich-muslimischen Mittelalters. Berlin 2005. S.J. Noakes/K.L. Reyerson/B. Weissberger (Hg.), Medieval Encounters. Jewish, Christian and Muslim Culture in Confluence and Dialogue. Leiden 2007.

neue Religion, im Vergleich zum Christentum unkompliziert und weniger dogmatisch fixiert, war in der Lage, die verschiedenen regionalen Kulturen zu adaptieren und dennoch vom Mittleren Orient bis zur iberischen Halbinsel einen kulturellen Großraum mit dem Arabischen als Umgangs- und Literatursprache zu schaffen.[48] Diese staunenswerte Leistung wurde durch eine Fülle von Impulsen begleitet, die sich aus der Wiederentdeckung der antiken Philosophie und Wissenschaft ergaben und eine kreative Epoche einleitete, die auch das christliche Europa nachhaltig geprägt hat. Diese offene Haltung gegenüber den vorhandenen Kulturen und den antiken Traditionen beruhte auf der positiven Wertung der sogenannten „Buchreligionen" (v. a. Judentun und Christentum), die der Islam als Vorstufen der mit Mohammed und dem Koran abgeschlossenen Offenbarung Gottes anerkannte, so dass die Bekenner einer Buchreligion (*ahl al-kitāb*) als Vertragsschützlinge (*dhimmi*) eine bedingte und begrenzte Duldung genossen, die im sogenannten Omar-Vertrag garantiert war.[49] Die Praxis schwankte allerdings je nach Raum und Zeit, aber diese verbindliche Grundlage verbürgte eine kontinuierliche Rechtssicherheit, die im christlichen Bereich so nicht gegeben war. Umgekehrt anerkannte das jüdische Recht die Muslime als Monotheisten, sie galten folglich als Befolger der sieben noachidischen Gebote, so dass die zahlreichen rituell bedingten Einschränkungen des Kontakts mit Götzendienst und Götzendienern ihnen gegenüber nicht zur Anwendung kamen und eine weitgehende Teilnahme an der Umweltkultur möglich war.

Dieser Umstand hat eine entscheidende Weichenstellung in der jüdischen und europäischen Kulturgeschichte vorgegeben: Die aufstrebenden Kulturzentren der islamisch beherrschten Gebiete haben auch in den christlich beherrschten Ländern ein Maß an Kreativität und Innovationen bewirkt, wie es erst wieder unter dem Humanismus und in der Renaissance und danach wieder durch die Aufklärung der Fall sein sollte.

Das jüdische Leben dieser Jahrhunderte kann dank eines glücklichen Umstands ungewöhnlich gut dokumentiert werden. Zum einen ist ein Reisebericht erhalten, den Benjamin von Tudela gegen Ende des 12. Jh. verfasst hat und die Gemeinden auf dem Weg bis in den Orient beschreibt.[50] Zum anderen sind es Dokumente, die gegen 1900 auf dem Dachboden einer Synagoge in Alt-Kairo und z. T. auch auf einem Friedhof gefunden wurden. Über 400.000 Schriftstücke aus dieser „Kairoer Genizah" illustrieren das kulturelle und wirtschaftliche Leben eines weiten Einzugsbereichs, da man auch durchgehende Post zu kopieren und zu archivieren pflegte. Auf diese Weise sind zahlreiche Werke, die man zum Teil bestenfalls von Zitaten und kurzen Hinweisen kannte, erhalten geblieben, dazu auch viele Dokumente, die das

---

48 Siehe im Beitrag von K. Prenner, 251–268.

49 Siehe im Beitrag von K. Prenner, 268–275. Ende. Weiteres bei: M. Bat Yeʾor, The Dhimmi. Jews and Christians under Islam. London-Toronto 1985². Y. Courbage/Ph. Fargues, Christians and Jews under Islam. London 1997.

50 R. Schmitz, Benjamin von Tudela: Buch der Reisen (Sefer ha-Massaʾot). Ins Deutsche übertragen, I. Text, Frankfurt a.M. (JuU 22) 1988; St. Schreiner, Benjamin von Tudela. Petachja von Regensburg. Jüdische Reisen im Mittelalter. Leipzig 1991.

Funktionieren der Gemeinden und den Alltag ihrer Mitglieder in einem sonst nicht möglichen Ausmaß rekonstruieren lassen.[51]

In der Judaistik spricht man von der „geonäischen Periode", weil die ge´ônîm, die Häupter der rabbinischen Schulen (ješîbôt) Palästinas und Babyloniens damals ein so hohes Ansehen genossen, dass sie in der gesamten Diaspora als maßgebliche Autoritäten anerkannt wurden.[52] Dabei dominierten die mesopotamischen Schulen dank ihrer großzügigen Ausstattung, und es waren daher auch ihre Traditionen, die im Zuge der islamischen Ausdehnung nach Westen bis nach Spanien gelangten, teilweise über Südfrankreich auch in nördlichere Gebiete gelangten, wo sie neben den palästinisch-byzantinischen Traditionen der dort bereits ansässigen Juden Fuß fassten. Es war folglich auch der babylonische Talmud, der in der gesamten Diaspora zum „Talmud" schlechthin wurde, während von Palästina aus andere Traditionsspar- ten ihre Verbreitung fanden, insbesondere Midraschim (v.a. zum Pentateuch) und synagogale Dichtungen.

Unter der Herrschaft Edoms

Das rabbinische Judentum hat sich im Übergang von der Spätantike zum Frühmit- telalter von Palästina und Mesopotamien aus in der ganzen westlichen Diaspora durchgesetzt. Das Erbe der griechischsprachigen hellenistisch-jüdischen Kultur ge- riet in Vergessenheit, soweit es nicht von Christen aufgegriffen und tradiert wurde. Das Griechische wurde jedoch nicht durch das Aramäische Palästinas oder Meso- potamiens ersetzt, sondern die Juden übernahmen die regionalen Volkssprachen, die seit den Völkerwanderungen in Gebrauch gekommen waren, und bedienten sich für ihre diasporaweite Kontaktpflege sowie für ihre religiösen Belange wie- der vorzugsweise des Hebräischen. Im byzantinischen Reich war die Kontinuität in jeder Hinsicht massiver, auch der Einfluss des palästinischen Judentums blieb hier stärker wirksam. Viel ist über diese Übergangsperiode nicht bekannt, selbst die Kontinuität der einzelnen Gemeinden ist auch nur spärlich dokumentiert,[53] erst mit dem 9./10. Jh., also aus der Zeit nach den arabischen Eroberungswellen, sind wieder mehr Nachrichten und Zeugnisse erhalten.[54] Das Lateinische ist zu einer spezifisch christlichen Bildungs- und Amtssprache geworden und diese sprachliche Hürde hat mit der Wertung des Christentums als götzendienstverdächtig die Juden in den christlichen Ländern im Unterschied zum Judentum im islamischen Bereich kulturell weitgehend isoliert. Demgemäß haben die Juden in christlichen Ländern sich kulturell an den Judengemeinden der islamischen Welt orientiert und erfüllten

---

51   S.D. Goitein, A Mediterranean Society, Berkeley, I. Economic Foundations, 1967. II. The Com- munity, 1971. III. The Family, 1978. IV. Daily Life, 1993, V. The Individual, 1988. VI. Cumulative Indices, 1993. Gil Moshe, Related worlds: Studies in Jewish and Arab Ancient and Early Medieval History. Aldershot (CS 790) 2004.

52   R. Brody, The Geonim of Babylonia and he Shaping of Medieval Jewish Culture. New Haven 1998.

53   M. Toch, „Dunkle Jahrhunderte". Gab es ein jüdisches Frühmittelalter? Trier (Kleine Schriften des Arye-Maimon-Instituts Heft 4) 2001.

54   C. Roth (Hg.),The Dark Ages. Jews in Christian Europe, 711–1096. Tel Aviv (WHJP II/2) 1966.

so eine kulturvermittelnde Funktion, begünstigt durch die regen Handelskontakte innerhalb der Gesamtdiaspora.

Die christliche Welt, in den jüdischen Augen einfach „Edom", stellte trotz des wieder gegründeten Römischen Reiches keine Einheit dar.[55] Dementsprechend war auch das Verhältnis zur Umwelt weder regional noch zeitlich einheitlich.[56] Die kirchlichen Instanzen neigten zu einer restriktiven Praxis der Tolerierung. Die Juden blieben als einzige Religionsgemeinschaft geduldet, grundsätzlich aus Ehrfurcht vor ihrer Tradition der biblischen Schriften, aber de facto mehr zum Zweck der augenfälligen Demonstration ihrer Verwerfung infolge der Ablehnung Jesu Christi, in ihrer Funktion als „negative Zeugen der Wahrheit". Die christliche Theologie sah sich durch den „Unglauben" der Juden, denen die Botschaft des Evangeliums zu allererst gelten sollte, provoziert und reagierten sehr empfindlich. Sie waren gewohnt, im Alten Testament durch allegorische Interpretation möglichst alles auf Jesus Christus zu beziehen, was aus dem Wortlaut des Bibeltextes selbst nicht nachzuweisen war. Die jüdische Seite verwies auf den Wortlaut und hatte damit den Vorteil, vernünftig und nachvollziehbar zu argumentieren. Für die Juden war diese keine bloß theoretische Herausforderung, es ging um ihre Existenzberechtigung als Juden überhaupt, und daher nahm diese Thematik einen vergleichsweise großen Raum ein.[57] Sowohl auf christlicher wie auf jüdischer Seite wurden daher zahlreiche und darunter auch recht umfangreiche apologetische und polemische Schriften verfasst, wobei nicht selten Konvertiten die maßgeblichen Kenntnisse der gegnerischen Religion vermittelten.

Die Herrscher sahen in jüdischen Handelsniederlassungen ein willkommenes Instrument zur Urbanisierung und wirtschaftlichen Entwicklung ihrer Länder und eine ergiebige fiskalische Einkunftsquelle. Daher privilegierten sie diese Kolonien jeweils neu – auch in zum Teil offenem Widerspruch zu kirchlichen Forderungen. Der Status der Gemeinden innerhalb der christlichen Umgebung war also im Unterschied zur Lage unter dem Islam mit dem Omar-Vertrag ohne feste Basis; doch bildete sich im Lauf dieser Jahrhunderte das Prinzip heraus, dass die Juden infolge des verlorenen Krieges von 66–70 n. Chr. gewissermaßen Kriegsbeute des römischen Kaisers geworden seien; und dazu kam die christliche Behauptung der geistigen Versklavung auf Grund der abgelehnten Erlösung durch Jesus Christus. Das erste Argument gewann die Oberhand und so galten die Juden schließlich als „Kammerknechte", d. h. als direkte Untertanen der camera (Finanzverwaltung) des Herrschers.[58] Prinzipiell

55 S. Eidelberg, Medieval Ashkenazic History. Studies on German Jewry in the Middle Ages. Brooklyn 1999. M. Toch, Die Juden im mittelalterlichen Reich. München 2003². K. R. Stow, Alienated Minority. The Jews of Medieval Latin Europa. Cambridge/Mass. 1992. M. Herzog u. a. (Hg.), Language and Culture Atlas of Ashkenazic Jewry. Tübingen, I–II 1995. Th. L. (Theodore Louis) Steinberg, Jews and Judaism in the Middle Ages. Westport, Conn. (Praeger series on the Middle Ages) 2008.

56 M. A. Signer/J. van Engen (Hg.), Jews and Christians in Twelfth-Century Europe. Notre Dame 2001. M. Frassetto (Hg.), Christian attitudes toward the Jews in the Middle Ages. A casebook. New York (Routledge medieval casebooks 37) 2007.

57 R. Chazan, Fashioning Jewish Identity in Medieval Western Christendom. Cambridge 2004.

58 F. Battenberg, Das europäische Zeitalter der Juden. Zur Entwicklung einer Minderheitengruppe in der nichtjüdischen Umwelt Europas. I. Von den Anfängen bis 1656. Darmstadt 1990.

war dies recht günstig, aber die Sicherheit der Gemeinden hing davon ab, wie rasch und kräftig die Zentralgewalt durch ihre örtlichen und regionalen Vertreter einzugreifen imstande war, wenn jüdische Gemeinden in Bedrängnis gerieten. Dies war umständebedingt nur selten der Fall, denn die zur Verfügung stehenden Kräfte waren in der Regel begrenzt.[59]

Nachdem die christliche Religion in der Regel als götzendienstverdächtig eingeschätzt und sehr schroff beurteilt wurde, waren die Kontaktmöglichkeiten im Vergleich zu den Gemeinden in islamischen Ländern begrenzt. Man fühlte sich dementsprechend fremd und wurde auch als fremd empfunden. Die realen Verhältnisse haben allerdings Kompromisse erzwungen, denn die jüdischen Händler waren ja auf Geschäftsbeziehungen angewiesen. So ergaben sich rege Auseinandersetzungen über eine schon lang zuvor umstrittene rabbinische Bestimmung (mAZ I,13), die den Handel im Zusammenhang mit nichtjüdischen Festen begrenzte, um eine Teilnahme am Götzendienst auszuschließen. Weil dabei auch vom Tag ´(alef = 1) des Festes die Rede war, an dem das in jedem Fall verboten sei, diese Bezeichnung aber auch für den Tag 1 der Woche = Sonntag verwendet wurde, ergaben sich später Interpretationsprobleme, denn ein wöchentlicher Festtag mit Handelssperre an den Tagen zuvor und danach wäre wirtschaftlich untragbar gewesen. Einzelne Autoritäten lösten das Problem, indem sie die Christen ausdrücklich von den antiken Heiden abgrenzten. Allgemeingültig wurde dergleichen aber erst im 16. Jh. Ein weiterer, sehr viel diskutierter Problemfall war Wein aus Produktion oder Besitz von Nichtjuden, denn in der paganen Antike wurde Wein für Gussopfer verwendet und in der christlichen Welt musste man damit rechnen, dass es sich um Messwein handelt.

Das Umweltverhältnis wurde durch Gewalttaten während der Kreuzzüge erheblich verschärft. Die hebräischen Berichte und Dichtungen zu solchen Vorkommnissen enthalten heftige Ausbrüche gegen die christliche Seite; und obschon nur eine begrenzte Zahl von Gemeinden schwer betroffen waren, setzte sich rückblickend eine martyrologische Verallgemeinerung durch, als wäre das damalige Judentum weithin in Mitleidenschaft geraten.[60] Der tatsächliche Niedergang bei gleichzeitigem Bevölkerungszuwachs setzte jedoch erst mit der europaweiten Katastrophe der Pestwellen von 1348 und danach ein.[61]

---

59 F. Lotter, The Scope and Effectiveness of Imperial Jewry Law in the High Middle Ages. Jewish History 4,1, 1989, 31–58.
60 S. Eidelberg, The Jews and the Crusades. The Hebrew Chronicles of the First and Second Crusades. Madison/London 1977. R. Chazan, European Jewry and the First Crusade. Berkeley 1996. A. Haverkamp (Hg.), Juden und Christen zur Zeit der Kreuzzüge. Sigmaringen 1999. J. Cohen, Sanctifying the Name of God. Philadelphia 2004. E. Haverkamp, Hebräische Berichte über die Judenverfolgungen während des ersten Kreuzzuges. Stuttgart 2005.
61 F. Graus, Pest – Geißler – Judenmorde. Das 14. Jahrhundert als Krisenzeit. Göttingen (Veröffentlichungen des MPI für Geschichte 86) 1994³. A. Haverkamp, Die Judenverfolgungen zur Zeit des Schwarzen Todes im Gesellschaftsgefüge deutscher Städte. In: Ders. (Hg.), Zur Geschichte der Juden im Deutschland des späten Mittelalters und der frühen Neuzeit. Stuttgart 1981, 27–93. J. Shatzmiller, Les Juifs en Provence pendant la peste noire. RÉ 133, 1974, 457–480.

Formierung der Traditionen und Riten

Die rabbinische Literatur war das Produkt langwieriger Traditions- und Redaktionsprozesse im Rahmen der Arbeit der großen Schulen Babyloniens und Palästinas. Solche Vorgänge zogen sich noch bis ins Hochmittelalter hinein hin, aber schon vor der arabischen Eroberung machte sich ein neuer Faktor bemerkbar, nämlich das Autorenbewusstsein. Zwar wurden auch in der rabbinischen Literatur Einzeltraditionen im Namen bestimmter Rabbinen zitiert, doch das setzte noch nicht den Begriff des geistigen Eigentums voraus. Es waren synagogale Dichter, die als erste ihre Schöpfungen mit ihren Namen signierten, und zwar in Form von Akrosticha. In der Folge wurde von den Ausläufern der Midraschliteratur abgesehen auf fast allen Gebieten – wie in der Umwelt – die Autorenliteratur die Regel. Auch die Themenbereiche weiteten sich aus, denn man wollte der reichen und vielfältigen arabischen Literatur nicht nachstehen und war bestrebt, auf allen Gebieten auch in hebräischer Sprache mindestens Vergleichbares zu schaffen.[62] Der Umfang und die Vielfalt der arabisch-jüdischen und der hebräischen Literatur dieser Zeit sind markante Merkmale einer neuen Epoche der jüdischen Kulturgeschichte in einem durch die wiederentdeckte Antike geprägten vorderorientalisch-europäischen, insbesondere mediterranen Kulturraum.[63] Selbstverständlich war unter diesen Voraussetzungen die literarische Produktion der Juden im islamischen Bereich reicher als in den christlichen Ländern, sofern man von Südfrankreich absieht, das stark von Spanien her bestimmt wurde.[64]

Jüdisches Recht

Das rabbinische Bildungsideal zielte darauf ab, möglichst alle mit dem Grundwissen der Tradition vertraut zu machen. Die ständig anwachsende Überlieferung erwies sich jedoch als Problem, zum einen wegen der unübersichtlichen Fülle, zum andern wegen der hohen Kosten von Handschriften. Das betraf nicht nur Lernen und Lehre, sondern auch die praktische Tätigkeit der Richter. In der Rechtspraxis ergab sich ein Bedürfnis nach sachlich geordneten und handlichen Sammlungen der verbindlichen Regelungen, der anzuwendenden „Halakah". Die Gelehrten zögerten, denn sie befürchteten, dass auf solche Weise vieles vereinfacht und vor allem in einer bestimmten Form festgeschrieben würde. Sie legten auch Wert auf die Zitierung unterschiedlicher Meinungen, nicht nur aus gelehrtem Interesse, sondern auch wegen der Möglichkeit von Alternativen für die Lösung aktueller Probleme. Die Notwendigkeit einer Vereinfachung für die Alltagspraxis war indes nicht zu umgehen. Die Frage war nur, wie man die aus Talmud und Midrasch exzerpierten verbindlichen Regelungen anordnete.[65]

62 R. Drory, Models and Contacts. Arabic Literature and its Impact on Medieval Jewish Culture. Leiden (Brill) 2000. Y. Elman/I. Gershoni, Transmitting Jewish Traditions: Orality, Textuality, and Cultural Diffusion. New Haven 2000.

63 I. Zinberg, A History of Jewish Literature, I–XII. Cleveland–Cincinnati–New York 1972–1978.

64 J. Maier, Jüdische Literatur des Mittelalters im islamischen Bereich. In: W. Heinrich (Hg.), Orientalisches Mittelalter. Wiesbaden (Neues Handbuch der Literaturwissenschaft 5) 1990, 524–545.

65 N.S. Hecht u. a. (Hg.), An Introduction to the History and Sources of Jewish Law. Oxford 1996. M. Elon, Jewish Law – History, Sources, Principles, I–IV. Jerusalem 1997³.

Es war naheliegend, den Lehr- und Lernstoff an biblischen Texten nach dem Vorbild der Midraschim anzuordnen. Die Bibel enthält jedoch nur den kleineren, den schriftlichen Teil der verbindlichen Torah-Vorschriften und das noch dazu in einer logisch nicht nachvollziehbaren Reihenfolge. Für das Rechtsleben musste man daher nach passenderen Ordnungskriterien suchen. Daher waren es auch nicht die Kommentare zum Pentateuch, die in Zukunft die Geschichte des jüdischen Rechts bestimmten, sondern speziellere Werke. Auch in der islamischen Rechtsgelehrsamkeit stellte sich ein entsprechendes Bedürfnis nach Sichtung und Organisation der Rechtstraditionen ein, und dabei erwies sich die wiederentdeckte antike Rhetorik als hilfreich, denn durch sie gelangte man zu logisch nachvollziehbaren Ordnungsprinzipien der rechtlichen Materialien und erlangte die Fähigkeit zum Aufbau von Rechtssystemen.[66] Das Material der Schriftlichen Torah (die 613 Gebotes im biblischen Pentateuch) und das viel umfangreichere der Mündlichen Torah (in der rabbinischen Literatur) wurde von nun an jedenfalls systematisiert, und die arabisch-jüdische Bezeichnung für dieses jüdische Recht war dieselbe wie für das islamische, nämlich *šarîa`*. Mit einem deutlichen Unterschied: auch die Mündliche Torah gilt als offenbartes Recht vom Sinai und nicht nur als autoritative Tradition.

Für die Praxis war es in jedem Fall günstiger, den Stoff nach Sachthemen gegliedert vor sich zu haben. Schon die Mischna wurde ja nach einer groben Sachordnung in sechs „Ordnungen" eingeteilt, und diese wieder in Traktate. Im Talmud wurde der Mischna-Stoff aber nicht nur mit Diskussionen angereichert, sondern auch mit einer Fülle nichtgesetzlicher Stoffe. Das Endprodukt war zu umfangreich und zu unübersichtlich, um für die normalen Bedürfnisse als praktikables Handbuch des jüdischen Rechts und Brauchtums dienen zu können. Da er aber dennoch die verbindliche Basis für alle weitere Diskussion und Entwicklung des lebendigen jüdischen Rechts (die Halachah) darstellte, aktualisierte man dieses riesige Werk von nun an teils in Form von laufenden Kommentaren und teils durch punktuelle Novellae (*Ḥiddûšîm*), Rechtsentscheidungen (*Pesaqîm*) und Responsen (*Še´elôt û-tešûbôt*) zu bestimmten Stellen bzw. zu aktuellen Fällen. Die Übersichtlichkeit und Handhabbarkeit wurde damit nicht verbessert. Daher blieb die Nachfrage nach thematisch gegliederten Handbüchern ständig aktuell. Sie entstanden, indem die Vorschriften (*Halakôt*) zu bestimmten Einzelthemen aus der Tradition exzerpiert und gebündelt dargelegt wurden, z. B. zum Eheschließungsrecht und Scheidungsrecht, zur Gebetsordnung (als *Hilkôt berakôt*), zu Speisevorschriften und dergleichen. Solche „*Hilkôt*...(zum Thema xy)" bildeten dann Bücher für sich, die wieder mit sachverwandten „*Hilkôt* ..." zusammengestellt werden konnten.

Eine Möglichkeit war, solch kleine Handbücher nach der Folge der Mischna- bzw. Talmudtraktate zusammenzustellen; die zweite, juristisch befriedigendere Methode bestand darin, nach inhaltlichen Gesichtspunkten zu gliedern, vom Allgemeinen zum Besonderen, und so letzten Endes einen systematisch aufgebauten Gesetzeskodex zu schaffen. Dies erforderte allerdings eine vollständige Erfassung des Stoffes

---

66 Vgl. Islamisches Recht – Scharia im Beitrag K. Prenners.

und eine entsprechende Methodenbeherrschung. Die perfekte Kodexform wurde aber nie erreicht.

Der bekannteste und halachisch maßgeblichste Talmudkommentar stammt von R(abbi) Schlomoh/Salomo ben Isaak (1040–1105) aus Troyes, (abgekürzt „Raschi"), zum Teil auch von seinen Schülern. Er fasste darin die italienisch-aschkenasische Tradition zusammen, daher diente diese Kommentierung als Grundlage für weitere Aktualisierungen und schließlich wurde der Raschikommentar mit dem Talmudtext zusammen gelernt und später auch gedruckt. Schüler Raschis haben im Lauf des 12./13.Jh. das Werk ihres Meisters durch Zusätze (*Tôsafôt*) ergänzend aktualisiert, sie heißen daher „Tosafisten". Viele *Tôsafôt* wurden auch in Talmudhandschriften und Talmuddrucken beigefügt.

Aus den praktischen Erfordernissen des Rechtsalltags ergab sich die Notwendigkeit, konkrete Probleme zu behandeln und nach Lösungen zu suchen, die der Tradition entsprachen und den Neuerungen dennoch Rechnung trugen. Solche Einzelfälle wurden festgehalten und gesammelt. Es handelt sich dabei um Novellae (*Ḥiddûšîm*), Rechtsentscheide bzw. Urteile (*Pesaqîm*), und um Responsen (*Še'elôt û-tešûbôt*, „Anfragen und Antworten"). In schwierigen Fällen wurden nämlich die großen Schulen oder bekannte Rechtsgelehrte und bekannte Einzelpersonen um Rechtsgutachten angefragt. Den Späteren dienten bei der Rechtsfindung vor allem Responsen als Präzedenzfälle. Sie enthalten viele Hinweise auf das Alltagsleben und dokumentieren die aktuellen Probleme ihrer Zeit.[67]

Große Bedeutung hatten auch *Taqqanôt* (Verordnungen), erlassen teils durch einzelne rabbinische Autoritäten, vor allem aber durch die Gemeindeleitungen und gelegentlich auch auf Grund von Vereinbarungen mehrerer Gemeinden auf regionaler Ebene.

Vier Kompendien des jüdischen Rechts haben eine derart große Bedeutung erlangt, dass gegen ihren Konsens keine Entscheidung möglich ist. Sie wurden daher im Lauf der Jahrhunderte aktualisierend kommentiert, oder es wurden anhand ihrer Inhalte neue Novellae (*Ḥiddûšîm*), Rechtsentscheide (*Pesaqîm*) und Rechtsgutachten (*Še'elôt û-tešûbôt*) geschaffen und zusammengestellt. In der Regel wurden allerdings nur jene Bereiche des jüdischen Rechts berücksichtigt, die unter den Exil-Umständen praktizierbar waren.

Das erste stammt von Isaak ben Jakob Alfasi (gest. 1103) in Nordafrika, die „Hilkôt ʾAlfas", ein einfaches Kompendium der Halachot im Sinne der talmudischen Textfol-

---

67 Zahlreiche illustrative Quellentexte zur Rechts-und Sozialgeschichte liegen in deutscher Übersetzung von Hans Georg von Mutius in der Reihe „Judentum und Umwelt" (P. Lang, Frankfurt) vor, Rechtsentscheide rheinischer Rabbinen vor dem ersten Kreuzzug, I–II 1984/86. Rechtsentscheide Raschis aus Troyes, I–II 1986/87. Rechtsentscheide jüdischer Gesetzeslehrer aus dem maurischen Cordoba, 1990. Rechtsentscheide Mordechai Kimchis aus Südfrankreich,1991. Rechtsentscheide Isaak Kimchis aus Südfrankreich, I–II 1992/93. Jüdische Urkundenformulare aus Marseille, 1994. Rechtsentscheide mittelalterlicher englischer Rabbinen, 1995. Jüdische Urkundenformulare aus Barcelona, 1996. Weitere Rechtsentscheide Abraham ben Davids von Posquières, I–II 2001/02. Rechtsentscheide von Moses Nachmanides aus Gerona, I–III 2002/04. Aufschlussreiche Einblicke in das Alltagsleben vermittelt auch B. Mattes, Jüdisches Alltagsleben in einer mittelalterlichen Stadt. Responsen des Rabbi Meir von Rothenburg, Berlin (StJ 24) 2003.

ge. Das Werk wurde 1509 in Konstantinopel erstmals gedruckt und seither wiederholt kommentiert. Viel bedeutender wurde das einzige Gesetzeswerk, das alle Bereiche des jüdischen Rechts umfasst, also auch die nicht aktuellen, wie die Bestimmungen für den Tempelkult, für einen jüdischen Staat und für die messianische Zeit. Mose ben Maimon (gest. 1204), der bekannte philosophisch-theologische Denker und Arzt, verfasste in der hebräischen Sprache der Mischna das vierzehn Bücher umfassende Werk *Mišneh Tôrah* (auch „*Jad ha-ḥazaqah* genannt), mit dem Anspruch einer abschließenden und vollständigen Darstellung des gesamten jüdischen Rechts.[68] Vorweg listete er die 613 (248) Gebote und (365) Verbote der schriftlichen Torah auf, die er schon in seinem arabischen „Buch der Gebote" (*Sefär ha-miṣwôt*) erläuternd dargelegt hatte. Außerdem schrieb er einen arabischen Mischnakommentar. Im ersten Buch des Kodex nahm er auch religiöse Grundüberzeugungen und ethische Regeln auf, was einer Dogmatisierung im Sinne rechtlicher Verbindlichkeit nahekam und daher auch Widerspruch provozierte. Auch die Art der Darstellung, nämlich ohne Angabe der talmudischen Quellen und abweichender Meinungen, stieß in Fachkreisen auf Bedenken. Beide „Mängel" wurden später in zahlreichen Werken und Kommentaren wettgemacht.

Da Maimonides in Ägypten schrieb, also die sefardische Tradition vertrat, musste das Werk für die aschkenasische Praxis adaptiert werden. Dies geschah durch Meir ha-Kohen aus Rothenburg Ende des 13. Jh. in den sogenannten *Hagahôt majmônijôt*.

Die beiden letzten Kompendien entstanden bereits jenseits der hier behandelten Periode. Jakob ben Ascher (gest. 1340), dessen Vater aus Deutschland nach Spanien gezogen war, verfasste in Toledo ein Kompendium, das die kleinen Halachot-Sammlungen in vier großen Teilen (*Ṭurîm*, Kolumnen) zusammenstellte, jedoch nur, soweit es praktizierbares Recht betraf. Durch dieses Werk wurden aschkenasische und sefardische Positionen aufeinander abgestimmt, und die Basis für das vierte große Kompendium gelegt, den *Šûlḥan ʿarûk* des Josef Karo (16. Jh.).

Brauch und Liturgie

Im Laufe der Jahrhunderte haben sich in den jüdischen Gemeinden örtliche und regionale Bräuche, Verfahrensweisen und Ordnungen ausgeprägt, die später zum Teil in besonderen *Minhag*-Büchern niedergeschrieben wurden. Entsprechend dem Selbstbewusstsein der autonomen Gemeinden wurde dem örtlichen oder regionalen *Minhag* ein hohes Maß an Verbindlichkeit zugemessen, er konnte selbst durch gültige Halakah nicht verdrängt werden. Rechts- und frömmigkeitsgeschichtlich gesehen führte dies zu einer ziemlich bunten Vielfalt. Zwei Hauptlinien begannen sich im Hochmittelalter abzuzeichnen, die im wesentlichen der Zweiteilung in islamische und christliche Länder entsprachen. Man spricht daher später von einem „sefardischen" Judentum in Spanien (*Sefarad*), mit babylonischen Traditionen, und

---

68 N. Rakover (Hg.), Maimonides as Codifier of Jewish Law, Jer. 1987. I. Twersky, Introduction to the Code of Maimonides Mishneh Torah. New Haven 1980.

von einem „aschkenasischen" Judentum in den Gemeinden Mittel- und Osteuropas ('Aškenaz), das hauptsächlich palästinisch-italienische Traditionen weiterentwickelte. Das byzantinische Herrschaftsgebiet bildete (als „Romania") liturgisch eine besondere, durch Kontinuität und enge Verbindungen mit Palästina gekennzeichnete Region. In den hier behandelten Jahrhunderten nahm jedoch das orientalische Judentum in Mesopotamien noch eine Vorrangstellung ein. Infolge der bis Spanien reichenden Westwanderung in der Blütezeit der Kalifenherrschaft kam es auch in Palästina und in Ägypten zur Etablierung von Gemeinden der „Babylonier", so dass hier zwei Riten konkurrierten.

Noch während des Übergangs von der Spätantike zum Mittelalter hatte es den Anschein, als würden die jüdischen Gemeinden der Diaspora auf Grund der örtlichen und regionalen Sonderentwicklungen mehr und mehr auseinander driften. Die Gebetstexte selbst und auch die Gebetspraxis variierten mehr und mehr, dazu kamen zusätzliche liturgische Bestandteile des Gottesdienstes, die völlig variabel waren, vor allem der Pijjut, die synagogale Dichtung. Die Unsicherheit auf diesem Gebiet führte zu einer Anfrage, die aus Nordafrika an die rabbinische Hochschule in Sura/Mesopotamien gerichtet wurde; und das dortige Schulhaupt, der „Gaon"Amram (gest. ca. 874/5), sandte ein umfangreiches Responsum zur Gebetsordnung für Wochentage und des Sabbat, das erste erhaltene jüdische Gebetbuch, aber ursprünglich ohne Gebetstexte. Erst der Gaon Saadja ben Josef von Baghdad (gest. 942) erstellte ein Gebetbuch mit Gebetstexten, und von da an setzte eine Standardisierung ein, deren Auswirkungen fast überall nachzuweisen sind. Es dauerte trotzdem noch einige Jahrhunderte, bis die Gebetsordnungen der regionalen Riten festgeschrieben waren, und dazu kam es erst, als die synagogale Dichtung ihre kreative Periode hinter sich hatte. Endgültig stabilisierte sich die Tradition der einzelnen Riten aber erst mit der Einführung des Buchdrucks.[69]

Für eine gottesdienstliche Veranstaltung ist die Anwesenheit eines *minjan*, einer Anzahl von mindestens zehn kultfähigen Israeliten im Alter von mehr als 13 Jahren (bar miṣwah) erforderlich. Ein *minjan* repräsentiert als kleinste Organisationseinheit Israel als Ganzes. Frauen gelten auf Grund der rituellen Reinheitsvorschriften als nicht kultfähig, sie sind jedoch, wie schon im Tempel räumlich abgesondert, anwesenheitsberechtigt.

Die synagogale Gottesdienstordnung für den Alltag und den Sabbat heißt *sedär* oder (meist) *siddûr*, „Ordnung". Die Gesamtheit der Ordnungen für die Feste und großen Anlässe im Jahreszyklus bildet den *maḥazôr* („Zyklus"). In beiden gibt es feste und nach Anlass variierende Bestandteile. Die festen Komponenten der Gottesdienstordnungen bestehen aus den Pflichtgebeten, die jeder Einzelne täglich zu rezitieren hat, das morgens und abends zu rezitierende *Šemaʿ Jiśraʾel* und das morgens, mittags und abends zu rezitierende *Šemôneh-ʿeśräh*, das Achtzehngebet (in Palästina eine Serie von 18 in Babylonien und zuletzt überall von 19 Benediktionen). Das *Šemaʿ Jiśraʾel* besteht im Kern aus den biblischen Passagen

---

69 L.A. Hofman, The Canonization of the Synagogue Service. Notre Dame 1979. St.C. Reif, Judaism and Hebrew Prayer. Cambridge 1993.

Dt 6,4–9, 11,13–21 und Num 15,37–41. Die erste mit Dt 6,4 am Beginn bildet das Grundbekenntnis des jüdischen Glaubens, die Zuordnung Israels an den einen und einzigen Gott und an die Torah als der kollektiven Erwählungsaufgabe Israels. Die beiden anderen betreffen Torah-Denkzeichen, *tefillîn* (Gebetsriemen) an linkem Arm und über der Stirn, und *mezûzôt* an den rechten Türpfosten. Diese Israel und die Torah betreffenden biblischen Passagen werden durch Benediktionen gerahmt, die Israel in Relation zu Schöpfung und Heilsgeschichte setzen. Im Achtzehngebet werden die mittleren 12 (13) Benediktionen an Sabbaten und Festen durch anlass-spezifische Benediktionen ersetzt. Die Themen dieser beiden Pflichtgebete stellen etwas wie ein Kompendium der jüdischen Glaubensüberzeugungen dar und ihre täglich mehrfache (private und gottesdienstlich-öffentliche) Rezitation sorgt dafür, dass sie stets bewusst bleiben.

Diesen beiden Hauptkomponenten wurden v. a. für das Morgengebet zahlreiche Stücke vor- und nachgeordnet, die zunächst nur für den Einzelnen bestimmt waren, aber schließlich in die Gebetsordnung einbezogen wurden. Auf das Achtzehngebet folgt im Morgengebet und im Mittags-bzw- Nachmittagsgebet (*minḥah*) der *taḥanûn* (Flehen), ursprünglich ein Ort für persönliche Gebetsanliegen.

Für die Liturgie der Sabbate und Festtage schuf man anlass-spezifische Zusätze und am Vormittag fügte man einen zusätzlichen Gottesdienst ein, einen *mûsaf* (Zusatz) – Gottesdienst, in Analogie zum Zusatz-Opfer am Tempel. Die für die Teilnehmer attraktivsten Bestandteile waren in dieser Zeit aber die anlass-spezifischen synagogalen Dichtungen, die, oft von den örtlichen Vorbetern selbst geschrieben, musikalisch vorgetragen und immer wieder durch neue Kreationen ersetzt wurden, bis im 13./14. Jh. die einzelnen Riten mehr oder weniger festgeschrieben waren.

Diese synagogalen Dichtungen wurden thematisch durch zwei Faktoren bestimmt, einerseits durch die Themen der beiden Pflichtgebete, und andrerseits durch die Inhalte der Schrift-Leseperikopen für den jeweiligen Sabbat bzw. für das jeweilige Fest. Diese inhaltliche Bindung und die musikalisch festen Konventionen ließen für die Gestaltung der Einzelstücke auch formal wenig Spielraum. Dabei dennoch im Einzelnen und in der Komposition größerer Einheiten zu den beiden Komplexen der Pflichtgebete sprachlich-stilistisch und eventuell auch inhaltlich etwas Neues und Attraktives zu schaffen, war eine schwierige Aufgabe. Zahlreiche Beispiele, die dank der Kairoer Geniza über den Bestand der einzelnen Riten hinaus erhalten geblieben sind, belegen aber, dass vom Orient bis Spanien und von Italien und Südfrankreich bis nach Aškenaz hinein eine erstaunlich hohe Zahl von Dichtern dieser Herausforderung gewachsen waren.[70] Diese synagogalen Dichtungen, *pijjûṭîm* genannt, sind abgesehen von ihrem jeweiligen literarisch-poetischen Wert ergiebige Quellen für die Geschichte der jüdischen Religion und speziell auch für das Bibelverständnis ihrer Zeit.[71]

Für die hier behandelte Periode sind zwei Lesezyklen aus „Torah" (Pentateuch) und „Propheten" (Josua bis 2. Könige und Jesaja bis Maleachi) nachzuweisen, die man

---

70 E. Fleischer, Šîrat ha-qôdäš ha-ᶜibrît bi-jmê ha-bênajîm. Jerusalem 1975.
71 J.J. Petuchowski, Theology and Poetry, Studies in Medieval Piyyut. London/New York 1978.

anhand der erhaltenen anlass-bezogenen liturgischen Dichtungen rekonstruieren kann. In Palästina/Ägypten war ein nicht einheitlicher, drei- bis dreieinhalbjähriger Lesezyklus in Gebrauch. Für die Fest- und Fasttage enthält schon die talmudische Literatur nähere Angaben (Megillah IV; Soferîm IXff.). In Babylonien und von da aus westwärts bis nach Spanien las man in einem Jahreszyklus, der bis heute befolgt wird.[72]

Bis weit ins Mittelalter hinein wurde zum hebräischen Text auch das Targum (die aramäische Bibel-Übersetzung) vorgetragen, wobei das babylonisch verwendete Targum Onkelos die palästinischen Targumim nach und nach verdrängte.

Erbauungsliteratur

Die homiletischen Bibelauslegungen gehören funktional bereits zu dem weiten Gebiet der *mûsar*-Literatur (*mûsar* Zucht, Ethik) bzw. Erbauungsliteratur.[73] Sie zielt darauf ab, möglichst breiten Schichten eine angemessene Motivation für die Praxis der Torah zu vermitteln, denn der Umfang der Vorschriften verleitete automatisch zu einer äußerlichen, gedankenlosen Praktizierung ohne rechte innere Einstellungen (*kawwanah*). Daher reicht die Bandbreite auch von schlichten Traktätchen bis zu popularisierten philosophisch-theologischen und kabbalistischen Vorstellungen. Das arabisch verfasste und in hebräischer Übersetzung alsbald und bis heute verbreitete „Buch der Herzenspflichten" des Bachja ben Josef ibn Paquda (11. Jh. in Spanien) bot zum Beispiel eine intellektuell durchaus anspruchsvolle Darstellung der jüdischen Theologie und Ethik, und zwar im Sinne einer neuplatonisch gefärbten Mystik, die im Islam als Sufismus großen Einfluss ausgeübt hat.[74] In seiner hebräischen Übersetzung wurde es eines der meist gelesenen Bücher.

Im Lauf der Jahrhunderte hat die Zahl erbaulicher Schriften stetig zugenommen und dabei spielte auch die Nachfrage nach Schriften eine Rolle, die speziell auf die Bedürfniss der Frauen abgestimmt waren. Sie unterlagen zwar nicht der Pflicht des Toralernens, doch für ihre Frömmigkeit sollte eine angemessene religiös-moralische Unterweisung sorgen. Diese konnte allerdings auch von den zahlreichen Männern beherzigt werden, die auf Grund ihrer sozialen Position nicht in der Lage waren, viel Zeit auf das Studium der Torah zu verwenden. Die Grenzen zwischen religiöser Erbauung und Unterhaltung waren dabei übrigens wie auch in der Umwelt fließend. Besonders beliebt war die bereits in der rabbinischen Literatur häufig anzutreffende Gattung des *ma'aseh*, einer Kurzerzählung mit Exempelfunktion, die oft mit Gestalten verbunden wurden, die man als Vorbilder wertete.[75] Solche *ma'aśijôt* dienten wie in der Umwelt auch in Predigten und in der Jurisprudenz zur Illustration von Sachverhalten, sie wurden gesammelt und auch

---

72 J. Maier, Schriftlesung in jüdischer Tradition. In: F. Agnar (Hg.), Streit am Tisch des Wortes? St. Ottilien 1997,505–559 (mit Perikopen-Tabelle).

73 J. Dan, Sifrût ha-mûsar wᵉ-ha-dᵉrûš. Jerusalem 1975.

74 D. Lobel, A Sufi-Jewish Dialogue. Philosophy and Mysticism in Bachya ibn Paquda's Duties of the Heart. Philadelphia 2007.

75 M. Gaster, The Exempla of the Rabbis. New York 1968².

in umfangreiche Sammlungen eingebaut, wie in den verschiedenen Versionen des *Sefär ḥasîdîm* („Buch Frommer"), das man dem Jehudah hä-Chasid zuzuschreiben pflegt. In derartigen *ma ʿaśijôt* findet man viele Hinweise auf Lebensumstände, Vorstellungen und Praktiken, die sonst kaum wo erwähnt werden.[76] Eine klare pädagogisch-paränetische Funktion hatte das literarische Testament, ein religiös-ethisches Vermächtnis, das ein Vater seinen Nachkommen hinterlässt. Inhaltlich decken sich solche Testamente weithin mit Moralspruchsammlungen, wo wieder die Grenze zur allgemeinen Spruchliteratur fließend war, zumal Sprüche (und Rätsel) wie in der Umwelt äußerst beliebt waren. Fest religiös verankert war hingegen die Bußliteratur, in der Elemente aus verschiedenen Gattungen dazu verwendet wurden, den Einzelnen zur Einsicht in seine Sündhaftigkeit und zur Rückkehr zu einer soliden Torahfrömmigkeit zu bewegen. In manchen Fällen kommen solche Schriften einem Beichtspiegel nahe.

Die Opposition der Karäer

Das rabbinische Regiment hatte sich in Mesopotamien so fest etabliert, dass der Eindruck entstand, man habe das Bewusstsein eingebüßt, im Exil zu leben. Und das nicht zuletzt, weil die Gemeinden in Mesopotamien sich wirtschaftlich sehr günstig entwickelt hatten und vor allem seit der arabischen Eroberung über eine so effektive autonome Verwaltung verfügten, dass die Fremdherrschaft als solche wenig fühlbar war. Es war das „Haupt des Exils" *(ro´š ha-gôlah)*, der Exilarch aus dem Haus Davids, der die weltliche Macht über die Juden im Kalifenreich ausübte, und unter seinem Schutz entfalteten die rabbinischen Schulen eine finanziell sorgenlose Tätigkeit. Diese Schulen beanspruchten für sich einen Status, der nach dem der Tempelpriesterschaft von einst ausgerichtet war, und ihr Ansehen reichte über die Grenzen der islamischen Welt hinaus. Erst mit dem Niedergang des Kalifats verloren diese mesopotamischen Institutionen an Gewicht und regionale Schwerpunkte bildeten sich aus.

Angesichts dessen versuchten manche Fromme, das Exilsbewusstsein wieder zu beleben, die Bindung an Jerusalem zu verstärken, und das Alltagsleben im Exil auch durch eine entsprechend asketische Lebensweise zu demonstrieren. Die „Trauernden Zions" und andere Gruppen, die sich durch das Establishment benachteiligt fühlten, wuchsen mit der Zeit zu einer Oppositionsbewegung zusammen. Infolge eines Erbfolgestreits innerhalb der Exilarchendynastie kam es dazu, dass derartige Gruppen sich dem benachteiligten Thronerben Anan anschlossen und sich in einer rasch anschwellenden politischen Oppositionsbewegung zusammenfanden. Sie suchte die rabbinische Autorität, die auf der „Mündlichen Torah" als dem Berufswissen der Rabbinen basierte, auszuhebeln, indem sie die Bibel (*miqra´*) mit der „Schriftlichen Torah" zur allein verbindlichen Offenbarung erklärten, und daher nannte man sie

---

76 Vgl. z. B. S. Borchers, Jüdisches Frauenleben im Mittelalter. Die Texte des Sefer Chasidim. Frankfurt (JuU 68) 1998.

Qera`îm.[77] Bis ins späte 13. Jh. schien es, als könnte diese Oppositionsbewegung die Oberhand gewinnen. Sie erreichte am Kalifenhof immerhin die Anerkennung als einer eigenen tolerierten Gruppe mit einem Repräsentanten bei Hof. Karäer haben als erste die in der islamischen Umweltkultur aufkommenden neuen Wissenschaften übernommen und für ihren Streit mit ihren rabbinischen Kontrahenten eigesetzt. Und zwar so effektiv, dass die rabbinische Seite nachziehen musste, was vor allem Sa`adja ben Josef Gaon (gest. 942) auf allen Gebieten so erfolgreich gelang, dass die rabbinische Richtung danach wieder an Boden gewann. Abgesehen von Rechtswissenschaft, Sprachwissenschaft[78] und Philosophie war es vor allem die an der islamischen Koranwissenschaft orientierte karäische Bibeltextpflege, die eine enorme Nachwirkung gezeitigt hat.

Gegen Ende der Periode hatte das rabbinische Judentum die Karäer weitgehend verdrängt. Sie blieben einige Zeit noch um Konstantinopel etwas massiver vertreten und wichen später auf die Krim und zuletzt sogar ins Baltikum aus. Es gibt Spekulationen, die das karäische Judentum auch mit den nomadischen Turkstämmen der Khazaren verbindet, die im 10. Jahrhundert und für einige Zeit danach im zentralasiatischen Raum eine Vormachtstellung einnahmen und deren Herrscherhaus zum Judentum übertrat, um sich zwischen dem islamischen und dem christlichen Machtbereich eigenständig abzugrenzen. Umfang und Bedeutung dieser Konversion werden gern übertrieben.[79] Unter Juden erregte diese Bekehrung jedenfalls großes Aufsehen und man sah darin ein Anzeichen für die baldige Heilswende. Doch das fragile Herrschaftsgebilde hielt dem besser organisierten nördlichen Nachbarn nicht lange stand und die khazarischen Stämme fielen wieder auseinander. Manche Autoren meinen, dass ein großer Teil der osteuropäischen Juden (aber auch Georgier etc.) von Khazaren abstamme,[80] eine kühne These, deren Bestätigung mittels Methoden der modernen Genforschung eine Überraschung wäre.

Bibeltext und Bibelkommentare

Schon in talmudischer Zeit wurde der hebräische Bibeltext, getrennt nach den drei Korpora (Torah/Pentateuch, Propheten, Schriften) nach festen Schreibvorschriften deutlich voneinander abgesetzt, vereinheitlicht. Die Experten für Bibeltextüberlieferung (*masôrah*) nennt man „Masoreten". Allem voran geschah dies für die liturgische Lesung aus Torah und Propheten, und zur Festlegung der richtigen Aussprache muss-

---

77 N. Schur, History of the Karaites. Frankfurt 1992. Z. Ankori, Karaites in Byzantium: The Formative Years, 970–1100. New York/Jerusalem 1977². F. Astren, Karaite Judaism and Historical Understanding. Columbia 2004. M. Polliack (Hg.), Karaite Judaism. A Guide to Its History and Literary Sources. Leiden 2003.

78 G. Khan, The Early Karaite Tradition of Hebrew Grammatical Thought. Leiden 2000. G. Khan u.a., The Karaite Tradition of Hebrew Grammatical Thought in its Classic Form. Leiden 2003. G. Khan (Hg.), Exegesis and Grammar in Medieval Karaite Texts. London (OUP./JSS.S 13) 2001.

79 V. Petruchin u. a. (Hg.), Khazars, Jerusalem–Moscow (Jews and Slavs 16) 2005. A. Roth, Khazaren. Das vergessene Großreich der Juden. Neu Isenburg 2006.

80 Vgl. zuletzt: K. A. Brook, The Jews of Khazaria, Northvale. New York/Jerusalem 1999.

ten der hebräischen Konsonantenschrift Vokalzeichen zugefügt werden, er wurde „punktiert". Damit wurde nicht nur die Textgestalt, sondern auch der Textsinn festgelegt, und diese Vorgänge zogen sich in das Mittelalter hinein und letztlich bis zum Buchdruck hin. Anfangs ergaben sich regional unterschiedliche Punktationssysteme in Palästina und in Babylonien. Aber infolge der intensiven masoretischen Arbeit der Karäer einerseits[81] und der gleichzeitig aktuell gewordenen Korantextpflege setzte sich die masoretische Schule von Tiberias mit den beiden Familien ben Ascher und ben Naftali durch.[82] Die rabbinischen „Masoreten" übernahmen die Ergebnisse ihrer karäischen Kollegen, was zu jener Textgestalt geführt hat, die in der Neuzeit als Textus receptus auch für die Christen als verbindlich übernommen wurde und bis heute den Bibelübersetzungen zugrunde liegt.[83]

Da der Islam keinen Bibeltext tradierte, wohl aber biblische Inhalte, hatte sich zwischen Juden und Muslimen die Streitfrage nach dem richtigen Text und nach eventuellen Textfälschungen ergeben. Die jüdisch-islamischen Auseinandersetzungen über den Bibeltext, über die Deutung biblischer Inhalte und die islamische Verwendung biblischer Texte weisen daher einen besonderen Charakter auf. Jedenfalls gewann der Nachweis einer verlässlichen und einheitlichen Bibeltexttradition allgemein an Gewicht und die dabei gewonnenen Erkenntnisse konnten auch gegenüber den christlichen Bibelübersetzungen ins Feld geführt werden.

Eine neue Gattung der mittelalterlichen hebräischen und jüdisch- arabischen Literatur ist der Bibelkommentar.[84] Wie schon in der Midraschliteratur dominiert dabei der Pentateuch. Neu ist nun das Interesse an Wort- und Sinnerklärung am laufenden Text. Der Talmudkommentator Salomo ben Isaak (Raschi) hat zu den meisten biblischen Büchern Kommentare dieser Art verfasst, die italienisch-aschkenasische Auslegungstraditionen in knapper Form verarbeitet. Die sogenannte „Exegetenschule" führte diese Tradition weiter, und diese auch bei manchen christlichen Gelehrten, v.a. bei Vertretern der Schule von St. Victor, Beachtung gefunden. Bibelexegese wurde von da an zu einem erstrangigen Gegenstand der christlich-jüdischen Auseinandersetzung, teilweise aber auch Anlass zu innerchristlichen Kontroversen, weil man die wörtliche Exegese gern als „judaisierend" brandmarkte.

Im islamischen Raum ging die Entwicklung der Sprachwissenschaft alsbald weiter, denn hier wurden auch Kommentare geschrieben, die durch die aufkommende

---

81 Vgl. S. Walid, In Defense of the Bible. A Critical Edition and an Introduction to al-Biqāʿīsʿ Bible Treatise. Leiden (Islamic History and Civilization 73) 2008.

82 M. Breuer, Ha-masôrah ha-gᵉdôlah la-Tôrah. Jerusalem 2002². P. H. Kelley/D. S. Mynatt, Die Masora der Biblia Hebraica Stuttgartiensia. Einführung und kommentiertes Glossar. Stuttgart 2003.

83 E. Würthwein, Der Text des Alten Testaments. Stuttgart 1988⁵. E. Tov, Der Text der Hebräischen Bibel. Stuttgart 1997.

84 E.Z. Melammed, Mᵉfarᵉšê ha-miqra'. Bible Commentators; I–II Jerusalem 1975. F.E. Talmage, Apples of Gold and Settings of Silver. Studies in Medieval Jewish Exegesis and Polemics. Hg. B.D. Walfish, Toronto 1999. M. Sæbø (Hg.), Hebrew Bible. Old Testament. The History of its Interpretation, I Part 2. Göttingen 2000. J.D. McAuliffe/B.D. Walfish/J.W. Goering (Hg.), With Reverence for the Word: Medieval Scriptural Exegesis in Judaism, Christianity, and Islam. New York 2003.

arabische und hebräische Grammatik und Lexikographie inspiriert waren; dies jedoch hauptsächlich in arabischer Sprache und in Auseinandersetzung mit karäischen Autoren.[85] Selbst die hebräische Bibel übersetzte man ins Arabische.[86] Der Gaon Saadja ben Josef (gest. 942 in Bagdad) hat auch auf diesem Gebiet richtungsweisende Vorbilder geschaffen. Für die Nachwelt blieben freilich nur jene Werke von Bedeutung, die entweder ins Hebräische übersetzt oder, wie in Spanien, Südfrankreich und Italien, auf Hebräisch verfasst wurden. Diese meist späteren Kommentare fußten bereits auf einer ausgefeilteren hebräischen Grammatik und Lexikographie. Dieser sprachwissenschaftlich und auch philosophisch-theologisch bestimmte Exegese kam in der jüdisch-christlichen Auseinandersetzung noch lange ein besonders hoher Stellenwert zu. Manche Kommentatoren richteten ihr Augenmerk überhaupt mehr auf die Inhalte als auf sprachliche Details, und zwar mit dem Ziel, ihre eigene, philosophisch-theologische oder mystische Gedankenwelt anhand der biblischen Schriften als genuine und alte biblische Tradition auszuweisen. Vor allem aber ging es darum, die biblischen Aussagen den neuen philosophisch-theologischen Erkenntnissen gemäß zu erklären.[87]

Nicht wenige Autoren versuchten, mittels populär-erbaulich gehaltener Bibelerklärungen auch ein breiteres Publikum zu erreichen. Solche Werke bestehen meist aus homiletischen Einzelkomponenten, die man den Lesezyklen entsprechend anordnete. Diese Form literarischer Homiliensammlungen gewann immer mehr an Boden, weil die Homilie in den Synagogen die synagogale Dichtung als Publikumsmagnet zu überrunden begann, obschon die Predigt an sich keinen festen Bestandteil der synagogalen Liturgie darstellte und nur fallweise an Sabbaten und Festtagen vor der Schriftlesung eingeschoben wurde. Der Aufschwung dieser Gattung hatte auch umweltbedingte Gründe, denn auf der christlichen Seite spielte die Predigt infolge der Tätigkeit bestimmter Orden eine immer größere Rolle und die Auseinandersetzung mit dem Judentum hatte darin eine besondere Funktion.[88]

Medizin, Wissenschaften, Philosophie und Theologie

Bestimmte Vorstellungskomplexe hatten bereits in der Spätantike infolge eines popularisierten, mit starken stoischen sowie einigen pythagoräischen und aristotelischen Elementen (darunter v. a. die Lehre von den 9 bzw. 10 Sphären) angereicherten Neuplatonismus in der jüdischen Glaubenswelt und Volksfrömmigkeit einen festen Platz gefunden und wurden daher nach der Wiederentdeckung der

---

85   D. Frank, Karaite Exegesis. In: M. Sæbø, (Hg.), Hebrew Bible. Old Testament. The History of its Interpretation, I Part 2. Göttingen 2000, 110–128. Ders., Search Scripture Well. Karaite Exegetes and the Origins of the Jewish Bible Commentary in the Islamic East. Leiden 2004.

86   M. Polliack, The Karaite Tradition of Arabic Bible Translation. Leiden 1997.

87   S. Klein-Braslavy, The Philosophical Exegesis. In: M. Sæbo (Hg.), Hebrew Bible. Old Testament. The History of its Interpretation, I Part 2. Göttingen 2000, 302–320.

88   A. Deeg (Hg.), Preaching in Judaism and Christianity. Encounters and developments from biblical times to modernity. Berlin (Studia Judaica 41) 2008 [für die jüdische Seite nur begrenzt informativ].

antiken Traditionen auch nicht mehr als fremd empfunden. Dazu gehörte die Vorstellung einer unsterblichen, von „oben" stammenden und dorthin nach dem leiblichen Tod wieder zurückkehrenden „Seele". Ferner die Überzeugung, dass der menschliche Körper als Mikrokosmos dem Makrokosmos strukturell entspricht, was eine Wechselwirkung ermöglicht. Das hat astrologischen und magischen Vorstellungen und Praktiken Tür und Tor geöffnet, aber auch die Entwicklung der Wissenschaften entscheidend vorbestimmt, und das gilt vor allem für die Medizin. Insbesondere die astrologische Determination aller irdischen Vorgänge galt allgemein als feststehende Tatsache, die jüdischen Autoritäten nahmen in der Regel nur die religiösen Überzeugungen und insbesondere Israel als Erwählungs-kollektiv davon aus: Gott hat durch die Torah-Gabe Israel aus der astrologischen Determination befreit und übt in Bezug auf Israel mittels der Torah eine beson-dere Vorsehung aus. Israel hat demnach im Unterschied zu den Völkern „kein Gestirn" (*mazzal*) über sich, aber jeder einzelne wünscht sich und den Seinen natürlich *mazzal ṭôb* (gut Glück").[89] Oder anders formuliert: Israel ist vor Gott im Himmel unmittelbar durch die *kenäsät Jiśra᾽el* (eine dramatische Personifi-kation) oder durch „Michael" („Wer ist wie Gott"?) ständig repräsentiert, wäh-rend die Weltvölker Völkerengeln unterstehen, die mit ihren Völkern aufsteigen und untergehen. Zwei Problemkreise ergaben sich auf dem Hintergrund dieser allgemeinen Überzeugungen: Wie verhält sich diese Weltsicht (Kosmologie) zur Vorstellung von der Schöpfung, und wie verhält sich der Inhalt der Offenbarung (nach arabischem Sprachgebrauch „Prophetie" genannt) in seiner Bedeutung als „Wahrheit" zu dem, was auf Grund menschlicher Wahrnehmung, Erfahrung, de-ren gedanklicher Verarbeitung, und durch geschulte Vernunfterkenntnis erreich-bar ist? Unter den Theologen der drei monotheistischen Religionen herrschte diesbezüglich eine gemeinsame Grundüberzeugung: Was immer der Mensch aus eigenem Vermögen zu erkennen vermag, kann und darf nicht im Widerspruch zum Offenbarungsinhalt stehen. Da aber menschliche Erfahrungen, Wahrneh-mungen und Denkprozesse infolge der leiblich-materiellen Existenz allerlei Be-einträchtigungen unterliegen, soll die Offenbarung als korrigierender Maßstab dienen; und ebenso allgemein war die Überzeugung, dass alle Erkenntnis letztlich Gotteserkenntnis zum Ziel hat.[90]

Wissenschaften und Philosophie wurden fast durchwegs unter den genannten Vorzeichen betrieben, nur wenige Autoren wagten es, die genannten religiösen Vorgaben in Zweifel zu ziehen.[91] Etwa der menschlichen Vernunfterkenntnis den Vorrang vor tradierten Offenbarungsinhalten einzuräumen; oder die tradierte Offenbarung selbst einer kritischen Prüfung zu unterziehen. So wie im Orient ein gewisser Chiwi al-Balkhi, dessen als „häretisch" empfundenen bibelkritischen

89   R. Leicht, Astrologumena Judaica. Tübingen (Texts and Studies in Medieval and Early Modern Judaism 21) 2006.
90   Den besten Überblick vermittelt C. Sirat, A History of Jewish Philosophy in the Middle Ages. Cambridge 1990² (2000).
91   Für den islamischen Bereich siehe Abschnitt Islamische Gelehrsamkeit/Bildung und Wissen von Karl Prenner 277–284.

Äußerungen so viel Aufregung verursachten, dass sie den Gaon Saadja zu scharfer Polemik reizten.[92]

Unter diesen Umständen versteht es sich von selbst, dass Philosophie bis auf Ausnahmen nur im Dienste der Religion oder zumindest in ihren Grenzen möglich war. Anders verhielt es sich im Blick auf Medizin, Naturwissenschaften und Astronomie, und daher haben diese Wissenschaftszweige von den islamischen Ländern aus auch in der christlichen Welt entsprechende Impulse vermittelt, und dabei spielten jüdische Autoren eine maßgebliche Rolle.

Und zwar waren es vor allem Ärzte, deren Ausbildung noch viele Jahrhunderte so gut wie alle Wissensgebiete umfasste.[93] So bezeugt es schon das Werk eines der frühesten bekannten Vertreter dieser Zunft mit seinem „Sefär ʿAssaf". Die medizinischen Traktate des nordafrikanischen, neuplatonisch orientierten Philosophen Isaak Israeli haben in lateinischer Übersetzung die Mediziner des „Abendlandes" lange Zeit als Quelle für die Medizin des „Morgenlandes" gedient, und gegen Ende der Periode gilt das auch für medizinische Schriften des bekannten Aristotelikers Mose ben Maimon (gest 1204).[94] Dazwischen lebte und wirkte eine große Zahl von jüdischen Ärzten, die sich auf verschiedenen Gebieten einen Namen gemacht haben, von den Naturwissenschaften bis zur synagogalen und profanen Dichtung. Neben den Medizinern waren es vor allem Astronomen und Geographen, deren Erkenntnisse weitervermittelt und begierig aufgegriffen wurden. Geographische Kenntnisse waren für den Fernhandel unerlässlich, doch darüber hinaus aber beschränkte sich das Interesse eher auf aktualisierende Deutungen der Völkertafel von Gen 10 als einem Mittel heilsgeschichtstheologischer Definition Israels (als Volk und Land) im Verhältnis zu den jeweils relevanten Weltvölkern.[95] Auch die arabische Geschichtsschreibung fand auf jüdischer Seite keinerlei Interesse, Geschichte wurde nur im Rahmen der traditionellen, erwählungstheologisch zugespitzten Sicht einer Geschichte Israels berücksichtigt; und zwar einmal als Geschichte der Tradition und ihrer Tradenten, und dies nicht zuletzt zur Abwehr der karäischen Infragestellung der Mündlichen Tora, zum anderen als Geschichte der Verfolgungen.[96] Eine Ausnahme ist allerdings zu vermerken. Im byzantinischen Süditalien wurde im 10. Jh. der „Sefer Josippon" abgefasst, für den biblische Geschichten, Inhalte aus der Geschichtsdarstellung des

---

92 I. Davidson, Saadia´s Polemic against Hiwi al-Balkhi. New York 1915. H. Schirmann, Šîrîm ḥᵃdašîm min ha-gᵉnîzah. Jerusalem 1966, 32–41. E. Fleischer, A Fragment from Hiwi al-Balkhi´s Criticism. Tarbiz 51, 1981/2, 49–57 (hebr.). J. Malkin, Tarbût ha-jᵃhadût ha-ḥîlônît. Jerusalem 2006, 91–151.

93 R.Y. Ebied, Bibliography of Mediaeval Arabic and Jewish Medicine and Allied Sciences. London 1971. J. Shatzmiller, Jews, Medicine and Medieval Society. Berkeley 1994. W. Cutter (Hg.), Healing and the Jewish Imagination; Spiritual and Practical Perspectives on Judaism and Health. Woodstock, VT 2007.

94 F. Rosner, The Medical Legacy of Moses Maimonides. Hoboken/New York 1998. C. Vidal Manzanares, El Médico de Sefarad. Madrid 2004. Ders., El Médico del sultán. Madrid 2005.

95 J. Maier, The Relevance of Geography for the Jewish Religion. In: J. Helm/A. Winkelmann (Hg.), Religious Confessions and the Sciences in the Sixteenth Century. Leiden 2001, 136–158.

96 R. Bonfil, Jewish Attitudes Toward History and Historical Writing in Pre-Modern Times. Jewish History 11/1, 1997, 7–40.

Flavius Josephus, und antike pagane Überlieferungen verwertet wurden, und das vom Blickwinkel des byzantinischen Reiches aus gesehen. Auch die „Megillat ʾAchimaatz", eine Familienchronik mit bewusst erstrebtem Unterhaltungswert, stammt ebenso wie eine stattliche Anzahl von hebräischen Gedichten aus diesem süditalienisch-jüdischen Milieu, das mit seinen Traditionen die Gemeinden nördlich der Alpen entscheidend geprägt hat.

Tendenzen und Zeugnisse

Einen frühen Versuch, das damalige Weltbild mit jüdischer Tradition systematisch zu verbinden, stellt der *Sefär Jeṣîrah* („Formungs-" bzw. „Schöpfungsbuch") dar, auf der Basis älterer Komponenten im Lauf des 7. Jh zusammengestellt, aber als ein uraltes, sogar dem Abraham zugeschriebenes Buch ausgegeben.[97] Die geläufige Buchstaben- und Zahlensymbolik der Zeit wird auf das hebräische Alphabet angewandt und die 22 Konsonanten in Gruppen eingeteilt: 3 „Mütter" (1., 11. und 22. Konsonant), 7 mit doppelter Aussprache und 12 mit einfacher Aussprache. Diese Gruppen werden im Sinne der Entsprechungen zwischen Makro- und Mikrokosmos den drei Bereichen Kosmos, Zeit und Mikrokosmos zugeordnet, dem Tierkreis, den Planeten und dem menschlichen Organismus. Das Buch selbst ist in einer kürzeren und einer längeren Fassung erhalten, aber immer nur in Verbindung mit Kommentaren, also als Vehikel für das jeweilige Welt- und Menschenbild.[98] Solch kommentierende Darlegung wies alles Neue als uralte Tradition aus. Von nachhaltiger Wirkung war v. a für die spätere mystisch-spekulative Theologie im Judentum die Bezeichnung von zehn abgezählten Seinsstufen als *sefîrah* (Zählung). Es handelt sich um 4 emanierte Stufen und 6 Dimensionen (4 Himmelsrichtungen, Oben, Unten). Später wurde daher auch die gegen Ende des 12. Jh. aufkommende Kabbalah mit ihrer (anders gearteten) Sefirot-Spekulation gern anhand von Kommentaren zu dieser Schrift dargelegt.

Die frühesten Kenntnisse der antiken Philosophie und Wissenschaften verdankten Muslime wie Juden gelehrten syrischen Christen, die antike Texte ins Arabische übersetzt hatten und für ihre Theologie auszuwerten begannen. Natürlich handelte es sich dabei nicht um breite Strömungen, sondern um elitäre Gesellschaftsschichten. Und diese waren in der Regel auch durchaus der Meinung, dass es einer angemessenen Vorbildung bedarf, um zu höheren Einsichten zu gelangen, so dass eine gewisse, pädagogisch begründete Arkandisziplin am Platze sei: Die volle Wahrheit sei nicht für jedermann bestimmt, sondern nur für die Elite derer, die nach Erkenntnis streben. Die vielen anderen müssen eben noch anhand der verpflichtenden Offenbarung auf dem rechten Weg geleitet und gehalten und nach und nach zu höheren Stufen der Erkenntnis hingeführt werden.[99] Juden (Karäer und Rabbaniten) lernten dergleichen

---

97 A.P. Hayman, Sefer Yeśira. Edition, Translation and Text-Critical Commentary. Tübingen 2004.
98 J. Dan, Three Phases of the History of the Sefer Yezira. Frankfurter Judaistische Beiträge 21, 1994, 7–29.
99 B.H. Hary/H. Ben-Shammai (Hg.), Esoteric and Exoteric Aspects in Judeo-Arabic Culture. Leiden (Études sur le Judaïsme Médiéval 33) 2006.

erst arabisch vermittelt kennen, im Rahmen der islamischen Theologie, des Kalam (der mu`tazilitischen Spielart).[100] Daher setzte sich auch der früheste, bekannt gebliebene jüdische-theologische Autor, David ibn Marwân al-Moqammeç (9. Jh.) in seinen „Zwanzig Kapiteln" noch eingehender mit christlichen Glaubenslehren auseinander.[101] Ganz im Banne des Kalam stand auch Sa`adja ben Josef Gaon (gest. 942),[102] der mit seinem theologischen Hauptwerk *Kitāb al-amānāt wal citiqādāt* („Buch der Glaubensüberzeugungen und Glaubenslehren") eine unvergleichlich größere Nachwirkung hatte, weil es zweimal ins Hebräische übersetzt wurde.[103] Die darin behandelte Themenfolge blieb mit Varianten auf Jahrhunderte der Grundbestand der jüdisch-theologischen Werke. Wie im Kalam stehen im Zentrum des Interesses vor allem Gottes Existenz und Einheit[104] sowie seine Hauptattribute, groß, mächtig und weise, seine Funktion als Schöpfer, das Menschenbild, die Offenbarung des Gotteswillens in der Torah, mit der Möglichkeit zur Entscheidung zu Gehorsam oder Sünde und der darin begründeten Vergeltung. Zuletzt folgt ein Ausblick auf die Vollendung der Heilsgeschichte mit den dramatischen Endzeitereignissen im Vorfeld. Saadja setzte sich zudem mit einer in dieser Periode grassierenden Strömung auseinander, die dann auch auf dem Balkan und in Südfrankreich viele Anhänger gefunden hat, mit einem Dualismus im Kielwasser des Manichäismus und kosmologisch und anthropologisch auch durch den Neuplatonismus begünstigt.[105] Im Judentum gab es dafür ältere Ansatzpunkte, denn im Bemühen, Gott selbst von der Welt möglichst abzusetzen, war der Gedanke an eine zweite göttliche Gewalt aufgetaucht, der man die Funktion des Schöpfers und Regenten dieser Welt zuschreiben wollte. Saadja wies dieses Konzept ab, aber auch er selber identifizierte die menschengestaltige Erscheinung auf dem Gottesthron der prophetischen Visionen nicht mit Gott, sondern mit einer erschaffenen, aber substantiell überirdischen Glorie (*kabôd*), die der Prophet wahrnehmen konnte, denn dem Gaon lag sehr daran, die Gottesvorstellung von Anthropomorphismen frei zu halten. Im christlichen Bereich kam dazu natürlich noch die Polemik gegen die Trinität als einer unlogischen Fiktion oder einem verkappten Polytheismus.

Noch zur Zeit des Saadja Gaon begann sich gegenüber dem Kalam eine philosophische Strömung durchzusetzen, die das Denken und die Religiosität aller drei monotheistischen Religionen zutiefst geprägt hat, der Neuplatonismus.[106] Die Karäer,

100 H.A. Wolfson, Repercussions of the Kalam in Jewish Philosophy. Cambridge/Mass 1979.

101 S. Stroumsa, ʿIšrūn maqāla. Twenty Chapters. Edited, translated and annotated. Leiden (Études sur le judaïsme médiévale 13) 1989.

102 H. Malter, Saadia Gaon, His Life and Works. Philadelphia 1926. Nachdruck Hildesheim 1978. M. Ventura, La philosophie de Saadia Gaon. Paris 1934.

103 S. Rosenblatt, Saadia Gaon. The Book of Beliefs and Opinions. New Haven (Yale Judaica Series 1) 1976³.

104 H. A. Davidson, Proofs for Eternity, Creation and the Existence of God in Medieval Islamic and Jewish Philosophy. Oxford 1987.

105 S. Runciman, The Medieval Manichee. Cambridge 1947. M. Loos, Dualist Heresy in the Middle Ages. Prag 1974.

106 G. Vajda, Sages et penseurs sépharades de Bagdad à Cordoba. Paris 1989, 141ff. Le néoplatonisme dans la pensée juive du moyen âge. 161ff. De quelques vestiges du néoplatonisme dans la kabbale archaïque.

die anfangs wesentlich zur Entwicklung des philosophischen Denkens im Judentum beigetragen hatten, gerieten nun ins Hintertreffen, weil sie zu lange an den Vorgaben des Kalam festgehalten haben.[107]

Die starke Wirkung des Neuplatonismus beruhte vor allem auf der bereits erwähnten Seelenlehre, aber auch auf der Annahme eines durch Emanation aus der absolut jenseitigen Gottheit begründeten Zusammenhangs alles Seienden. Und zwar von Einheit und Einfachheit zu Vielheit bzw. Zusammengesetztheit, von Geist zu Materie, von Licht zu Finsternis, vom absolut Guten zum Bösen. Das setzt eine negative Sicht der Welt voraus, und der Leib erscheint als Gefängnis bzw. als Exil der aus einer höheren Seinsstufe stammenden Seele, aus dem sie sich befreien muss; und zwar durch Askese. Aber das Judentum hatte dabei Grenzen gesetzt, der einzelne Israelit ist nicht zur Weltflucht oder gar Selbstabtötung befugt, denn er ist als Teil des Erwählungskollektivs „Israel" zum Leben nach der Torah, zur Erfüllung der Gemeinschaftsaufgabe verpflichtet, und daher soll die asketische Lebensführung nur so weit gehen, als sie den Einzelnen von den irdischen Begierden und Dingen ablenkt und für die Erfüllung der Gemeinschaftsaufgabe frei macht, nicht aber so schwächt, dass er dieser Aufgabe nicht mehr gerecht wird. Die jüdischen Neuplatoniker vertraten also wie schon die Rabbinen der Spätantike eine Ethik des Mittelwegs und sahen sich durch die aristotelische Ethik bestätigt.

Auch die Neuplatoniker definierten die Gottheit selbst (ihr „Wesen") als absolut transzendent, ließen keine positiven Aussagen über sie selbst zu und verstanden solche nur als Verneinungen des Gegenteils, meinten, nur die Wirkungen der verborgenen Gottheit seien für den Menschen erfassbar. In diesem Punkt schieden sich allerdings die Geister.[108] Während sogar manche Aristoteliker wie Mose ben Maimon diese strenge Linie der Attributenlehre (theologia negativa) ebenfalls vertraten, neigten andere zu Kompromisslösungen, denn die Frage, ob Gott als Allmächtiger und Allwissender[109] auch die Einzeldinge kennt, und ob seine Vorsehung auch die Individuen betrifft, war für die Frömmigkeit von grundlegender Bedeutung. Diskutiert wurde auch die Frage, was emaniert, das göttliche Wesen oder nur deren Wirkungen. Im ersten Fall drohte ein Pantheismus, im anderen eine unüberbrückbare Kluft zwischen Gottheit und dem Seienden. Und Gottes Unendlichkeit war mit manchen Vorstellungen und Aussagen in Tradition und Philosophie auch nicht problemlos zu harmonisieren.[110] Dabei kam das alte Problem der Anthropomorphismen erneut ins Spiel. Maimonides hat in seinem Mischnakommentar 13 Grundlehren des jüdischen Glaubens formuliert, die inhaltlich im ersten Buch seines Kodex ebenfalls enthalten sind, und darunter auch die Verneinung jeder Körperlichkeit bzw. Endlichkeit Gottes.

107 D.J. Lasker, From Judah Hadassi to Elijah Bashyatchi. Studies in Late Medieval Karaite Philosophy. Leiden (Supplements to The Journal of Jewish Thought and Philosophy 4) 2008.

108 A. Altmann, The Divine Attributes. An historical survey of the Jewish discussion. Judaism 15, 1966, 40–60.

109 T. Rudavski (Hg.), Divine Omniscience and Omnipotence in Medieval Philosophy. Islamic, Jewish, and Christian Perspectives, Dordrecht 1985. R. Krygier, À la limite de Dieu. L´énigme de l´omniscience divine et du libre arbitre humain dans la pensée juive. Paris 1998.

110 L. Sweeney, Divine Infinity in Greek and Medieval Thought. Frankfurt/New York 1992.

Dem hielten die Traditionalisten die prophetischen Thronvisionen entgegen. Die Gegensätze waren unüberbrückbar, doch der Kabbalah gelang es, eine spekulative Lösung zu finden, aber auf der Basis des neuplatonischen Welt- und Menschenbildes. Vor allem die populäre Annahme einer unsterblichen Seele half den Gläubigen über diese Streitfragen hinweg, für sie war es wichtig zu wissen, dass dem Menschen eine Seele von „Oben" inkorporiert wird, die nach dem Tod unter gegebenen Voraussetzungen wieder „in den Himmel kommt". Auch die Unterscheidung zwischen einer geistig-intellektuellen, einer animalischen und einer vegetativen Seelenkraft interessierte nur die Gebildeten. Diese neuplatonische Richtung war die Grundlage für alle mystischen Strömungen in den drei monotheistischen Religionen und galt bei den Frommen daher auch nicht als (etwa gar „fremde") Philosophie im strengen Sinne. Sie brachte eine stärker individualistische, auf die persönliche Heilsverwirklichung ausgerichtete Frömmigkeit mit sich, eine Betonung der Innerlichkeit und der Intention in Gedanken, Worten und Werken, wodurch die rabbinische Forderung nach *kawwanah* („Ausrichtung") eine noch größere Bedeutung erhielt. Darum bestimmte die neuplatonische Richtung auch den größten Teil der jüdischen Erbauungsliteratur und auch der religiösen Poesie. Dabei spielte die allegorisch gedeutete Hohelied-Symbolik eine ganz besondere Rolle, parallel zur christlichen Hoheliedverwertung, aber auch charakteristisch unterschieden. Das Verhältnis Geliebter-Geliebte wird sowohl auf die Beziehung zwischen Gott und Seele als auch auf das Verhältnis zwischen Gott und Erwählungskollektiv (Israel) gedeutet, und zwar oft so ineinander verwoben, dass manchmal unklar ist, ob von der Einzelseele oder vom Gottesvolk die Rede ist.

Der erste jüdische Neuplatoniker von großer Nachwirkung war der bereits erwähnte Arzt Isaak Israeli (c. 855–c. 895) in Ägypten. Infolge der Verbreitung seiner medizinischen Schriften wurde auch seine Philosophie für die lateinische Welt von Bedeutung.[111] In Süditalien präsentierte der Kommentator des *Sefär Jeşîrah* Sabbataj Donnolo (gest. ca. 982) in seiner hebräischen Schrift *Hakkemônî* die neuplatonisch adaptierte Lehre von der Entsprechung zwischen Makro- und Mikrokosmos. Die nächsten Generationen standen aber schon im Bann einer neuen, in neuplatonischem Denken verankerten mystischen Strömung, die Bewegung der „Lauteren Brüder", die sich im Islam ausbreitete und als „Sufismus" bezeichnet wird. Sie hat auch im Judentum deutliche Spuren hinterlassen.[112] Der in Spanien lebende Bachja ibn Paquda hat in diesem Sinne eine Darstellung der jüdischen Glaubensinhalte verfasst, die in hebräischer Übersetzung eines der am meisten gelesenen Bücher wurde, den *Kitāb al-Hidāya ilā farā'id al-qulub* („Buch der Herzenspflichten"). Auf der Basis der bekannten Glaubensinhalte wurde hier die religiöse Ethik im Sinne einer Betonung der *kawwanah* behandelt, aber darüber hinaus nach dem Vorbild der Sufi-Frömmigkeit gestaltet. Der Verweis auf „Herzenspflichten", die über die festgeschriebenen Gebote und Verbote hinaus die Lebensführung der Frommen be-

111 A. Altmann/S.M. Stern, Isaac Israeli, a Neoplatonist Philosopher of the Early 10th Century. His works translated with commentary and an outline of his philosophy. London 1958.

112 D.R. Blumenthal, Philosophic Mysticism: Essays in Rational Religion. Ramat Gan 2005.

stimmten sollten, wurde zu einem Grundanliegen der jüdischen Ethik; und daher wurde diese Schrift zu einem der beliebtesten Erbauungsbücher,[113] was wesentlich dazu beigetragen hat, dieses neuplatonisch bestimmte Welt- und Menschenbild in der jüdischen Religiosität bis auf den heutigen Tag fest zu verankern.

Ein weiterer Neuplatoniker von ganz eigenartiger Nachwirkung war der hebräische Dichter Salomo ben Jehuda ibn Gabirol (gest. vor 1058 in Spanien).[114] Seine arabische Schrift „Die Lebensquelle" repräsentiert ohne Bezugnahme auf biblische Inhalte neuplatonische Philosophie der Zeit, so dass sie in lateinischer Übersetzung („Fons vitae") lange einem Scholastiker (Avicebrol, Avencebrol) zugeschrieben wurde. Die hebräische Übersetzung, die der lateinischen als Vorlage gedient hatte, blieb bis ins 19. Jh. unbekannt; offenbar erschien eine so rein philosophisch angelegte Schrift für die religiösen Bildungszwecke als ungeeignet.[115] Demgegenüber waren zwei hebräische Schriften aus Spanien auch als Erbauungslektüre verwendbar, nämlich *Hägjôn ha-näfäš ha-caṣûbah*[116] („Betrachtungen der betrübten Seele") des Abraham bar Chijja (gest. ca. 1136),[117] und *Jesôd môra´* („Fundament der Furcht") des Dichters und Bibelkommentators Abraham ben Meir ibn Ezra (gest. 1164)[118]. Das gilt auch für ein Buch, das der Dichter Josef ben Jakob ibn Zaddik (gest. 1149) auf Arabisch verfasst hatte und in hebräischer Übersetzung *Sefär ha-côlam ha-qaṭan* („Buch des Mikrokosmos") sehr bekannt geworden ist.[119] Weit mehr Popularität erreichte aber die hebräische Übersetzung eines arabisch verfassten Werkes des Arztes und Dichters Jehudah ben Samuel Hallevi (gest. 1141). Dieses „Buch Kuzari" wurde nicht nur bis heute viel gelesen sondern auch immer wieder kommentiert.[120] Es besteht aus Dialogen, die dem Khazarenkönig in den Mund gelegt werden, und zwar mit einem Philosophen, einem Christen, einem Muslim und einem Juden, mit dem Ergebnis, dass sich der König für das Judentum entscheidet. Der Dialog mit dem Juden steht in der Tradition des Neuplatonismus, aber auch der Philosophiekritik des persisch-islamischen Theologen Al-Ghazālī, der zahlreiche jüdische Theologen in ihrem Bemühen bestärkt hat, der Tradition und gelebten Religion gegenüber den

---

113 G. Vajda, La théologie ascétique de Bahy ibn Qaquda. Paris1947. D. Lobel, A Sufi-Jewish Dialogue. Philadelphia 2007.
114 J. Schlanger, La philosophie de Solomon Ibn Gabirol. Leiden 1968. R. P. Scheindlin, Ibn Gabirol's Religious Poetry and Sufi Poetry. Sefarad 54, 1994, 109–142.
115 J. Schlanger, Salomon ben Judah Ibn Gabirol. Livre de la source de vie. Fons vitae. Paris 1970. Die Lebensquelle. Salomon ibn Gabirol, übersetzt aus dem Lateinischen von O. Lahann. Cuxhaven 1989. G. S. Sonnino, Sorgente di vita. Shelomoh ibn Gabirol (Avicebron). Traduzione della versione ebraica. Ancona 1998.
116 G. Wigoder, The Meditation of the Sad Soul. New York 1969.
117 L.D. Stitskin, Judaism as a Philosophy. New York 1960.
118 H. Greive, Studien zum jüdischen Neuplatonismus. Die Religionsphilosophie des Abraham ibn Ezra. Berlin (Studia Judaica Bd. 7) 1973.
119 G. Vajda, La philosophie et la théologie de Joseph ibn Saddîq. AHDLMA 1949, 93–181.
120 L. Hirschfeld, Das Buch al-Chazari aus dem Arabischen des Abu´l-Hasan Jehuda Hallewi übersetzt. Breslau 1885, Wiesbaden 2000. Nach der hebräischen Version: D. Korobkin, The Kuzari. Yehuda Halevi, transl. and annotated. Northvale 1998. K. Steinberg, Rabbenu Yehuda Halevi, The Kuzari. Jerusalem 2000.

Gedankengebäuden der Philosophen den Vorrang einzuräumen.[121] Dabei verwendete Jehuda Hallevi durchaus die Mittel der damaligen neuplatonischen Weltsicht.[122] Diese Gegenüberstellung eines „lebendigen Gottes" bzw. eines heilsgeschichtlich und persönlich erfahrenen Gottes und einer bloß gedanklich erschlossenen Gottesvorstellung hat (auch bei christlichen Theologen) Eindruck gemacht, setzt allerdings die geglaubte Geschichte und die persönliche Erfahrung als unbestreitbare Tatsachen voraus. So meinte der Autor, dass die Geschichten vom Exodus und von der Offenbarung am Sinai keine Glaubensgegenstände darstellen, sondern historische Ereignisse, weil durch 600.000 Augenzeugen (die Zahl der Israeliten nach biblischer Angabe) verbürgt.

Als im Lauf des 12./13. Jh. die Kenntnis der Schriften des Aristoteles zunahm, vermochte man zwischen aristotelischen und platonisch/neuplatonischen Auffassungen und folglich auch echten und unechten Aristotelesschriften zu unterscheiden. Alsbald galt nun bei vielen Denkern Aristoteles als der Philosoph schlechthin, und so sahen es auch die Gegner profaner Bildung unter den Juden. Am Aristotelismus entbrannte daher die erste grundsätzliche Debatte über das Verhältnis von Vernunfterkenntnis und Offenbarungsinhalt.

Der erste namhafte Vertreter einer aristotelisch fundierten Darstellung der jüdischen Glaubensinhalte war Abraham ibn Daud (gest ca. 1280 in Toledo), aber sein Buch „Der erhabene Glaube" wurde trotz Übersetzung ins Hebräische nicht viel gelesen.[123] Der Grund dafür war, dass die Schriften des Arztes und Repräsentanten der Judenschaft Ägyptens, des in Spanien geborenen Mose ben Maimon (Maimonides; gest. 1204) die Aufmerksamkeit auf sich zogen, dessen vielseitige Leistungen Bewunderung erregten.[124] Man sah in ihm gern den Repräsentanten eines „Rationalismus", im Gegensatz zur Mystik, doch zutreffender ist die Bezeichnung „Intellektualismus" und die übliche Gegenüberstellung einer „Mystik" vereinfacht den Sachverhalt. Seine Zielscheiben waren die jüdischen Neuplatoniker, die er nicht als Philosophen gelten ließ, und speziell die Theologie eines Jehuda Hallevi.[125] Er ging sogar so weit, bestimmte Grundlehren als verbindlich zu erklären und damit etwas wie „Dogmen" einzuführen, was eine beträchtliche Nachwirkung hatte, aber auch nicht unwidersprochen blieb.[126]

---

121 N. Sinai, Menschliche oder göttliche Weisheit? Zum Gegensatz von philosophischem und religiösem Lebensideal bei al-Ghazali und Yehuda ha-Levi. Würzburg (Ex oriente lux 2) 2003.

122 Y. Silman, Philosopher and Poet. Judah Halevi, the „Kuzari" and the Evolution of his Thought. Albany 1995.

123 N. M. Samuelson, The Exalted Faith. Transl. With Commentary. Rutherford 1986. Fontaine (Smidt van Geldern) T. A. M., In defence of Judaism. Abraham Ibn Daud. Sources and Structures of ha-Emunah ha-Ramah. Assen 1990.

124 O. Leaman, Moses Maimonides. Richmond 1997. T. Levy/R. Rashed (Hg.), Maimonides: Philosophe et savant (1138–1204). Leuven 2004.

125 Näheres bei M. Kellner, Maimonides' Confrontation with Mysticism. Oxford (The Littman Library of Jewish Civilization) 2006. D. R. Blumenthal, Philosophic Mysticism: Studies in Rational Religion.

126 M. Kellner, Dogma in Medieval Jewish Thought. Oxford 1986.

In seinem arabischen „Führer der Unschlüssigen" versuchte Maimonides, die Übereinstimmung zwischen –„richtig" verstandenen – biblischen Aussagen und Aristotelismus nachzuweisen.[127] Das Werk, zweimal ins Hebräische und ins Lateinische übersetzt, diente später vielen als eine Art Lehrbuch der Philosophie.[128] Seine konzise Beschreibung des Kalam, aber auch seine Verwertung des Philosophen Ibn Shina (Avicenna) diente in der lateinischen Welt lange als grundlegende Informationsquelle über islamische Philosophie und Theologie. Sein Ruhm als Arzt und Philosoph verbreitete sich rasch über die islamische Welt hinaus und für lange Zeit blieb er bei christlichen Gelehrten der am meisten gelesene und zitierte jüdische Autor.[129]

Maimonides war ein so hoch angesehener Rechtsgelehrter, dass der Respekt vor dieser seiner Kompetenz erst nach seinem Tod eine massivere Kritik zuließ. Es folgte eine intensive Auseinandersetzung über die Zulässigkeit profaner Bildung und „fremder" Wissenschaft bzw. Philosophie für eine jüdische Verwendung. In vier Wellen hat der maimonidische Streit im Judentum beinahe zu einem Schisma geführt, weil die Kontrahenten gegen sich wechselseitig den Bann verhängten. Der erste Streit begann noch zu Lebzeiten des Maimonides, er betraf noch begrenzte traditionelle Glaubensinhalte, v.a. die Auferstehung, und zog sich über einige Jahre hin. Die zweite Welle, in der 1. Hälfte der Dreißigerjahre, betraf bereits Philosophie und profane Bildung und verlief äußerst heftig. Die dritte (1288–1290) und vierte (1303–1306) Phase fallen bereits in die Folgeperiode.[130] Zuletzt wurde sogar die kirchliche Inquisition aufmerksam gemacht, denn inzwischen hatte unter Intellektuellen im Islam und darüber hinaus eine Aristotelesinterpretation Fuß gefasst, die als Häresie eingeschätzt wurde.[131] Sie hatte die Wahrheitsfrage aus der religiösen Bevormundung durch die Tradition gelöst und ließ am Ende bestenfalls eine „doppelte Wahrheit" gelten. Es handelt sich um die Kommentare und Werke des Philosophen Ibn Ruschd (gest. 1198, lateinisch bekannt als Averroes). Der Averroismus hat unter den Juden einige prominente Anhänger aufzuweisen,[132] seine Breitenwirkung blieb jedoch bescheiden, denn die Zukunft gehörte einer neuplatonisch fundierten Volksfrömmigkeit und der Kabbalah.

127 D. Hartman, Maimonides. Torah and Philosophical Quest. Philadelphia 1976.
128 A. Weiss, Mose Ben Maimon, Führer der Unschlüssigen. Hamburg I 1994³ (hier in der Einleitung eine Bibliographie).
129 J.J. Dienstag, Christian Translators and Editors of Maimonides´ Works. A bibliographical survey. In: Alei Shefer 1990,21–47. G. Hasselhoff (Hg.), Moses Maimonides (1138–1204). His Religious, Scientific, and Philosophical Wirkungsgeschichte in Different Cultural Contexts. Würzburg (Ex oriente Lux 4) 2004.
130 J. Sarachek, The History of the Anti-Maimonidean Controversy. New York 1932. D.J. Silver, Maimonidean Criticism and the Maimonidean Controversy 1180–1240. Leiden 1965.
131 D.J. Lasker, Averroistic Trends in Jewish-Christian Polemics in the Late Middle Ages. Speculum 55,2, 1989, 294–304.
132 G. Vajda, Isaac Albalag. Paris 1960. Hayoun Maurice-Ruben, La philosophie et la théologie de Moïse de Narbonne (1300–1362). Tübingen (TSMEMJ 4) 1989.

Hauptproblemfelder

Einer rein philosophischen und naturwissenschaftlichen Betrachtung der damals aktuellen Themen stand auf jüdischer und christlicher Seite vor allem eine Vorgabe entgegen, nämlich der Wortlaut und Inhalt der Bibel. Bereits in der Antike haben hellenistisch-jüdische Autoren mit dem Problem gerungen, dass der Text der Offenbarungsschriften nicht selten eine Ausdrucksweise aufweist, die als unangemessen erscheinen muss. Gott werden menschliche Eigenschaften, Handlungen und Empfindungen (Anthropomorphismen und Anthropopathismen) zugeschrieben, im Kontrast zu anderen Aussagen, die gerade die Unvergleichlichkeit und Erhabenheit Gottes betonen. Auch die rabbinischen Gelehrten waren sich des Problems bewusst und erklärten die Diskrepanz aus der Beschränktheit der menschlichen Ausdrucksmöglichkeit. Sie formulierten daher als Prinzip, dass die Torah in der Sprache der Menschen spricht und somit dem beschriebenen Sachverhalt nur andeutungsweise zu entsprechen vermag. Die Lösung liegt von da aus gesehen in der richtigen Interpretation der biblischen Aussagen – und damit verlagerte sich die Diskussion auch dementsprechend auf das Gebiet der Bibelexegese. Und zwangsläufig waren dabei die Voraussetzungen so unterschiedlich, dass es zu keiner einheitlichen Auffassung kommen konnte. Prinzipiell hat in der jüdischen Tradition der Wortsinn bzw. der „einfache" Textsinn (*pešaṭ*) Vorrang, allegorische Interpretationen sollten nur in Ausnahmefällen (v.a. das Hohelied betreffend) vorgenommen werden. Und so hatten die Verfechter einer Gestalthaftigkeit bzw. Körperlichkeit Gottes einen enormen Vorteil gegenüber den philosophierenden Theologen. Insbesondere prophetische Visionsberichte wie Jes 6 und Ez 1–3 und Ez 10 waren es, die für erregte Auseinandersetzungen sorgten. In der Regel bestand man auf dem wörtlichen Sinn und nahm daher an, dass der Prophet tatsächlich Gott als menschengestaltigen, thronenden König geschaut habe. Und weil es wiederholt heißt, dass Gott den Menschen als sein Ebenbild erschaffen habe, ergab sich auch von daher die Überzeugung, dass Gott eine Gestalthaftigkeit zukommt. Schon die antiken Übersetzer der Bibel ins Griechische und ins Aramäische haben sich aber bemüht, Gott keine direkten menschlichen Eigenschaften und Handlungen zuzuschreiben; sie haben daher allzu drastische biblische Ausdrücke korrigiert, denn Israels Gott sollte ja gerade nicht wie einer der Götter der Umwelt beschrieben werden können.

Sobald auf Grund der aufkommenden philosophischen Bildung der Begriff der Transzendenz wirksam wurde, ergab sich ein krasser Gegensatz zwischen dem biblisch-traditionellen Gottesbild und der philosophisch geforderten Vorstellung von einer absolut jenseitigen, unkörperlichen, unendlichen und unvergleichlichen Gottheit. Die philosophierenden Autoren standen aber selber vor dem schwierigen Problem, die Beziehung einer als transzendent definierten Gottheit zum Kosmos und zum Menschen zu begründen. Religionsgeschichtlich gesehen ging es dabei nicht um ein Denkproblem, sondern um die Grundlagen der Frömmigkeit überhaupt.

Um eine Gottesbeziehung trotz Annahme einer transzendenten Gottheit zu gewährleisten, bediente man sich der aus der Antike bekannten Annahme von geistigen

Zwischenstufen, sei es neuplatonischer Art im Rahmen der Emanationsvorstellung, sei es im Sinn der aristotelischen Sphärenlehre; lange beide in Kombination. In jedem Fall ergab sich als religiös unbefriedigend, dass eine persönliche Gottesbeziehung nicht möglich erschien, und dass die Befürchtung vorherrschte, dass damit auch die Kontinuität der individuellen Persönlichkeit über den Tod hinaus in Frage gestellt werde. Diese Befürchtungen kamen vor allem angesichts der aristotelischen Intellektlehre auf, nach der die Unsterblichkeit durch die Aktualisierung eines angeborenen, potentiellen Intellekts, also durch den „erworbenen Intellekt", gewährleistet wird; und dass die Bestimmung des Einzelnen im Aufgehen im „Aktiven Intellekt" bestehe, der unsere sublunare Welt regiert. Die neuplatonische Auffassung, wonach dem Menschen bei der Geburt eine unsterbliche Seele höheren Ursprungs inkorporiert werde, und diese nach dem Tod den Leib verlässt und wieder heimkehrt, hatte demgegenüber den großen Vorteil, bereits verbreiteten volkstümlichen Seelenvorstellungen zu entsprechen und eine vorgegebene Unsterblichkeit zu verbürgen, was für die gelebte Frömmigkeit in allen drei monotheistischen Religionen zu einer Grundüberzeugung und maßgeblichen Motivation geworden ist.

Ein philosophisch-theologisches Problem, das für die Volksfrömmigkeit wenig Bedeutung hatte, aber auch bei islamischen und christlichen Denkern eingehend diskutiert wurde, ergab sich aus der biblischen Schöpfungsvorstellung, nach der Gott die Welt durch sein Wort aus dem Nichts ins Dasein gerufen hat. Demnach hätte die Welt einen – zeitlichen – Anfang. Das widersprach der neuplatonischen Emanationslehre, wonach alles Seiende ewig aus der transzendenten Gottheit ausströmt, sei es als Überfluss seines Wesens, sei es als Auswirkung seines Willens oder ähnlich. Und es widersprach auch der aristotelischen Meinung von der Anfangslosigkeit der Welt. Es war also unumgänglich, die biblische Schöpfung irgendwie in die neuplatonische Vorstellung vom Emanationsprozess einzubauen, bzw. die aristotelische Auffassung vom unbewegten ersten Beweger im Verhältnis zu Zeit und Bewegung entsprechend zu korrigieren. Das gelang jedoch nicht auf philosophisch überzeugende Weise, und daher begnügte man sich meistens damit, die Frage für unlösbar zu erklären und der biblischen Tradition den Vorrang zu geben.

Mystik und Kabbalah

Wenn von jüdischer Mystik die Rede ist, sind in der Regel nicht die weit verbreiteten philosophierenden Richtungen gemeint, sondern die ebenfalls auf dem neuplatonischen Welt- und Menschenbild fußenden Ausformungen der Kabbalah (von hebräisch *qbl* „empfangen"). In ihrer Frühzeit handelte es sich um Geheimlehren, die anfangs nur mündlich von Lehrern weitergegeben wurden, die sich *mequbbalīm* nannten, und zwar nur an Schüler mit überragender rabbinischer und allgemeiner Bildung.

Angesichts der Verzögerung der erhofften Heilswende und in Anbetracht des Bösen in der Welt erschien vielen die in der Regel positive Wertung der Schöpfung in Frage gestellt. Wie in der Umwelt (Katharer, Albingenser) kam daher auch unter den

Juden wieder die schon in der Antike grassierende Meinung auf, dass „diese Welt" doch eigentlich des Teufels sei und es jedenfalls nicht nur einen guten Gott gäbe. Dazu kamen mit dem 13. Jh. die maimonidischen Streitigkeiten, in denen es u.a. darum ging, ob die Gottheit menschengestaltig sei, was, wie oben dargelegt, fast zu einem Schisma zu führen drohte. Doch da bot die im Lauf des 12./13. Jh. aufkommende spekulativ-mystische Richtung der Kabbalah eine metaphysische, metahistorische Erklärung, wonach alles Geschehen vom Zusammenspiel von zehn emanierenden göttlichen Wirkungskräften abhängt, den sogenannten Sefirot, die noch über den geistigen Zwischenstufen der neuplatonischen Tradition bzw. den aristotelischen Sphären angesetzt und mit einer verwirrend vielfältigen Symbolik ausgestattet wurden. Die erste Sefirah („Krone", „Denken") emaniert aus dem „Unendlichen" ('ēn sôf) und ist noch völlig unerfassbar. Darunter verteilen sich die Sefirot auf drei Kolumnen, rechts und links im Sinne von Gegensatzpaaren, und zentral mit den Funktionen des Ausgleichs und der Stabilisierung. Der so differenzierte und funktional spezifizierte Emanationsprozess wirkt wie eine Anlage korrespondierender Gefäße, aber nicht nur in Wechselwirkung untereinander und in der Richtung von „Oben" nach „Unten", sondern auch im Zusammenhang mit Israels Torahfrömmigkeit, so dass jedes einzelne Detail der praktischen Frömmigkeit und selbst der Kontemplation die Sefirotprozesse beeinflusst, was der Frömmigkeit eines Juden transkosmische Bedeutung zuschreibt. Und Israels Toraherfüllung treibt in diesem Sinne auch die Heilsgeschichte voran. Somit ist eigentlich nur Israels Geschichte wirklich relevantes Geschehen, Erfüllung oder Nichterfüllung der Torah für irdisch-politische wie überirdische Vorgänge entscheidend. Damit wurde das traditionelle Erwählungs- und Geschichtsbewusstein metaphysisch überhöht und auch verstärkt. Das Geschick der Völker ist nur soweit von Belang, als Israels Religionsausübung durch sie behindert oder gefördert wird.

Es dauerte nicht lang, dann wurden diese Geheimlehren in Schriften niedergelegt und verbreitet, zunächst nur in gebildeten Kreisen, aber nach und nach auf Grund der starken Bezüge zur neuplatonisch gefärbten Volksfrömmigkeit auch popularisiert. Die Volksfrömmigkeit wurde jedoch wie in der Umwelt weithin durch althergebrachte massivere Vorstellungen und durch Praktiken in der Grauzone zwischen religiösem Brauchtum, Folklore und „Aberglauben" bzw. Magie bestimmt.[133] Gefördert wurde diese Entwicklung durch die sogenannte „ekstatische" Kabbalah des Abraham ben Samuel Abul'afia, die sich besonders auf Buchstaben- und Zahlensymbolik konzentrierte und in ebenfalls popularisierter Form die sogenannte „praktische Kabbalah" inspirierte, die im Spätmittelalter und in der Neuzeit dazu führen sollte, dass man das Judentum in der Umwelt vor allem als Magie wahrnahm.

Die Sefirot-Symbolik der Kabbalah bot eine Lösung der Probleme des Bösen und der Gestalthaftigkeit Gottes. Das Böse wurde auf zwei Faktoren zurückgeführt, einmal auf die Sünden Israels, die innerhalb der Sefirot den Ausgleich der Extreme stören und bewirken, dass unausgeglichene extreme Kräfte mit dem Emanations-

---

133 J. Trachtenberg, Jewish Magic and Superstition. New York 1970². P. Schäfer/S. Shaked (Hg.), Magische Texte aus der Kairoer Geniza. I–III Tübingen 1994, 1997, 1999.

strom nach „unten" einwirken. Doch wollte man nicht alles zu Lasten Israels erklären, also konstruierte man geheimnisvolle negative Mächte, die nach manchen Kabbalisten sogar gesonderte Sefirotsysteme bilden, jedenfalls auf das Sefirotgefüge destabilisierend einwirken und vor allem die politische Geschichte „unten" beeinflussen; und dafür adaptierte man die alte Vorstellung von den Völkerengeln um Gottes Thron.[134]

Die gestalthafte Erscheinung in den prophetischen Visionen bezog man wie die philosophierenden Theologen nicht auf die verborgene Gottheit selbst, sondern auf das emanierte Sefirotgefüge als ʾAdam qadmôn (Ur-Adam), zu unterscheiden vom ʾAdam riʾšôn, dem „Ersten Adam" der Schöpfungsgeschichte. Alle Anthropomorphismen in der Bibel und in der Tradition konnten auf diese Weise auf die Sefirot bezogen theologisch problemlos wörtlich verstanden werden, doch ihr höchster Sinn war eben der kabbalistische, sefirot-symbolistische Sinn, in schroffem Gegensatz zur philosophierenden Exegese.

Dasselbe geschah mit den Gottesnamen und Gottesattributen: Sie beziehen sich auf die einzelnen Sefirot und deren Funktionen, selbst der Bibeltext wird bis zu den einzelnen Buchstaben und deren Vokalisation in diesem Sinne betrachtet. Auf diese richtet sich nun auch die kawwanah, die innere Ausrichtung, die in der Erbauungsliteratur und in der Gebetspraxis eine so große Rolle spielt und in diesem neuen Kontext als „theurgisch" wirkend vorausgesetzt wird.

Die frühen Kabbalisten waren nicht philosophiefeindlich und auch profaner Bildung nicht abgeneigt, daher auch nicht die maßgeblichen Agitatoren in den maimonidischen Streitigkeiten. Sie verwiesen jedoch säkulare Bildung und Philosophie auf eine untergeordnete, für das Studium der Kabbalah lediglich vorbereitende Stufe. Daher vermittelte ihnen ihre theosophische Sefirotsymbolik auch eine eigentümliche Gelassenheit gegenüber allen ja nur vordergründigen Erscheinungen „unten".

Im Unterschied zu vielen christlichen und auch islamischen mystischen Bewegungen stellte die Kabbalah gegenüber den Institutionen der jüdischen Religion keine oppositionell-kritische Kraft dar. Im Gegenteil, sie verstärkte die traditionelle Torahfrömmigkeit infolge der geglaubten Wechselwirkung zwischen Prozessen „oben" und Torahpraxis „unten". Und das gilt nicht nur für den einzelnen Israeliten, sondern für ganz Israel kollektiv, weshalb die Kabbalisten im Rahmen ihrer Verpflichtungen gegenüber dem Kollektiv (Israel) auch pädagogisch zu wirken versuchten. Die breite Masse verfügt natürlich nicht über den erforderlichen Bildungsgrad und muss sich unter Anleitung der Elite und durch gehorsame Befolgung der Gebote und Verbote dem Ziel annähern. Die kollektive Einbindung wurde auch sefirot-symbolistisch verankert. Die Namen der Erzväter Abraham (Sefirah IV), Isaak (Sefirah V) und Jakob (Sefirah VI) werden dafür in Anspruch genommen, und die Torah, die kollektive Erwählungsverpflichtung, erscheint ebenfalls so verankert: Die Sefirah II ist die „Weisheit" (Gottes), die traditionell mit der Torah schlechthin gleichgesetzt worden

---

134 J. Maier, Politische Aspekte der Sefirot-Lehre des Josef ben Abraham Gikatilla. In: Atti del VI Convegno internazionale dellʾAISG: Aspetti della storiografia ebraica. Roma 1987,213–226.

ist. Der zentralen Sefirah VI wurde die Schriftliche Torah und mit der alles von oben nach unten und umgekehrt vermittelnde Sefirah X (*malkût* „Königsherrschaft") die Mündliche Torah zugeordnet. Diese Sefirah X repräsentiert als *kenäsät Jiśra'el* („Versammlung Israels") das irdische Israel „oben", und erscheint je nach Situation und Funktion wie in der Bibel als Braut, Ehefrau, Mutter, Tochter, verlassene Gattin. Auch Beziehungen zwischen einzelnen Sefirot, v. a. auf der mittleren Kolumne zwischen VI bzw. IX (männlich) und X (weiblich) werden mittels Sexualsymbolik illustriert. Neuerdings ist im Zuge einer Modeströmung im Zusammenhang damit von weiblichen Zügen Gottes die Rede, aber das ist irreführend, denn es handelt sich um gegensätzliche Funktionen aufeinander bezogener Sefirot, die auch mit den Mitteln der traditionellen allegorischen Hohelieddeutung illustriert wurden, und nicht um Eigenschaften der ja absolut transzendenten und daher auch unpersönlichen Gottheit. Im letzteren Punkt waren sich philosophierende und kabbalistische Theologen auch zudem völlig einig.

Auf längere Sicht wirkte sich die Abwertung der säkularen Bildung gegenüber der geheimen Weisheit Israels für das intellektuelle Niveau der Kabbalah nachteilig aus, und das gilt darüber hinaus für die jüdische Kulturgeschichte insgesamt, denn mit einem so in die Sefirot-Funktionen eingebetteten Torah-Verständnis wurde die exkludierende Tendenz gegenüber „fremder Weisheit" entsprechend verstärkt.

Profane Literatur und Bildung

Die maßgeblichen, begüterten Kreise in den aschkenasischen Gemeinden pflegten vorzugsweise fast ausschließlich die traditionellen Bildungsinhalte, nur den Frauen bot sich die Möglichkeit einer profanen Bildung. Und zwar in der jeweiligen, jüdisch adaptierten Volkssprache. Aber es haben wohl auch Männer die Chance genutzt, daran teilzuhaben, denn eine gründliche Kenntnis des Hebräischen war außerhalb der reicheren Familien kaum erreichbar, denn selbst in hebräischen Kommentaren zur Bibel oder zum Talmud wurden nun manche Wörter mit Ausdrücken aus den romanischen und deutschen Umweltdialekten erklärt. So blieb wohl auch die Lektüre hebräischer Bearbeitungen des Alexanderromans oder von Ritterromanzen auf elitäre Kreise beschränkt. Mode wurden schließlich auch Bearbeitungen biblischer Bücher und Stoffe in den neuen jüdischen Umgangssprachen, ebenfalls im Kielwasser entsprechender nichtjüdischer Schriften. Im arabisch beeinflussten Bereich war es im Rahmen der beliebten Reimprosa vor allem die Gattung der Maqame, die jüdische Autoren teils übersetzt, teils judaisierend adaptiert, oder überhaupt originalhebräisch verfasst haben.[135]

Ein religiös unverfängliches kulturelles Schaffen war eben am ehesten in islamisch beherrschten Bereichen möglich, allerdings nicht überall in gleichem Maße, denn auch in den einzelnen islamischen Regionen waren die Voraussetzungen recht un-

---

135 D.A. Wacks, Framing Iberia. Maqāmāt and Frametale in Medieval Spain. Leiden (The Medieval and Early Modern Iberian World 33) 2007. J. Schirmann, Die hebräische Übersetzung der Maqamen des Hariri. Frankfurt a.M. 1930. Ders., Šîrîm ḥᵃdašîm min ha-Gᵉnîzah. Jerusalem 1966, 375–417.

terschiedlich. Im Osten hob sich Persien deutlich von den arabischen Gebieten ab, in denen die jüdischen Siedlungsschwerpunkte lagen und wo eine strengere religiöse Einstellung vorherrschte. Im Westen (Maghreb, iberische Halbinsel) hingegen ermöglichte die relativ tolerante Maurenherrschaft ein erstaunlich eigenständiges und selbstbewusstes Kulturschaffen im Rahmen und in Auseinandersetzung mit der arabischen Literatur.[136] Die dem Prestige nach gewichtigste Sparte stellte die säkulare Literatur dar, und dabei dominierte neben der aus volkstümlichen Überlieferungen aufgenommenen und in die hohe Literatur transponierten Maqamendichtung vor allem die Lyrik.[137]

Die jüdische Elite war bemüht, mit ihren hebräischen Dichtungen den arabischen Vorbildern mehr als nur nachzueifern, sie waren ja von der Überlegenheit des Hebräischen als der Sprache der Schöpfung und der Torah-Offenbarung überzeugt und wollten dies literarisch unter Beweis stellen. Dies tat man eben auch, indem man die arabische poetische Technik, vor allem Metren und Gattungen übernahm und adaptierte. Entsprechend der in der islamischen Bildungswelt idealisierten Sprache des Koran erhob man das biblische Hebräisch zur „klassischen" Norm; das jedoch mit zweischneidigen Folgen. Man schuf zwar mit diesen „biblizistischen" Mitteln eine erstaunlich umfangreiche und qualitativ auch hochstehende hebräische Dichtung, die als „spanische Schule" auf die jüdischen Autoren im Orient bis nach Persien und in den Jemen und auch in den mediterranen christlichen Gebieten (Südfrankreich und Italien) einen nachhaltigen Einfluss ausgeübt hat. Doch der Wortschatz des biblischen Hebräisch war im Vergleich zum Arabischen sehr begrenzt und daher führt der biblizistische Verzicht auf die Ausschöpfung des nachbiblischen Hebräisch in eine sprachgeschichtliche Sackgasse. Trotz dieser Art Selbstfesselung entstanden hier in einer erstaunlichen Zahl Glanzstücke der hebräischen Lyrik.[138] Und wie im Fall der Maqame kam in der hebräischen Dichtung eine volkstümliche arabische Gattung zu hohem literarischen Ansehen. Die sogenannten Gürtellieder, deren Strophen mit einem Refrain in einer anderen gängigen Sprache schlossen, kamen derart in Mode, dass sie sogar auf die traditionellen strophischen Dichtungen der synagogalen Poesie einwirkten.

Hebräische Dichter in Italien waren in dieser Hinsicht weniger rigoros und schufen so die Grundlagen für eine kontinuierliche Weiterentwicklung der Sprache, so dass sie mit dem Wandel der Lebensumstände bis herauf zum frühen Modernhebräisch Schritt halten konnte.

Die hebräische Dichtung war bislang fast durchwegs synagogal gebunden und somit ein – wenn auch stets aktualisierter – Bestandteil der Liturgie für Sabbate

136 M.R. Menocal/R. P. Scheindlin/M. Sells (Hg.), The Cambridge History of Arabic Literature. The Literature of Al-Andalus. Cambridge 2000.
137 A.E. Elinson, Looking Back at al-Andalus. The Poetics of Loss and Nostalgia in Medieval Arabic and Hebrew Literatur. Leiden (Brill Studies in Middle Eastern Literatures 34) 2009.
138 A. Saenz-Badillos u. a., Poetas hebreos de Al-Andalus en los Siglos X al XII. Antologia. Córdoba 1988. A. Schippers, Arabic Tradition and Hebrew Innovation: Arabic themes in Hebrew Andalusian Poetry. Amsterdam 1988². S. Somekh (Hg.), Studies in Medieval Arabaic and Hebrew Poetics. Leiden 1991.

und Festtage. In Spanien setzte eine Tendenz ein, die mit dem neuen Autorenbewusstsein zusammenhängt. Die Dichter betrachteten ihre Schöpfungen als geistiges Eigentum, was sich schon in der Signierung durch Namens-Akrosticha etc. anzeigte, und dichteten nicht mehr nur für den synagogalen Gebrauch. So entstand aus der liturgisch gebundenen Dichtung eine unabhängige religiöse Poesie, die auch formal und thematisch freier war und einen Übergang zu profaner Dichtung einleitete; und dieser Übergang erfolgte vor allem im maurisch-spanischen Bildungsjudentum.[139] Entscheidend waren dabei die arabischen Vorbilder. Der hohe Rang der arabischen Dichtung in der reicheren Gesellschaft forderte zur Schaffung hebräischer Beispiele heraus, denn die Platz greifende Assimilation an die arabische Umweltkultur führte hier eben nicht zur Preisgabe der eigenen Traditionen, sondern erwies sich als effektives Mittel der Selbstbehauptung.

In einer derart extremen Diasporasituation war nicht zu erwarten, dass sich auf Gebieten der Kunst eigenständige jüdische Stilrichtungen entwickeln konnten, und es gab dafür auch nicht viele Gelegenheiten.[140] Dazu kam das Bilderverbot, das im islamischen Raum auch von Juden sehr streng ausgelegt wurde, während im christlichen Bereich abgesehen von der Plastik durchaus auch bildliche Darstellungen toleriert wurden, jedenfalls in begüterten Familien als prestigeträchtiger Luxus eine Rolle spielte.[141] Das gilt in aschkenasischen Gemeinden vor allem für die Buchmalerei.[142]

So richtete man sich auch im Synagogenbau nach den in der jeweiligen Umgebung vorherrschenden Tendenzen.[143] Für den aschkenasischen Bereich ist dies an der Synagoge in Mainz nachvollziehbar, wo bezeichnender Weise zwar bautechnisch die Entsprechungen zum dortigen Dombau deutlich erkennbar sind, aber die Raumgestaltung sich eben nicht nach dem christlichen Sakralbau richtete, sondern nach der säkularen städtischen Saalarchitektur. Im sefardischen Bereich hingegen weisen die in Toledo erhalten gebliebenen beiden Synagogen[144] eine deutliche Nähe zur Moscheenarchitektur und ihrem Dekor (Mudejar) auf.[145]

Ausklang einer Blüteperiode

Mit dem Niedergang der arabischen Herrschaft und dem folgenden Zerfall der politischen und kulturellen Einheit ist diese so auffällig kreative Phase der islamisch-arabischen Kultur zu Ende gegangen. Die Juden konnten ihr hochmittelalterliches

---

139 J. Maier, Hebräische Dichtung in Spanien. In: F. Heimann-Jelinek/K. Schubert, Spharadim – Spaniolen. Die Juden in Spanien – die sephardische Diaspora. Eisenstadt (Studia Judaica Austriaca XIII) 1992,53–76.
140 H. Künzl, Jüdische Kunst. München 1992. G. Séd-Rajna, Jewish Art. New York 1997.
141 K.P. Bland, The Artless Jew. Medieval and Modern Affirmations and Denials of the Visual. Princeton 2001.
142 K. Kogman-Appel, Jewish Art between Islam and Christianity. The Decoration of Hebrew Bibles in Spain. Tel Aviv 2001.
143 C.H. Krinsky, Europas Synagogen. Architektur, Geschichte und Bedeutung. Stuttgart 1988.
144 N. Kubisch, Die Synagoge von Santa Maria la Blanca in Toledo. Eine Untersuchung zur maurischen Ornamentik. Frankfurt (JuU 57) 1995.
145 N. Wieder, Islamic Influences on the Jewish Worship. Oxford 1957.

kulturelles Erbe weiterentwickeln und es europäisch integrieren.[146] Zwar wurden sie von den Christen eher dem Orient als dem europäischen Kulturkreis zugerechnet, doch gleichzeitig nahmen sie die Volkssprachen ihrer Umgebung an; und infolge der aufkommenden christlichen Konkurrenz im Fern- und Geldhandel wuchs auch ihre soziale und wirtschaftliche Bindung an die nähere Umgebung. Die Zuordnung zur Zentralgewalt im Sinne der „Kammerknechtschaft" war an sich zwar ein Vorteil, erwies sich aber mehr und mehr als wirkungslos, einmal wegen der häufigen Schwäche der Zentralgewalt, zum andern wegen der einsetzenden Übernahme der Verfügungsgewalt über die Juden in einzelnen Territorien oder Reichsstädten. Die Verschlechterung der Lage der Juden darf jedoch nicht isoliert von der allgemeinen Entwicklung gesehen werden. Die städtischen Bürger errangen zwar mehr Rechte und Freiheiten, aber die Masse der Christen geriet in eine unwürdige Abhängigkeit als Hörige oder Leibeigene von Herren bzw. Grundherren und Territorialherrschern. In diesen geknechteten Schichten fand die antijüdische Propaganda der Bettelorden offene Ohren und die Obrigkeiten nahmen oft und gern die Gelegenheit wahr, die Juden dem Volkszorn als Sündenböcke für eingerissene Missstände zu opfern.

In Spanien war inzwischen die Reconquista bereits sehr weit fortgeschritten und seit den Dreißigerjahren des 12. Jh. hatten sich im islamisch verbliebenen Gebiet die aus Nordafrika eingedrungenen Almohaden etabliert, die im Rahmen ihrer akuten Endzeiterwartung auch die Bekehrung der bislang geduldeten Minderheiten einleiten wollten. Manche Juden suchten über Nordafrika im Osten Zuflucht, doch die Mehrheit wählte den kürzeren Weg in christliche Gebiete, wo sie zu einem neuerlichen Aufschwung des jüdischen Kulturlebens beitrugen. Hier entstanden auch die einflussreichsten Beispiele für eine theologisch fundierte Auseinandersetzung mit dem Christentum.[147] Auf der kirchlichen Seite agitierten immer häufiger Konvertiten, die eine offensiv judenfeindliche Linie verfolgten und in diesem Sinne ihren Einfluss auf die Herrscher Kastiliens und Aragons geltend machten. Ein beredtes Beispiel für die so aufkommenden apologetischen Zwänge bieten die Berichte über die Zwangsdisputation zu Barcelona.[148] In den folgenden zweieinhalb Jahrhunderten stieg die so erzeugte Spannung kontinuierlich an. Die Wende zum Schlechteren zeichnete sich in Kastilien schon mit dem Ende der Herrschaft des wissenschaftlich engagierten Alfonso X. des Weisen (1252–1284) ab,[149] in Aragon etwas später, aber

146 J. Maier, Zur jüdischen Komponente in der europäischen Kultur. In: U. Altermatt/M. Delgado/ G. Vergauwen (Hg.), Europa: Ein christliches Projekt? Beiträge zum Verhältnis von Religion und europäischer Identität. Stuttgart (Religionsforum 2) 2008, 185–216.

147 D.J. Lasker, Jewish Philosophical Polemics against Christianity in the Middle Ages. New York 1977. D. Berger, The Jewish-Christian Debate in the Middle Ages. Philadelphia 1979. C. del Valle Rodriguez (Hg.), La controversia judeocristiana en España (Desde los orígenes hasta el siglo xiii). Homenaje a Domingo Muñoz León. Madrid 1998.

148 H. G. von Mutius, Die christlich-jüdische Zwangsdisputation zu Barcelona. Frankfurt a.M. 1982.

149 N. Roth, Jewish Translators at the Court of Alfonso X, Thought 60 (239) 1985,439–455. D.E. Carpenter, Alfonso X and the Jews. An edition and commentary on the Siete partidas 7,24: „De los Judíos". Berkeley 1986.

dann umso heftiger.[150] Während im Heiligen Römischen Reich die Schwäche der Zentralgewalt die Position der Juden gefährdete, begann sich auf der iberischen Halbinsel gerade die zunehmende Macht der Zentralgewalt bei ansteigenden kirchlichem Einfluss bedrohlich bemerkbar zu machen. Und damit setzte ein Prozess ein, der 1492 die politische und religiöse Einheit Spaniens mit der Vertreibung der Juden und mit dem Bruch aller Verträge mit den verbliebenen Muslimen vollenden sollte.

---

150 T. Assis, The Golden Age of Aragonese Jewry, 1213–1327. Oxford 1992. Ders., Jewish Economy in the Medieval Crown of Aragon, 1213–1327. Leiden (Brill's Series in Jewish Studies 18) 1997.

Islamische Kultur
Karl Prenner

Vorislamisches Arabien

Die Entstehung des Islam ist eingebettet in den Kulturraum der Arabischen Halbinsel, in die spezifische kulturelle, sozio-ökonomische und religiöse Situation. Die
Araber zur Zeit Muhammads waren in vielfältige politische Prozesse und trans-
kulturelle Vernetzungen mit den damaligen Kulturländern und Großreichen eingebunden, und standen durch die Handelswege zu Wasser und zu Lande mit den
ihnen umgebenden Kulturräumen in Verbindung: Von Südarabien aus führten die
Handelswege nach Ost-Afrika, Indien und in den Ägäischen Raum, zu Lande führte
die Weihrauchstrasse über Mekka nach Syrien/Damaskus bzw. über Nadschran in
das Zweistromland und fand dort Anschluss an die Seidenstrasse. Die geographi-
schen und klimatischen Bedingungen der Halbinsel hatten auch auf das Zusammenleben der dort lebenden Menschen, ihre Sozialformen und ihren ethischen
Kodex Auswirkungen. Die beiden großen gesellschaftlichen Gruppierungen, die
Sesshaften in den Oasensiedlungen einerseits und die Nomaden mit ihren Klein-
tierherden in den Steppen und Halbwüsten andererseits waren in vielfacher Hinsicht aufeinander angewiesen. Im westlichen Teil Südarabiens, in der ehemaligen
„felix Arabia" der Römer, treffen wir auf städtische Gesellschaften und aufgrund
von Regenfeldbau und künstlicher Bewässerung (Staudamm von Marib) auf die
Produkte tropischer Kulturen.

Die Sozialstrukturen sind an das genealogische Netzwerk der Stämme, Sippen und
Familien gebunden; aus dem gemeinsamen Ahnen leitet sich die „soziale Gleichwer-
tigkeit" der Mitglieder eines Verbandes ab, die wiederum zu gegenseitiger Solidarität verpflichtet sind („Ehrenkodex"). Mit den einzelnen Stämmen verbinden sich
auch entsprechende stammesspezifische Traditionen, die *sunna,* der Brauch und die
Lebensweise der Väter und Vorväter als normgebende Direktiven und Verhaltensweisen. Alles Handeln des Individuums hatte daher zum Ziel, die Ehre des Stammes
nicht zu verletzen, vielmehr zu mehren.[1]

---

1   Vgl. M.W. Watt/A. T. Welch, Der Islam I Mohammed und die Frühzeit – Islamisches Recht – Re-
    ligiöses Leben. Stuttgart 1980. Stuttgart (Die Religionen der Menschheit Bd. 25,1) 1980, 42f.

Trotz der Stammesfehden (Razzien) repräsentiert ein arabischer Stamm „einen wohlgeordneten politischen Verband[2], denn das Rechtssystem der Blutrache, der Wiedervergeltung: Gutes mit Gutem und Böses mit Bösem, garantiert als Vertragssystem das Zusammenleben.

Entlang der weit verzweigten Handelswege wurden nicht nur materielle sondern auch geistige Güter transportiert, sodass die Halbinsel auch Sammelbecken und Umschlagplatz verschiedenster kultureller und religiöser Vorstellungen wurde. Die beiden Großreiche der nördlichen Kulturländer Byzanz und Persien rivalisierten um den Einfluss auf die arabische Halbinsel zwecks Kontrolle der Handelswege.

Die religiösen Vorstellungen waren regional sehr unterschiedlich ausgeprägt;[3] Neben animistischen, die von der Beseeltheit der Natur bzw. von Naturerscheinungen ausgingen und mit einem ausgeprägten Geisterglauben (dschinn)[4] verbunden waren, gab es auch Vorstellungen von persönlichen Gottheiten, ja sogar die eines höchsten Gottes Allah, dessen Töchter sich bei den Mekkanern besonderer Verehrung erfreuten (Henotheismus). Die Kaaba in Mekka, die auf Abraham und seinen Sohn Ismael zurückgeführt wird, war nur eine von mehreren Kultstätten der Arabischen Halbinsel, wo sich alljährlich Angehörige unterschiedlicher Stämme zum Vollzug der Wallfahrtsriten einfanden.[5]

Durch die Einflussnahme der beiden Großmächte waren auch die entsprechenden Hochreligionen vertreten, Judentum und Christentum, aber auch der Zoroastrismus bzw. dualistische und gnostische Richtungen. Juden waren nicht nur in Südarabien zu finden, sondern vor allem auch in den Oasensiedlungen Nordarabiens. Da Arabien als Zufluchtsort der vom byzantinischen Kaiser verfolgten Anhänger der häretisch christlichen Richtungen diente, waren die Christen Arabiens sehr heterodox ausgerichtet. Die Anwesenheit von Juden und Christen bereitete in Südarabien in der zweiten Hälfte des 4. Jh. den Monotheismus vor, Zentrum war Nadschran.

Die führende Rolle, die der Handelsstadt Mekka, beherrscht vom Stamm der Quraisch, zur Zeit Muhammads im Transithandel zukam, hat nicht nur ihre Ursachen im Niedergang Südarabiens (Dammbruch von Marib etwa um 570), sondern auch in den jahrzehntelang anhaltenden Kriegen zwischen Persien und Byzanz. Zur Zeit Muhammads war es das Ziel von Byzanz, mit Hilfe des christlichen Äthiopiens, die politische Herrschaft über Arabien zu erringen. Dieses Ansinnen rief vermutlich die Quraisch auf den Plan, ihre Herrschaft sowohl religiös als auch politisch auf die gesamte Halbinsel auszudehnen. Aber erst Muhammad wird dieses Vorhaben mit Hilfe des Islam konkret in die Tat umsetzen.

---

2   W. Dostal, Die Araber in vorislamischer Zeit. In: Der Islam 74 (1997) 4–5.

3   Vgl. W. Müller, Skizze der Geschichte Altsüdarabiens. In: W. Daum (Hg.), Jemen. Frankfurt 1987, 50–56. H. Busse, Die theologischen Beziehungen des Islams zu Judentum und Christentum. Darmstadt 1988, 24.

4   Vgl. J. Henninger, Arabica Sacra. Aufsätze zur Religionsgeschichte Arabiens und seiner Randgebiete. Göttingen (Orbis Biblicus et Orientalis 40) 1981, 148f.

5   Vgl. T. Nagel, Die Islamische Welt bis 1500. München 1998, 4. M.W. Watt/A. T. Welch, Der Islam I 41f.

Im Ausstrahlungsbereich von Juden und Christen dürfte auch die sogenannte Hanifenbewegung[6] anzusetzen sein, die sich für ihren Eingottglauben auf Abraham und die Heiligkeit der Kaaba als „Haus Abrahams" berief, aber sich keiner der monotheistischen Religionen zugehörig fühlte. Der Koran erwähnt öfters die *Religion Abrahams* (*millat Ibrahim*: 2,135; 3,95 u.a.). Die Hanifen stellten eine Brücke dar zwischen der arabischen Kulturwelt und jener der christlich-jüdischen des Nordens. Durch vielfältige Transkulturationsprozesse, die in diesem Raum zu konstatieren sind, ist es nicht verwunderlich, wenn in diesem Kontext des religiösen Pluralismus auch diverse synkretistische Religionsformen auftauchen.

Die vorislamische Zeit wird dann aus der Sicht des Islams abgewertet als Zeit der „Unwissenheit" (Dschahiliya), Zeit der Ignoranz. Damit wird zwischen dem vorislamischen und islamischen Kulturschaffen eine Trennlinie gezogen, die das Neue nicht als Transformationsvorgang des Vorausgegangenen sieht, sondern jedwede Kontinuität zum Vorausgegangenen abbricht und das Neue kontextlos mit der Offenbarungsgeschichte verbindet.

Muhammad in Mekka und Medina

Die legendenhafte Auslegung der Prophetenvita beginnt, wie Nagel gezeigt hat, schon zu Muhammads Lebenszeiten, und sie erreicht bereits in der zweiten Hälfte des 7. Jahrhunderts ihre bis heute maßgeblichen Konturen.[7] Je weiter weg wir uns von der Lebenszeit Muhammads bewegen, desto stärker formt sich ein übergeschichtliches Bild vom Propheten, das jedweder Kritik entzogen wird. Nagel spricht hierbei von einer „Mohammeddogmatik"[8]: Zeit seines Lebens habe er unter göttlicher Inspiration gestanden und die Botschaft Gottes sei ihm wortwörtlich vom Engel Gabriel übergeben worden, er wiederum habe diese göttlichen Worte ohne eigenes Zutun weitergegeben. Dieses idealisierte jedweder geschichtlichen Wirklichkeit abgehobene und daher verklärte Bild Muhammads geht davon aus, dass er „für die Regelung des ganzen irdischen Daseins seiner Gläubigen zuständig" sei. „So wird Mohammed nicht allein zum Garanten der gottgewollten Ordnung des Diesseits und der gottgefälligen Meisterung des Daseins, sondern auch zum Vermittler des Heils."[9]

Für das Leben Muhammads und seines religiösen Selbstverständnisses als Gesandter Gottes ist die Unterscheidung, die auch der Einteilung der Suren zugrunde liegt, von mekkanischer und medinischer Zeit ausschlaggebend.[10] Mit beiden Örtlichkeiten verbinden sich unterschiedliche wirtschaftliche, geographische, sozio-

---

6   G.E. von Grunebaum, Der Islam in seiner klassischen Epoche 622–1258. Zürich 1966, 26. W. Dostal, Die Araber in vorislamischer Zeit 35. U. Rubin, Hanifiyya und Ka´ba. In: Jerusalem Studies in Arabic and Islam 13 (1990) 86ff. M.J. Kister, Some Reports Concerning Mecca. From Jahiliyya to Islam. In: JESHO 15 (1972) 63ff.

7   T. Nagel, Der Weg zum geschichtlichen Mohammed. In: rhs 3 (2008) 126.

8   T. Nagel, Mohammed: Leben und Legende. München 2008, 358.

9   T. Nagel, Mohammed 358f.

10   Vgl. R. Paret, Mohammed und der Koran. Stuttgart 1980, 102ff. M.W. Watt, Muhammad at Mecca. Oxford 1953. M.W. Watt, Muhammad at Medina. Oxford 1956.

kulturelle und daher auch religiöse Voraussetzungen, denn in Mekka wurden der Prophet und die Seinen angefeindet und mussten in der Folge diverse Repressionen erleiden, daher die Flucht bzw. Auswanderung nach Medina.

Am Beginn kommt die Zugehörigkeit zu einer eher gnostischen Richtung in den Blick, die auf kultische Reinheit bedacht war. Der Name „Sabier" (vgl. „Sabier" in Sure 22,17), mit dem die Anhänger Muhammads anfangs bezeichnet wurden, verweise[11]auf eine judenchristlich-synkretistische Sekte, die sog. „Elkesaiten", die sich „Sobiai" („die sich Waschenden")[12] nannten. Aus der Prophetenbiographie bzw. einschlägigen Stellen des Koran wissen wir, dass das rituelle Gebet (*salat*) und die Läuterungsgabe (*zakat*) hierbei im Mittelpunkt standen, also Kultelemente, die bereits in altsüdarabischen Inschriften belegt sind und „die eine im 4. Jahrhundert n.Chr. anlaufende hochreligiöse Durchdringung des heidnischen Arabertums erkennen lassen, wenn auch Übertritte zum Judentum oder Christentum die Ausnahme blieben."[13]

In einer weiteren Phase – bis kurz vor seiner Flucht aus Mekka – tritt die jüdische Überlieferung und die mit der „heidnischen Religiosität durchmischte orientalisch-christlichen Hymnik" [14] und somit das Hanifentum stärker in den Mittelpunkt. Einschlägige Themen der jüdisch-christlichen Traditionen lagen schon auf Arabisch in Form der hanifischen Dichtung[15] vor und waren so gut bekannt, dass Muhammad auf Verschiedenes nur anzuspielen brauchte. Die beginnenden Auseinandersetzungen mit den Mekkanern, die um ihre wirtschaftliche Position fürchteten, spiegeln sich auch im Gottesbild wider. Sollte die Kaaba von einem henotheistischen Heiligtum (Allah als Hochgott mit seinen drei Töchtern) zu einem monotheistischen umgewandelt werden, Mohammad wollte die sorglosen Mekkaner vor der Stunde des Letzten Gerichtes warnen (Droh- und Gerichtsrede). Außerdem kritisierte er die reichen Mekkaner, dass sie ihrer sozialethischen Pflicht, auch die Ärmeren der Gesellschaft zu beachten, nicht nachkommen. Die Auswanderung bzw. Flucht nach Medina (hidschra 622) interpretiert Muhammad als Vertreibung aus seiner Vaterstadt, wodurch es ihm dann möglich wurde, auch seine Landsleute, die Mekkaner, für seinen Lebensunterhalt verantwortlich zu machen. Der Überfall auf reich beladene mekkanische Handelskarawanen, die von Syrien kamen oder dorthin unterwegs waren, wurden abgefangen, dabei gab es auch Tote. Da aber die Toten immer gerächt werden müssen, markieren diese Überfälle den Beginn der bewaffneten Auseinandersetzungen zwischen Muhammad und den Mekkanern.

Die letzte Phase in Medina stellt den „heidnischen Propheten" (*an-nabi al-ummi*) in den Mittelpunkt und grenzt somit den Islam von den beiden vorausgehenden monotheistischen Religionen mit Hilfe Abrahams ab. Damit bekommt nun auch das

---

11 Vgl. T. Nagel, Der Weg zum geschichtlichen Mohammed 126. vgl. H. Bobzin, Mohammed. München 2000, 58.
12 Vgl. C. Colpe, Das Siegel der Propheten. Historische Beziehungen zwischen Judentum, Judenchristentum, Heidentum und frühem Islam. Berlin 1989, 169–170.
13 T. Nagel, Der Weg zum geschichtlichen Mohammed 127.
14 Vgl. T. Nagel, Der Weg zum geschichtlichen Mohammed 127.
15 Vgl. U. Rubin, Hanifiyya 85ff.

arabische Volk eine Lebens- und Gesellschaftsordnung, die als göttlich ausgewiesen wird und über die bereits Juden und Christen verfügen.

In Medina selbst gab es drei große jüdische Stämme, auf die Muhammad mit großen Erwartungen blickte, dass sie ihn als Propheten und Gesandten des Einen Gottes anerkennen würden. Da das Hanifentum noch über keine ausgeprägten Riten verfügte, hat sich Muhammad diesbezüglich stärker dem Judentum angeschlossen; z.B. Übernahme der Gebetsrichtung nach Jerusalem, dem ersten abrahamitischen Heiligtum. Letztendlich aber kam es dann zum Bruch mit der Judenschaft Medinas und im Gefolge zu kriegerischen Auseinandersetzungen mit den Mekkanern, ihren Verbündeten und den Juden. Daraufhin wurde auch die Gebetsrichtung von Jerusalem zur Kaaba, zum zweiten abrahamitischen Heiligtum geändert.

Indem der Koran diese Auseinandersetzungen reflektiert, finden auch unterschiedliche Haltungen Eingang, die jeweils den spezifischen Situationen in Mekka und Medina entsprechen: in Mekka das Geduldig-Sein und Ertragen der Anfeindungen und Aggressionen der Mekkaner; und in Medina die Erlaubnis, Gleiches mit Gleichem zu vergelten, also die Erlaubnis, die Aggression erwidern zu dürfen, die Erlaubnis zum Kampf. In diesem Kontext wird sich der *dschihad fi sabili llahi* (Einsatz auf dem Wege Allahs) entwickeln, der Einsatz, das Abmühen für den Islam, für die Muslime als religiöser Einsatz, auch mit der Waffe. Aber auch das Friedenskonzept findet sich in diesen Versen. Am Ende dieser Auseinandersetzungen steht der Einmarsch in Mekka, die grundsätzliche Generalamnestie, die er erließ, die politische Unterwerfung und Einigung der Arabischen Halbinsel unter dem Islam. Möglich geworden war dieser Erfolg dadurch, dass die Mekkaner mit ihrer Koalitionspolitik scheiterten und dass sich die politischen Konstellationen im Kampf zwischen Byzanz und Persien veränderten. In der Folge werden gerade jene reichen Quraischiten, die Muhammad zeitlebens bekämpft haben, zum Islam übertreten. Muhammad wird sie gegenüber den medinensischen Helfern, die ihn nach seiner Flucht aus Mekka aufgenommen haben, bevorzugen, mit wichtigen Ämtern betrauen, bei der Verteilung der Beute bevorzugen; er wird so insgesamt dem Machtanspruch der Quraisch zum Durchbruch verhelfen. Die religiösen Minderheiten, Juden, Christen und andere Eingottgläubige, also die Schriftbesitzer (*ahl al-kitab*), bekamen in diesem politischen Gebilde als Schutzbefohlene (*dhimmi*) einen Sonderstatus zugesprochen, denn sie brauchten sich nicht zu bekehren, sondern mussten sich bloß politisch unterwerfen und eine spezielle Steuer bezahlen (*dschizya*, 9,29). Das islamische Gemeinwesen garantierte für ihr Leben, ihr Eigentum und ihre Religionsausübung. Anders verhält es sich mit den Polytheisten, denen kein Existenzrecht zugesprochen wurde, außer sie nehmen den Islam an. Mit der Bildung der Umma als religiös-politischer Gemeinschaft, als Heilsgemeinschaft, gewinnt in medinischer Zeit der „Wille Gottes" immer mehr an Bedeutung, indem die Hinwendung zu Allah stärker durch eine Gesetzesfrömmigkeit zum Ausdruck kommt. Als Kriterium der Zugehörigkeit zu dieser „besten aller Gemeinschaften" fungiert nicht mehr ein genealogisches, sondern allein der Glaube an Allah. Dennoch ist es dem Islam nie gelungen, das Netzwerk der genealogischen, sprich ethnischen Zugehörigkeit der Muslime abzuschaffen, denn die Spannung zwischen Umma und Stammesdenken beherrscht die islamische Geschichte recht konfliktreich bis heute.[16]

In der westlichen Forschung wird in der Gegenwart sehr kontrovers die Frage diskutiert, ob für das Selbstverständnis des Propheten stärker der jüdisch-christliche Kontext von Bedeutung sei[17]; hier geht es vor allem darum, wieweit Muhammad von judenchristlichen Vorstellungen beeinflusst wurde; oder ob nicht vielmehr der Hanifenbewegung, also einer Bewegung, die sich weder dem Judentum noch dem Christentum zugehörig fühlte, sondern speziell der arabischen Kultur, mehr Bedeutung zukommen müsse. Im Mittelpunkt der Religion der Hanifen stand die Kaaba als abrahamitisches Heiligtum bzw. der abrahamitische Eingottglaube. Die Frage ist also, ob sich in Arabien ein Christentum erhalten hat, das die Hellenisierung nicht mitgemacht hat und in dessen Kontext Muhammad einzuordnen ist. Viele sehen in den beiden Gruppen von Christen,[18] die im Koran auszumachen sind, einen Hinweis darauf, dass wir es hier grundsätzlich mit einer Auseinandersetzung zwischen hellenistisch und semitisch christlichen (judenchristlichen / ostsyrischen) Traditionen zu tun hätten, die bis in die frühislamische Zeit andauerten.

Konsensfähig unter den Gelehrten ist die Einreihung Muhammads in die hanifische Bewegung mit ihrer asketischen Ausrichtung, die ihm die Grundlehren seiner Botschaft und damit sein Selbstverständnis als „Mahner" und „Verkünder von Frohbotschaft" lieferte.[19] Verbunden mit dieser Botschaft sind auch diverse sozialethische Aspekte, die zeigen, dass die damaligen Stammesgesellschaften nicht mehr funktionierten, indem diejenigen, die zu Reichtum gekommen waren, die Ärmeren daran nicht teilnehmen ließen.

Der Koran

Der Koran (*qur´an*), die „Herabsendung" (*tanzil*), das „Buch" (*kitab*),[20] bezeichnet die prophetische Verkündigung als „Bestätigung" der jüdisch-christlichen Lehren in arabischer Sprache. Daher betont Muhammad im Koran immer wieder, dass er nichts anderes verkünde als das, was die Propheten vor ihm, Abraham, Isaak und Jakob, Mose, Jesus u.a. bereits verkündet hatten. Offenbarung im Sinne des Korans meint daher in erster Linie ein sprachliches Ereignis, nämlich die Bestätigung (*musaddiq*) der jüdisch-christlichen Offenbarung in arabischer Sprache. Freilich wird es bei dieser Bestätigung nicht bleiben, denn gerade in den medinischen Suren wird Juden

16 Vgl. J. van Ess, Theologie und Gesellschaft im 2. und 3. Jahrhundert Hidschra, Bd.1. Berlin 1991, 17. B. Tibi, Einladung in die islamische Geschichte. Darmstadt 2001, 29.
17 Vgl. K.-H. Ohlig, Das syrische und arabische Christentum und der Koran. In: K.-H. Ohlig/G.-R. Puin (Hg.), Die dunklen Anfänge. Neue Forschungen zur Entstehung und frühen Geschichte des Islam. Birkach 2005, 366–404. C. Colpe, Das Siegel der Propheten 170ff.
18 Vgl. A.Th. Khoury, Der Islam, sein Glaube – seine Lebensordnung – sein Anspruch. Freiburg 1988, 219ff („gute" und „schlechte Christen").
19 Vgl. T. Nagel, Mohammed 155ff.
20 Vgl. H. Bobzin, Der Koran: Eine Einführung. München 1999. R. Paret, Mohammed und der Koran 90ff. T. Nagel, Vom „Qur´an" zur „Schrift" – Bells Hypothese aus religionsgeschichtlicher Sicht. In: Der Islam 60 (1983), 143ff.

und Christen auch vorgeworfen, dass sie die biblische Offenbarung verfälscht hätten; die Juden, indem sie sich nicht an das Wort Gottes, das in der Torah verschriftet ist, halten; und die Christen, indem sie Jesus zum „Sohn Gottes" erhoben haben und somit den Trinitätsglauben begründeten, wodurch sie in den Polytheismus abglitten. Daher wird sich ab einer gewissen Zeit Muhammad auf Abraham berufen, wo noch der reine, unverfälschte Eingottglaube zu finden ist, denn zu seiner Zeit habe es noch keine Juden und Christen gegeben. Insgesamt geht aber der Koran davon aus, dass der Monotheismus bereits in der Schöpfung Gottes verankert ist (30,30) und somit auch in der Natur des Menschen (7,172).

Diese Abkehr von Juden und Christen hatte zur Folge, dass sich der Islam als ein eigenständiges Religionssystem herausbildete. Dem Absolutheitsanspruch des Judentums und Christentums stellt der Koran nun den Anspruch Muhammads gegenüber, der letzte Prophet zu sein, das „Siegel des Propheten" (33,40) und „Gesandter für alle Menschen" (7,158; 34,28); weiters den Anspruch des Islams, die einzig wahre Religion zu sein, „Die Religion bei Gott ist der Islam" (3,19). Der Heilsanspruch von Juden und Christen gehört demnach der Vergangenheit an. Insgesamt aber gibt der Koran als Direktive an: „Es gibt keinen Zwang in der Religion" (2,256).

Seiner Bestimmung nach ist der Koran ein Rezitationsbuch, das aus 114 Suren (mekkanisch, medinisch) besteht, die anhand verschiedener literarischer Gattungen in kürzerer oder längerer Fassung ähnliche Themen abwandeln: der Eine und Einzige Gott und die Götter/Göttinnen, die Schöpfung, die Vorsehung, die eschatologischen Themen: Apokalyptik, Auferstehung, Letztes Gericht, Himmel und Hölle usw.

In medinischer Zeit gewinnt aufgrund der spezifischen gesellschaftlichen Situation immer mehr eine Gesetzesfrömmigkeit an Boden; allgemeine Direktiven und Anordnungen der mekkanischen Suren werden hier ganz konkret in einen Normenkatalog umgesetzt.

Im Mittelpunkt muslimischer Gläubigkeit und Frömmigkeit steht die Rezitation des Korans, der so Denken, Fühlen und Handeln der Menschen bis in den Alltag und die Gesellschaft hinein durchwirkt. Aufgrund des Koranverses „Wir haben im Buch nichts übergangen" (6,38) geht man auch davon aus, dass der Koran auf alle Fragen des Lebens eine Antwort gibt, ja dass er auch die Basis für die Wissenschaften und die Künste darstelle.[21] Da ihn zu berühren, ihn zu rezitieren, kultische Reinheit voraussetzt (56,77-80) und sich mit ihm auch die Erfahrung von Heil und Heilung, Rechtleitung und Barmherzigkeit verbinden (10,57), kommt ihm und seinen Buchstaben eine besondere Segenskraft zu. Im 9. Jh. hat sich daher der Glaubenssatz von der „Unnachahmlichkeit des Korans" bzw. vom „Wundercharakter des Korans" herausgebildet.[22]

---

21 Vgl. J.C. Bürgel, Allmacht und Mächtigkeit. Religion und Welt im Islam. München 1991, 44.

22 A. Neuwirth, Das islamische Dogma von der „Unnachahmlichkeit des Korans" in literaturwissenschaftlicher Sicht. In: Der Islam 60 (1983), 166ff.

Die Spaltung der muslimischen Gemeinde

Der Prophet starb 632 ohne einen männlichen Erben hinterlassen zu haben. Die Nachfolgefrage sollte die muslimische Gemeinde in der Folge in schwere innere Konflikte führen, ja zu Bürgerkriegen (fitna-Kriege) und letztendlich zu ihrer Spaltung, hervorgerufen durch den Konflikt zwischen den „Helfern", den frühesten Gefährten (Auswanderer) und den zuletzt bekehrten Quraischiten, die, obwohl sie Muhammad zeitlebens bekämpften, dann doch bevorzugt wurden. Damit verbunden sind auch die Konflikte zwischen Nord- und Südarabern.

In diesem Zusammenhang werden sich grundsätzlich zwei unterschiedliche Geschichtsbilder herauskristallisieren, das sunnitische (Kalifat) und das schiitische (Imamat).

Nach Meinung der Schiiten,[23] der Partei Alis (*schiat Ali* – Schiiten), wäre dieser von allem Anfang an für die Nachfolge (*chalifa*: Kalif) des Propheten, und somit für die prophetische Führung und Rechtleitung (*imam*) legitimiert gewesen. Denn er war nicht nur Schwiegersohn des Propheten – verheiratet mit Fatima, der Tochter des Propheten –, sondern auch sein Cousin. Er war daher der einzige von den Prophetengefährten, der mit dem Propheten auch blutsverwandt war (Sippe der Haschim). In der Reihe der vier „rechtgeleiteten Kalifen" rangiert Ali aber erst an letzter Stelle (Abu Bakr, Omar, Uthman, Ali).

Durchgesetzt als Kalif/Imam haben sich schließlich die Umaiyaden[24] aus der Sippe der Abdschams, die als Dynastie bis 750 in Damaskus regieren werden. Damit gewinnt die arabisch-quraischitische Aristokratie Mekkas mit ihrem Anspruch auf ein arabisches Königtum die Oberhand. Die neubekehrten Nicht-Araber (Perser, Kopten, Griechen, Nabatäer, Schwarze und Türken) waren den arabischen Muslimen nicht gleichgestellt, mussten vielmehr im Zuge ihres Religionswechsels Anschluss an einen arabischen Stamm suchen, der ihnen Schutz gewährte; als Gegenleistung betrachtete sie dieser Stamm als seine Klienten (Mawali).

Ali wird in der Folge zum Kristallisationspunkt für alle nicht-quraischitischen Stämme und sodann auch für die nicht-arabischen Muslime; auf diese Weise verbinden sich mit ihm universalistische Züge. Verschiedene Oppositionsgruppen bilden sich gegen die Umaiyaden heraus, die nicht nur politische, sondern auch theologische Denkrichtungen angeben.

Eine breite Oppositionsbewegung von Unzufriedenen, die im Osten des islamischen Reiches entstand, wird im schiitischen Gedankengut, nämlich in der Heiligkeit der „Familie des Propheten" (Haschimiyya-Bewegung), die Bündelung ihrer gemeinsamen Interessen finden. Das gemeinsame Ziel war die Überwindung des genealogischen Prinzips und damit die soziale und ökonomische Gleichheit aller Muslime. Um die Abbasiden scharen sich nun die Unzufriedenen und stürzen 750 die Umaiyaden, ja rotten sie gleichsam aus. Mit ihrem Sturz wurde so das genealo-

---

23 T. Nagel, Staat und Glaubensgemeinschaft im Islam, Bd. I. Zürich 1981, 153ff. H. Halm, Die Schia. Darmstadt 1988.

24 Vgl. T. Nagel, Die islamische Welt bis 1500, 28ff.

gisch vorislamische Prinzip bzw. insgesamt das Stammessystem für das islamische Gesellschaftssystem überwunden, und eine grundsätzliche Gleichstellung zwischen Arabern und Nicht-Arabern erfochten; außer für die abbasidische Dynastie selbst, die das Kalifat bis zum Mongoleneinfall 1258 in Bagdad innehaben wird.[25]

Die Aufhebung des genealogischen Denkens bildete auch die Voraussetzung dafür, dass eine Beamtenhierarchie entstehen konnte. Dem Beruf, d.h. der persönlichen Anstrengung, kommt nun für die Stellung im gesellschaftlichen Gefüge eine entscheidende Rolle zu. „Die Sippenpolitik und die Solidarität Angehöriger gleicher genealogischer Formationen wurden allmählich zurückgedrängt."[26] In der Folgezeit waren es die iranischen Muslime, die in der Verwaltung des abbasidischen Reiches eine führende Stellung einnehmen werden. So wurde das „arabische" Reich der Umaiyaden durch das „islamische" Reich der Abbasiden abgelöst. Die Abbasiden schlossen verschiedene schiitische und andere Gruppen von Unzufriedenen, die den Umsturz aktiv mitgetragen hatten, von der Machtbeteiligung aus. Lokale Aufstände und Revolten verschiedenster Gruppen waren die Folge. Unter ihrer Herrschaft wird sich die sunnitische Richtung des Islam herausbilden.

Eroberungen und gesellschaftliche Strukturen

Unter den Umaiyaden wurde mit der Eroberung der byzantinischen Provinz Afrika und der Inbesitznahme Spaniens (ab 710) begonnen. Weiter wurde das nordwestliche Indien (Sind) und in Zentralasien Transoxanien mit den Städten Buchara und Samarkand dem islamischen Imperium einverleibt. Mit den Eroberungen in Indien und Zentralasien beginnt die Begegnung der Muslime mit Hinduismus und Buddhismus und den verschiedenen Formen des Schamanismus.

Je größer die Ausdehnung des Reiches wurde, desto größer wurden auch die ökonomischen und sozialen Spannungen dieses Vielvölkerreiches: unterschiedliche Interessen um eine gerechte Verteilung von Grundbesitz und Beute in den eroberten Gebieten, Konflikte zwischen den Einheimischen und den Neuankömmlingen, zwischen Städtern und Nomaden, Nord- und Südarabern und nicht zuletzt zwischen arabischen und nicht-arabischen Muslimen.

Mit der Eroberung der großen Kulturräume des Vorderen Orients wurden aber die Voraussetzungen geschaffen, dass sich in den folgenden Jahrhunderten eine islamische Kultur herauskristallisieren konnte als eine Synthese von arabischer, griechisch-hellenistischer, semitischer, persischer und türkischer Kultur. Die Gründe für das rasche Vordringen und den geringen Widerstand, auf den die Eroberer stießen, sind vielschichtig und komplex, bedingt durch spezifisch gesellschaftliche, ökonomische, religiöse und politische Verhältnisse in diesen beiden Kulturräumen.

---

25 Vgl. T. Nagel, Das Kalifat der Abbasiden. In: U. Haarmann (Hg.), Geschichte der Arabischen Welt. München 1987, 101ff.
26 Vgl. T. Nagel, Staat und Glaubensgemeinschaft im Islam I, 152–153.

Bereits lange Zeit vor den Eroberungen drängten immer wieder arabische Gruppen aus der Wüste in die Kulturländer des Vorderen Orients (Syrien und Iraq) nach. Wie die Eroberung Syriens scheint auch die Eroberung des Zweistromlandes ein Gemeinschaftsunternehmen von einzelnen muslimischen Truppen bzw. Stammesgruppen und bereits in der Region ansässigen Arabern gewesen zu sein.[27] Die sich seit Jahrhunderten bekämpfenden Großreiche Byzanz und Persien waren innenpolitisch geschwächt und zerrüttet und außenpolitisch handlungsunfähig. Weiters haben auch die Handelsinteressen der mekkanischen Aristokratie für eine übergeordnete Konzeption der Eroberungspolitik des islamischen Staates eine nicht zu unterschätzende Rolle gespielt. Das Neue war nun, dass dieser Kampf eine „religiöse Legitimation" erhielt, denn jetzt war das zu bekämpfende Gegenüber nicht mehr irgendein Stamm, sondern Nichtmuslime, Ungläubige. Die innerarabischen Stammeskämpfe (Razzien) wurden jetzt neutralisiert und auf ein gemeinsames Ziel hin gebündelt: Der „Kampf bzw. Einsatz auf dem Wege Gottes" (*dschihad fi sabili llahi*), der in medinischer Zeit begonnen hatte, fand so seine Fortsetzung.

Das Ziel der arabisch-muslimischen Eroberer war nicht die Ausbreitung des islamischen Glaubens, sondern die Ausweitung des islamisch-arabischen Herrschaftsbereiches, um Beute und Landgewinn zu machen.[28] Ein entscheidender Grund für das rasche Vordringen lag aber wohl auch in der heterogenen Bevölkerungsstruktur von Byzanz und Persien und den damit zusammenhängenden teilweise mit Gewalt ausgetragenen Konflikten. Auf der einen Seite die semitische Bevölkerung, Aramäer und Kopten; auf der anderen Seite die Träger des griechisch-hellenistischen Erbes, die sich im allgemeinen auf die herrschende Klasse beschränkten. Aramäer und Kopten waren als semitische Völker hauptsächlich Nestorianer und Monophysiten und somit Abtrünnige in den Augen von Byzanz. Neben diesen waren auch die Juden so manchen Repressalien ausgesetzt.

Die Bevölkerung, ob christlich oder jüdisch, zeigte daher kaum Interesse, die landesfremden byzantinischen Truppen, d.h. die Fremdherrschaft gegenüber den arabischen Eindringlingen zu verteidigen. Daher konnte es vorkommen, dass die Eroberer teilweise als Befreier vom byzantinischen Joch willkommen waren, obwohl es von Seiten der vordringenden arabischen Truppen auch zu Verwüstung und Blutvergießen wie zu Zerstörungen und Plünderungen auch religiöser Kultstätten kam.[29] Trotzdem erhoffte man sich von den Befreiern mehr an Freiheit als von den Byzantinern. Mit den neuen Herrschern verbanden sich somit durchaus positive Erwartungen, die teilweise auch eintreffen sollten, nicht nur in religiöser, sondern auch in ökonomischer Hinsicht.

Die neuen Herrscher verlangten von der Bevölkerung Unterwerfung, aber nicht Konversion zum Islam, wenn es auch Aufrufe dazu gab.[30] Später wird man aus wirt-

---

27   Vgl. W. Kallfelz, Nichtmuslimische Untertanen im Islam. Wiesbaden 1995, 30ff.
28   Vgl. W. Kallfelz, Nicht muslimische Untertanen 33.
29   Vgl. W. Hage, Die syrisch-jakobitische Kirche in frühislamischer Zeit. Wiesbaden 1966, 66ff. Bat Ye′or, Der Niedergang des orientalischen Christentums unter dem Islam. Gräfelfing 2002.
30   Vgl. W. Kallfelz, Nichtmuslimische Untertanen 46ff.72ff.

schaftlichen Gründen die Konversion zum Islam zeitweilig sogar unterbinden. Nur wenn die Schriftbesitzer Widerstand leisteten, drohte ihnen Tod und Versklavung. Wenn sich die Bevölkerung jedoch widerstandslos unterwarf, kam es zu Vereinbarungen und Verträgen zwischen den Eroberern und den Unterworfenen, die so zum Entstehen einer „muslimischen Ökumene" beitrugen.[31] Bereits der Prophet (vgl. Sure 9,29) hatte mit den Schriftbesitzern (*ahl al-kitab*) – Juden, Christen und Zoroastrier – solche Verträge abgeschlossen.

Insgesamt scheint es in den frühen Jahrhunderten der islamischen Herrschaft „einen regen gesellschaftlichen und kulturellen Austausch zwischen den drei Religionen gegeben zu haben."[32] Als sich jedoch die islamische Herrschaft durch Übertritte zum Islam stärker konsolidierte und auch das religiöse Selbstbewusstsein zunahm, scheint das Recht der Nichtmuslime auf freie Religionsausübung immer stärker eingeschränkt worden zu sein. Bezüglich ihrer sozialen Handlungsfreiheit und ihrer wirtschaftlichen Tätigkeiten waren sie weitgehend den Muslimen angeglichen. In ihren inneren Angelegenheiten waren Juden und Christen autonom, sie konnten sich selbst verwalten und hatten auch eine eigene Gerichtsbarkeit. Angleichung bedeutet jedoch nicht Gleichstellung, vielmehr ist der Status der Schutzbefohlenen jener von „Bürgern zweiten Ranges".[33] Das drückt sich oft darin aus, dass die Nicht-Muslime mannigfaltigen Demütigungen (vgl. den Umar-Vertrag bzw. die „Bedingungen Umars") ausgesetzt werden.[34] Ziel dieser Bestimmungen war es, die Lebenssphäre der Muslime von jener der Nicht-Muslime zu trennen (z.B. Kleidervorschriften).

Die Praxis zeigt daher ein breites und vielschichtiges Spektrum von Haltungen, eine Vielfalt von Momentaufnahmen, die nur schwer auf einen Nenner gebracht werden können. Sie reichen von Repressalien und Demütigungen bis dahin, dass – sowie Juden – auch Christen zu höchsten Staatsämtern aufsteigen konnten. Trotzdem wurde durch den Toleranzgedanken des Koran (2,256) ein Modell für bedingte Toleranz geschaffen, das die Jahrhunderte überdauerte und grundsätzlich so das Zusammenleben der verschiedenen Religionsgemeinschaften ermöglicht hat.

Ausgehend von der dichotomischen Sicht der Gesellschaft im Koran – Gläubige und Ungläubige – entsteht durch die Eroberungen eine Weltsicht, die zwischen „Haus des Islams" (*dar al-islam*) und „Haus des Krieges" (*dar al-harb*) unterscheidet. Die von den Rechtsgelehrten aus dem Koran entwickelte Dschihad-Doktrin hat Dschihad „vorwiegend als gewaltsamen Kampf" interpretiert.[35] Allerdings wurden die Eroberungen nicht als Kriege (*harb*) in unserem Sinne bezeichnet, sondern mit dem Sammelbegriff „Öffnungen" (*fath, pl. futuh*), d.h. das Land wurde „dem Islam geöffnet"; Kriege (*harb*) führen nur die Ungläubigen. Allerdings wird die ständige,

---

31 A. Noth, Früher Islam. In: U. Haarmann (Hg.), Geschichte der arabischen Welt. München 1987, 63.

32 Vgl. A. Hourani, Die Geschichte der arabischen Völker. Frankfurt 1997, 159.

33 A. Th. Khoury, Der Islam 177.

34 Vgl. A.Th. Khoury, Toleranz im Islam. München 1980, 81ff. W. Kallfelz, Nichtmuslimische Untertanen 77ff.

35 M. Tworuschka, Islam und Vorurteile. Vorurteile und andere Urteilsformen. In: A. Noth/J. Paul, Der islamische Orient – Grundzüge seiner Geschichte. Würzburg 1998, 23.

auch gewaltsame Ausdehnung der islamischen Herrschaft nach dieser Sicht nicht als Aggression, sondern defensiv gesehen.[36]

Der Absolutheits- und Universalanspruch des Islams gebietet es den Muslimen, den Islam auf der gesamten Erde zu verbreiten (vgl. da´wa: „Mission"). Der endgültige Weltfriede im Verständnis dieses mittelalterlichen Dschihad-Konzeptes ist erst dann erreicht, wenn die gesamte Welt dem „Haus des Islams / Friedens" unterworfen ist – pax islamica –, entweder durch Konversion oder durch politische Unterwerfung. Einen Dauerfrieden zwischen der Welt des Islams und der Welt der Ungläubigen kann es nach dieser mittelalterlichen Doktrin nicht geben. Die Realpolitik hat jedoch die friedlichen Beziehungen der Staaten (dar al-ahd: Haus des Vertrages) und Länder untereinander zur Regel gemacht.[37]

Die Regionalisierung des Reiches

Die ungeheure Ausdehnung des Reiches und die auseinanderstrebenden Interessen der verschiedenen Provinzen mit ihren Statthaltern und Lokaldynastien trugen dazu bei, dass das Reich in selbständige arabische und iranische Regionalreiche zerfiel. Die Folge war, dass sich die Zweiteilung der islamischen Welt in einen westlichen und östlichen Kulturkreis, in den arabischen und persischen, wobei sich letzterer auch auf die eroberten Gebiete in Indien und Zentralasien erstreckte, immer mehr verstärkte.

Der Kalif, Inhaber der weltlichen und geistlichen Gewalt, Garant für die Durchführung der „göttlichen Ordnung", verlor im Laufe der Zeit praktisch immer mehr diese beiden Zuständigkeitsbereiche; einerseits die weltliche durch dynastische Streitigkeiten um die Nachfolge, und dadurch, dass sich Usurpatoren der weltlichen Herrschaft bemächtigten; andererseits ging die Kompetenz in religiösen Fragen auf die Rechts- und Traditionsgelehrten über, unter denen sich auch die dogmatischen und rechtlichen Grundlagen des islamischen Gemeinwesens herausbilden werden.[38] Mit dieser Trennung zwischen Theorie und Praxis waren die Voraussetzungen gegeben, dass das Kalifat zu einem reinen Scheinkalifat herabsank. Damit verlor es auch seinen Anspruch der Aufrechterhaltung der „göttlichen Ordnung".

So erobern die Fatimiden, deren Ursprung in der Ismailiyya (Siebener-Schia) liegt, von Nord-Afrika aus 969 Ägypten, nehmen den Kalifen- und Imamtitel an, gründen Kairo und die al-Azhar als Lehrinstitution. Ab 910 beherrschen sie auch Sizilien. Sie entfalten eine intensive Missionstätigkeit, die sie bis an den Hof von Bagdad und nach Zentralasien bringt. „Kairo blühte unter den Fatimiden zu einer Weltstadt auf, die neben Bagdad zum Zentrum der Wissenschaften in der islamischen Welt wurde."[39] Unter den Fatimiden verlagerte sich das Handelszentrum vom Persischen Golf zum Roten Meer, wodurch Handel und Handwerk einen enormen Aufschwung bekamen;

---

36 Vgl. B. Tibi, Einladung in die islamische Geschichte 76.
37 Vgl. A.Th. Khoury, Der Islam 193ff.
38 Vgl. T. Nagel, Die islamische Welt bis 1500, 80ff.
39 B. Köhler, Die Wissenschaft unter den ägyptischen Fatimiden. Hildesheim 1994, 2.

ägyptische Kaufleute betrieben mit China und Südostasien Handel und fungierten so als Vermittler der Handelsstädte an der europäischen Mittelmeerküste. Im 10. Jh. beanspruchen auch die Umaiyadenherrscher von al-Andalus – mit dem Zentrum Cordoba – den Kalifentitel. So rivalisieren in diesem Jahrhundert neben dem abbasidischen Bagdad noch das fatimidische Kairo und das umaiyadische Cordoba um das Kalifat, um die Nachfolge und das Erbe des Propheten.

Mitte des 10. Jh. bemächtigen sich im Osten des Reiches die iranischen Buyiden (935–1055), im weitesten Sinne Schiiten, Zentralpersiens und des Iraq, bringen das Kalifat unter ihre Abhängigkeit und lassen das iranische Königtum wiederaufleben. Ihre Höfe werden zu blühenden Zentren einer islamisch-iranischen Kultur. Schließlich fiel die Macht an die Türken. Im 11. und 12. Jh. etabliert sich die Herrschaft der Seldschuqen, einer türkischen Dynastie sunnitischer Richtung. Der seldschuqische Sultan war ab 1055 neben dem Kalifen, dem geistlichen Oberhaupt, als weltlicher Herrscher anerkannt. Als Sunniten erklärten die Seldschuqen den fatimidischen Ketzern den „Heiligen Krieg".

Die große Masse der Armen fand jedoch ihren sichtbaren Ausdruck in gewaltbereiten Sekten, die das Land terrorisierten. So etwa in den Assassinen (*Haschischiyun*), einem politisch-militanten ismailitischen Geheimbund, der vor allem unter den Bauern und Handwerkern Iraks, Syriens und Irans Anhänger hatte.

Mitte des 13. Jahrhunderts überrannte das türko-mongolische Heer ganz Mittelasien und stieß bis nach Indien und Anatolien vor. 1258 wird Bagdad eingenommen, niedergebrannt, geplündert und der letzte Kalif hingerichtet. Ein Verwandter des letzten Kalifen findet im mamlukischen Kairo Zuflucht (Schattenkalifat). Die Mongoleneinfälle im Nahen Osten waren nicht nur in sozio-ökonomischer Hinsicht, sondern auch bezüglich des geistigen Kulturschaffens verheerend. „Der Prozess der Beduinisierung durch türkische Stämme, die in der Mongolenarmee ... erneut nach dem iranischen und dem anatolischen Plateau einströmten, wird verstärkt, der ethnische Charakter ganzer Regionen für immer verändert; die Städte und ihre Kultur werden gefährdete Inseln."[40]

Die islamische Kultur als Integrationsfaktor

Insgesamt wurden die byzantinischen und persischen Verwaltungsstrukturen übernommen, fehlten doch den Arabern diesbezügliche Erfahrungen. Anfang des 8. Jh. ersetzte im Gefolge einer Arabisierung und Islamisierung das Arabische als Verwaltungssprache das Griechische. Mit der Sprache verschwanden im westlichen Teil des islamischen Imperiums auch die spezifisch kulturellen Eigenheiten. Im östlichen Teil dagegen konnte sich die persische Sprache als Verwaltungs- und Literatursprache für die folgenden Jahrhunderte behaupten und damit auch die kulturellen Besonderheiten. Gerade im Zuge dieser Arabisierung traten viele Beamte zum Islam über, um nicht ihre Posten zu verlieren. Aber auch die hohen Steuern für die Nicht-Muslime – Kopf- und Bodensteuer – konnten ein Anlass sein, die Religion

---

40 G. Endreß, Der Islam. Eine Einführung in seine Geschichte. München 1997, 152.

zu wechseln. Auch wenn die Eigentümer Muslime wurden, blieb die Bodensteuer
bestehen, wodurch dann später ein gewisser Anreiz zum Übertritt wegfiel. Neben
den Verwaltungsstrukturen wurden die byzantinischen und persischen Herrscher
von den neuen Herren auch durch eine entsprechende Hofhaltung nachgeahmt,
was sich wiederum in einem entsprechenden imperialen Kunstschaffen und entsprechenden imperialen Symbolen ausdrückte.

Die islamische Geschichte wird durchgehend von zwei Gestaltungsprinzipien beherrscht: auf der einen Seite die jeweiligen Stadtkulturen, die zu Trägern der Gelehrsamkeit werden bezüglich Auslegung und Ausübung der Religion; auf der anderen
Seite die Nomaden, die an keinen Ort gebunden, sich aber in Symbiose mit den
städtischen Gesellschaften befinden.[41] Davon betroffen ist nicht nur der ostiranische
Raum und Nord-Afrika, sondern auch der Fruchtbare Halbmond (Syrien, Palästina)
und das Zweistromland

Weil der persische Osten auch nach der Eroberung seine sprachliche und kulturelle Eigenständigkeit bewahren konnte, kommt ihm ein maßgeblicher Anteil an
der Herausbildung der islamischen Kultur zu. Im 10. Jh. entsteht das Neupersische,
geschrieben mit arabischen Buchstaben, womit eine Neubelebung des epischen Ge-
dichtes bzw. insgesamt eine Orientierung an vorislamischen Traditionen einhergeht.
Während säkulare Literatur in Persisch verfasst wurde, diente das Arabische zur Ab-
fassung religiöser und wissenschaftlicher Werke. Mit dem Eindringen von türkischen
Gruppen ab dem 11. Jh. kommt als dritte Sprache das Türkische hinzu.

Persischer Einfluss auf die Entwicklung der islamischen Kultur wurde dadurch
gefördert, dass persische Muslime hohe Verwaltungsposten im abbasidischen Staate
innehatten. Nicht nur die Umgangsformen am Hof und der Stil der Verwaltung
wurden so iranisiert, auch iranische Denkgewohnheiten, iranische Überlieferungen
im Gesellschafts-, Sozial- und Wirtschaftsleben wurden eingeführt. Nicht-arabische
Muslime, vor allem die persischen, kämpften daher um Gleichberechtigung aller
islamischen Völker; wobei dieser Kampf um Gleichberechtigung nicht nur in der
Literatur ausgefochten wurde, sondern auch im gesellschaftlichen Bereich.[42] Mit
der Schu'ubiyya (schu'ub: nicht-arabische Völker, Ethnien) haben iranische Intellektuelle eine literarische Bewegung etabliert, die persische Werke ins Arabische
übersetzte. Diese Bewegung ist nur ein Beispiel dafür, wie auch andere Völker ihr
eigenes kulturelles Erbe in den Islam einbrachten bzw. ihn für sich in Anspruch
nahmen.

Wenn sich auch die Perser und Türken die Gleichheit mit dem Araber erkämpfen
konnten, so hat sich doch das Arabische (Arabiyya) als internationale Kulturspra-
che behauptet. Neben dem gemeinsamen Glauben und einem gemeinsam verpflichtenden religiösen Gesetz strukturierten immer mehr Rituale und Ordnungsvor-
stellungen den Alltag der Muslime, wodurch das Gemeinsame der verschiedenen
muslimischen Völker sichtbar zum Ausdruck kam. Freilich haben sich daneben auch
spezifische Bräuche und Sitten der einzelnen Völker und Regionen erhalten und

---

41   Vgl. T. Nagel, Die islamische Welt bis 1500, 24ff.
42   Vgl. T. Nagel, Die islamische Welt bis 1500, 173f.

sind weitertradiert worden. So entsteht nicht nur eine arabisch geprägte, das Leben umfassende islamische Kultur als einendes Band der Völker im Islam, sondern es bleiben daneben auch spezifische die Identität der verschiedenen Völker im Islam prägende kulturelle Merkmale erhalten.[43] Die islamische Kultur differenziert sich daher in diverse muslimische Kulturen weiter aus.[44]

So hat etwa der „Indische Islam" Anteil an jenem islamischen Kulturausdruck, wie er sich insgesamt im östlichen Teil der islamischen Welt herauskristallisiert hat, wo das Persische und damit entsprechende kulturelle Eigenheiten beibehalten wurden und man sich bewusst der vorislamischen Vergangenheit zuwandte. Im Gefolge der Herausbildung des Neupersischen wurde das epische Gedicht wiederbelebt, wovon auch die indisch-persische Dichtung betroffen war.

Die islamische Stadt

Das islamische Reich erbte eine vielgestaltige Stadtkultur, deren Hauptorte durch weitgespannte Handelsbeziehungen untereinander verknüpft und somit Voraussetzung für den materiellen und geistigen Kulturaustausch sind, von Andalusien bis in den Osten Irans. Diese Stadtkulturen des islamischen Reiches zeichnen sich durch unterschiedliche Umgangsformen und Denkweisen aus, die durch die Universalreligionen vorgeformt sind.

Für den Islam bedeutet die Stadt nicht nur religiöses, sondern auch kulturelles Zentrum, ist er doch im städtischen Milieu entstanden.[45] Die Durchführung der Riten und Gesetze des Islams erfordert Sesshaftigkeit. Das Nomadentum wurde daher immer etwas zwiespältig gesehen.[46] Die islamische Stadt, die Madina, verfügte in ihrer klassischen Ausformung über zwei Zentren: Das eine gruppierte sich um die Hauptmoschee der Stadt, wo der Freitagsgottesdienst abgehalten wurde; das andere um den Markt (*suq, pl. aswaq*) mit seinen Lagerhallen und Karawansereien. Die Moschee selbst bildete insgesamt das geistige Zentrum der Stadt, nicht nur als Ort des Gebetes, sondern auch als Ort der Gelehrsamkeit und der Disputation. In seldschuqischer Zeit (ab 11. Jh.) wird dann die Madrasa, die juristisch-theologische Hochschule etabliert werden, um die sunnitische Lehre in ihrem Kampf gegen die schiitisch-ismailitischen „Häresien" auch in institutionalisierter Form zu unterstützen. In der Nähe der Hauptmoschee befindet sich oft das Grab eines Heiligen, der Kalifenpalast, aber auch die Regierungs- und Verwaltungsgebäude. Einen wesentlichen Bestandteil der islamischen Städte bildeten auch die öffentlichen Bäder (*hammam*), deren Bedeutung durch die vorgeschriebenen kultischen Waschungen gegeben war.

Was die einzelnen Wohnviertel betrifft, so kennt die islamische Stadt grundsätzlich keine Ghettos, wohl aber folgen sie in ihrer Anordnung eher den individuellen

---

43 Vgl. T. Nagel, Das Kalifat der Abbasiden 140.
44 Vgl. M.W. Watt, Islam and the Interpretation of Society. London 1961.
45 Vgl. G.E. von Grunebaum, Die islamische Stadt. In: Saeculum 6 (1955), 138ff.
46 Vgl. A. Hourani, Die Geschichte der arabischen Völker 150.

Interessen einzelner Gruppen, die in ihr siedeln. Vor allem die religiöse Zugehörigkeit spielt hier eine wichtige Rolle.[47] Gewerbebetriebe waren häufig in je eigenen
Stadtvierteln oder Gassen angesiedelt und besaßen bisweilen ihre eigenen Märkte.
Sie bildeten vielfach auch Gemeinschaften, die man mit den europäischen Zünften
verglichen hat.

Der Gouverneur oder Statthalter der Stadt, der vom Staat ernannt wurde, ernannte
wiederum den Richter (*qadi*), der für die religiöse Gerichtsbarkeit zuständig war,
und den Marktwächter (*muhtasib*); letzterem unterstand die Polizei, die die Nacht-
wächter stellte. Der Marktwächter[48] verfügte auch über richterliche Funktionen, die
ihm vom jeweiligen Statthalter übertragen wurden. Unter den Abbasiden bildete sich
das Amt des Wezirs als Ratgeber des Kalifen heraus; in seinen Händen lag später die
gesamte Verwaltung, die sich in verschiedene Ministerien (*diwane*) aufteilte. Gerade
das Amt des Wezirs zeigt eine gewisse Trennung zwischen dem politischen und dem
religiösen Bereich des islamischen Staates, denn für letzteren waren die jeweiligen
Religionsgelehrten zuständig.

Bagdad und Kairo hatten zu Beginn des 14. Jh. etwa eine Viertelmillion Einwohner, ähnlich auch Cordoba. Diese Städte waren auch Manufakturzentren, die
den lokalen und internationalen Markt belieferten. Einen wichtigen Berufszweig
bildeten damals daher die Händler und Kaufleute, denen in den einzelnen Städten
nicht nur viele der Kaufläden und Werkstätten gehörten, sondern die auch die Stadt
mit Nahrungsmitteln und Rohstoffen versorgten und den Fernhandel mit Indien,
China, Süd-, Südostasien und Ost-Afrika von Basra aus betrieben.[49] „Der Irak war die
große Drehscheibe des Welthandels."[50] Die „Seidenstraße" war ein durchgehender
Handelsweg, der Kleinasien und die Levante mit China verband. Sie war aber auch
„eine Kulturbrücke zwischen Morgen- und Abendland, über die Erfindungen und
neue Gedanken ausgetauscht wurden."[51] Der Handel im Mittelmeer wurde vor allem
von europäischen Kaufleuten kontrolliert.

Handelsgesellschaften entstehen, ein Bank- und Kreditwesen mit Wechselbriefen
und Schecks (arab.: *schakk*) entwickelt sich. Gelehrte kamen in der Regel aus diesen
Kaufmanns- und Handwerksschichten oder aus Beamtenfamilien, denn sie verfügten
über den notwendigen finanziellen Hintergrund, um ihre Gelehrtentätigkeit auch
ausüben zu können. Wohlhabendere Personen errichteten öffentliche Gebäude, Bäder und Karawansereien. Eine andere Form öffentlicher Einrichtungen waren die
„frommen Stiftungen" (*waqf, pl. wuquf*): Ein Eigentümer übereignete Land oder das
Einkommen aus Basaren, Bädern oder Karawansereien einer religiösen Einrichtung,
z.B. einer Moschee oder Madrasa. Einen wichtigen Zweig bildete auch der Skla-
venhandel; diese kamen aus Zentralasien und dem Kaukasus, aus den slawischen
Ländern und aus Schwarzafrika. Sie wurden nicht nur als Landarbeiter, Hausbe-

---

47 Vgl. St. Bianca, Architektur und Lebensform im islamischen Stadtwesen. Zürich 1975, 84.
48 Vgl. G.E. von Grunebaum, Die islamische Stadt 149–150.
49 Vgl. A. Hourani, Die Geschichte der arabischen Völker 151–153.
50 T. Nagel, Die islamische Welt bis 1500, 78.
51 W.M. Weiss/K.-M. Westermann/E.T. Balic, Der Basar: Mittelpunkt des Lebens in der islamischen
    Welt. Wien 1994, 26.

dienstete und Soldaten, sondern auch als Konkubinen, Sängerinnen, Tänzerinnen und Eunuchen eingesetzt.

Steuern lagen nicht nur auf den landwirtschaftlichen Erzeugnissen, sondern auch Handel und Gewerbe mussten Abgaben leisten, mit deren Erhebung eigene Beamte betraut waren. Verschiedene Arten der Besteuerung hatten zur Folge, dass die Bauern, die die Masse der Bevölkerung ausmachten, unter einem enormen Steuerdruck standen. Seit dem 10. Jh. entwickelte sich in manchen Ländern als eine Art Besoldung die Praxis der Zuteilung von Ländereien, von denen nach eigenem Ermessen Steuern eingehoben werden konnten.[52]

Die islamische Tradition (sunna / *hadith*)

Anfang des 8. Jh. kommen immer mehr Nachrichten, Überlieferungen (*hadith*) in Umlauf, die auf den Propheten zurückgeführt werden und die insgesamt seinen „vorbildlichen Weg" markieren (*sunna*: Brauch, Gepflogenheit);[53] seine religiöse Praxis, seine Anweisungen und Verordnungen gegenüber der Gemeinde, seine Stellungnahmen zu gewissen Frage- und Problemstellungen, seine Wertungen, sein Verhalten, seine Handlungsweise und seinen persönlicher Lebensstil, also all das, was nicht im Koran steht. Man spricht hierbei von der islamischen Tradition. Die Bedeutung dieser Nachrichten erhellt daraus, dass bereits der Koran vom „schönen Vorbild" (33,21) Muhammads und seinen „großartigen Charakterzügen" (68,4) spricht.

Je größer der Abstand zu der Zeit des Propheten wurde, desto mehr fragten die Gläubigen, worin denn diese Vorbildhaftigkeit des Propheten bestehe? Mahnt doch der Koran immer wieder den Gehorsam gegenüber „Gott und seinen Gesandten" ein (33,36; vgl. 58,5; 72,23; 4,80). Mit der Zeit kristallisiert sich ein festgefügtes Schema dieser in immer größerer Zahl in Umlauf kommenden und mündlich weitergegebenen Hadithe heraus. Freilich führten politische und religiöse Interessen verschiedener Gruppen im Laufe der Zeit zu massiven Fälschungen von Hadithen,[54] sodass sich die Hadithwissenschaft bzw. Hadithkritik formte, die Kriterien aufstellte, um „echte" von „schönen" und „schwachen" zu unterscheiden. Diese Kriterien bezogen sich in der Hauptsache auf die Überprüfung einer lückenlosen Gewährsmännerkette und auf die Prüfung dieser Tradenten nach verschiedenen Gesichtspunkten. Hier hat auch die reichhaltige biographische Literatur ihren Sitz im Leben. Mitte des 9. Jh. werden sich dann sechs kanonische Hadith-Sammlungen herauskristallisieren.

Solche Traditionen dringen in wachsender Zahl auch in die Rechtsliteratur ein. Bei den Schiiten bekommen nur die Aussagen der Imame rechtsverbindlichen Charakter, weil diese als jene Instanz gelten, die für die authentische Sunna des Propheten bürgen.

---

52 Vgl. T. Nagel, Die islamische Welt bis 1500, 73ff.
53 Vgl. A. Th. Khoury, Der Islam 15ff.
54 Vgl T. Nagel, Die Festung des Glaubens. Triumph und Scheitern des islamischen Rationalismus im 11. Jahrhundert. München 1988, 207f.

Die Bedeutung des Hadith für die muslimische Gemeinde erhellt daraus, dass dieses die heilvolle Zeit des Propheten, seine „prophetische Rechtleitung" vergegenwärtigen und somit in das Jetzt hereinholen soll, wobei aber die spezifischen Zeitumstände verloren gehen. Neben dem Koran wurde so die Sunna des Propheten nicht nur die Grundlage für die Ausrichtung und Gestaltung des täglichen Lebens nach dem Beispiel des Propheten, sondern auch die Grundlage für die islamischen Wissenschaften. Im Laufe der Zeit werden Koran und Sunna zu „de facto gleichrangigen Quellen", wodurch sich die Unterscheidung zwischen Offenbarung (Koran) und Inspiration (Hadith) verwischt.[55]

Sunniten und Schiiten

Sowohl Sunniten als auch Schiiten berufen sich auf die *sunna* des Propheten, freilich spiegeln sich im jeweiligen Anspruch, die authentische Sunna des Propheten bewahrt zu haben, die Auseinandersetzungen um die Nachfolge des Propheten wieder. Das Sunnitentum (*ahl al-hadith*) versucht durch das Hadith die heilvolle Zeit des Propheten in die Gegenwart hereinzuholen. Nur durch das Befolgen der Sunna des Propheten können die Spaltungen überwunden werden. So bildet sich anhand der Sunna immer mehr ein verklärtes Idealbild der Urgemeinde heraus als das einer „einträchtigen Gemeinschaft."[56] In diesem Kontext wird all das, was nicht in der Sunna des Propheten verankert ist, zur „Neuerung" (*bid´a*). Gegenüber anderen Gruppen verzichten die Sunniten bezüglich der am Bürgerkrieg beteiligten Personen auf das eigene Urteil, denn der Glaube an die Vorherbestimmung garantiere letztendlich die Einheit der Gemeinde. Von daher verbindet sich mit dem Sunnitentum die Vorherbestimmung allen Tuns. Die Sunna stellt somit die heilvollen Verhältnisse der prophetischen Urgemeinde wieder her.

Das Sunnitentum trennt scharf zwischen der Institution des Kalifats, das über keinerlei Heilsinstanz verfügt, und dem Handeln des Muslims, der für sein Heil selbst verantwortlich ist. Das Kalifat garantiert für die äußeren Voraussetzungen, damit den heilsrelevanten Pflichten, die für die Erlangung des Paradieses notwendig sind, auch nachgekommen werden kann. Der Kalif ist aber kein „Imam der Rechtleitung" wie bei den Schiiten. Nach Tibi[57] verfügt der Koran über kein politisches Konzept des Kalifats, vielmehr handelt es sich um eine „post-koranische" Entwicklung und ist somit „kein Ausdruck religiösen Glaubens", sondern ein Produkt der politischen Geschichte des Islam.

Gegenüber dem Sunnitentum versucht nun das Schiitentum das Erbe Muhammads, und damit die Einheit der Gemeinde, mittels der autoritativen Auslegung des Korans durch inspirierte Imame zu bewahren. Man kann daher durchaus von einer gewissen

---

55   Vgl. T. Nagel, Geschichte der islamischen Theologie. Von Mohammed bis zur Gegenwart. München 1994, 84.
56   T. Nagel, Geschichte der islamischen Theologie 70. T. Nagel, Staat und Glaubensgemeinschaft im Islam I 279ff.
57   B. Tibi, Einladung in die islamische Geschichte 37.

Verbindlichkeit bezüglich der schiitischen Lehre sprechen. Ali, dem vierten Kalifen, und sodann seinen beiden Söhnen kommt hierbei eine Schlüsselrolle in der authentischen Weitergabe der Sunna des Propheten zu. Dies hatte zur Folge, dass für die Schiiten die Prophetengefährten als Überlieferer der Sunna nicht in Frage kamen. Hier sind Koran und Imame bzw. die Familie des Propheten aufs engste miteinander verknüpft. Das entscheidende Ereignis für die Schia war Husains Tod am 10. Muharram 681 bei Kerbela, als er sich an die Spitze einer Rebellion gegen die Umaiyaden stellen ließ. Husains Märtyrertod wird insgesamt zum Symbol jeglicher Auflehnung gegen ungerechte Herrschaft, gegen gottwidrige Mächte, ja zu jenem Ereignis, zu dessen Nachahmung der Anhänger Husains aufgerufen ist. Gerade in diesem Ereignis wird der Ursprung der Schia angesetzt. Die einzelnen schiitischen Richtungen unterscheiden sich dadurch, dass sie von einer unterschiedlichen Imam-Reihe ausgehen.

Die Zwölferschiiten oder Imamiten[58] gehen von einem charismatischen Herrscher aus; das geistige Erbe, das Ali, der erste Imam, vom Propheten übermittelt bekam, wird sowohl in der Linie der leiblichen (vom Vater auf Sohn) wie auch der spirituellen Nachkommen Alis (insgesamt 12) weitervererbt. Da der Imam über das wahre, von Gott inspirierte Wissen von der Auslegung und richtigen Anwendung der Gebote verfügt, kann er zum Garanten der „göttlichen Ordnung" und der Rechtleitung werden. Den Imamen kommt so auch die Rolle von Heilsvermittlern zu. Das Heil des Gläubigen liegt demnach in der bedingungslosen Unterwerfung unter den Imam, der in seinen Äußerungen und Entscheidungen unfehlbar ist.[59] Nach dem Entrücken des 12. Imams übernahmen die imamitischen Gelehrten die Rolle der Imame. Sie bewahren das Wissen der Imame und vermitteln es den Gläubigen.

Die Zwölferschiiten geben aufgrund der politischen Misserfolge ihre politischen Bestrebungen auf und wandeln sich immer mehr zu einer rein religiösen Gemeinde. Unter diesen Bedingungen wurde im 9. und 10. Jh. die Lehre von der „Verborgenheit" des 12. Imams entwickelt und damit gleichzeitig auch das Wesen der Imamatslehre dogmatisch festgelegt. Freilich werden die Schiiten durch das ganze Mittelalter hindurch in Iran eine Minderheit bilden, denn der überwiegende Teil war sunnitisch. Die Hoffnungen auf ein schiitisches Kalifat werden nun endgültig in die Zukunft verschoben und nehmen so immer mehr eschatologische Züge an. Der 12. Imam wird als der Rechtgeleitete (Mahdi) oder „der Sich-Erhebende" (Qaʾim) wiederkehren und dann endgültig das Reich der Gerechtigkeit errichten und aller Tyrannei und Ungerechtigkeit von Seiten der nicht-schiitischen Muslime ein Ende bereiten. Diese eschatologische Einordnung des Imams bedingte, dass seine Gestalt mit übermenschlichen Eigenschaften ausgestattet wurde.

Die zaiditischen Schia, auch Fünferschia genannt, zählt nur bis zum 5., die Ismailiyya oder Siebener-Schia[60] dagegen bis zum 7. Imam. Diese verwendet in ihren Offenbarungs- und Prophetenzyklen neuplatonisch-gnostische, soteriologische und außerislamische Denkmodelle.

---

58 Vgl. H. Halm, Die Schia 34ff.
59 T. Nagel, Geschichte der islamischen Theologie 57–59.
60 Vgl. H. Halm, Die Schia 193ff.

Die Koranexegese

Auf „Wissenschaft" gegründete Koranexegese[61] ist jene, die sich bezüglich Sinn oder Bedeutung von Koranworten auf die Sunna des Propheten selbst berufen konnte. Da die Verse des Korans keiner chronologischen Anordnung folgen, wurde es im Laufe der Zeit notwendig, den geschichtlichen Kontext, in dem sie geoffenbart wurden, zu eruieren; man sprach daher von den „Offenbarungsanlässen" (*asbab an-nuzul*), d.h. von den konkreten Zeitumständen, die ein Gebot oder Verbot notwendig machten. Das Bemühen der Gelehrten um die *asbab an-nuzul* „hat ohne Zweifel die Erforschung der Lebensumstände Muhammads gefördert, allerdings ohne die Exegeten auf den Gedanken zu bringen, einen innergeschichtlichen Kausalzusammenhang zwischen Erfahrungen des Propheten und koranischen Aussagen herzustellen und die betreffenden Verse als Worte Muhammads aufzufassen, die aus diesem oder jenem Anlaß gefallen waren."[62] Ein weiterer Aspekt war die Abrogation, d.h. später geoffenbarte Stellen können frühere Offenbarungen außer Kraft setzen. Entscheidend wurde diese Erklärung in Hinblick auf sich widersprechende Koranstellen. Vor allem ging es in den späteren Generationen auch um die Erklärung von sprachlichen Ausdrücken und syntaktischen Wendungen, also um eine philologische Erklärung des Korantextes; hierzu wurde die vorislamische Dichtung zu Rate gezogen.

Je größer der Abstand zu der Zeit des Propheten wurde, desto mehr zeigte es sich, dass es eine einheitliche Koranexegese nicht gibt. Im Laufe der Zeit wurde die Koranauslegung „die Grundlage für fast alle gelehrten Unternehmungen in der mittelalterlichen Welt", für philologische, historische, naturwissenschaftliche und theologische Fragestellungen.[63]

Neben den grammatisch-philologischen Erklärungen, wobei auch hierfür letztendlich als Kriterium die islamische Tradition gilt, wird sich die dogmatische Koranexegese der rationalen Theologen und jene der Mystiker entfalten. Erstere legt weniger Wert auf die Prophetentraditionen, wohl aber auf das philologische Verständnis des Textes, seine rhetorische Schönheit und Vollkommenheit, und darauf, dass sich die Offenbarung verschiedenster Bilder und Metaphern bediene. Die Mystiker wiederum bedienen sich der allegorischen Koranauslegung, d.h. hinter dem äußeren Wortsinn suchen sie einen geheimen, verborgenen Sinn zu eruieren (*ta´wil*), wobei hier das eigene Deuten stärker zum Tragen kommt als bei der traditionellen Koranerklärung. Aber nicht nur von Mystikern, sondern auch von den Siebener-Schiiten wird nach einem „verborgenen Sinn" geforscht. Nach schiitischer Meinung kann eine Koranerklärung in authentischer Weise nur durch die Imame gegeben werden, die das authentische Wissen von Muhammad über Ali und sodann zu den Imamen weitertradiert haben.

---

61 Vgl. I. Goldziher, Die Richtungen der islamischen Koranauslegung. Leiden 1970.
62 R. Wielandt, Offenbarung und Geschichte im Denken moderner Muslime. Wiesbaden 1971, 42.
63 Vgl. A. Schimmel, Die Zeichen Gottes. Die religiöse Welt des Islams. München 1995, 211.

Die islamische Rechtswissenschaft (fiqh) und das „göttliche Gesetz" (*scharia*)

Das erste islamische Jahrhundert ist noch gekennzeichnet vom arabischen Stammes-denken und den damit im Zusammenhang stehenden Institutionen.[64] Das islamische Gesetz wie auch die Differenzierung der islamischen Gelehrsamkeit mit den ent-sprechenden Institutionen existierte in dieser Zeit noch nicht. Die Rechtssprechung wurde in der Anfangszeit nach Handlungsanweisungen des Korans, persönlichem Urteil und persönlichen Rechtsauffassungen, vor allem aber nach dem Gewohn-heitsrecht ausgerichtet, wobei römisch-byzantinische, persisch-sasanidische, jüdi-sche und insgesamt rechtliche Gepflogenheiten des Nahen Ostens eine wichtige Rolle spielten.[65]

Im Laufe der Zeit wurde die regional unterschiedlich geübte Rechtspraxis mit der Sunna des Propheten verknüpft und aufgrund ihres normgebenden Charak-ters, bürgt sie doch für die Einheit der muslimischen Gemeinde, über die jeweiligen Schulmeinungen gestellt. Diese Entwicklung hatte zur Folge, dass sich im 10. Jh. anhand der primären (Koran, Sunna und Konsens) und sekundären Rechtsquel-len (Analogie, Brauch- und Gewohnheitsrecht, eigenes Urteil) das islamische Recht (*fiqh*) mit seinen vier Rechtsschulen (*madhhab, pl. madhahib*) institutionalisierte: Hanafiten, Malikiten, Schafiiten und Hanbaliten, wobei von allen vier die sekundären Rechtsquellen unterschiedlich beurteilt werden. Mit dieser Entwicklung geht auch die Herausbildung der religiösen Gerichtsbarkeit einher mit den entsprechenden Ämtern, Richtern (*qadi*) und Oberrichtern als übergeordnete Instanz.[66]

Das Gesetz (im Sinne einer Weganleitung) nimmt im Islam einen zentralen Platz ein, da es ein wesentlicher Teil der islamischen Heilsbotschaft ist und somit den We-senskern des Islams ausmacht und daher Ausgangspunkt für das richtige Verständnis des Islams ist. Hinter dem Gesetz als „Rechtleitung" wird aber auch die Weisheit und Barmherzigkeit Gottes erkennbar, indem er auf die Schwachheit der Menschen und ihre konkreten Lebensbedingungen Rücksicht nimmt und ihnen keine unnötigen Lasten aufbürdet (4,11; 9,60; vgl. dazu 4,27–28; 17,9; 10,57; 5,44ff).

Ihren sichtbaren und genormten Ausdruck findet die islamische Ethik in der Scharia (der „breite Weg zur Wasserstelle"), dem idealen göttlichen Gesetz. Sie ist das Produkt der islamischen Rechtswissenschaft (*fiqh*) und ist im 11. Jh. abgeschlos-sen. Da sich die Rechtswissenschaft grundsätzlich als die Auslegung des göttlichen Willens versteht, resultiert daraus auch der umfassende Anspruch der Scharia. Die Unterwerfung unter das Gesetz ist daher die Voraussetzung für das Beschreiten des islamischen Heilsweges und der Erlangung des Paradieses.

Als Idealgesetz erhebt das islamische Gesetz den Totalitätsanspruch, d.h. den An-spruch, das gesamte Leben der Muslime zu ordnen und religiös zu werten: nicht nur den genuin religiösen Bereich, also was die Beziehungen der Muslime zu Gott anbe-

---

64 Vgl. E. Orthmann, Stamm und Macht. Wiesbaden 2002, 414ff.
65 Vgl. T. Nagel, Das islamische Recht. Eine Einführung. Westhofen 2001.
66 J. Schacht, An Introduction to Islamic Law. Oxford 1964, 15ff; G.E. von Grunebaum, Der Islam im Mittelalter. Zürich 1963, 184ff.

langt – gottesdienstliche und rituelle Gesetze (fünf „Säulen" des Islam) –, sondern auch den privaten und öffentlichen Bereich, also den zwischenmenschlichen Bereich – Familienrecht; Erb-, Eigentums- und Vertragsrecht; das Strafrecht (*hadd*-Strafen) und Gerichtsverfahren; das Verwaltungsrecht; Krieg und Frieden.[67] Da das islamische Gesetz eine normative Richtschnur für alles menschliche Handeln bis hinein in die täglichen Umgangsformen darstellt, wurden aus dem Koran fünf Handlungskategorien für die sittliche Bewertung der menschlichen Handlungen abgeleitet, die für eine islamische Ethik grundlegend sind: notwendig oder verpflichtend; verboten (*haram*); empfehlenswert oder erwünscht; verwerflich; erlaubt. Weiters geben zwei Kategorien Aufschluss über die Rechtswirksamkeit einer Handlung, ob sie gültig oder ungültig ist. Insgesamt ist daher das islamische Gesetz von Meinungsverschiedenheit geprägt und stellt kein kodifiziertes Gesetz dar; vielmehr gibt es nur Rahmenbedingungen für das Zusammenleben an, sodass die unterschiedlichen Auslegungen der vier kanonischen Rechtsschulen gleichberechtigt nebeneinander stehen.

Grundsätzlich ist zwischen der ethischen Scharia, wie sie vor allem im Koran grundgelegt ist und ihrer Weiterentwicklung durch die vier Rechtsschulen (*fiqh*), also ihrer Verrechtlichung zu unterscheiden, denn diese Weiterentwicklung ist das Werk von Menschen.

Wenn vom „göttlichen Recht" die Rede ist, das unwandelbar ist und durch staatliche Gesetzgebung nicht verändert werden darf, dann folgt dies aus der schariatischen Bestimmung von Gut und Böse. Denn hier geht es nicht um freie, sondern um vom Schöpfer selbst vorgeschriebene Handlungen, also um ein festgelegtes Regelwerk, über das der Mensch nicht frei verfügen kann. So stellt also gegenüber der griechischen Ethik die islamische (*al-achlaq*) insgesamt eine das menschliche Tun und Verhalten normierende Struktur dar. Gut und Böse sind keine den Dingen und Verhaltensweisen von vornherein innewohnenden Wesenseigenschaften, vielmehr werden sie durch Gottes Verfügung erst gut oder schlecht. Gut und Böse können demnach nicht durch die menschliche Vernunft erkannt werden, sondern werden durch Gottes Bestimmung erst gut oder schlecht. Der Mensch ist also von sich aus nicht fähig, diese Qualifikation vorzunehmen. Hagemann folgert daraus, dass ein solcher „theonomer Moralpositivismus, der die sittliche Qualität einer Handlung im souveränen Willen Gottes begründet, die Ethik im wesentlichen als Gesetz erscheinen läßt, das im Gehorsam gegen Gott und in Unterwerfung unter seinen Willen als verpflichtend angenommen werden muß."[68]

Mit der Anerkennung der vier sunnitischen Rechtsschulen im 10. Jh. verbindet sich die Vorstellung, dass die selbständige Forschung, die persönliche Argumentation, das Bemühen um ein eigenes Urteil (*idschtihad*: v. *idschtahada*: „sich ein eigenes Urteil bilden") endgültig beendet ist (das „Tor der selbständigen Rechtsfindung" sei demnach geschlossen worden). Die späteren Gelehrten hätten daher nur mehr den einmal getroffenen Rechtsentscheiden der früheren zu folgen, also Nachahmung

---

67   Vgl. T. Nagel, Das islamische Recht 155ff.
68   L. Hagemann, Ethik/Moral. In: A.Th. Khoury/L. Hagemann/F. Heine: Islam-Lexikon Bd. 1, Freiburg 1991, 218. P. Antes, Ethik und Politik im Islam. Stuttgart 1982.

(*taqlid*), was zu einer gewissen Stagnation des islamischen Rechts führte. Im Laufe der Zeit tauchten jedoch immer wieder neue Rechtsfälle auf, die man mit den herkömmlichen Rechtsprinzipien nicht lösen konnte. Für diese Fälle schuf man das Amt des Mufti, der mit Hilfe des „eigenen Urteils" ein Grundsatzurteil (*fatwa*) erstellte. Für diese „eigene Urteilsbildung", d.h. für die Tätigkeit der Rechtsgelehrten, Rechtsnormen aus den Quellen auszuarbeiten bzw. rechtliche Vorschriften zur Anwendung zu bringen, gibt es verschiedene genormte Rechtsgrundsätze. Erwähnt sei bloß jener für die Anpassung der Scharia an die jeweiligen Zeitumstände wichtigste Grundsatz, nämlich das „Gemeinwohl und Interesse" (*maslaha*) der Gläubigen. Mit diesem Prinzip ist es den Rechtsgelehrten möglich, eine den Umständen und der jeweiligen Situation der Gemeinde entsprechende günstige Lösung zu finden.[69] So wurde mit dem Amt des Mufti ein gewisses Tor zu einer selbständigen Meinungs- und Urteilsbildung wieder geöffnet. In der Praxis hat jedoch die eigenständige Meinungsbildung eine größere Rolle gespielt als in der Theorie angenommen wird. Allerdings ist hierbei zu beachten, dass ein solches Grundsatzurteil (fatwa) nur ein persönliches Urteil eines Rechtsgelehrten ist und somit keine Verbindlichkeit beanspruchen kann.

Bei den islamischen Rechtsgelehrten gibt es unterschiedliche Auffassungen über den Stellenwert von Idschtihad; generell geht man davon aus, dass dieses Rechtsprinzip den primären Rechtsquellen untergeordnet ist und dass Veränderungen mit Hilfe des Idschtihad vor allem im Bereich der „zwischenmenschlichen Beziehungen" vorgenommen werden könnten.[70]

Die islamische Geschichte zeigt weiter, dass in der Praxis die Tendenz vorherrschte, die Befugnisse des Qadi, d.h. die Rechtssprechung nach der Scharia, durch weltliche Gerichtsinstanzen (*siyasa*-Gerichtsbarkeit), die eigenmächtig nach lokalen Bräuchen oder politischen Gesichtspunkten entschieden, einzuschränken. Nicht nur die frühen Kalifen oder die späteren Provinzstatthalter hielten persönliche Gerichtssitzungen ab, sondern ein beträchtlicher Teil der Jurisdiktion des Qadi ging oft an Lokalbehörden bzw. an die Regierung selbst über.[71] So erweist die Rechtspraxis der Jahrhunderte, dass das islamische Strafrecht kaum zur Anwendung gekommen ist.

Insgesamt entsteht ein reichhaltiges wissenschaftliches Schrifttum, indem Koran-, Traditions- und Rechtsliteratur die entsprechenden Grundlagen für die fünf „Säulen des Islams" schufen. Philologische und lexikographische Werke legten nebst den Wörterbüchern die entsprechenden sprachwissenschaftlichen Grundlagen für das Studium der arabischen Sprache; geleistet wurde dies vor allem von Nicht-Arabern.

---

69 Vgl. A.Th. Khoury, Der Islam 45ff.
70 Vgl. A. Poya, Anerkennung des Idschtihad – Legitimation der Toleranz. Berlin 2003, 123.
71 Vgl. G.E. von Grunebaum, Der Islam im Mittelalter 209.

Die Übersetzung des antiken Erbes ins Arabische

Infolge der Übersetzungen von Werken des griechisch-hellenistischen Wissenschaftserbes aus dem Griechischen und Syrischen (Naturwissenschaften und Philosophie) ins Arabische seit dem 8. Jh. wurden die Muslime nicht nur mit einschlägigen naturwissenschaftlichen Disziplinen wie Medizin, Mathematik, Physik, Astronomie, Chemie und Optik bekannt, sondern auch mit der hellenistischen Philosophie-Tradition des Neuplatonismus. In der neuplatonischen Schulphilosophie hatte auch die antike Profanbildung durch die enge Verbindung der Theologie mit der Philosophie und der Medizin einen entsprechenden Stellenwert. Durch die Übertragungen griechischer Werke ins Persische und die Aufnahme nestorianischer und neuplatonischer Gelehrter, die aus dem byzantinischen Reich vertrieben wurden, im persischen Sasanidenreich (im 5. und 6. Jh.), wurde auch Persien mit dem antiken Erbe bekannt. Da die Nicht-Araber viel vom hellenistisch-intellektuellen Gedankengut in den Islam einbrachten, fanden die Denkschemata der griechischen Philosophie, wie sie von den Syrern und Iraniern rezipiert wurden, in den Islam Eingang.[72]

Durch die arabischen Eroberungen fielen die kulturellen Grenzen zwischen West (Atlantik) und Ost (Indien) weg; die Folge war ein noch nie da gewesener Austausch von materiellen und geistigen Gütern aller Art. Das islamische Imperium vereinigte Länder und Menschen, die für ein Jahrtausend – seit Alexander dem Großen – Gegenstand der Hellenisierung waren. Wir können daher von „internationalen" Gelehrten, die gleichzeitig auch Universalgelehrte waren, sprechen. Voraussetzung dafür war, dass die Papierproduktion seit dem 8. Jh. in die islamische Welt Eingang gefunden hatte. Damit hängt nicht nur der Beruf des Buchhändlers zusammen, sondern auch der des Schreibers und Übersetzers bzw. überhaupt der des Lehrers.

Die Übersetzung des griechisch-hellenistischen Wissenschaftserbes ins Arabische begann mit der Gründung von Bagdad durch die Abbasiden, denn hier in Bagdad formte sich eine multikulturelle Gesellschaft von Arabern und Nichtarabern.[73] Geschichte und Kultur dieser Bevölkerung spielten daher bei der sich herausbildenden abbasidischen Kultur eine entscheidende Rolle. Nach der Eroberung von Syrien, Palästina und Ägypten, also der griechisch sprechenden Gebiete, waren Übersetzungen aus dem Griechischen ins Arabische an der Tagesordnung (Handels-, Kaufverträge usw.).[74] Dazu noch wurde der gesamte administrative Apparat aus dem Griechischen ins Arabische übersetzt. Ein gezieltes Interesse der Gelehrten an Übersetzungen von griechischen Werken ins Arabische scheint in umaiyadischer Zeit noch nicht vorhanden gewesen zu sein. Ähnlich betrafen im abbasidischen Bagdad die ersten Übersetzungen aus dem Persischen ins Arabische wiederum – wie in Damaskus – die Verwaltung und Administration; aber auch literarische und historische Quellen wurden ins Arabische übersetzt.

Eines der ersten Werke, das vom 3. Abbasidenkalif Al-Mahdi (gest. 785) zur Übersetzung ins Arabische in Auftrag gegeben wurde, war die *Topik* des Aristoteles. Die

---

72   B. Spuler, Hellenistisches Denken im Islam. In: Saeculum 5 (1954), 183.

73   Vgl. D. Gutas, Greek Thought, Arabic Culture. London 1998, 19f.

74   Vgl. D. Gutas Greek Thought 34ff.

Topik lehrte Dialektik und sollte daher auch die Muslime gegenüber Juden, Christen und den vielen Anhängern von dualistischen Sekten zur dialektischen Disputation befähigen. Den Hintergrund bildete die Gleichstellung zwischen Arabern und Nicht-Arabern, wodurch auch die Nicht-Araber Zugang zu den höchsten Staatsämtern fanden. Daher begann eine rege Auseinandersetzung mit internen oppositionellen Gruppen, aber auch mit anderen Religionen.[75] Durch die Verarbeitung der aristotelischen Logik (vgl. 2. Buch der Analytica Deutera: Lehre vom Beweis) wurde das syllogistische Beweisverfahren auch in den verschiedenen Wissenschaftszweigen der Araber – Naturwissenschaften, Philosophie und Theologie – zur Pflicht, wobei im Mittelpunkt die Frage nach dem *Warum* (Warum-Syllogismus) stand.[76] Zu den wichtigsten naturwissenschaftlichen Werken, die übersetzt wurden, gehörten die *Elemente* von Euklid, der *Almagest* von Ptolemäus und Galens medizinisches Werk.

Die Übersetzerbewegung erfreute sich in Bagdad von Seiten der politischen und sozialen Elite großer Unterstützung und Förderung. Im *Bait al-Hikma* („Haus der Weisheit"), einer quasi Übersetzerschule, sollen Werke aus dem Griechischen und Syrischen ins Arabische übertragen worden sein. Übersetzt wurde entweder vom griechischen Original und von syrischen oder persischen Zwischenübersetzungen. Diese Übersetzer präsentieren ein sehr vielschichtiges Bild, die überwiegende Mehrzahl bildeten syrischsprechende Christen, die Griechisch als liturgische Sprache kannten. Der bekannteste Übersetzer war der nestorianische Arzt und Gelehrte Hunain ibn Ishaq („Johannitus"; gest. 873). Ihm stand ein ganzes Team von Übersetzern zur Verfügung.

Nach einer intensiven Zeit von über zwei Jahrhunderten hat sich die Übersetzertätigkeit verlangsamt und ist um die Jahrtausendwende zum Stillstand gekommen. Dies hängt damit zusammen, dass in den wichtigsten Disziplinen die Haupttexte bereits übersetzt und kommentiert waren. Jede Disziplin hatte sich bereits über den Wissensstand der übersetzten Werke hinaus weiter entwickelt.

Da die Übersetzerbewegung ein soziales und historisches Phänomen war, ist es nur natürlich, dass sich auch eine Gegenbewegung bildete. Diese kam aus traditionalistischen Kreisen und wurde vor allem von den Hanbaliten gebildet. Sie lehnten insgesamt das antike Erbe als „Neuerung" ab. Von der Ablehnung betroffen waren insbesondere die „rationale Theologie", die dogmatische Medizin und bis zu einem gewissen Grad auch die Philosophie.

Theologie

Aktuell wurde der theologische Diskurs vor allem in der Umaiyadenzeit (661–750)[77] durch die Frage nach der menschlichen Entscheidungsfreiheit oder aber Vorherbestimmung, insofern als diese Frage nun politische Implikationen bekam. Die Umaiyaden rechtfertigten ihren Anspruch auf das Kalifat, indem sie behaupteten, dieses

---

75 Vgl. D. Gutas, Greek Thought 61ff.
76 Vgl. M. Maroth, Die Araber und die antike Wissenschaftstheorie. Leiden 1994, 73ff.
77 Vgl. M.W. Watt/M. Marmura, Der Islam II. Politische Entwicklungen und theologische Konzepte. Stuttgart 1985, 72ff.

sei ihnen von Gott verliehen worden. Damit war jegliches politische Handeln des Kalifen als „Stellvertreter Gottes" gerechtfertigt. Dagegen erheben sich die Qadariten (qadar: Mächtigkeit), die auf eine individuelle Heilsverantwortlichkeit pochen, die für das Böse den Menschen selbst verantwortlich macht und nicht Gott, wofür sie sich auch auf den Koran berufen konnten. Gute Taten kommen von Gott, böse Taten aber vom Menschen selbst. Ihre Gegner gehen von den prädestinatianischen Aussagen des Korans und der Tradition aus: Neben dem irdischen Schicksal (Lebensunterhalt und Todestermin) und dem jenseitigen Heil (verdammt oder selig) gilt auch jegliches Handeln als vorherbestimmt. Da sich ab Mitte des 8. Jh. eine massive prädestinatianische Tradition herausbildete, wurde die Qadariyya Mitte des 9. Jh. von den meisten Gelehrten als verwerflich angesehen.

Mit dem Entstehen der spekulativen Theologie, dem *kalam* (Gespräch, Rede),[78] finden die rationalen Methoden der griechischen Philosophie und Metaphysik auch in die islamische Theologie Eingang. Mit Hilfe der Dialektik – Rede/Gegenrede – sollte das Offenbarungswissen und damit der Islam rational abgesichert werden, der Vernunft zugänglich sein, damit so der Streit über die frühislamische Geschichte beendet werden könne. Auf diese Weise beginnt ein bis ins 12. Jh. hinein sich fortsetzender Prozess, mit dem sich diverse Aspekte der Aufklärung verbinden und der im 20. Jh. von den Modernisten wieder aufgegriffen werden wird.[79] Diese Disputationen dienten nicht der Wahrheitsfindung, vielmehr eher dazu, um den anderen zu überzeugen, ihn zu bekehren, vor allem wenn es sich um Religionsgespräche mit Andersgläubigen, Christen, Juden oder Dualisten handelte.

Die Kontakte zwischen Muslimen und Nicht-Muslimen führten zu vielfältigen polemischen und apologetischen Kontroversen; die islamische Theologie wurde so mit den verschiedenen Formen einer rationalen Argumentationsweise bekannt. Muslimische Theologen lernten auf diese Weise die Methoden der griechischen Dialektik und Begriffe der griechischen Metaphysik, aber auch Physik (Atomenmodell) kennen, um die kosmologischen Theorien der Dualisten (Licht / Finsternis) widerlegen zu können. Dadurch bereiteten sie auch die islamische Philosophie vor.

Die rationalen bzw. spekulativen Theologen, die Mu´taziliten, erhoben die menschliche Vernunft zur obersten Instanz. Mit Hilfe des menschlichen Verstandes sollte die innerweltliche Kausalität (Verantwortlichkeit des Menschen für sein eigenes Handeln) mit dem ständig erfahrbaren schöpferischen Handelns Gottes logisch vernetzt werden.[80] Die Disputation innerhalb der rationalen Theologen bewegte sich in der Hauptsache um zwei Grundprinzipien: die Einheit Gottes und seine Gerechtigkeit. Unter ersterem Prinzip wurden die Attribute Gottes rational durchleuchtet: Man unterschied zwischen „Wesens- und Tateigenschaften" (Wirkattribute); nur erstere sind ewig, aber mit dem Wesen Gottes identisch; die zweiten sind vom Wesen Gottes

---

78 Vgl. M.W. Watt/M. Marmura, Der Islam II 183ff.

79 J. Van Ess, Disputationspraxis in der islamischen Theologie. Eine vorläufige Skizze. In: Revue des Estudes Islamiques XLIV (1976), 23.

80 T. Nagel, Geschichte der islamischen Theologie 95ff.

getrennt, da sie Veränderungen unterworfen sind, wenn Gott in der Schöpfung tätig ist. Diese Unterscheidung führte dazu, dass man von der „Erschaffenheit des Korans" sprach. Dies bedeutet, dass das Wort Gottes auch dem Verstande zugänglich ist und an der Zeit und ihren Bedingungen Anteil hat. Das mu´tazilitische Dogma von der „Erschaffenheit des Korans" wurde zeitweilig sogar zum Staatsdogma erklärt. Durchgesetzt hat sich dann das Dogma von der „Unerschaffenheit des Korans".

Mit dem Prinzip Gerechtigkeit, dem zweiten Prinzip, verbindet sich die Behauptung, dass dem Menschen Willensfreiheit bzw. exakter Wahlfreiheit zwischen Gut und Böse, festgelegt in der Offenbarung, zukomme, und damit Heilsverantwortlichkeit. Damit setzen sie das qadaritische Denken fort. Die Mu´taziliten forschten daher in psychologisch-akribischer Weise nach den Motiven und Beweggründen für das Handeln des Menschen. Das Jenseitsschicksal zeichnete sich für diese Theologen bereits im Diesseits ab, ja wird gleichsam vorausberechenbar.

Der übertriebene Rationalismus der Mu´taziliten zeigte gleichzeitig auch die Grenzen der Ratio auf. Das koranische Gottesbild lässt die Eigenmächtigkeit des Menschen nicht zu, wie sie von Seiten der spekulativen Theologen behauptet wurde. Gott tut sowohl das Gute als auch das Böse![81]

Eine Vermittlerposition zwischen rationaler Theologie und Traditionalismus nimmt Al-Asch´ari (gest. 936) ein.[82] Ihm kommt das Verdienst zu, die „sunnitische" Position mit den Begriffen des mu´tazilitischen Kalam dogmatisch formuliert und so das rationale Denken mit dem Sunnitentum verbunden zu haben. Er gesteht der rationalen Methode für sich keine Eigenständigkeit zu, sondern nur „innerhalb des von der überlieferten Sunna gesetzten Rahmens."[83] Mit al-Asch´ari und seinen Schülern kristallisiert sich im 10. und 11. Jh. endgültig das sunnitische Denken heraus, das der Schöpfung und dem Menschen jegliche Seinsmächtigkeit abspricht. Alles Geschaffene, alles Geschehen, somit auch alles menschliche Handeln einschließlich des Handlungsvermögens, werde in jedem Augenblick von Gott verursacht. Jegliche Kausalverbindung, auch die zwischen menschlichem Handeln und dem Urteil Gottes beim Jüngsten Gericht, wird verneint. Das, was wir als Kausalgesetze bzw. Naturgesetze bezeichnen, sind nach ihm „Gewohnheiten Gottes", die jeden Augenblick veränderbar sind. Alles Existierende entspringt einer ständigen Neuschöpfung Gottes (Zeitatomismus).

Das asch´aritische Denken ist ungeschichtlich, weil alles diesseitige Geschehen in jedem Augenblick von Gott abhängig ist. Allen Vorgängen im Diesseits kommt keine eigenständige Entwicklung zu. Dies ist auch der Grund dafür, dass sich im Sunnitentum immer wieder Tendenzen zeigen, geschichtliche Entwicklungen zugunsten des „heilvollen Anfangs" zu ignorieren.[84] Für das asch´aritische Denken wird auch die sufische Komponente maßgeblich werden[85] – entstehen doch im 11. Jh. die Sufi-

---

81 Vgl. T. Nagel, Geschichte der islamischen Theologie 145ff.
82 Vgl. M.W. Watt/M. Marmura, Der Islam II 257ff.
83 T. Nagel, Geschichte der islamischen Theologie 148.
84 T. Nagel, Geschichte der islamischen Theologie 155.
85 Vgl. T. Nagel, Die Festung des Glaubens 116ff.

Orden –, nämlich in Hinblick auf die vollkommene Hingabe an Gottes Ratschluss, da jeder Augenblick seinem souveränen Wirken unterworfen ist.

Immer mehr zeigte sich für die Theologie, dass mit den philosophischen Konzepten Glaubenssätze nicht abzusichern und schon gar nicht zu beweisen seien, denn letztere entzogen sich einer logischen Beweisführung. Rationalismus und Offenbarung geben demnach zwei unterschiedliche Richtungen an. „Daß Philosophie und Offenbarung Nebenbuhler sind, die nicht gleichberechtigt bestehen können, sondern einander zur Unterwerfung zu zwingen trachten, gehört zu den Grundtatsachen der islamischen Geistesgeschichte."[86] Aber auch der asch´aritische Kalam hat erwiesen, dass er für islamische Rechtgläubigkeit nicht adäquat ist, vielmehr waren es die Rechtsschulen, die mit Hilfe der Mystik bzw. den Sufi-Orden die Orthodoxie schufen. Im 11. Jh. wurde daher der Scharia-Islam zum einenden Band für die sunnitischen Muslime. Da die großen Theologen auch Juristen waren, wichen diese oft in die Rechtswissenschaft aus, wo die rationalen Methoden angewandt wurden und so weiterlebten. Die geistesgeschichtliche Entwicklung zeigt, dass sich dadurch die Rechtswissenschaft an die oberste Stelle geschoben hat und so die Theologie ihr unterordnete.

Entscheidend für den Sieg des Sunnitentums war der Beginn der seldschuqischen Ära, indem das Sultanat als Förderer des Sunnitentums auftrat. Die Madrasa, die theologisch-juristische Hochschule, wird das äußere Kennzeichen für die Entfaltung der sunnitische Lehre werden. Obwohl sich die Asch´ariten innerhalb des Sunnitentums bewegten, geriet auch die spekulative Theologie der Asch´ariten in Verdacht, identisch mit jener der Mu´taziliten zu sein; außerdem hatte es diese zur Zeit des Propheten noch nicht gegeben. Der Rechtsgelehrte Ahmad ibn Hanbal (gest. 855) sagt doch von der spekulativen Theologie, dass sie „eine Anmaßung des menschlichen Geistes" sei,[87] eine Selbstüberschätzung der menschlichen Ratio, da sie eine „Neuerung" darstelle. Eine Überprüfung der Glaubenslehren mit Hilfe des menschlichen Verstandes sei daher unislamisch, denn das Wissen werde von Gott allein geschenkt. Koran und Hadith sollten so vor Kritik geschützt werden. Ahmad ibn Hanbal fordert daher, dass die anthropomorphen Aussagen des Korans zu akzeptieren seien, ohne nach dem Wie (*bila kaifa*) zu fragen, ohne zu spekulieren. Jedoch hatte dieses Frage-Verbot *bila-kaifa* insgesamt folgenschwere Auswirkungen für die islamische Geistesgeschichte, weil davon jegliches Fragen, auch das nach der Kausalität des Naturgeschehens, betroffen war. Das Sunnitentum konzentriert sich daher auf das, „was ein möglichst breiter, informeller Konsens als islamisch ansieht". Der Verstand sollte diesen Konsens bzw. diesen Islam absichern, indem er mit rationalen Argumenten aufzeigt, „daß das Fürwahrhalten besser ist als das Verstehen."[88]

Da die im Koran enthaltene Offenbarung nicht den Veränderungen der Zeit unterworfen ist, also geschichtslos und für alle Zeiten gültig ist, werden von dieser Sichtweise her auch die geschichtlichen Ereignisse bedeutungslos. Des Menschen Aufgabe ist es, diese zeitlose Offenbarung zu verwirklichen.

---

86 T. Nagel, Geschichte der islamischen Theologie 167–168.
87 T. Nagel, Geschichte der islamischen Theologie 230.
88 T. Nagel, Geschichte der islamischen Theologie 226f.

Philosophie

Die Philosophen, jene „griechisch inspirierten Denker"[89] innerhalb des Islam, kamen hauptsächlich mit platonischen, aristotelischen und neuplatonischen Traditionen in Kontakt. Platon hat vor allem im Bereich der politischen Philosophie großen Einfluss ausgeübt. Man kannte den gesamten *Timaeus* in verschiedenen Übersetzungen; weiters die *Republik* und die *Gesetze*. Als Hauptquelle für die griechische Ethik diente ihnen die platonische Ethik bzw. die neuplatonischen Kommentare zu Aristoteles' *Nikomachischer Ethik*. Fast das gesamte Werk des Aristoteles wurde übersetzt, manches sogar mehrmals.[90]

Diese griechisch inspirierten Philosophen wurden also mit der neuplatonischen Interpretation der griechischen Philosophie bekannt. Ausgehend von Plotin (3. Jh. n.Chr.) und seiner Emanationslehre haben seine Nachfolger das scholastische System des Neuplatonismus ausgearbeitet, das vor allem die Harmonie zwischen Plato und Aristoteles zum Ziele hatte. Auf diese Weise konnte Aristoteles neuplatonisch interpretiert werden und wurde so zur Autorität allen Philosophierens. Die Folge war, dass zwischen Philosophie und dem religiösen Denken eine gewisse Verbindung hergestellt wurde. Unter dem Namen Aristoteles verstand man daher die „philosophische Theologie des Neuplatonismus". Die aristotelische Unterscheidung zwischen Form (Gott) und gestaltloser Materie führte unter neuplatonischem Einfluss zur Herausbildung des Emanationsmodells, zum ewigen Hervorgehen der Materie aus der Form. Diese ewige Tätigkeit Gottes bedingt eine ewige Materie. Die Schöpfung sah man daher als anfanglos. Die Emanationslehre[91] steht im Mittelpunkt der philosophischen Konzepte der großen Philosophen, Al-Kindi, Al-Farabi und Ibn Shina, als Erklärung von Welt, Mensch und Kosmos. Gerade dieses Postulat von der „Ewigkeit der Welt" wird die Philosophie in Verruf bringen. Insgesamt, so kann man resümieren, zeigt sich hier Philosophie als eine Art von „Weisheit" (*hikma*), die auch in der Mystik ihren Widerhall findet. So hat sich in diesem Zusammenhang ein ganzer Wissenschaftskanon herausgebildet, der *kalam*, *tasawwuf* (Mystik) und *falasifa* (Philosophie) in einen inneren Zusammenhang stellt.

Für Al-Farabi[92] und seine Nachfolger ist Philosophie die Wissenschaft alles Seienden, die ein mystisches Ziel verfolgt, nämlich der Gottheit ähnlich zu werden. Philosophische Wissenschaften und Mystik bilden daher in der Person al-Farabis eine Einheit. Theologie kann folglich nur ein Teil der Metaphysik sein; damit geht er über al-Kindi hinaus, für den die Philosophie die geoffenbarten Wahrheiten rational zu begründen sucht.

Aber auch die Ichwan as-Safa' („die lauteren Brüder"),[93] ein von ismailitischen Strömungen beeinflusster Geheimbund von Mystikern im Basra des 10. Jh.s, spre-

---

89 W.G. Lerch, Denker des Propheten. Die Philosophie des Islam. Düsseldorf 2000, 43.

90 Vgl. T.J. de Boer, Geschichte der Philosophie im Islam. Stuttgart 1901.

91 Vgl. M. Maroth, Die Araber und die antike Wissenschaftstheorie 196ff.

92 D.L. Black, Al-Farabi. In: History of Islamic Philosophy. Part I, ed. by S. H. Nasr and O. Leaman. London 1997, 178–197.

93 I.R. Netton, The Brethren of Purity (Ikhwan al-Safa'). In: History of Islamic Philosophy. Part I, ed. by S. H. Nasr and O. Leaman. London 1997, 222–230.

chen davon, dass das Ziel allen Philosophierens darin bestehe, dass die Seele, die
aus der Allseele emaniert ist, wieder zu Gott zurückkehre, also Gott ähnlich werde.
Sie verfassten eine philosophisch-naturwissenschaftliche Enzyklopädie, die neben
schiitischen Ideen, neuplatonischen Emanationsvorstellungen auch persisches und
indisches Gedankengut zu einer eklektizistischen Lehre vereinigten.

Das große Thema der Metaphysik Ibn Shinas[94] wiederum ist der Weg der Seele,
um zur Erkenntnis Gottes zu kommen und so wieder zurückzukehren zu ihrem Ursprung; die Umkehrung des Emanationsprozesses ist ein weiteres Thema. Ibn Shina
nennt daher auch sein Hauptwerk „Die Heilung", nämlich die der Seele.

Al-Ghazalis Kritik[95] der Philosophie drängte diese sicherlich in die Defensive,
denn seiner Meinung nach ist diese gekennzeichnet von Unglauben und Atheismus.
Er weist ihr in seiner „Widerlegung der Philosophen"[96] 20 Irrtümer nach: bezüglich
der Behauptung von der „Ewigkeit der Welt", dass Gott keine Singularia, sondern
nur Universalia kenne, und weil sie die Auferstehung des Leibes leugnen, werden
sie zu Ungläubigen. Bezüglich der restlichen 17 Irrtümer werden sie zu ketzerischen
Erneuerern. Sein folgenschwerster Kritikpunkt war wohl die Ablehnung jeglicher
Kausalität, d.h. das Schließen von der Wirkung auf die Ursache, die Grundlage der
bisherigen Physik und Metaphysik. Gleichzeitig aber trug seine Kritik auch dazu
bei, dass sich das philosophische Wissen in der islamischen Welt verbreitete.[97] In
der Auseinandersetzung zwischen Theologie und Philosophie aber hat sich gezeigt,
dass die philosophischen Lehren kaum mit den theologischen Lehren zu vereinbaren
waren. Trotzdem ist al-Ghazali in vielen Aspekten vom Denken Ibn Shinas beeinflusst
worden. Sind beide doch Vertreter einer „rationalen Mystik". Weiters wird die Ver-
hältnisbestimmung zwischen Schöpfer und Geschöpf nicht mehr mit dem Rüstzeug
der rationalen Theologie dargestellt, sondern wird auf die ethische Ebene verlagert.

Ibn Ruschd (gest. 1198)[98] widmete einen beträchtlichen Teil seiner Arbeit der
Widerlegung der Lehren der beiden persischen Denker, Ibn Shina und al-Ghazali,
deren mystische Ausrichtung (durch die Übernahme des neuplatonischen Denkens)
er kritisch beurteilte. Das Ziel seines Philosophierens war vielmehr, wieder zum
authentischen Aristoteles zurückzukehren.

Ibn Ruschd, wie auch die anderen andalusischen Philosophen waren der Auffassung, dass Offenbarung und Philosophie grundsätzlich vereinbar seien, Logik stehe
nicht in Widerspruch zur Religion[99]. Der Mensch kann mit seinem Verstand Gott

---

94 Vgl. S. Inati, Ibn Sina. In: History of Islamic Philosophy. Part I, ed. by S.H. Nasr and O. Leaman.
    London 1997, 231–246.
95 M. Campanini, Al-Ghazzali. In: History of Islamic Philosophy. Part I, ed. by S.H. Nasr and O.
    Leaman. London 1997, 258–274.
96 Al-Ghazzali Abu Hamid Muhammad, The Incoherence of the Philosophers. Translated, introdu-
    ced and annotated by M.E. Marmura. Provo, Utah 1997.
97 M.W. Watt/M. Marmura, Der Islam II 372f.
98 Vgl. O. Leaman, Averroes (1126–1198). In: F. Niewöhner (Hg.), Klassiker der Religionsphiloso-
    phie. München 1995, 142ff. M.J. Müller, Philosophie und Theologie von Averroes. Weinheim 1991.
    D. Urvoy, Ibn Rushd. In: History of Islamic Philosophy. Part I, ed. by S.H. Nasr and O. Leaman.
    London 1997, 330–345.
99 M.J. Müller, Philosophie und Theologie 10ff.

und seinen Willen erkennen, ohne jemals mit der Offenbarung in Kontakt gekommen zu sein. Die spekulativ gefundene Wahrheit stimme also mit jener der Offenbarung überein. Allerdings wendet sich die Offenbarung durch ihre anschauliche Sprache, durch ihre Bilder, Symbole und äußere Riten an alle, während die philosophische Form der Gotteserkenntnis nur wenigen vorbehalten ist.

Man hat Ibn Ruschd vorgeworfen, dass er eine „doppelte Wahrheit" vertrete, die philosophische, die den Philosophen und den intellektuellen Kreisen, und die religiöse, die nur dem einfachen Gläubigen zugänglich sei. Es handelt sich hier gerade um den Versuch, „die aristotelische Philosophie mit den Prinzipien der Religion zu versöhnen". In der Tat war er aber der Meinung, dass es nur eine Wahrheit gibt, allerdings nähern sich die Menschen auf unterschiedlichen Wegen dieser einen Wahrheit.[100]

Ibn Ruschd wendet sich auch gegen Al Ghazalis Behauptung, dass es keinen begründeten Beweis gebe, dass zwischen Ursache und Wirkung ein Zusammenhang bestehe. Damit wendet sich Ibn Ruschd gleichzeitig auch gegen die asch'aritische Position, die in allem Naturgeschehen die Schöpferkraft Gottes am Werke sieht und nicht irgendeine andere innerweltliche Kraft:

„Wer aber die Ursachen aufhebt, der hebt den Verstand auf. Die Logik legt fest (…), daß es auf Erden (…) Ursachen und Wirkungen gibt."[101]

Vor allem im östlichen Teil der islamischen Welt, also im persischen Kulturraum, werden sich vielfältige philosophische und mystische Strömungen verbinden, in erster Linie die Lichtphilosophie und –mystik, wodurch eigene philosophische Systeme entstehen, die synkretistisch ausgerichtet sind.

Die mystisch-philosophischen Lehren von Schihab ad-Din Yahya al-Suhrawardi,[102] dem „Schaych der Erleuchtung" (hingerichtet 1191), scheinen beim religiösen Establishment als Gefahr für die Rechtgläubigkeit der Muslime angesehen worden zu sein. Iranische, hellenistische und altorientalische Elemente vermischen sich bei ihm zu einer harmonischen Schau, zu einem eigenen mystisch-philosophischen System, nämlich der „Philosophie der Erleuchtung" bzw. „östlichen Philosophie" (*hikmat al-ischraq*) im Gegensatz zu „westlich". Mit diesem Konzept nimmt al-Suhrawardi gegen wichtige Aspekte der aristotelischen Philosophietraditionen Stellung.

Philosophische Ethik

Indem die „islamischen" Philosophen die Nikomachische Ethik rezipierten, haben sie auch eigenständige ethische Konzepte hervorgebracht, ja sie entwickelten eine Nikomachische Ethik in arabischer Version: al-Farabi, Ibn Shina, Ibn Miskawaih.[103]

---

100 Vgl. O. Leaman, Averroes 145.

101 A. von Kügelgen, Averroes & die arabische Moderne. Ansätze zu einer Neubegründung des Rationalismus im Islam. Leiden 1994, 364. vgl. S. van den Bergh, Averroes Tahafut (The Incoherence of the Incoherence), translated from the Arabic with Introduction and Notes. Volume I and II. Cambridge 1987.

102 Vgl. M. Horten, Die Philosophie der Erleuchtung nach Suhrawardi. Hildesheim 1981.

103 M. Fakhry, Ethical Theories in Islam. Leiden 1994, 67ff. O. Leaman, Ibn Miskawayh. In: History of Islamic Philosophy. Part I, ed. by S.H. Nasr and O. Leaman. London 1997, 252–257.

Im Mittelpunkt steht der Diskurs, wie der Mensch Glück erlangen kann. Durchwegs kommt hier zum Ausdruck, dass die Vollkommenheit des Seins ausschließlich das Gute ist, während das Böse ein Mangel an Vollkommenheit ist; weiters dass Gott absolut gut ist und niemals irgendetwas Böses tut, noch der Grund dafür ist. Dies ist natürlich gegen die Asch´ariten gerichtet, die behaupten, von Gott gehe sowohl das Gute wie auch das Böse aus.

Die Bedeutung der Rezeption der Nikomachischen Ethik für das islamische Denken besteht darin, dass es das oberste Ziel aller Handlungen ist, Glückseligkeit um ihrer selbst willen zu erlangen. Dies setzt aber einen freien Willen voraus und ist nur dann möglich, wenn ein verantwortetes, vernunftgemäßes und tugendhaftes Leben vollzogen wird. Daher kann man nur durch philosophisches und logisches Denken zur Glückseligkeit gelangen, denn durch die Philosophie gewinnt man jenes Vermögen, um das Richtige vom Falschen unterscheiden zu können. Viele besitzen aber keine solche Fähigkeit, brauchen daher Ratgeber und Lehrer; dies ist dann auch die Aufgabe des Staates.

Der Weg nach Innen: Islamische Mystik

Die Geschichte des Sufismus (< *suf*: Wolle > *sufi*: Träger eines Wollkleides), der islamischen Mystik, ist nicht isoliert zu sehen von der allgemeinen politischen und ökonomischen Entwicklung sowie jener der islamischen Glaubenslehre; sie ist vielmehr eingebettet in diese und ein Teil davon. So spiegelt die Geschichte der islamischen Mystik als geistige und literarische Bewegung dieses vielschichtige kulturelle und gesellschaftliche Spektrum mit seinen unterschiedlichen Ausformungen und Veränderungen wider.

Die Frage nach dem Ursprung der islamischen Mystik hat im Laufe der Zeit viele divergierende Antworten erfahren. Die Grundlagen der islamischen Mystik sind aber bereits im Koran, beim Propheten Muhammad selbst zu finden, denn in vielen Passagen werden die Gläubigen zum Gottgedenken (*dhikr*) aufgefordert (76,25–26; 87,15). Die *dhikr*-Übungen sollen dann den Sufi in die Nähe Gottes führen (2,186). Muhammad selbst gilt als Ursprung und Urbild für den mystischen Weg (33,21). Seine Himmelsreise (Sure 17,1) wurde zum Urbild des geistigen Aufstiegs des Mystikers in die unmittelbare Nähe Gottes Das Ziel, das sich der Mystiker gesetzt hat, ist die Negation seines konkreten Daseins und die Rückkehr zum Anfang. In diesem Endzustand ist der Mensch wie im vorgeburtlichen Urzustand, frei vom eigenen Sein, erfüllt vom Sein Gottes (Urvertrag: 7,172).

Im Laufe der Zeit kristallisierten sich verschiedene Typen von Sufis heraus; grundsätzlich kann man vom „nüchternen", „voluntativen" und vom „berauschten", „ekstatischen" Typ sprechen.[104] Ersterer versucht sich solange den Eigenschaften Gottes anzunähern, bis er ihnen ähnlich wird. Letzterer stellt den von Liebe berauschten, Trunkenen dar, den theosophischen Mystiker, wie ihn der andalusische Mystiker Ibn al-Arabi mit seiner „Einheit des Seins" (*wahdat al-dschuhud*) geprägt hat. Hinter

104 Vgl. A. Schimmel, Mystische Dimensionen des Islam. Frankfurt 1995, 16ff.

diesen Typen steht aber letztlich auch ein Sprachproblem. Mystische Sprache ist eine Erfahrungssprache: As-Sarradsch (gest. 988), von dem eines der ersten Sufi-Handbücher stammt, hat bereits die Problematik der Missdeutung des Einheitsbekenntnisses bei den Sufis erkannt (vgl. auch den Vorwurf des Pantheismus), wenn er sagt, dass es bei den Sufis noch eine andere Sprache gibt, nämlich die „Erfahrungssprache".[105]

Bis ins 10. Jh. war der Sufismus eine Sache Einzelner, wobei er aber immer wieder in den Ruf des Häretischen geriet. In der weiteren Entwicklung bilden sich Gemeinschaften als Orden und Bruderschaften heraus und damit die Verehrung heiliger Männer und Frauen (islamische „Heiligenverehrung"). Die zweite Hälfte des 10. Jh. war für den Sufismus die Zeit der Organisation und Konsolidierung. Sufis des späten 10. Jh. formulierten Grundprinzipien einer gemäßigten Mystik. Man wollte den Sufismus nicht nur den Intellektuellen, sondern auch den allgemeinen Gläubigen zugänglich machen und so von seiner Verketzerung wegkommen. Es sollte gezeigt werden, dass der Sufismus vollkommen orthodox ist. Zu diesen gehörte auch Al-Ghazali (gest. 1111). Der Weg der Sufis ist für ihn gekennzeichnet durch die Verbindung von Theorie und Praxis. Das Ziel besteht darin, das Herz von allem zu befreien, was außer Gott ist, „um es mit der (ständigen) Anrufung Gottes zu schmücken". Dahin gelange man nicht durch Studium, „sondern nur durch Schmecken, (seelisches) Erleben und Verwandlung der Eigenschaften."[106] In systematischer Weise skizziert er den Stufenweg[107] mit den Wegstationen (*maqam*, pl. *maqamat*) und den Seelenzuständen (*hal*, pl. *halat*). Ghazali versucht gerade in seiner Person, die sufische Frömmigkeit mit der Scharia-Frömmigkeit zu verbinden. Sein Ziel ist es, das Innere, den Bereich des Herzens, mit dem Äußeren, dem Gesetz, in Einklang zu bringen. Er wollte so eine Haltung schaffen, die für orthodoxe Theologen unanfechtbar ist. Ghazalis Anstrengungen waren insofern von Erfolg, als nun auch orthodoxe Theologen und Rechtsgelehrte die Mystik ernst nahmen. So wurde das muslimische Frömmigkeitsideal vom Sufismus durchwirkt. Ghazali´s intellektueller Zugang zum Sufismus bewirkte daher eine gewisse Aussöhnung zwischen Orthodoxie und Sufismus.

Der Zulauf, den der Sufismus im 11. Jh. erfährt, findet auch darin seine Begründung, dass sich die Sufis aus den dogmatischen Streitigkeiten heraushielten. As-Sarradsch[108] führt in seinem Handbuch aus, dass neben der Koran-, Traditions- und Rechtswissenschaft auch der Sufismus eine Wissenschaft sei, nämlich die des Herzens, und als solche gleichberechtigt neben den anderen Wissenschaften stehe. Die Mystiker werden so zu jener Gruppe innerhalb der Muslime, die den Konflikt zwischen äußerem Tun und der Verinnerlichung des islamischen Gesetzes gelöst haben.

In der persischsprachigen Mystik bzw. Dichtung wird das Schillern zwischen zwei Ebenen – irdisch/menschlich und himmlisch/göttlich – typisch sein. Daraus erhellt

105 R. Gramlich, Schlaglichter über das Sufitum. Stuttgart 1990, 70.

106 Al-Ghazzali, Der Erretter aus dem Irrtum. Aus dem Arabischen übersetzt, mit einer Einleitung, mit Anmerkungen und Indices hrsg. v. Abd-Elsamad Abd-Elhamid Elschazli. Hamburg 1988, 41.

107 Vgl. R. Gramlich, Muhammad Al-Ghazalis Lehre von den Stufen zur Gottesliebe. Wiesbaden 1984.

108 R. Gramlich, Schlaglichter über das Sufitum 39.

auch die Schwierigkeit, diese Dichtung adäquat zu deuten. Hier in der persischen Mystik wird die menschliche Liebe zu einem Medium der göttlichen Liebe, der menschliche Geliebte wird transparent hin auf den göttlichen Geliebten; so kann in der menschlichen Schönheit und den vielen Aspekten der menschlichen Liebe die göttliche Schönheit und Liebe reflektiert werden. Diese Sicht führte andererseits aber auch zu einer starken Anthropomorphisierung Gottes. Die Dichter Irans benutzen historische Gestalten und Ereignisse als Sinnbilder für den Liebenden und Geliebten, um damit diese ewig gültigen Wahrheiten zu transportieren.[109]

Traditionelle Frömmigkeit

Die schariatische Ausgestaltung der fünf Pflichten für den Muslim hat detailgetreu festgelegt, wann das Gebet oder das Fasten gültig oder ungültig sind. Gegenüber dem Koran, der nur von drei obligatorischen Gebetszeiten spricht, kennt die Tradition insgesamt fünf verpflichtende Gebetszeiten für das rituelle Gebet (*salat*). Im Mittelpunkt stehen verschiedene Körperhaltungen (Stehen, Sich-Verbeugen und Niederwerfen), womit die Wiederholung von verschiedenen Gebetsformeln verbunden ist.

Alles, was die Beziehungen des Muslims zu Gott trübt und damit die von Gott gewollte Ordnung der Dinge stört, wird zum Gegenstand des islamischen Ritualrechtes, nämlich zur Frage, ob etwas rein oder unrein ist. Daher muss der Muslim bei der Verrichtung des rituellen Gebetes (*salat*) und anderer religiöser Handlungen im Zustande der Reinheit sein. Der Islam geht – ähnlich wie auch das Judentum – davon aus, das es unreine Dinge a priori, aber auch unreine Handlungen gibt. Durch die Reinigung, etwa vor dem Gebet, begibt sich der Muslim in den Weihezustand, er lässt die Welt, den Alltag hinter sich und wendet sich Allah zu. Die äußerlich vollzogene Reinigung meint daher immer auch einen inneren Aspekt der Reinigung, des Sich-Reinwaschens. Die kultische Reinigung ist also mehr als bloß ein Akt der äußeren Hygiene, es kommt ihr zeichenhafte, symbolische Bedeutung zu. Nicht nur das Fasten im Monat Ramadan sondern auch die Läuterungsabgabe bzw. Almosenabgabe (*zakat*) dienen der Buße und der Reinigung und somit dem Erwerbs von Verdiensten um das jenseitige Heil.

Die Dimension von rein und unrein umfasst aber insgesamt ein islamgerecht ausgerichtetes und geführtes Leben. Der gesamte Lebensvollzug eines Muslim, einer Muslima soll rein sein. Der tägliche Erwerb des Lebensunterhaltes gehört ebenso zu dieser Ordnung wie die vorgeschriebenen Riten. Da der Schöpfer für alles sorgt, was der Mensch für sein tägliches Leben benötigt, sollten diese Gaben in Dankbarkeit angenommen werden, womit sich der Zustand der Reinheit verbindet.

Während der vorislamische Kalender luni-solar ausgerichtet war, wurde in islamischer Zeit der Mondkalender verpflichtend eingeführt, und 637 die islamische Zeitrechnung nach der Hidschra, der Auswanderung Muhammads nach Medina.

---

109 Vgl. A. Schimmel, Mystische Dimensionen des Islam 407ff.

Viele der heute von den Muslimen begangenen Festtage[110] haben sich erst im Laufe der Zeit entwickelt, sodass man zwei Kategorien von Festen unterscheidet: verbindliche und nicht-verbindliche Feste. Verbindlich für alle Muslime, d.h. religiös verpflichtend, sind jene Feste, die vom Propheten selbst eingeführt worden sind und daher im Koran verankert sind. Diese Feste verfügen auch über ein genau festgelegtes Festritual. Es sind dies das Fest des Fastenbrechens (*id al-fitr*) am Ende des Ramadan-Fastens und das Opferfest (*id al-adha*) als Abschluss des Haddsch in Mina. Nicht-verbindliche Feste sind jene, die sich erst nach der Zeit des Propheten herauskristallisiert haben; diese Feste haben kein vorgeschriebenes Festritual, sind also keine religiöse Pflicht: Es sind dies der Neujahrstag, sämtliche Prophetenfeste, das Geburtstagsfest (*maulid an-nabi*), das Fest der Himmelsreise (*lailat al-miradsch*), weiters die Herabsendung des Korans (*lailat al-qadr*) sowie die Heiligenfeste.

Seit der Fatimidenzeit beginnen größere Feiern zum Gedenken an Muhammads Geburtstag (*maulud oder maulid*), der auch gleichzeitig sein Todestag ist. Im herkömmlichen Festcharakter war es ein Lichterfest mit Rezitatio von Wundergeschichten und Gedichten, die auf die Geburt Bezug nahmen.

Zur Herausbildung des Festes von der Himmelsreise Muhammads[111] führten zwei Traditionen. Einmal die im Koran 17,1 angeführte Nachtreise von der heiligen Moschee (*al-msdschid al-haram*) zur fernsten Moschee (*al-msdschid al-aqsa*). Die islamische Tradition erkennt in der „fernsten Moschee" die al-Aqsa-Moschee. Ursprünglich dürfte die Himmelsreise von Mekka ausgegangen sein, und der „fernste Ort" demnach im Himmel zu finden sein, d.h. es dürfte sich ursprünglich um eine Vision gehandelt haben (vgl. 53,1–18). Ibn Ishaq wird dann in seiner Muhammad-Biographie die Nacht- und Himmelsreise verbinden, wobei die Tradition hierfür den Felsendom vorsieht. Hier auf dieser Himmelsreise soll auch das fünfmal täglich zu verrichtende Pflichtgebet festgelegt worden sein.

Der umfassende Anspruch, den muslimische Identität ausmacht, beruht in einem hohen Maß auf dem Vorbild des Propheten Muhammad. Neben dem Koran fungiert so die Sunna (Brauch, Gepflogenheit) des Propheten, überliefert im Hadith, als norm- und maßgebende Instanz für das muslimische Leben. Nicht nur durch den Koranvers, wo es heißt, dass der Prophet „… als eine helle Leuchte" gesandt wurde (33,45), sondern auch durch die Anwendung des Lichtverses (24,35) wird Muhammad zu jener Kristallisationsfigur, die das göttliche Licht in der Welt bekannt gemacht hat, wodurch die Menschen zu Gott geleitet werden. Die in der muslimischen Volksseele verankerte Verehrung ihres Propheten ist daher sehr wesentlich mystisch ausgerichtet.

Die Sunna des Propheten wurde in der Folge zur Norm für muslimisches Verhalten, Richtschnur für die Nachahmung Muhammads („imitatio Muhammadi") auch im täglichen Leben bis hinein in die alltäglichen Umgangsformen.[112] Gerade dieses normgebende Beispiel des Propheten macht den umfassenden Charakter muslimischer Identität aus.

---

110 Vgl. A. Schimmel, Das islamische Jahr. München 2001.
111 Vgl. Horovitz, Muhammads Himmelfahrt. In: Der Islam 42 (1966), 159–183.
112 A. Schimmel, Und Muhammad ist sein Prophet. Düsseldorf 1981, 21ff.

Das Verhältnis der Geschlechter

Der Islam prägt ein Frauenbild, das sich deutlich von dem in vorislamischer Zeit absetzt. Die Schleierfrage und Absperrung der Frau sind wohl in vorislamischer wie dann auch in islamischer Zeit Ausdruck einer sozialen Struktur und spiegeln so das Bild der Frau in den betreffenden Gesellschaften wider. Gerade das Gewohnheitsrecht, das von Region zu Region variierte, wirkte sich im Laufe der Zeit eher nachteilig auf den Rechtsstatus der Frau aus, indem ihr dadurch diverse in der Scharia zugesprochene Rechte wieder abgesprochen werden. Daher kam und kommt es immer wieder zu Konflikten zwischen beiden Systemen, wobei sich oft das Gewohnheitsrecht durchsetzt.

Auf der Grundlage des Korans (33,53.59; 24,30–31; 4,2–3.11f usw.) wurde die islamische Rechtsordnung und Sozialstruktur geschaffen, wobei der Familie insgesamt ein sehr hoher Stellenwert zukommt. Insgesamt wurde die Interpretation der entsprechenden Koranverse im Laufe der ersten drei Jahrhunderte einschränkender und wesentlich straffer; vor allem machte sich dies im religiösen Leben der Frau bemerkbar. In späteren Zeiten riet man den Frauen, der Moschee überhaupt fernzubleiben und das rituelle Gebet zu Hause zu verrichten. Seit dem islamischen Mittelalter haben nicht mehr viele Frauen an den Gemeinschaftsgebeten teilgenommen, immer mehr Frauen hielten sich in ihren eigenen Häusern auf. Die religiöse Erziehung konzentrierte sich vor allem auf die Jungen[113]. Die Institution der „Abschließung und Verhüllung" wurde im Laufe der Herausbildung der islamischen Gesellschaft eine Norm für das Verhalten von Mann und Frau, die Grundlage für ein Tugendideal der muslimischen Frau und des muslimischen Mannes, ja wurde zu dem „Symbol für die Islamizität einer Muslimin."[114]

Die ambivalente Haltung des Islams zu den Frauen, wie sie sich im Laufe der Zeit entwickelte, erhellt bereits aus den Hadithen: einerseits eine frauenfeindliche Position, andererseits Positionen, die sich für eine Beteiligung von Frauen am religiösen und gesellschaftlichen Leben aussprechen. Die religiösen Pflichten und Normen richten sich laut Koran an „muslimische Männer und muslimische Frauen" gleicher Weise, d.h. dass im religiösen Bereich beide Geschlechter gleichgestellt sind. Beide müssen sich vor dem Richter-Gott verantworten, beiden gilt die Verheißung der Paradiesesfreuden und die Androhung der Höllenstrafen. Im Sinne der patriarchalen Gesellschaft geht jedoch der Islam von einer Überlegenheit des Mannes gegenüber der Frau aus (4,34–35). Daher kommt die Benachteiligung der Frau im sozialen und politischen Bereich.

Festzuhalten ist auch, dass die Frauen nach Muhammads Tod wichtige Funktionen als Übermittlerinnen der Sunna des Propheten und des Korans innegehabt haben. Frauen waren vereinzelt auch in den religiösen Wissenschaften tätig als Rechtsgelehrte, Traditionarierinnen (Hadith-Gelehrte), als solche, die sich mit Korankommentar, islamischem Recht und Grammatik beschäftigt haben und als Führerinnen von mystischen Orden.

---

113 Vgl. C. Knieps, Geschichte der Verschleierung der Frau im Islam. Würzburg 1993.
114 I. und P. Heine, O ihr Musliminnen … Freiburg 1993, 45.

Es hat im Verlauf der islamischen Geschichte auch Frauen gegeben, die Herr-scherinnen (Lokaldynastien) waren, obwohl ihnen durch den Ausschluss aus dem Amt des Imams (religiös-politisch) der politische Bereich kaum zugänglich war. Als frauenspezifische Berufe galten etwa Heiratsvermittlerinnen, Hebammen, Sänge-rinnen, Prostituierte, Händlerinnen und Klagefrauen, die berufsmäßig an Trauer-kundgebungen teilnahmen. Je nach Herkunft und sozialer Stellung konnten Frauen auch zu oft beträchtlichen Geldmitteln gelangen. Daher haben solche Frauen zu wohltätigen Zwecken auch Bauwerke errichtet. „Alles in allem", schreibt Heine[115], „wird aus diesen Schilderungen deutlich, daß die Zeit der mittelalterlichen isla-mischen Welt gekennzeichnet war durch lebhafte wirtschaftliche Aktivitäten von muslimischen Frauen".

Arabisches Literaturschaffen

Die islamische Weltgeschichtsschreibung ist in ihren Anfängen heilsgeschichtlich orientiert.[116] Das religiöse Denken des Islam kennt keine Geschichte, weil Geschichte Wandel bedeutet, die islamische Offenbarung jedoch als Abschluss der Geschichte zu sehen ist.[117]

Der typisierende Charakter der koranischen Prophetengeschichte war insgesamt prägend für die gesamte Geschichtsschreibung. Aber nicht nur Historiker, auch Koran-Kommentatoren und Prediger haben diese koranischen Erzählungen wei-ter entwickelt im Sinne der Erbauung und Ermahnung, wobei im Laufe der Zeit viel außerkoranisches Erzählgut aus der jüdisch-christlichen Tradition eingeflossen ist. Die Prophetenerzählungen wurden aber aus der Historiographie und aus der Koran-Kommentierung abgelöst und weiter entwickelt, sodass daraus eine eigene Li-teraturgattung, die „Prophetenerzählungen" (*qisas al-anbiya*), entstanden ist. Damit wiederum steht ein eigener Berufszweig in Zusammenhang, nämlich der der „Er-zähler" (*qussas*); diese deuteten insgesamt koranische Worte weiter aus und prägten so nachhaltig das religiöse Wissen des Volkes.

Im 9. Jh. erfasst die Bildung (*Adab*) immer weitere Kreise im Volk. Der Adab als Kultur und Bildung umfassender Begriff ist im städtischen Milieu entstanden und meint einmal die gute Erziehung, gute Umgangsformen und Höflichkeit; weiters wird damit auch das entsprechende allgemeine Bildungsgut in den Profanwissenschaften bezeichnet: Dichtung und Musik, Grammatik, Rhetorik und geschichtliche Über-lieferungen. Derjenige, der darüber verfügt, ist ein Adib. Somit wird Adab zu einem „Ideal von der *Humanitas*".[118] Das literarische Schaffen der Völker und Länder, und die damit zusammenhängende Vielfalt menschlicher Charaktere inspirierte diese Literaten. Vor allem das Eindringen des hellenistischen Bildungs- bzw. Kulturgutes hat hierfür einen entscheidenden Anstoß gegeben. Fragen des richtigen Verhaltens

---

115 I. und P. Heine, O ihr Musliminnen … 82.
116 B. Radtke, Weltgeschichte und Weltbeschreibung im mittelalterlichen Islam. Beirut 1992.
117 B. Tibi, Einladung in die islamische Geschichte 30.
118 D. Behrens-Abouseif, Schönheit in der Arabischen Kultur. München 1998, 95.

und Moralvorstellungen wurden im Lichte von islamischen Normen beantwortet. Auf diese Weise findet eine „Islamisierung des Geistes" statt.[119]

Mit Al-Hamadhani (gest. 1008) verbindet sich eine neue Literaturgattung, nämlich die Maqame, die sich in den folgenden Jahrhunderten großer Beliebtheit erfreuen sollte. Maqam meint „Vortrag" und wird so zur Bezeichnung der „Bettleransprache", die die Grundlage für die neue literarische Gattung bildete. Betteln, Gaunereien und Narreteien, Ermahnungen und sprachliche Wettstreite sind die wichtigsten Themen von Hamadhanis Maqamen.[120] In ihnen finden sich nicht nur viele kulturhistorische Informationen über die Sitten und Gebräuche der einzelnen Gesellschaftsschichten, sondern auch so manch heftige Kritik gegenüber den sozialen Missständen seiner Zeit.

Die Adab-Werke enthalten auch viel ethisches Gedankengut im Sinne der Tugenden und der Laster, wenn auch die Ethik daneben ein eigenes Schrifttum hervorgebracht hat. So verfasste Ibn al-Waschscha´ (gest. 936) ein Anstandsbuch, „Das Buch des buntbestickten Kleides". Es stellt keine bloße Unterhaltungsliteratur dar, sondern dient vor allem didaktischen Zwecken, nämlich wie derjenige, der nach Bildung strebt, zu dieser Bildung gelangen könne, worin diese Bildung - entsprechend der sunnitischen Tradition – besteht.[121]

Auf iranischem Boden sind in islamischer Zeit Fürstenspiegel entstanden. Etwa das „Buch der Staatskunst" vom Seldschuqenwesir Nizam al-Mulk. Hier werden die Ratschläge „oft mit gleichnishaften Anekdoten und Geschichten untermalt, die die weisen oder törichten Handlungen fiktiver, legendärer oder historischer Persönlichkeiten wiedergeben."[122] Es handelt sich um die Bearbeitung iranischer Königsbücher, aber auch indischer Erzählwerke.

In der Geschichtsschreibung trat ab dem 11. Jh. als neue Form die Biographie in Erscheinung. Beschrieben werden nicht nur bestimmte Berufsklassen, sondern auch Herrscher, Dichter und männliche und weibliche Gelehrte aller Richtungen. Dieses und die nachfolgenden biographischen Lexika stellen eine reiche Fundgrube für die Kultur- und Literaturgeschichte des Islams dar. Aber sie dienen auch einem theologischen Interesse, nämlich der Feststellung der Glaubwürdigkeit der Überlieferungen (Hadithe).

Die lyrische Dichtung (*qasida*) der vorislamischen Zeit wird weiterentwickelt; neben der Reimprosa und der Adab-Literatur entstehen auch kosmographische Werke (vgl. Qazwini) und Bücher über den Handel und den Kaufmannsberuf.[123] Im Ägypten des 12. Jh. erschien „Tausendundeine Nacht" (*alf laila wa-laila*), eine

---

119 J. Bürgel, Allmacht und Mächtigkeit 255.
120 Al-Hamadhani, Vernunft ist nichts als Narretei. Die Maqamen. Aus dem Arabischen vollständig übertragen und bearbeitet v. G. Rotter. Tübingen 1982, 17ff. J. Bürgel, Allmacht und Mächtigkeit 244.
121 D. Bellmann, Das Buch des buntbestickten Kleides von Ibn al-Waschscha´. Aus dem Arabischen übersetzt und herausgegeben. Bd. III. Leipzig 1984, 12–13.
122 Nizamulmulk, Das Buch der Staatskunst. Siyasatnama. Aus dem Persischen übersetzt, eingeleitet, hrsg. und mit einem Vorwort für die Neuausgabe v. K.E. Schabinger. Zürich 1987, 439.
123 Vgl. H. Ritter, Ein arabisches Handbuch der Handelswissenschaft. In: Der Islam 7 (1917), 4ff.

Sammlung von Sagen, Legenden und Anekdoten verschiedenster Völker in Prosa, Reimprosa und Gedichten.[124]

Al-Biruni (gest. 1050) war ein persischer Universalgelehrter. Er arbeitete an verschiedenen Fürstenhöfen bis er 1017 als Kriegsgefangener an den Hof Mahmud´s von Ghazna kam und an dessen Feldzügen nach Indien teilnahm. Daraus entsteht „Die Geschichte Indiens". In dieser beweist er, dass er an die hinduistische Kultur „ausgesprochen rationalistisch" und objektiv heranging und in sie einzudringen suchte.[125]

Im Nordosten des iranischen Kulturgebietes begann unter der Schirmherrschaft der Samaniden die Entfaltung der neupersischen Sprache und Literatur mit dem Ziel, das Persische mit dem Arabischen gleichzuschalten. Buchara bildete das kulturelle Zentrum.

Firdausi (gest. um 1020) schuf mit seinem „Königsbuch" (*Schahnameh*) das iranische Nationalepos, bestehend aus 60.000 Doppelversen. In ihm kündet er die Geschichte Irans von den mythischen und sagenhaften Königen, von der Erschaffung der Welt bis zum Untergang der Sasaniden durch die Araber im 7. Jh. n. Chr. Firdausis Sicht der Vergangenheit ist keine einheitliche, denn er fühlt sich sowohl der iranischen Vergangenheit als auch dem Muslim-Sein in gleicher Weise verpflichtet.

Der Epiker Nizami (gest. 1209) aus Aserbeidschan ist wohl der nachhaltigste Dichter des romantischen Epos, das sich gegenüber Firdausis Heldenepos immer mehr durchsetzen wird.

Nizamis episches Werk besteht aus fünf voneinander unabhängigen Dichtungen, die erst spätere Generationen zu einer „Fünfer" (*Chamse*) genannten Sammlung vereinigt haben. Darunter sind jene zwei zur Weltliteratur zählenden Werke: Einmal „Chusrau und Schirin", das vom Glück und der Tragödie einer jungen Frau erzählt. Schirin ist niemand anders als Nizamis erste geliebte Frau, die nach etwa 5 Jahren starb. Weiters „Laila und Madschnun", eine Erzählung über die schicksalshafte Liebe zweier arabischer Wüstenkinder, ein uraltes Thema der Folklore. Madschnun, der Dichter von Minneghaselen, muss deshalb leiden, damit sich die Menschheit an seinen herzergreifenden Liedern erfreuen könne.

Nizami gilt als derjenige, der die alte Tradition des Epos mit neuen Elementen ausstattet, indem er das persönliche Moment in den Vordergrund stellt und so die Tragik der Einzelpersonen an Breite gewinnen lässt. Im Hintergrund dieser Änderung steht der zeitliche Kontext, nämlich der Aufstieg des städtischen Bürgertums. Es gab viele Nachahmer Nizamis in Iran und dem Einflussbereich der iranischen Kultur, in der Türkei, in Indien und Mittelasien.[126]

In Andalusien war Ibn Hazm (gest. 1064) einer der größten Denker der arabisch-muslimischen Zivilisation. Er war Poet, Historiker, Jurist, Philosoph und Theologe. Ihm kommt auch das Verdienst zu, zum ersten Mal eine umfassende Darstellung

---

124 Vgl. E. Littmann, Die Erzählungen aus den Tausendundein Nächten. Bd. I.1. Frankfurt 1981, 19.

125 Al-Biruni, In der Gärten der Wissenschaft. Ausgewählte Texte aus den Werken des muslimischen Universalgelehrten, übersetzt und erläutert v. G. Strohmaier. Leipzig 1991.

126 Vgl. J. Rypka, Iranische Literaturgeschichte. Leipzig 1959, 201f.

der außerislamischen Religionen unternommen zu haben. In seinem Werk „Das Halsband der Taube, von der Liebe und den Liebenden" versucht er zuerst das Wesen der Liebe philosophisch zu erklären, und sodann die Kennzeichen der Liebe, die verschiedenen Arten des Sich-Verliebens. Ibn Hazm entwickelt hier eine von Plato beeinflusste Philosophie der Liebe. Die gegenseitige Anziehung zweier Menschen, wenn sie von Dauer ist, erweise nach ihm eine Verwandtschaft der Seelen.[127]

Islamisches Kunstschaffen: Moschee und Madrasa

Als erste Moschee (*masdschid*: „der Ort, wo man sich niederwirft") diente den Muslimen in Medina der Hof des Wohnhauses des Propheten, der mit einer Lehmziegelmauer umgeben war. Auf der Qibla-Seite – hier befindet sich der Mihrab (Nische), die die Gebetsrichtung zur Kaaba nach Mekka angibt – wurde mit Palmblättern ein zum Schutz der Versammelten schattenspendendes Dach errichtet. Dieses Modell bildet das Urmodell für alle späteren Moscheen in den eroberten Gebieten. Die Moschee war von allem Anfang an nicht nur Ort des Gebetes, sondern auch ein gesellschaftliches und politisches Zentrum. Somit kommt ihr nicht nur sakraler Charakter zu, sondern sie stand auch immer in enger Verbindung mit den vielfältigen Lebensausdrücken der Menschen.

Die einfache Laube der Moschee des Propheten wurde allmählich durch das Kunst- und Kulturschaffen der eroberten Länder erweitert.[128] Aus den architektonischen Elementen Säule, Pfeiler und Bogen einerseits, Kuppel und Kreuzgewölbe andererseits, die die Araber in den christlichen Kultbauten, in den römischen und hellenistischen Anlagen und in den persischen Palastbauten mit ihren weiten Höfen und Säulenhallen vorfanden, haben sie etwas Neues gestaltet. In den ersten Jahrhunderten formt sich so die offene Hofmoschee mit einem geräumigen Hof, der ringsum von Säulen- bzw. Pfeilerreihen umgeben ist. An der Qibla-Seite werden diese Arkaden als mehrschiffige Gebetshallen vertieft, damit die Beter Schutz vor der Sonne finden.[129]

In der Zeit der Umaiyaden entstehen neue architektonische Formen: Mit Hilfe byzantinischer Baumeister wurde in Jerusalem der Felsendom mit einem achteckigen Umriss erbaut, vermutlich in Anlehnung an das oktogonale Bauschema der Grabeskirche. In Damaskus wurde durch byzantinische Meister an Stelle der ehemaligen Johanneskirche die Umaiyadenmoschee errichtet. Hierbei treffen wir auf ein typisches Beispiel für eigenständige islamische Kunst, indem die Araber den byzantinischen, sasanidischen und koptischen Vorbildern ihre „nomadistische Kunstanschauung"[130] aufgeprägt haben. Die Schlichtheit der ersten Moscheen hat man dadurch aufgegeben, dass sie mit Mosaiken, Marmor und Gold ausgestattet wur-

---

127 M. Weißweiler, Von der Liebe und den Liebenden. Von Ibn Hazm al-Andalusi. Aus dem Arabischen Urtext übertragen. Frankfurt 1995, 13–14.
128 Vgl. M. Hattstein/P. Delius (Hg.), Islam. Kunst und Architektur. Köln 2000, 59ff.
129 Vgl. U. Vogt-Göknil, Die Moschee. Zürich 1978, 11f.
130 H.G. Franz, Palast, Moschee und Wüstenschloß. Graz 1984, 37f.

den. Bäume, landschaftliche und architektonische Motive, ornamentaler Schmuck und Arkanthusdekorationen sind das vielfältig variierte Thema des Mosaikprogrammes der Umaiyadenmoschee zu Damaskus, das spätklassischen und frühchristlichen Einfluss verrät. Damit soll ein Hinweis auf das Paradies gegeben werden, das den Gläubigen im Jenseits erwartet.

Neben der Hofmoschee entwickelte sich vor allem in Zentralasien, Persien und der Türkei die überkuppelte Moschee, die ihre endgültige Ausformung und damit ihren architektonischen Höhepunkt in der osmanischen Kuppelmoschee finden wird.

Vom 11. zum 12. Jh. bildet sich in Persien unter der Herrschaft der Seldschuqen ein neuer Moscheetyp heraus, der sasanidischen Einfluss zeigt, nämlich die Vier-Iwan-Hofmoschee (*iwan*: „gewölbte Torhalle") mit der Kreuzachsenordnung, den vier Iwanen und dem überkuppelten Gebetsraum. Wir haben hier eine Weiterentwicklung der seldschuqischen Madrasa vor uns, die ebenfalls im Kreuzachsenschema angelegt wurde. Dieses Vier-Iwane-Schema entspricht so den vier sunnitischen Rechtsschulen mit ihren jeweiligen Hörsälen und Wohnräumen für Lehrer und Schüler. Neben dem Fayence-Mosaik auf glasierten Ziegeln und polychromen Fliesen wurden die prächtigen Schriftbänder in Weiß auf blauem Untergrund zu einem typischen Dekor-Element der persischen Moscheen.

Der Mihrab, die apsisförmige Gebetsnische, die in der Gebetsrichtung nach Mekka zur Kaaba angebracht ist, gibt jenen Ort an, wo der Prophet gestanden hatte und verweist somit auf die Gegenwart des Propheten. Sie wurde daher in besonderer Weise mit Stuck, Reliefs, Mosaiken und Koranversen verziert. Den unmittelbaren Bereich vor dem Mihrab kann eine Kuppel überdecken, die von fein ausgearbeiteten Gewölben – oft ist es das Bienenwabengewölbe (Stalaktiten: *muqarnas*) – getragen wird. Insgesamt spielt die Verwendung der Stalaktiten im gesamten späteren islamischen Baudekor eine immer zentralere Rolle; ihren Höhepunkt erreicht sie nicht nur in der al-Hambra in Granada, sondern auch in der persischen Moscheearchitektur. „Strukturell handelt es sich um eine Vervielfachung der Wölbung, kulturell um steingewordene Ekstase als Ausdruck der Teilhabe an göttlicher Mächtigkeit."[131]

Ein weiteres wichtiges Element der Moschee bildet das Minarett (*manara*), das vermutlich auf dem Wege der Kirch- und Leuchttürme in den Islam Eingang fand und durch ihre senkrechte Ausrichtung die „Verbindung von Himmel und Erde symbolisiert".[132] Die ersten Minarette waren quadratisch, oft in dekorierte Stockwerke gegliedert. Dieser Typ blieb im nordafrikanischen Raum vorherrschend. Im zentralasiatisch-persischen Raum finden wir hohe, den Rundtürmen ähnliche Minarette, die oft mit geometrischer Dekoration oder geometrisierter Schrift überzogen sind. Im iranischen Bereich wurden diese Minarette meist mit Fayencemosaik verziert. Zur Ausstattung der Moscheen gehören nicht nur kunstvolle Beleuchtungen, sondern auch kostbare Teppiche und Koranverse in verschiedenen kalligraphischen Ausformungen.

---

131 J.Ch. Bürgel, Allmacht und Mächtigkeit 274.
132 J.Ch. Bürgel, Allmacht und Mächtigkeit 279.

Im Laufe der Zeit bilden sich um das Grab heiligmäßiger Männer Moscheen, sogenannte Grabmoscheen. Architektonisch erkenntlich an ihrer Kuppel, welche die Grabbauten (*qubba*) bedeckt. Es entstehen auch Stiftermoscheen, da es als ein frommes Werk angesehen wurde, eine Moschee zu erbauen. Gerade im Zusammenhang mit dem Eindringen der „Heiligenverehrung" in den Islam nahm auch der Sakralcharakter der Moschee immer mehr zu. Für die obligatorische Freitagssalat bildete sich die Freitagsmoschee (*dschami'*) heraus. Nur diese hatte eine Kanzel (*minbar*), von der aus die Predigt abgehalten wurde.

Das islamische Kunstschaffen ist insgesamt vom Bilderverbot geprägt. Die Grundlage dafür bildet die Ablehnung des Götzendienstes im Koran; diese kommt einem Bilderverbot gleich, wie es dann die islamische Tradition explizit festgelegt hat, nämlich Verbot der Darstellung sowohl menschlicher als auch tierischer Lebewesen. Lebensodem einhauchen, also Leben geben, steht nur in der Macht Gottes, denn nur Gott ist der Bildner. Bilder von Mensch und Tier zu schaffen, kommt daher der göttlichen Schöpfungstätigkeit gleich und verstößt gegen ein göttliches Gebot. Das Wesen der Abstraktion des Naturalistischen im islamischen Kunstschaffen liegt demnach im Wesen des islamischen Gottesverständnisses begründet und verleiht ihr einen „ästhetisierenden Charakter".[133]

Die durch Stilisierung entstandenen abstrakten Muster der Schöpfung drücken sich in der Vielfalt ornamentaler Motive aus, in den Arabesken und geometrischen Mustern, in den Stalaktiten und der Kalligraphie. Freilich hat sich neben dieser bilderfeindlichen Haltung im islamischen Kulturkreis auch eine Malerei entwickelt, die mit figürlichen Darstellungen arbeitete; ihre klassische Ausprägung wird sie in der Miniaturmalerei finden.

Nicht übersehen werden darf, dass das islamische Kunstschaffen keine theoretischen Konzepte entwickelt hat. Die islamische Kunst ist daher profan, denn in ihren wesentlichen Elementen kommt ihr keine „religiöse Symbolkraft" zu. Architektur stellt daher eine „politische Domäne" dar; ausgenommen ist die Musik, von deren ambivalenter Bewertung die Tradition zu berichten weiß.[134] Freilich hat vor allem der persische Kulturraum durch die Miniaturmalerei dieses Gebot aufgeweicht. Ähnlich ist es auch im schiitischen Islam, wo die einzelnen Imame in bildlicher Weise dargestellt werden. Die mittelalterliche Kunst kennt durchaus Darstellungen des Propheten und seiner Gefährten.

Während in den Koranschulen Lesen und Schreiben gelernt wurde, wurden die islamischen Wissenschaften in Unterrichtsmoscheen, bibliotheksartigen Instituten, Krankenhäusern (*maristan*) und Observatorien gelehrt. Mit der Konstituierung der juristisch-theologischen Hochschule (*madrasa, pl. madaris;* auch Medrese) im 11. Jh. hat sich auch ein wissenschaftlicher Kanon herausgebildet. Ausgehend vom irakisch-iranischen Raum bildeten sich in der gesamten islamischen Welt solche Madrasen heraus. Gegenüber der Moschee war die Madrasa von ihren Anfängen an eine Lehranstalt mit einem festen Stundenplan mit bestimmten Lehrfächern und einer Art

133 D. Behrens-Abouseif, Schönheit in der Arabischen Kultur 142.
134 Vgl. D. Behrens-Abouseif, Schönheit in der Arabischen Kultur 131–136.

Abschlussprüfung. Der Schwerpunkt der Ausbildung lag im islamischen Rechts-system, den vier sunnitischen Rechtsschulen und der schiitischen als der fünften. Die Absolventen wurden daher im besonderen auch in wichtigen religiösen Ämtern eingesetzt. Das Unterrichtswesen bestand in der Hauptsache aus dem Vortragen oder Diktieren eines Textes, seinen Erklärungen und Kommentaren durch den Professor, und dem Memorieren und Auswendiglernen dieser Texte durch den Schüler bzw. dem Disput über die Inhalte der Texte. Hieraus wird sich das persönliche Verhältnis zwischen Lehrer und Schüler entwickeln als Grundlage aller Erziehung.[135]

Durch das Eindringen des griechisch-hellenistischen Wissenschaftserbes, also des Wissenschaftscurriculums der Antike, entwickelte sich ein „enzyklopädischer Unterricht" heraus, der neben dem auf der Offenbarung beruhenden traditionellen Wissenschaften (Koran, Koranexegese, Koranrezitation, Tradition, kanonisches Recht usw.) auch philologische und weltliche Fächer (Logik und das Quadrivium) beinhaltete.[136]

---

135 Vgl. B. Köhler, Die Wissenschaft unter den ägyptischen Fatimiden 76f.
136 Vgl. J.W. Fück, Vorträge über den Islam. Aus dem Nachlaß herausgegeben v. S. Günther. Halle (Saale) 1999, 179f.

Zeittabelle

Germanische Reiche im Westen

Herrschaft der Wandalen in Africa (429 bis 535); Herrschaft der Ostgoten in Italien (ab 493); Herrschaft der Westgoten in Spanien (5. Jh. bis 711); Herrschaft der Sueben in Spanien (6. Jh.); Reich der Burgunder in Gallien (470 bis 533); Herrschaft der Franken in Gallien (ab 500); Regierung von Chlodwig I. (482 bis 511); Herrschaft der Langobarden in Teilen Italiens (ab 568); Anfänge der gallikanischen Kirche; Bischöfe als Hüter der Ordnung; Organisation der Armenhilfe; Klöster als Zentren der Wirtschaft; erste Hospitäler; sächsische Königreiche in Britannien.

Autoren und Mönche: Avitus von Vienne; Cäsarius von Arles; Paulus Diaconus; Isidor von Sevilla; Gregor von Tours; Beda Venerabilis; Eugippius; Severin von Noricum; Patrick aus Irland; Benedikt von Nursia.

Herrschaft der Byzantiner im Westen

Herrschaft in Teilen Italiens (Ravenna, ab 553); Herrschaft in Africa (534 bis 698); Kaiser Justinianos I. (527 bis 565); Codex Justinianus (529); Gesetze gegen Juden und Samariter; Kampf gegen Manichäer, Montanisten, Arianer, Monophysiten; Ringen um einheitliche Reichsreligion; ökumenisches Konzil von Konstantinopel (553); Papst Gregor I. von Rom (590 bis 604); Kaiser Heraklios (610 bis 641).

Autoren: Johannes Philoponos; Cosmas Indicopleustes; Dionysios Areopagita; Prokopios von Kaisareia; Papst Gregor I.

Oströmisches Imperium (600 bis 800)

Invasion von Slawen und Awaren (ab 585); Kaiser Maurikios (582 bis 602); Krieg gegen das Reich der Perser (Sassaniden, ab 604); Bürgerkriege zwischen Heraklios und Phokas; Perser erobern Jerusalem (614); Herrschaft der Perser in Palästina; Belagerung von Konstantinopel durch Perser und Awaren (626); Sieg des Heraklios über die Perser bei Ninive (627); Auflösung des persischen Heeres; arabische Söldner schließen sich dem Muhammad an; Schwächung des byzantinischen Heeres; Kampf der orthodoxen Bischöfe gegen Monophysiten und Nestorianer; drittes Konzil von Konstantinopel (681/682); Unterdrückung der Juden und der christlichen Häretiker; zweites Konzil von Nikaia (687): Zwangstaufe der Juden unter Heraklios; Streit um die Verehrung der religiösen Bilder; erste Bilderstürme (ab 726); Ausbreitung des

Mönchtums; Sieg der orthodoxen Bischöfe über die Häretiker; Ringen um einheitliche Reichskirche; zweiter Bildersturm (813 bis 815).

Autoren: Maximus Confessor; Anastasios Sinaites; Johannes Klimakos; Johannes Damaskenos; Theodoros Stylites; Nikephoros.

Herrschaft im Reich der Franken

Herrschaft der Merowinger; Einheit Galliens unter Chlotar II. und Dagobert I.; Teilhabe der Bischöfe an der politischen Macht; Wiederaufbau der Städte in Gallien; Organisation der Armenhilfe; Klöster als Zentren der Kultur und der Wirtschaft; irische Wandermönche in Gallien und Italien; Übertritt der Langobardenkönige zum katholischen Glauben (ab 661); keltische Mönche auf den britischen Inseln; König Aripert und Perctarit; Synode von Whitby in England (664); Königreiche Neustrien, Austrien und Burgund; Rom als Zentrum der Kultur; die Päpste zwischen den Langobarden und den Byzantinern; Kampf Karl Martells gegen die Alamanen (727).

Sieg Karl Martells über die Moslems an der Loire (732); Bonifatius als Missionar aus Britannien; Dynastiewechsel im Reich der Franken (751); Erhebung Pippins III. zum König: Zustimmung des Papstes Zacharias; Salbung des Königs durch Bischöfe; Gründung von Klosterschulen, Bischofsschulen und Palastschulen; Pilgerfahrten und Heiligenverehrung; Herrschaft Karls des Großen (771 bis 814); Krönung Karls zum römischen Kaiser (800); Alkuin von York als Leiter der Palastschule; neue Verfassung der Reiches (Ordinatio Imperii); Lothar als Mitkaiser; Kämpfe gegen die Awaren und Moslems; Absetzung von Kaiser Ludwig (833); Teilung des Reiches im Vertrag von Verdun (843); ostfränkisches und westfränkisches Reich; Lebensregeln für Kleriker, Mönche und Nonnen; Reform der Klöster durch Benedikt von Aniane; Gründung neuer Klöster als Zentren der Wirtschaft und der Bildung; Unterordnung des Papstes unter den Kaiser (primus capellanus); Mönche wollen den Papst über den Kaiser stellen (Cluny); Lehre von den zwei Schwertern; Einfälle der Wikinger (Normannen); Beginn der Slawenmission im Osten.

Expansion des Islam

Flucht des Muhammad aus Mekka nach Medina (622); Kampf des Heerführers Muhammad gegen Mekka; arabische Söldner im Heer der Perser und der Byzantiner; Eroberung von Mekka (630); Tod des Propheten und Heerführers Muhammad (632); Abu Bakr als Nachfolger (khalifa; 632 bis 634); Sieg über die Byzantiner; Eroberung von Mesopotamia; Kalif Umar (634 bis 644); Eroberung der byzantinischen Provinzen Palästina, Syrien und Ägypten; Jerusalem erobert (640); Aufstellung von Heereslisten (diwan); Uthman als dritter Kalif (644 bis 656); Eroberung von Nordafrica; Siege über Persepolis und Armenien; Endredaktion des Koran (653); Sieg über die Flotte der Byzantiner; Ali als vierter Kalif (656 bis 661); Bürgerkrieg gegen die Sippen der Quraisch; Ali wird ermordet; seither Trennung zwischen Shiiten und Sunniten.

Kalifat der Umaiyaden (661 bis 750)

Damaskus als Zentrum der Herrschaft; Eroberung von Nordafrica; Überfälle auf Chalkedon und Sizilien; Belagerung von Konstantinopel (672 bis 677); Bürgerkrieg im Heer der Moslems; Bau der Umaiyaden-Moschee in Jerusalem (ab 691); Eroberung von Karthago (698); Umbau der Johanneskirche in Damaskus zur Moschee; Sieg über die Westgoten und Eroberung des südlichen Spanien (ab 711); Eroberungen an der Seidenstraße (Buchara und Samarkand); Cordoba wird Residenz der Provinz Andaluz; Moslems erobern Spanien und Südfrankreich (711 bis 730); Schlacht bei Tours und Poitiers gegen Karl Martell (732); Moslems ziehen sich nach Südgallien zurück.

Kalifat der Abbasiden (750 bis 861)

Sturz der Umaiyaden als Kalifen (749); Herrschaft der Abbasiden; Moslems besiegen Heer der Chinesen bei Atlak (751); Bagdad als Hauptstadt und Kulturzentrum; Übersetzung griechischer Literatur aus dem Syrischen ins Arabische und ins Persische; Ibn Ishaq verfasst Biographie über Muhammad (767); Beginn der Rechtsschule der Hanafiten; Anfänge der islamischen Philosophie und Wissenschaft; Moslems besiegen Karl den Großen im Baskenland (778); Bau der Moschee von Cordoba (ab 778); „Buch der Grundsteuer" von Abu Yusuf (786); Grammatik der arabischen Sprache von Khalil ibn Ahmad (791); Beginn der Malikitischen Rechtsschule (795); Rechtsschule der Shafiiten (811); Übersetzung der griechischen Mathematiker, Astronomen, Ärzte und Philosophen ins Arabische; Beginn der Hanbalitischen Rechtsschule (827); Eroberung Siziliens (831); Einfall der Normannen in Spanien (844); Entstehung regionaler Herrschaften.

Islam im 9. und 10. Jahrhundert

Kalifat des Muntasi (ab 861); Herrschaft türkischer Heerführer; Kalifat von Muhtadi (869); Sammlung der Hadith-Literatur; Tod des Philosophen und Naturforschers Al Kindi (870); Übersetzung medizinischer, naturwissenschaftlicher und philosophischer Bücher durch Hunain ibn Ishaq; Beginn der neupersischen Literatur durch Ibn al Hajjaj; moslemische Handelsniederlassungen in China; Tod des Philologen und Historikers Ibn Qutaiba (889); Kalifat von Mutidid (892); Persisch als Kanzleisprache im Osten; Kalifat der Fatimiden in Ägypten (ab 909); Arbeit des Historikers Al Tabori; Übernmahme der Logik des Aristoteles (10. Jh.); Krieg gegen die Byzantiner (944); Tod des Philosophen Al Farabi (950); Übertritt der türkischen Stämme zum Islam (ab 950); Kairo wird Hauptstadt des Fatimidenreiches (973); Schulen der aristotelischen, der neuplatonischen und der pythagoräischen Philosophie in Basra (ab 980); Al Muquaddasi verfasst „Geographie des Erdkreises" (985).

Islam im 11. Jahrhundert

Fatimide Ak Hakim verfolgt Juden und Christen (ab 996); Tod des Dichters Al Hamadani (1008), persisches Nationalepos „Königsbuch" verfasst (1010); Werk über die Kultur Indiens von Al Biruni (1030); Buch „Erfahrung der Völker" von Miskawai (1030), Theorie der Herrschaft von Al Mawardi (1031); Seldschuqen erobern östlichen Iran (ab 1040); Tod des Philosophen Ibn Shina (1037); Tod des Mathematikers Al Biruni (1050); Beginn der Herrschaft der Seldschuqen in Bagdad (1055), Normannen erobern Sizilien (1061); Kriege gegen die Byzantiner; Beginn der türkischen Literatur (ab 1069); Lehren der Sufis in persischer Sprache (1075); Türken erobern Syrien; spanische Reconquista erobert Toledo (1085); Seldschuqen machen Bagdad zur Hauptstadt (1091); Lehren des Mystiker Al Ghazali; Beginn des ersten Kreuzzuges der Christen (1096); Kreuzritter erobern Jerusalem (1099).

Westliche Kultur im 10. Jahrhundert

Einfälle der Ungarn in Italien (899); Sieg der Ungarn über ein Heer der Baiern (907); Sieg Ottos I. über die Ungarn auf dem Lechfeld (955); Kaiserkrönung Ottos I. (962); Neuordnung des ostfränkischen Imperiums; Bischöfe als Lehensherren und Feudalfürsten; Missionierung der Slawen und Eroberungen im Osten; Streben der Klöster nach Unabhängigkeit von den Stiftern; Neuorganisation der Reichsklöster; fünf Herzogtümer: Baiern, Schwaben, Franken, Sachsen, Lothringen; Bischöfe im Dienst der Könige; Ringen um einheitliche Reichskirche; Domschulen und Klosterschulen; Klöster als Zentren der Wirtschaft, der Wissenschaft und der Schreibkunst; Kaiserkrönung von Otto III. (996); millenarische Bewegungen; Bedrohung Unteritaliens durch die Moslems; Herrschaft der Capetinger im westfränkischen Reich (ab 987).

Westliche Kultur im 11. Jahrhundert

Kaiserkrönung Heinrichs II. in Rom (1014); Fortsetzung der Slawenmission von Bamberg und Magdeburg aus; Mönche von Cluny wollen Macht des Papstes über Kaiser und Könige; Ringen der Klöster um Autonomie; die große Friedensbewegung (Treuga Dei); Aufrufe zum Kampf gegen die Moslems in Palästina; Reconqusita in Spanien verstärkt (ab 1063); Kultur der Klöster: Dichtkunst, Grammatik, Dialektik, Kalenderkunde, Astronomie, Musik, Malerei, Schreibkunst; Organisation der Armenhilfe in Klöstern und an Bischofssitzen; Lehren des Triviums und des Quadriviums; der Architektur (Vitruvius), der Geometrie (Euklid); neue Techniken der Baukunst in den Bauhütten; kultureller Austausch mit Moslems (Salerno, Chartres, Toulouse); Beginn der romanischen Baukunst; Kult der Reliquien und Wallfahrten; Toleranz gegen Juden; Papst Gregor VII. (1073 bis 1085); sein Kampf gegen den Kaiser Heinrich IV.; Gang des Kaisers nach Canossa (1077); Papst verfasst „Dictatus Papae" (1075); Aufruf zum Kreuzzug; erster Kreuzzug (1096).

Entwicklungen im oströmischen Reich

Festigung der Herrschaft der Kaiser und der Patriarchen; Verteidigung gegen Angriffe der Moslems; Kampf gegen Juden und christliche Häretiker; Politik der Rückeroberung der verlorenen Provinzen; Klöster als Zentren der Kultur; Organisation der Armenhilfe durch Bischöfe und Kleriker; Klöster am heiligen Berg Athos; fromme Stiftungen für Spitäler durch Adelige; Kaiserin Eirene (797 bis 802); Vordringen der Türken in Kleinasien; enge Verbindung von Religion und Politik; hoher Steuerdruck für Mittelschichten und Bauern; Entfaltung der Klosterschulen, der Rechtsschulen und der Grammatikschulen; enthusiatische Bewegungen; Neomessalianer, Paulikaner, Bogomilen; soziale Proteste der Armen und Entrechteten; Aufleben manichäischer Lehren; Streitfälle mit der Westkirche; Trennung der Ostkirche von der Westkirche (1054); Bischof Humbert von Silva Candida und Patriarch Michael Kerullarios; gegenseitige Bannung der Kirchenleitung; Entfremdung beider Kirchen; Versuche der Wiedervereinigung scheitern; politische Isolation des byzantinischen Reiches.

Islam im 12. Jahrhundert

Balduin I. wird lateinischer König von Jerusalem (1100); Kleinreiche der Seldschuqen vereinigt; Kreuzritter erobern Tripolis (1109); Tod des Lehrers Al Ghazali (1111); Zerfall des Reichs der Seldschuqen (ab 1118); Tod des Dichters Al Hariri (1122); Venezianer erobern Tyrus (1124); Tod des Mathematikers Umar i Khaiyam (1131); Heer der Türken besiegt die Seldschuqen (1141); Herrschaft der Almohaden in Spanien (ab 1145); zweiter Kreuzzug der lateinischen Christen (1147 bis 1149); Niederlage der Kreuzritter bei Damaskus; Auflösung der Herrschaft der Seldschuqen (1157); Kalifat des Mustadi (ab 1170); Bau der Almohaden Moschee in Sevilla (ab 1170); Herrschaft Saladins in Ägypten (ab 1171); Sieg der Moslems über byzantinisches Heer bei Myriokephalon (1176); Tod des Philosophen und Arztes Ibn Ruschd (1185); Kämpfe zwischen Saladin und den Kreuzfahrern; Sieg des Saladin bei Hittin (1187); Kaiser Friedrich Barbarossa ertrinkt in Kilikien (1190); Kreuzfahrer erobern Akkon (1091); Moslems erobern Delhi in Indien (1192); Al Malik folgt als Sultan in Ägypten (ab 1200).

Westliche Kultur im 12. Jahrhundert

Konzil der Bischöfe im Lateran (1123); Streit um Investitur der Bischöfe und Äbte durch Könige; Abt Ivo von Chartres; Wilhelm der Eroberer besiegt die Angeln und Sachsen (1066); Krönung zum König von England; Bischof Anselm von Canterbury schreibt Gottesbeweise; Diskussion über das Verhältnis von Philosophie und Religion; Synode und Konkordat von London (1107); König verzichtet auf Investur der Bischöfe mit Ring und Stab; aber der König steht über allen Bischöfen; Kaiserin Agnes investiert Bischof mit Ring und Stab; neuer Streit um Investur der Bischöfe;

Wormser Konkordat (1122); deutsche Könige verzichten auf Investitur mit Ring und Stab; soziale Proteste in Italien und Frankreich; Ringen der Pataria um Herrschaft der Städte; Entfaltung der Städte und des Handels; Beginn der Bettelorden in den Städten; zweite Synode der Bischöfe im Lateran (1139), Verbot von Wucherzinsen, von Tournieren und von Mordwaffen; Selbsterhöhung des Papstes als vicarius Christi (seit 1150); Bernhard von Clairvaux und Gerhoh von Reichersberg; Streit mit dem Theologen und Philosophen Petrus Abaelardus; Ringen um Freiheit der Philosophie; Theologe Johannes von Salisbury; Konflikt des Papstes mit Kaiser Friedrich Barbarossa; drittes Konzil der Bischöfe im Lateran (1179); Papst Alexander III. (1159 bis 1181); Kampf gegen die Albigenser, Katharer und Waldenser; Verbot des Kaufes von kirchlichen Ämtern; Verbot der Ehe für Kleriker; zweiter Kreuzzug und Zeit der Ritterorden; Johanniter, Templer, Deutscher Orden; Lehre vom Gottesfrieden und vom gerechten Krieg; Lehre von den zwei Schwertern für Papst und Kaiser; Gründung der Stadtschulen; Konkurrenz zu Kloster- und Kathedralschulen; Decretum Gratiani in Bologna (1140); Schulen der Jurisprudenz in Bologna, Padua, Paris; Blick auf das Erbe der Antike; Lehren des Petrus Lombardus; verschärfter Kampf gegen Häretiker und Ketzer; Niederringung der sozialen Proteste der Verarmten.

Weiterführende Literatur

I. Christliche Kultur

Affeldt, W., Frauen in Spätantike und Mittelalter. Sigmaringen 1990.

Althoff, G., Die Macht der Rituale. Darmstadt 2003.

Angenendt, A., Das Frühmittelalter. Die abendländische Christenheit von 400 bis 900. Stuttgart 2001.

Angenendt, A., Geschichte der Religiosität im Mittelalter. Darmstadt 2009.

Apsner, B., Vertrag und Konsens im frühen Mittelalter. Trier 2006.

Assmann, J., Das kulturelle Gedächtnis. München 1992.

Ausbüttel, F., Theoderich der Große. Darmstadt 2003.

Bein, T., Liebe und Erotik im Mittelalter. Darmstadt 2003.

Bertau, K., Deutsche Literatur im europäischen Mittelalter. München 1982.

Birkhan, H., Die Kelten. Wien 1997.

Borst, A., Lebensformen im Mittelalter. Frankfurt 1983.

Boshof, E., Ludwig der Fromme. Darmstadt 1996.

Bosl, K., Europa im Aufbruch. München 1980.

Brooke, Ch., The Twelfth-Century Renaissance. London 1989.

Brown, P., Die letzten Heiden. Berlin 1987.

Brown, P., The Rise of Western Christendom. Oxford 1986.

Bumke, J., Höfische Kultur. München 1987.

Carlen, L., Symbole kirchlichen Rechtslebens. Fribourg 1999.

Christensen, A.S., Cassiodorus. Kopenhagen 2003.

Constable, G., Culture and Spirituality in Medieval Europe. Aldershot 1997.

Dagron, G. (Hg.), Die Geschichte des Christentums IV. Freiburg 1004.

Dahmus, J., History of Medieval Civilization. New York 1987.

Dinzelbacher, P. (Hg.), Europäische Mentalitätsgeschichte. Stuttgart 1993.

Dinzelbacher, P., Angst im Mittelalter. Paderborn 1996.

Dinzelbacher, P., Europa im Hochmittelalter. Darmstadt 2003.

Dinzelbacher, P., Europa im Hochmittelalter. Eine Kultur- und Mentalitätsgeschichte. Darmstadt 2003.

Dinzelbacher, P., Mittelalterliche Frauenmystik. Paderborn 1983.

Dinzelbacher, P., Vision und Visionsliteratur im Mittelalter. Stuttgart 1981.

Dinzelbacher, P./Heinz, W., Europa in der Spätantike. Eine Kultur- und Mentalitätsgeschichte. Darmstadt 2007.

Duby, G., Die drei Ordnungen. Das Weltbild des Feudalismus. Frankfurt 1987.

Duby, G., Frauen im 12. Jahrhundert. Frankfurt 1999.

Duby, G., Ritter, Frau und Priester. Frankfurt 1988.

Epperlein, S., Leben am Hofe Karls des Großen. Regensburg 2000.

Erkens, F.R., Herrschersakralität im Mittelalter. Stuttgart 2006.

Fried, J., Der Schleier der Erinnerung. München 2004.

Geary, P.J., Europäische Völker im frühen Mittelalter. Frankfurt 2002.

Gleba, G., Klosterleben im Mittelalter. Darmstadt 2004.

Goetz, H.W., Frauen im frühen Mittelalter. Köln 1995.

Goetz, H.W., Leben im Mittelalter. München 1986.

Grabner-Haider, A., Das Laienchristentum. Darmstadt 2007.

Grabner-Haider, A., Die Diener Gottes. Das Klerikerchristentum und seine Geschichte. Darmstadt 2008.

Grabner-Haider, A., Kritische Religionsphilosophie. Graz 1996.

Grabner-Haider, A./Weinke, K. (Hg.), Die Meisterdenker der Welt. Wien 2005.

Grundmann, H., Ketzergeschichte des Mittelalters. Göttingen 1987.

Haas, W., Welt im Wandel. Das Hochmittelalter. Stuttgart 2002.

Habiger-Tuszay, C., Magie und Magier im Mittelalter. München 1992.

Heinzelmann, M., Bischofsherrschaft in Gallien. München 1976.

Heinzelmann, M., Gregor von Tours. Darmstadt 1994.

Höffe, O. (Hg.), Klassiker der Philosophie I. München 2009.

Jankrift, K., Krankheit und Heilkunde im Mittelalter. München/Darmstadt 2003.

Jankrift, K., Mit Gott und schwarzer Magie. Darmstadt 2005.

Kaiser, G./Müller, J. (Hg.), Höfische Literatur, Gesellschaft und Lebensform um 1200. Darmstadt 1987.

Karras, R.M., Sexualität im Mittelalter. Düsseldorf 2006.

Kotzur, H.J., Rabanus Maurus. Mainz 2006.

Krauss, H. (Hg.), Europäisches Hochmittelalter. Wiesbaden 1980.

Lambert, M., Ketzerei im Mittelalter. München 1981.

Lauwers, M., Naissance du cimetere. Paris 2005.

Le Goff, J., Die Geburt des Fegefeuers. München 1990.

Lecouteux, C., Das Reich der Dämonen. Düsseldorf 2001.

Legner, A., Romanische Kunst in Deutschland. München 1987.

Lutterbach, H., Sexualität im Mittelalter. Köln 1999.

Michelet, J., Histoire de France. Paris 1981.

Moore, R.J., Die erste europäische Revolution. Gesellschaft und Kultur im Hochmittelalter. München 2001.

Neiske, F., Europa im frühen Mittelalter. Eine Kultur- und Mentalitätsgeschichte. Darmstadt 2007.

Otis-Cour, L., Lust und Liebe. Frankfurt 2000.

Padberg von, L.E., Christianisierung im Mittelalter. Darmstadt 2006.

Patzold, St., Konflikte im Kloster. Husum 2000.

Pietri, L. (Hg.), Die Geschichte des Christentums III. Freiburg 2001.

Pirenne, H., Sozial- und Wirtschaftsgeschichte Europas im Mittelalter. Bern 1987.

Prinz, F., Frühes Mönchtum im Frankenreich. Darmstadt 1988.

Prutz, H., Kulturgeschichte der Kreuzzüge. Berlin 1983.

Röd, W., Der Weg der Philosophie I. München 1997.

Rösener, W., Bauern im Mittelalter. München 1985.

Schmid, K., Gebetsgedenken und adeliges Selbstverständnis. Sigmaringen 1983.

Schmid, K., Geblüt, Herrschaft, Geschlechterbewusstsein. Sigmaringen 1998.

Schneider, R., Brüdergemeinde und Schwurfreundschaft. Lübeck 1984.

Semmler, J., Der Dynastiewechsel von 751. Düsseldorf 2003.

Simek, R., Religion und Mythologie der Germanen. Darmstadt 2003.
Siraisi, N., Medieval and Renaissance Medicine. Chicago 1990.
Staubach, N., Das Herrscherbild Karls des Kahlen. Münster 1981.
Staubach, N., Rex christianus. Köln 1993.
Sulzgruber, W., Zeiterfahrung und Zeitordnung. Hamburg 1995.
Toman, R. (Hg.), Die Kunst der Gotik. Köln 1998.
Toman, R. (Hg.), Die Kunst der Romanik. Köln 1996.
Vauchez, A. (Hg.), Die Geschichte des Christentums V. Freiburg 1995.
Vielhaber, K., Gottschalk der Sachse. Bonn 1966.
Weidemann, M., Kulturgeschichte der Merowingerzeit I, II. Mainz 1982.
Weimar, P. (Hg.), Die Renaissance der Wissenschaften im 12. Jahrhundert. Zürich 1981.
Weinfurter, St., Canossa. München 2006.
Werner, E., Stadt und Geistesleben im Hochmittelalter. Weimar 1980.

II. Jüdische Kultur

Baer, Y., A history of Jews in Christian Spain. Philadelphia 1992.
Benbassa, C., Geschichte der Juden in Frankreich. Berlin 2000.
Borchers, S., Jüdisches Frauenleben im Mittelalter. Frankfurt 1998.
Cohen, R.M., Unter Kreuz und Halbmond. Die Juden im Mittelalter. München 2005.
Grabner-Haider, A./Maier, J., Kulturgeschichte des frühen Christentums. Göttingen 2008.
Künzl, H., Jüdische Kunst: München 1992.
Langer, G., Esau: Bruder und Feind. Göttingen 2009.
Maier, J., Geschichte der jüdischen Religion. Freiburg 1992.
Singer, M./van Engen, J. (Hg.), Jews and Christians in 12th century Europe. Notre Dame 2001.
Sirat, C., A history of Jewish philosophy in the Middle Ages. Cambridge 1990.
Toch, M. (Hg.), Wirtschaftsgeschichte der mittelalterlichen Juden. München 2008.
Toch, M., Die Juden im mittelalterlichen Reich. München 2003.

III. Islamische Kultur

Adrados, F.R., Greek Wisdom Literature and the Middle Ages. The Lost Greek Models and Their Arabic and Castilian Translations. Bern u.a. 2009.
Al Ghazzali Abu Hamid Muhammad, Das Kriterium des Handelns. Aus dem Arabischen mit einer Einleitung, mit Anmerkungen und Indices. Hrsg. v. Abd-Elamad Elschazli, Darmstadt 2006.
Al-Matroudi Abdul Hakim I., The Hanbali Shool of Law and Ibn Taymiyyah. Conflict or conciliation. New York 2006.
Ammann, L., Die Geburt des Islam. Historische Innovation durch Offenbarung. Göttingen 2001.
Armstrong, K., Kleine Geschichte des Islam. Berlin 2001.
Berger, K. (Hg.), Das Böse in der Sicht des Islam. Regensburg 2009.
Busse, H., Die theologischen Beziehungen des Islams zu Judentum und Christentum. Darmstadt 1988.
Daftary, F., The Isma´ilis. Their History and Doctrines. Cambridge 2007.
Encyclopedia of Islamic Civilisation and Religion, ed. by Netton I.R. London and New York 2008.
Flasch, K., Das philosophische Denken im Mittelalter. Stuttgart 1995.

Haarmann, U. (Hg.), Geschichte der arabischen Welt. München 1994.

Hahn, H., Die Schia. Darmstadt 1988.

Heine, P., Der Islam, erschlossen und kommentiert. Düsseldorf 2007.

Khoury, A.Th., Der Islam. Freiburg 1988.

Khoury, A.Th., Wer war Muhammad? Freiburg 1990.

Krämer, G., Geschichte des Islam. München 2005.

Nagel, T., Allahs Liebling: Ursprung und Erscheinungsformen des Mohammedglaubens, München 2008.

Nagel, T., Das islamische Recht. Westhofen 2001.

Nagel, T., Geschichte der islamischen Theologie. München 1994.

Nagel, T., Im Offenkundigen das Verborgene. Die Heilszusage des sunnitischen Islams. Göttingen 2002.

Nagel, T., Mohammed. Leben und Legende. München 2008.

Oesterle, J. R., Kalifat und Königtum. Darmstadt 2009.

Ohlig, K. H./Puin, G.R. (Hg.), Die dunklen Anfänge. Die frühe Geschichte des Islam. Birkach 2005.

Ohlig, K.-H. (Hg.), Der frühe Islam. Eine historisch-kritische Rekonstruktion anhand zeitgenössischer Quellen. Berlin 2007.

Prenner, K., Die Stimme Allahs. Kultur und Religion des Islam. Graz 2003.

Saeed Abdullah and Saeed Hassan, Freedom of Religion, Apostasy and Islam. Aldershot 2004.

Schimmel, A., Das islamische Jahr. München 2001.

Schimmel, A., Mystische Dimensionen des Islam. Frankfurt 1995.

Tucker, J., Women, family, and gender in Islamic law. Cambridge 2008.

Walther, W., Kleine Geschichte der arabischen Literatur. Von der vorislamischen Zeit bis zur Gegenwart. München 2004.

Wegener, M., „Licht über Licht" – Die Vernunfttradition des Islam. Kulturelle und religiöse Aspekte eines Dialogversuchs. Frankfurt 2008.

Personenregister